ein Ullstein Buch

DER AUTOR:

Erich Fromm wurde am 23. März 1900 in Frankfurt/M. als Kind ortho-
dox-jüdischer Eltern geboren. Nach Studien der Psychologie, Philosophie
und Soziologie – seine Lehrer waren Alfred Weber, Karl Jaspers und Hein-
rich Rickert – und der Promotion über *Das jüdische Gesetz* (1922) unter-
zog er sich in München und Berlin einer Ausbildung als Psychoanalytiker.
Von 1930 an gehörte er zu jenem Kreis um Max Horkheimer, der später als
»Frankfurter Schule« bekannt wurde. 1934 emigrierte Fromm in die Vereinigten Staaten, 1949 siedelte er nach Mexiko über, wo er bis zu seiner Eme-
ritierung im Jahre 1965 eine Professur innehatte. Seinen Lebensabend ver-
brachte er in Locarno. Erich Fromm starb am 18. März 1980. Zu seinen
wichtigsten Veröffentlichungen zählen: *Die Furcht vor der Freiheit* (1941);
Psychoanalyse und Ethik (1947); *Der moderne Mensch und seine Zukunft* (1955); *Die Kunst des Liebens* (1956); *Haben oder Sein* (1976); *Sigmund Freuds Psychoanalyse. Größe und Grenzen* (1979).

Erich Fromm

Die Kunst des Liebens

ein Ullstein Buch

ein Ullstein Buch
Nr. 22165
im Verlag Ullstein GmbH,
Frankfurt/M – Berlin
Amerikanischer Originaltitel:
The Art of Loving
Erschienen im Verlag
Harper and Row, New York
als Band IX der *World Perspectives*,
geplant und herausgegeben von
Ruth Nanda Anshen
Übersetzt von
Liselotte und Ernst Mickel

Neuauflage von UB 35258

Umschlagentwurf:
B.O. & R., Frankfurt/M.
Zeichnung (japanisches Liebes-
zeichen): Frank Pompé
Alle Rechte vorbehalten
Neue Übersetzung mit freundlicher
Genehmigung der Deutschen
Verlags-Anstalt, Stuttgart
© 1956 by Erich Fromm
Printed in Germany 1990
Druck und Verarbeitung:
Ebner Ulm
ISBN 3 548 22165 3

43. Auflage September 1990

Vom selben Autor
in der Reihe
der Ullstein Bücher:

Das Menschenbild bei Marx (34487)

CIP-Titelaufnahme
der Deutschen Bibliothek

Fromm, Erich:
Die Kunst des Liebens / Erich Fromm.
[Geplant u. hrsg. von Ruth Nanda Anshen.
Übers. von Liselotte u. Ernst Mickel]. –
Nachdr. d. Bd. 35258, 43. Aufl. –
Frankfurt/M; Berlin: Ullstein, 1990
    (Ullstein-Buch; Nr. 22165)
    Einheitssacht.: The art of loving <dt.>
    ISBN 3-548-22165-3
NE: GT

Inhalt

Wer nichts weiß, liebt nichts.
Wer nichts tun kann, versteht nichts.
Wer nichts versteht, ist nichts wert.
Aber wer versteht,
der liebt, bemerkt und sieht auch...
Je mehr Erkenntnis einem Ding innewohnt,
desto größer ist die Liebe...
Wer meint, alle Früchte
würden gleichzeitig mit den Erdbeeren reif,
versteht nichts von den Trauben.

Paracelsus

Vorwort

Man darf von diesem Buch keine simple Anleitung zur Kunst des Liebens erwarten; tut man es doch, wird man enttäuscht sein. Das Buch möchte ganz im Gegenteil zeigen, daß die Liebe kein Gefühl ist, dem sich jeder ohne Rücksicht auf den Grad der eigenen Reife nur einfach hinzugeben braucht. Ich möchte den Leser davon überzeugen, daß alle seine Versuche zu lieben fehlschlagen müssen, sofern er nicht aktiv versucht, seine ganze Persönlichkeit zu entwickeln, und es ihm so gelingt, produktiv zu werden; ich möchte zeigen, daß es in der Liebe zu einem anderen Menschen überhaupt keine Erfüllung ohne die Liebe zum Nächsten, ohne wahre Demut, ohne Mut, Glaube und Disziplin geben kann. In einer Kultur, in der diese Eigenschaften rar geworden sind, wird die Fähigkeit zu lieben nur selten voll entwickelt. Jeder mag sich selbst die Frage stellen, wie viele wahrhaft liebende Menschen er kennt.

Daß die Aufgabe schwer ist, sollte uns jedoch nicht davon abhalten zu versuchen, uns die Schwierigkeiten klarzumachen und die Voraussetzungen, die man braucht, um diese Schwierigkeiten zu überwinden. Um die Sache nicht zu komplizieren, habe ich mich bemüht, in einer einfachen, klaren Sprache zu schreiben. Aus eben diesem Grunde habe ich auch möglichst wenig auf Fachliteratur verwiesen.

Für ein weiteres Problem habe ich allerdings keine voll befriedigende Lösung gefunden. Ich konnte es nicht immer vermeiden, Gedanken aus meinen früheren Veröffentlichungen zu wiederholen. Leser, die mit meinen Büchern, insbesondere mit

Die Furcht vor der Freiheit (1941a)[1], *Psychoanalyse und Ethik* (1947a) und *Wege aus einer kranken Gesellschaft* (1955a) vertraut sind, werden hier viele Gedanken wiederfinden. Trotzdem ist das vorliegende Buch keine Wiederholung. Es enthält viele neue Gedanken, und natürlich gewinnen Überlegungen, auch wenn sie bereits in anderen Zusammenhängen angestellt wurden, dadurch, daß sie sich alle auf ein einziges Thema – die Kunst des Liebens – konzentrieren, neue Perspektiven.

E. F.

[1] Die Sigel »(1941a)« etc beziehen sich auf die Zitationsweise in den Gesamtausgaben von Erich Fromm und Sigmund Freud.

Ist Lieben eine Kunst?

Ist Lieben eine Kunst? Wenn es das ist, dann wird von dem, der diese Kunst beherrschen will, verlangt, daß er etwas weiß und daß er keine Mühe scheut. Oder ist die Liebe nur eine angenehme Empfindung, die man rein zufällig erfährt, etwas, was einem sozusagen »in den Schoß fällt«, wenn man Glück hat? Dieses kleine Buch geht davon aus, daß Lieben eine Kunst ist, obwohl die meisten Menschen heute zweifellos das letztere annehmen.

Nicht als ob man meinte, die Liebe sei nicht wichtig. Die Menschen hungern geradezu danach; sie sehen sich unzählige Filme an, die von glücklichen oder unglücklichen Liebesgeschichten handeln, sie hören sich Hunderte von kitschigen Liebesliedern an – aber kaum einer nimmt an, daß man etwas tun muß, wenn man es lernen will zu lieben.

Diese merkwürdige Einstellung beruht auf verschiedenen Voraussetzungen, die einzeln oder auch gemeinsam dazu beitragen, daß sie sich am Leben halten kann. Die meisten Menschen sehen das Problem der Liebe in erster Linie als das Problem, *selbst geliebt zu werden*, statt *zu lieben* und lieben zu können. Daher geht es für sie nur darum, wie man es erreicht, geliebt zu werden, wie man liebenswert wird. Um zu diesem Ziel zu gelangen, schlagen sie verschiedene Wege ein. Der eine, besonders von Männern verfolgte Weg ist der, so erfolgreich, so mächtig und reich zu sein, wie es die eigene gesellschaftliche Stellung möglich macht. Ein anderer, besonders von Frauen bevorzugter Weg ist der, durch Kosmetik, schöne

Kleider und dergleichen möglichst attraktiv zu sein. Andere Mittel, die sowohl von Männern als auch von Frauen angewandt werden, sind angenehme Manieren, interessante Unterhaltung, Hilfsbereitschaft, Bescheidenheit und Gutmütigkeit. Viele dieser Mittel, sich liebenswert zu machen, sind die gleichen wie die, deren man sich bedient, um Erfolg zu haben, um »Freunde zu gewinnen«. Tatsächlich verstehen ja die meisten Menschen unseres Kulturkreises unter Liebenswürdigkeit eine Mischung aus Beliebtheit und Sex-Appeal.

Hinter der Einstellung, daß man nichts lernen müsse, um lieben zu können, steckt zweitens die Annahme, es gehe bei dem Problem der Liebe um ein *Objekt* und nicht um eine *Fähigkeit*. Viele Menschen meinen, zu *lieben* sei ganz einfach, schwierig sei es dagegen, den richtigen Partner zu finden, den man selbst lieben könne und von dem man geliebt werde. Diese Einstellung hat mehrere Ursachen, die mit der Entwicklung unserer modernen Gesellschaft zusammenhängen. Eine Ursache ist die starke Veränderung, die im zwanzigsten Jahrhundert bezüglich der Wahl des »Liebesobjektes« eingetreten ist. Im Viktorianischen Zeitalter war die Liebe – wie in vielen traditionellen Kulturen – kein spontanes persönliches Erlebnis, das hinterher vielleicht zu einer Heirat führte. Ganz im Gegenteil: Ein Heiratsvertrag wurde entweder zwischen den beiden Familien oder von einem Heiratsvermittler oder auch ohne eine derartige Vermittlung abgeschlossen; der Abschluß erfolgte aufgrund gesellschaftlicher Erwägungen unter der Annahme, daß sich die Liebe nach der Heirat schon einstellen werde. In den letzten Generationen ist nun aber die Vorstellung von der romantischen Liebe in der westlichen Welt fast Allgemeingut geworden. Wenn in den Vereinigten Staaten auch Erwägungen herkömmlicher Art nicht völlig fehlen, so befinden sich doch die meisten auf der Suche nach der »romantischen Liebe«, nach einer persönlichen Liebeserfahrung, die dann zur Ehe führen sollte. Diese neue Auffassung von der Freiheit in der

Liebe mußte notwendigerweise die Bedeutung des *Objektes* der Liebe – im Gegensatz zu ihrer *Funktion* – noch verstärken.

In engem Zusammenhang hiermit steht ein weiterer charakteristischer Zug unserer heutigen Kultur. Unsere gesamte Kultur gründet sich auf die Lust am Kaufen, auf die Idee des für beide Seiten günstigen Tauschgeschäfts. Schaufenster anzusehen und sich alles, was man sich leisten kann, gegen bares Geld oder auf Raten kaufen zu können – in diesem Nervenkitzel liegt das Glück des modernen Menschen. Er (oder sie) sieht sich die Mitmenschen auf ähnliche Weise an. Der Mann ist hinter einem attraktiven jungen Mädchen und die Frau ist hinter einem attraktiven Mann her. Dabei wird unter »attraktiv« ein Bündel netter Eigenschaften verstanden, die gerade beliebt und auf dem Personalmarkt gefragt sind. Was einen Menschen speziell attraktiv macht, hängt von der jeweiligen Mode ab – und zwar sowohl in körperlicher wie auch in geistiger Hinsicht. In den zwanziger Jahren galt ein junges Mädchen, das robust und sexy war und das zu trinken und zu rauchen wußte, als attraktiv; heute verlangt die Mode mehr Zurückhaltung und Häuslichkeit. Ende des neunzehnten und Anfang unseres Jahrhunderts mußte der Mann ehrgeizig und aggressiv sein – heute muß er sozial und tolerant eingestellt sein, um als attraktiv zu gelten. Jedenfalls entwickelt sich das Gefühl der Verliebtheit gewöhnlich nur in bezug auf solche menschlichen Werte, für die man selbst entsprechende Tauschobjekte zur Verfügung hat. Man will ein Geschäft machen; der erwünschte Gegenstand sollte vom Standpunkt seines gesellschaftlichen Wertes aus begehrenswert sein und gleichzeitig auch mich aufgrund meiner offenen und verborgenen Pluspunkte und Möglichkeiten begehrenswert finden. So verlieben sich zwei Menschen ineinander, wenn sie das Gefühl haben, das beste Objekt gefunden zu haben, das für sie in Anbetracht des eigenen Tauschwerts auf dem Markt erschwinglich ist. Genau wie beim Erwerb eines Grundstücks spielen auch bei diesem Geschäft oft noch entwicklungsfähige, verborgene Möglichkeiten eine beträchtliche Rolle. In einer Kultur, in der die Marketing-Orientierung vorherrscht, in welcher der materielle Erfolg der höchste Wert ist, darf man sich kaum darüber wundern, daß sich auch die menschlichen Liebesbeziehungen nach den gleichen Tauschmethoden vollziehen, wie sie auf dem Waren- und Arbeitsmarkt herrschen.

Der dritte Irrtum, der zu der Annahme führt, das Lieben müßte nicht gelernt werden, beruht darauf, daß man das Anfangserlebnis, »sich zu verlieben«, mit dem permanenten Zustand »zu lieben« verwechselt. Wenn zwei Menschen, die einander fremd waren – wie wir uns das ja alle sind – plötzlich die trennende Wand zwischen sich zusammenbrechen lassen, wenn sie sich eng verbunden, wenn sie sich eins fühlen, so ist dieser Augenblick des Einsseins eine der freudigsten, erregendsten Erfahrungen im Leben. Besonders herrlich und wundervoll ist er für Menschen, die bisher abgesondert, isoliert und ohne Liebe gelebt haben. Dieses Wunder der plötzlichen innigen Vertrautheit wird oft dadurch erleichtert, daß es mit sexueller Anziehung und sexueller Vereinigung Hand in Hand geht oder durch sie ausgelöst wird. Freilich ist diese Art Liebe ihrem Wesen nach nicht von Dauer. Die beiden Menschen lernen einander immer besser kennen, und dabei verliert ihre Vertrautheit immer mehr den geheimnisvollen Charakter, bis ihr Streit, ihre Enttäuschungen, ihre gegenseitige Langeweile die anfängliche Begeisterung getötet haben. Anfangs freilich wissen sie das alles nicht und meinen, heftig verliebt und »verrückt« nacheinander zu sein, sei der Beweis für die Intensität ihrer Liebe, während es vielleicht nur beweist, wie einsam sie vorher waren.

Diese Auffassung, nichts sei einfacher als zu lieben, herrscht noch immer vor, trotz der geradezu überwältigenden Gegenbeweise. Es gibt kaum eine Aktivität, kaum ein Unterfangen, das mit so ungeheuren Hoffnungen und Erwartungen begonnen wird und das mit einer solchen Regelmäßigkeit fehlschlägt wie die Liebe. Wäre das auf irgendeinem anderen Gebiet der Fall, so würde man alles daransetzen, die Gründe für den Fehlschlag herauszufinden und in Erfahrung zu bringen, wie man es besser machen könnte – oder man würde es aufgeben. Da letzteres im Falle der Liebe unmöglich ist, scheint es doch nur einen richtigen Weg zu geben, um ein Scheitern zu vermeiden: die Ursachen für dieses Scheitern herauszufinden und außerdem zu untersuchen, was »lieben« eigentlich bedeutet.

Der erste Schritt auf diesem Wege ist, sich klarzumachen, daß *Lieben eine Kunst ist*, genauso wie Leben eine Kunst ist; wenn wir lernen wollen zu lieben, müssen wir genauso vorgehen, wie wir das tun würden, wenn wir irgendeine andere Kunst, zum Beispiel Musik, Malerei, das Tischlerhandwerk oder die Kunst der Medizin oder der Technik lernen wollten.

Welches sind die notwendigen Schritte, um eine Kunst zu erlernen?

Man kann den Lernprozeß in zwei Teile aufteilen: Man muß einerseits die Theorie und andererseits die Praxis beherrschen. Will ich die Kunst der Medizin erlernen, so muß ich zunächst die Fakten über den menschlichen Körper und über die verschiedenen Krankheiten wissen. Wenn ich mir diese theoretischen Kenntnisse erworben habe, bin ich aber in der Kunst der Medizin noch keineswegs kompetent. Ich werde erst nach einer langen Praxis zu einem Meister in dieser Kunst, erst dann, wenn schließlich die Ergebnisse meines theoretischen Wissens und die Ergebnisse meiner praktischen Tätigkeit miteinander verschmelzen und ich zur Intuition gelange, die das Wesen der Meisterschaft in jeder Kunst ausmacht. Aber abgesehen von Theorie und Praxis muß noch ein dritter Faktor gegeben sein, wenn wir Meister in einer Kunst werden wollen: Die Meisterschaft in dieser Kunst muß uns mehr als alles andere am Herzen liegen; nichts auf der Welt darf uns wichtiger sein als diese Kunst. Das gilt für die Musik wie für die Medizin und die Tischlerei – und auch für die Liebe. Und hier haben wir vielleicht auch die Antwort auf unsere Frage, weshalb die Menschen unseres Kulturkreises diese Kunst nur so selten zu lernen versuchen, obwohl sie doch ganz offensichtlich daran scheitern: Trotz unserer tiefen Sehnsucht nach Liebe halten wir doch fast alles andere für wichtiger als diese: Erfolg, Prestige, Geld und Macht. Unsere gesamte Energie verwenden wir darauf zu lernen, wie wir diese Ziele erreichen, und wir bemühen uns so gut wie überhaupt nicht darum, die Kunst des Liebens zu erlernen.

Halten wir vielleicht nur das für der Mühe wert, womit wir Geld verdienen oder was unser Prestige erhöht, und ist die Liebe, die »nur« unserer Seele nützt und die im modernen Sinne keinen Gewinn abwirft, ein Luxus, für den wir nicht viel Energie aufbringen dürfen? Wie dem auch sei, wir wollen uns im folgenden mit der Kunst des Liebens beschäftigen und wollen dabei folgendermaßen vorgehen: Zunächst soll die Theorie der Liebe erörtert werden (was den größten Teil dieses Buches ausmachen wird), und an zweiter Stelle wollen wir uns mit der Praxis der Liebe beschäftigen – wenn sich auch hier (wie auf allen anderen Gebieten) nur wenig über die Praxis sagen läßt.

Die Theorie der Liebe

Jede Theorie der Liebe muß mit einer Theorie des Menschen, der menschlichen Existenz beginnen. Wenn wir die Liebe – oder, besser gesagt, etwas der Liebe Ähnliches – auch bei Tieren finden, so sind doch deren Liebesbeziehungen hauptsächlich ein Bestandteil ihres Instinktapparats, während beim Menschen nur noch Überreste seiner Instinktausstattung zu beobachten sind. Das Wesentliche an der Existenz des Menschen ist ja, daß er sich über das Tierreich und seine instinktive Anpassung erhoben hat, daß er die Natur transzendiert hat, wenn er sie auch nie ganz verläßt. Er ist ein Teil von ihr und kann doch nicht in sie zurückkehren, nachdem er sich einmal von ihr losgerissen hat. Nachdem er einmal aus dem Paradies – dem Zustand des ursprünglichen Einsseins mit der Natur – vertrieben ist, verwehren ihm die Cherubim mit flammendem Schwert den Weg, wenn er je versuchen sollte, dorthin zurückzukehren. Der Mensch kann nur vorwärtsschreiten, indem er seine Vernunft entwickelt, indem er eine neue, eine menschliche Harmonie findet anstelle der vormenschlichen Harmonie, die unwiederbringlich verloren ist.

Mit der Geburt (der menschlichen Rasse wie auch des einzelnen Menschen) wird der Mensch aus einer Situation, die so unbedingt festgelegt war wie die Instinkte, in eine Situation hineingeschleudert, die nicht festgelegt, sondern ungewiß und offen ist. Nur in bezug auf die Vergangenheit herrscht Gewißheit, und für die Zukunft ist nur der Tod gewiß.

Der Mensch ist mit Vernunft ausgestattet; er ist *Leben, das sich seiner selbst bewußt ist.* Er besitzt ein Bewußtsein seiner selbst, seiner Mitmenschen, seiner Vergangenheit und der Möglichkeiten seiner Zukunft. Dieses Bewußtsein seiner selbst als einer eigenständigen Größe, das Gewahrwerden dessen, daß er eine kurze Lebensspanne vor sich hat, daß er ohne seinen Willen geboren wurde und gegen seinen Willen sterben wird, daß er vor denen, die er liebt, sterben wird (oder sie vor ihm), daß er allein und abgesondert und den Kräften der Natur und der Gesellschaft hilflos ausgeliefert ist – all das macht seine abgesonderte, einsame Existenz zu einem unerträglichen Gefängnis. Er würde dem Wahnsinn verfallen, wenn er sich nicht aus diesem Gefängnis befreien könnte – wenn er nicht in irgendeiner Form seine Hände nach anderen Menschen ausstrecken und sich mit der Welt außerhalb seiner selbst vereinigen könnte.

Die Erfahrung dieses Abgetrenntseins erregt Angst, ja sie ist tatsächlich die Quelle aller Angst. Abgetrennt sein heißt abgeschnitten sein und ohne jede Möglichkeit, die eigenen Kräfte zu nutzen. Daher heißt abgetrennt sein hilflos sein, unfähig sein, die Welt – Dinge wie Menschen – mit eigenen Kräften zu erfassen; es heißt, daß die Welt über mich herfallen kann, ohne daß ich in der Lage bin, darauf zu reagieren. Daher ist das Abgetrenntsein eine Quelle intensiver Angst. Darüber hinaus erregt es Scham und Schuldgefühle. Diese Erfahrung von Schuld und Scham im Abgetrenntsein kommt in der biblischen Geschichte von Adam und Eva zum Ausdruck. Nachdem Adam und Eva vom »Baum der Erkenntnis des Guten und Bösen« gegessen haben, nachdem sie ungehorsam waren (Gut und Böse gibt es nur, wenn die Freiheit zum Ungehorsam besteht), nachdem sie dadurch menschlich wurden, daß sie sich von der ursprünglichen animalischen Harmonie mit der Natur emanzi-

pierten, also nach ihrer Geburt als menschliche Wesen, er-
kannten sie, »daß sie nackt waren« (Gen 3,7) und schämten
sich. Ist tatsächlich anzunehmen, daß ein so alter und elemen-
tarer Mythos wie dieser von der prüden Moral des neunzehnten
Jahrhunderts erfüllt ist und daß wir darauf hingewiesen werden
sollen, daß sie sich genierten, weil ihre Genitalien sichtbar waren? Das ist doch kaum denkbar, und wenn wir die Geschichte
im viktorianischen Sinn verstehen, entgeht uns das, worauf es
doch offenbar ankommt: Nachdem Mann und Frau sich ihrer
selbst und ihres Partners bewußt geworden sind, sind sie sich
auch ihrer Getrenntheit und Unterschiedlichkeit bewußt, insofern sie verschiedenen Geschlechts sind. Sie erkennen zwar
ihre Getrenntheit, bleiben sich aber fremd, weil sie noch nicht
gelernt haben, sich zu lieben. (Dies geht auch sehr klar daraus
hervor, daß Adam sich verteidigt, indem er Eva anklagt, anstatt
daß er versucht, sie zu verteidigen.) *Das Bewußtsein der
menschlichen Getrenntheit ohne die Wiedervereinigung durch
die Liebe ist die Quelle der Scham. Und es ist gleichzeitig die
Quelle von Schuldgefühl und Angst.*
Das tiefste Bedürfnis des Menschen ist demnach, seine Abgetrenntheit zu überwinden und aus dem Gefängnis seiner Einsamkeit herauszukommen. Ein *absolutes* Scheitern bei diesem
Versuch führt zum Wahnsinn, weil das panische Entsetzen vor
einer völligen Isolation nur dadurch zu überwinden ist, daß
man sich so völlig von der Außenwelt zurückzieht, daß das Gefühl des Abgetrenntseins verschwindet, und zwar weil die Außenwelt, von der man abgetrennt ist, verschwunden ist.
Der Mensch sieht sich – zu allen Zeiten und in allen Kulturen
– vor das Problem der Lösung der einen und immer gleichen
Frage gestellt: wie er sein Abgetrenntsein überwinden, wie er
zur Vereinigung gelangen, wie er sein eigenes einzelnes Leben
transzendieren und das Einswerden erreichen kann. Die Frage
stellt sich dem Primitiven in seiner Höhle wie dem Nomaden,
der seine Herde hütet, dem ägyptischen Bauern, dem phönizi-

schen Händler, dem römischen Soldaten, dem mittelalterlichen Mönch, dem japanischen Samurai, dem modernen Büroangestellten und dem Fabrikarbeiter auf gleiche Weise. Es ist immer die gleiche Frage, denn sie entspringt dem gleichen Boden, der menschlichen Situation, den Bedingungen der menschlichen Existenz. Die Antwort jedoch ist nicht immer die gleiche. Die Frage kann mit der Verehrung von Tieren, mit Menschenopfern oder militärischen Eroberungen, mit einem üppigen Lebenswandel, mit asketischem Verzicht, mit besessenem Arbeitseifer, mit künstlerischem Schaffen, mit der Liebe zu Gott und mit der Liebe zum Menschen beantwortet werden. Es gibt zwar viele Antworten – sie machen zusammen die Geschichte der Menschheit aus –, aber ihre Zahl ist trotzdem nicht unendlich. Im Gegenteil entdeckt man, wenn man kleinere Unterschiede außer acht läßt, welche mehr an der Peripherie als im Zentrum liegen, daß nur eine begrenzte Zahl von Antworten gegeben worden sind und vom Menschen in seinen verschiedenen Kulturen auch nur gegeben werden konnten. Die Geschichte der Religion und der Philosophie ist die Geschichte dieser Antworten in ihrer Vielfalt wie auch in ihrer zahlenmäßigen Begrenzung.

Bis zu einem gewissen Grade hängen die Antworten vom Grad der Individuation ab, die der Mensch jeweils erreicht hat. Beim Kind ist das Ich noch wenig entwickelt. Es fühlt sich noch eins mit seiner Mutter und hat nicht das Gefühl des Getrenntseins, solange die Mutter in seiner Nähe ist. Sein Gefühl des Alleinseins wird durch die körperliche Gegenwart der Mutter, ihre Brust, ihre Haut aufgehoben. Nur in dem Maße, wie sich beim Kind das Gefühl des Getrenntseins und der Individualität entwickelt, genügt ihm die physische Gegenwart der Mutter nicht mehr, und es hat das Bedürfnis, sein Getrenntsein auf andere Weise zu überwinden.

Ähnlich fühlt sich auch die menschliche Rasse in ihrem Kindheitsstadium noch eins mit der Natur. Die Erde, die Tiere, die

Pflanzen sind noch des Menschen Welt. Er identifiziert sich mit den Tieren, was darin zum Ausdruck kommt, daß er Tiermasken trägt und ein Totemtier oder Tiergötter verehrt. Aber je mehr sich die menschliche Rasse aus diesen primären Bindungen löst, um so mehr trennt sie sich von der Welt der Natur, um so intensiver wird ihr Bedürfnis, neue Mittel und Wege zu finden, um dem Getrenntsein zu entrinnen.

Eine Möglichkeit hierzu sind *orgiastische Zustände* der verschiedensten Art. Es kann sich dabei um autosuggestive Trancezustände handeln, bei denen manchmal Drogen zu Hilfe genommen werden. Viele Rituale primitiver Stämme bieten ein anschauliches Bild dieser Art, das Problem zu lösen. In einem vorübergehenden Zustand der Exaltation verschwindet die Außenwelt und damit auch das Gefühl, von ihr abgesondert zu sein. Werden diese Rituale gemeinsam praktiziert, so kommt das Erlebnis der Vereinigung mit der Gruppe hinzu, was die Wirkung noch erhöht. Eng verwandt mit dieser orgiastischen Lösung ist das sexuelle Erlebnis, das oft mit ihr Hand in Hand geht. Der sexuelle Orgasmus kann einen Zustand herbeiführen, der einem Trancezustand oder der Wirkung gewisser Drogen ähnlich ist. Zu vielen primitiven Ritualen gehören Riten gemeinsamer sexueller Orgien. Es scheint, daß der Mensch nach dem orgiastischen Erlebnis eine Zeitlang weiterleben kann, ohne allzu sehr unter seinem Abgetrenntsein zu leiden. Langsam nimmt dann die Spannung der Angst wieder zu, so daß sie durch die Wiederholung des Rituals wieder gemildert werden muß.

Solange diese orgiastischen Zustände in einem Stamm gemeinsam erlebt werden, erzeugen sie keine Angst und keine Schuldgefühle. Sich so zu verhalten ist richtig und sogar eine Tugend, weil alle es tun und weil es von den Medizinmännern und Priestern gebilligt und sogar verlangt wird; es besteht daher kein Grund für ein schlechtes Gewissen, kein Grund, sich zu schämen. Etwas völlig anderes ist es, wenn ein einzelner sich in einer Kultur, die diese gemeinsamen Riten aufgegeben hat, für eine solche Lösung entscheidet. Alkoholismus und Drogenabhängigkeit sind die entsprechenden Auswege für den einzelnen in einer nicht-orgiastischen Kultur. Im Gegensatz zu denen, die sich an der gesellschaftlich sanktionierten Lösungsmethode beteiligen, leiden derartige Einzelgänger an Schuldgefühlen und Gewissensbissen. Sie versuchen zwar, ihrem Abgetrenntsein dadurch zu entrinnen, daß sie ihre Zuflucht zu Alkohol und Rauschgift nehmen, aber wenn das orgiastische Erlebnis vorüber ist, fühlen sie sich nur um so stärker isoliert und immer häufiger und intensiver dazu getrieben. Etwas anderes ist es, wenn jemand seine Zuflucht zum sexuellen Orgasmus nimmt. Bis zu einem gewissen Grade ist dieser eine natürliche und normale Art der Überwindung des Abgetrenntseins und eine Teillösung für das Problem der Isolation. Aber bei vielen, die es nicht fertigbringen, auf andere Weise aus ihrer Abgetrenntheit herauszufinden, übernimmt das Verlangen nach dem sexuellen Orgasmus eine Funktion, die sich nicht allzu sehr vom Alkoholismus und der Drogenabhängigkeit unterscheidet. Er wird zum verzweifelten Versuch, der durch das Abgetrenntsein erzeugten Angst zu entrinnen, und führt zu einem ständig wachsenden Gefühl des Abgetrenntseins, da der ohne Liebe vollzogene Sexualakt höchstens für den Augenblick die Kluft zwischen zwei menschlichen Wesen überbrükken kann.

Alle Formen der orgiastischen Vereinigung besitzen drei Merkmale: Sie sind intensiv, ja sogar gewalttätig; sie erfassen die Gesamtpersönlichkeit, Geist *und* Körper; und sie sind vorübergehend und müssen regelmäßig wiederholt werden.

Genau das Gegenteil gilt für jene Form der Vereinigung, welche bei weitem die häufigste Lösung ist, für die sich der Mensch in der Vergangenheit wie in der Gegenwart entschieden hat: die Vereinigung, die auf der *Konformität* mit der Gruppe beruht, mit ihren Sitten, Praktiken und Überzeugungen. Auch

hier erkennen wir, daß eine beträchtliche Entwicklung stattge-
funden hat.

In einer primitiven Gesellschaft ist die Gruppe klein; sie besteht aus jenen Menschen, mit welchen man Blut und Boden
gemeinsam hat. In dem Maße, wie sich die Kultur weiterentwickelt, vergrößert sich die Gruppe; sie wird zur Bürgerschaft
einer *polis,* zu den Bürgern eines großen Staates, zu den Mit-
gliedern einer Kirche. Selbst der ärmste Römer war stolz darauf, von sich sagen zu können: *»civis romanus sum«.* Rom und
das Römische Reich waren seine Familie, sein Zuhause, seine
Welt. Auch in unserer heutigen Gesellschaft des Westens ist
die Gemeinschaft mit der Gruppe der am häufigsten einge-
schlagene Weg, die Abgetrenntheit zu überwinden. Es ist eine
Vereinigung, in der das individuelle Selbst weitgehend aufgeht
und bei der man sich zum Ziel setzt, der Herde anzugehören.
Wenn ich so bin wie alle anderen, wenn ich keine Gefühle oder
Gedanken habe, die mich von ihnen unterscheiden, wenn ich
mich der Gruppe in meinen Gewohnheiten, meiner Kleidung
und meinen Ideen anpasse, dann bin ich gerettet – gerettet vor
der angsterregenden Erfahrung des Alleinseins. Diktatorische
Systeme wenden Drohungen und Terror an, um diese Konformität zu erreichen, die demokratischen Staaten bedienen
sich zu diesem Zweck der Suggestion und der Propaganda. Ein
großer Unterschied besteht allerdings zwischen diesen beiden
Systemen: In Demokratien ist Nicht-Konformität möglich und
fehlt auch keineswegs völlig; in den totalitären Systemen kann
man höchstens von ein paar aus dem Rahmen fallenden Helden
und Märtyrern erwarten, daß sie den Gehorsam verweigern.
Aber trotz dieses Unterschiedes weisen auch die demokratischen Gesellschaften eine überaus starke Konformität auf. Das
liegt daran, daß das Verlangen nach Vereinigung notwendig
eine Antwort finden muß, und wenn sich keine andere oder
bessere findet, so setzt sich die Herdenkonformität durch. Man
kann die Angst, sich auch nur wenige Schritte abseits von der

Herde zu befinden und anders zu sein, nur verstehen, wenn man erkennt, wie tief das Bedürfnis ist, nicht isoliert zu sein. Manchmal rationalisiert man die Furcht vor der Nicht-Konformität als Angst vor den praktischen Gefahren, die dem Nonkonformisten drohen könnten. Tatsächlich aber *möchten* die Leute in viel stärkerem Maß mit den anderen konform gehen, als sie – wenigstens in den westlichen Demokratien – dazu *gezwungen* werden.

Die meisten Menschen sind sich ihres Bedürfnisses nach Konformität nicht einmal bewußt. Sie leben in der Illusion, sie folgten nur ihren Ideen und Neigungen, sie seien Individualisten, sie seien aufgrund eigenen Denkens zu ihren Meinungen gelangt, und es sei reiner Zufall, daß sie in ihren Ideen mit der Majorität übereinstimmen. Im Konsensus aller sehen sie den Beweis für die Richtigkeit »ihrer« Ideen. Den kleinen Rest eines Bedürfnisses nach Individualität, der ihnen geblieben ist, befriedigen sie, indem sie sich in Kleinigkeiten von den anderen zu unterscheiden suchen; die Anfangsbuchstaben ihres Namens auf dem Handkoffer oder dem Pullover, das Namensschildchen des Schalterbeamten oder die Zugehörigkeit zu verschiedenen Parteien oder Studentenverbindungen: Solche Dinge dienen dazu, individuelle Unterschiede zu betonen. In dem Werbeslogan, daß etwas »anders ist als…«, kommt dieses Bedürfnis, sich von anderen zu unterscheiden, zum Ausdruck. In Wirklichkeit gibt es kaum noch Unterschiede.

Die wachsende Neigung zum Ausmerzen von Unterschieden hängt eng zusammen mit dem Begriff der Gleichheit und der entsprechenden Erfahrung, wie er sich in den am weitesten fortgeschrittenen Industriegesellschaften entwickelt hat. Gleichheit im religiösen Sinne bedeutete, daß wir alle Gottes Kinder sind und alle an der gleichen menschlich-göttlichen Substanz teilhaben, daß wir alle eins sind. Sie bedeutete aber auch, daß gerade die Unterschiede zwischen den einzelnen Individuen respektiert werden sollten: Wir sind zwar alle eins, aber jeder von uns ist zugleich ein einzigartiges Wesen, ein Kosmos für sich. Die Überzeugung von der Einzigartigkeit des Individuums drückt folgender Satz aus dem Talmud beispielhaft aus: »Wer ein einziges Leben rettet, hat damit gleichsam die ganze Welt gerettet; wer ein einziges Leben zerstört, hat damit gleichsam die ganze Welt zerstört.« Auch in der westlichen Aufklärungsphilosophie galt Gleichheit als eine Bedingung für die Entwicklung von Individualität. Am klarsten hat dies Kant formuliert, als er sagte, kein Mensch dürfe einem anderen Mittel zum Zweck sein, und die Menschen seien sich daher insofern gleich, als sie alle Zweck und nur Zweck und niemals Mittel füreinander seien. Im Anschluß an die Ideen der Aufklärung haben sozialistische Denker verschiedener Schulen die Gleichheit als die Abschaffung der Ausbeutung bezeichnet, als das Ende der Verwendung des Menschen durch den Menschen ohne Rücksicht darauf, ob dies auf grausame oder »humane« Weise geschieht.

In der gegenwärtigen kapitalistischen Gesellschaft hat sich die Bedeutung des Begriffs Gleichheit geändert. Man versteht heute darunter die Gleichheit von Automaten, von Menschen, die ihre Individualität verloren haben. *Gleichheit bedeutet heute »Dasselbe-Sein« und nicht mehr »Eins-Sein«.* Es handelt sich um die Einförmigkeit von Abstraktionen, von Menschen, die den gleichen Job haben, die die gleichen Vergnügungen haben, die gleichen Zeitungen lesen und das gleiche fühlen und denken. In dieser Hinsicht sollte man auch gewisse Errungenschaften, die im allgemeinen als Zeichen unseres Fortschritts gepriesen werden, mit Skepsis betrachten, wie etwa die Gleichberechtigung der Frau. Ich brauche wohl nicht besonders zu betonen, daß ich nichts gegen die Gleichberechtigung habe; aber die positiven Seiten dieser Gleichheitstendenz dürfen uns nicht darüber hinwegtäuschen, daß es sich hier auch um die Tendenz zur Ausmerzung von Unterschieden handelt. Man erkauft sich die Gleichheit eben zu dem Preis, daß die Frauen gleichgestellt werden, weil sie sich nicht mehr von den Männern unterscheiden. Die These der Aufklärungsphilosophie, *l'âme n'a pas de sexe* (die Seele hat kein Geschlecht), gilt heute ganz allgemein. Die Polarität der Geschlechter ist im Verschwinden begriffen, und damit verschwindet auch die erotische Liebe, die auf dieser Polarität beruht. Männer und Frauen werden sich *gleich* und sind nicht mehr gleichberechtigt als entgegengesetzte Pole. Die heutige Gesellschaft predigt das Ideal einer nicht-individualisierten Gleichheit, weil sie menschliche Atome braucht, die sich untereinander völlig gleichen, damit sie im Massenbetrieb glatt und reibungslos funktionieren, damit alle den gleichen Anweisungen folgen und jeder trotzdem überzeugt ist, das zu tun, was er will. Genauso wie die moderne Massenproduktion die Standardisierung der Erzeugnisse verlangt, so verlangt auch der gesellschaftliche Prozeß die Standardisierung des Menschen, und diese Standardisierung nennt man dann »Gleichheit«.

Vereinigung durch Konformität vollzieht sich weder intensiv noch heftig; sie erfolgt ruhig, routinemäßig und bringt es eben deshalb oft nicht fertig, die Angst vor dem Abgetrenntsein zu mildern. Die Häufigkeit von Alkoholismus, Drogen, zwanghafter Sexualität und Selbstmord in der heutigen westlichen Gesellschaft sind Symptome für dieses relative Versagen der Herdenkonformität. Außerdem betrifft auch diese Lösung hauptsächlich den Geist und nicht den Körper und ist auch deshalb im Vergleich zu den orgiastischen Lösungen im Nachteil. Die Herdenkonformität besitzt nur den einen Vorteil, daß sie permanent und nicht nur kurzfristig ist. Der einzelne wird schon im Alter von drei oder vier Jahren in das Konformitätsmodell eingefügt und verliert dann niemals mehr den Kontakt mit der Herde. Selbst seine Beerdigung, die er als seine letzte große gesellschaftliche Veranstaltung vorausplant, entspricht genau dem Modell.

Aber nicht nur die Konformität dient dazu, die aus dem Abge-

trenntsein entspringende Angst zu mildern, auch die Arbeits-
und Vergnügungsroutine dient diesem Zweck. Der Mensch
wird zu einer bloßen Nummer, zu einem Bestandteil der Ar-
beiterschaft oder der Bürokratie aus Verwaltungsangestellten
und Managern. Er besitzt nur wenig eigene Initiative, seine
Aufgaben sind ihm durch die Organisation der Arbeit vorgeschrieben; es besteht in dieser Hinsicht sogar kaum ein Unterschied zwischen denen oben auf der Leiter und denen, die un-
ten stehen. Sie alle erledigen Aufgaben, die ihnen durch die
Gesamtstruktur der Organisation vorgeschrieben sind, im vorgeschriebenen Tempo und in der vorgeschriebenen Weise.
Selbst die Gefühle sind vorgeschrieben: Man hat fröhlich, tolerant, zuverlässig und ehrgeizig zu sein und mit jedem reibungslos auszukommen. Auch das Vergnügen ist in ähnlicher, wenn
auch nicht ganz so drastischer Weise zur Routine geworden.
Die Bücher werden von den Buchclubs, die Filme von den
Filmverleihern und Kinobesitzern mit Hilfe der von ihnen fi-
nanzierten Werbeslogans ausgewählt und lanciert. Auch alles
andere verläuft in der gleichen Weise: die sonntägliche Aus-
fahrt im eigenen Wagen, das Fernsehen, das Kartenspielen und
die Partys. Von der Geburt bis zum Tod, von einem Montag
zum anderen, von morgens bis abends ist alles, was man tut,
vorgefertigte Routine. Wie sollte ein Mensch, der in diesem
Routinenetz gefangen ist, nicht vergessen, daß er ein Mensch,
ein einzigartiges Individuum ist, dem nur diese einzige Chance
gegeben ist, dieses Leben mit seinen Hoffnungen und Enttäuschungen, mit seinem Kummer und seiner Angst, mit seiner
Sehnsucht nach Liebe und seiner Furcht vor dem Nichts und
dem Abgetrenntsein zu leben?
Eine dritte Möglichkeit, zu neuer Einheit zu gelangen, liegt in
schöpferischem Tätigsein, sei es das eines Künstlers oder das
eines Handwerkers. Bei jeder Art von schöpferischer Arbeit
vereinigt sich der schöpferische Mensch mit seinem Material,
das für ihn die Welt außerhalb seiner selbst repräsentiert. Ob

ein Tischler einen Tisch oder ein Goldschmied ein Schmuck-
stück anfertigt, ob ein Bauer sein Kornfeld bestellt oder ein
Maler ein Bild malt, bei jeder dieser schöpferischen Tätigkeiten wird der Schaffende eins mit seinem Werk, vereinigt sich
der Mensch im Schaffensprozeß mit der Welt. Dies gilt jedoch
nur für die produktive Arbeit, für eine Arbeit also, bei der *ich*
es bin, der plant, wirkt und bei der ich das Resultat meiner Arbeit sehe. Beim modernen Arbeitsprozeß des Büroangestellten
oder des Arbeiters am Fließband ist von dieser einenden Qualität der Arbeit nur noch wenig übriggeblieben. Der Arbeiter
ist zu einem Anhängsel der Maschine oder der Organisation
geworden. Er hat aufgehört, er selbst zu sein – daher gibt es
für ihn keine Einheit mehr, sondern nur noch Konformität.
Die bei einer produktiven Arbeit erreichte Einheit ist nicht
zwischenmenschlicher Art; die bei einer orgiastischen Vereinigung erreichte Einheit ist nur vorübergehend; die durch Konformität erreichte Einheit ist eine Pseudo-Einheit. Daher sind
alle diese Lösungen nur Teillösungen für das Problem der Existenz. Eine voll befriedigende Antwort findet man nur in der
zwischenmenschlichen Einheit, in der Vereinigung mit einem
anderen Menschen, in der *Liebe.*
Dieser Wunsch nach einer zwischenmenschlichen Vereinigung
ist das stärkste Streben im Menschen. Es ist seine fundamentalste Leidenschaft, es ist die Kraft, welche die menschliche
Rasse, die Sippe, die Familie, die Gesellschaft zusammenhält.
Gelingt diese Vereinigung nicht, so bedeutet das Wahnsinn
oder Vernichtung – Selbstvernichtung oder Vernichtung anderer. Ohne Liebe könnte die Menschheit nicht einen Tag existieren. Wenn wir jedoch den Vollzug einer zwischenmenschlichen Einheit als »Liebe« bezeichnen, geraten wir in ernste
Schwierigkeiten. Zu einer Vereinigung kann man auf verschiedene Weise gelangen, und die Unterschiede sind nicht weniger
bedeutsam als das, was die verschiedenen Formen der Liebe
miteinander gemeinsam haben. Sollte man sie alle Liebe nen-

nen? Oder sollte man das Wort »Liebe« jener besonderen Art von Vereinigung vorbehalten, die von allen großen humanistischen Religionen und philosophischen Systemen der letzten viertausend Jahre der Geschichte des Westens und des Ostens als höchste Tugend angesehen wurde?

Wie bei allen semantischen Schwierigkeiten gibt es auch hier keine allgemeingültige Antwort. Wir müssen uns darüber klarwerden, welche Art von Einheit wir meinen, wenn wir von Liebe sprechen. Beziehen wir uns auf jene Liebe, die ein reifer Mensch als Antwort auf das Existenzproblem gibt, oder sprechen wir von jenen unreifen Formen der Liebe, die man als *symbiotische Vereinigung* bezeichnen kann? Im folgenden werde ich nur ersteres als Liebe bezeichnen; doch möchte ich zunächst über die symbiotische Verbindung sprechen.

Die *symbiotische Vereinigung* besitzt ihr biologisches Modell in der Beziehung zwischen der schwangeren Mutter und dem Fötus. Sie sind zwei und doch eins. Sie »leben zusammen« (Sym-biose), sie brauchen einander. Der Fötus ist ein Teil der Mutter und empfängt von ihr alles, was er braucht; die Mutter ist sozusagen seine Welt, sie füttert ihn, sie beschützt ihn, aber auch ihr eigenes Leben wird durch ihn bereichert. Bei der psychischen symbiotischen Vereinigung sind zwar die beiden Körper voneinander unabhängig, aber die gleiche Art von Bindung existiert auf der psychologischen Ebene.

Die *passive* Form der symbiotischen Vereinigung ist die Unterwerfung oder – wenn wir uns der klinischen Bezeichnung bedienen – der *Masochismus*. Der masochistische Mensch entrinnt dem unerträglichen Gefühl der Isolation und Abgetrenntheit dadurch, daß er sich zu einem untrennbaren Bestandteil einer anderen Person macht, die ihn lenkt, leitet und beschützt; sie ist sozusagen sein Leben, sie ist die Luft, die er atmet. Die Macht dessen, dem man sich unterwirft, ist aufgebläht, sei es nun ein Mensch oder ein Gott. Er ist alles, ich bin nichts, außer als ein Teil von ihm. Als ein Teil von ihm habe ich teil an seiner Größe, seiner Macht und Sicherheit. Der masochistisch Orientierte braucht selber keine Entschlüsse zu fassen, er braucht kein Risiko einzugehen. Er ist nie allein – aber er ist nicht unabhängig; er besitzt keine Integrität; er ist noch nicht ganz geboren. Im religiösen Kontext bezeichnet man den Gegenstand einer solchen Verehrung als Götzen; im weltlichen Kontext einer masochistischen Liebesbeziehung herrscht im wesentlichen der gleiche Mechanismus, nämlich der des Götzendienstes. Die masochistische Beziehung kann mit körperlichem, sexuellem Begehren gekoppelt sein; in diesem Fall handelt es sich nicht nur um eine geistig-seelische Unterwerfung, sondern um eine, die den gesamten Körper mitbetrifft. Es gibt eine masochistische Unterwerfung unter das Schicksal, unter eine Krankheit, unter rhythmische Musik, unter den durch Rauschgift oder durch Hypnose erzeugten orgiastischen Zustand – in jedem Fall verzichtet der Betreffende auf seine Integrität, macht er sich zum Instrument eines anderen Menschen oder eines Dings außerhalb seiner selbst. Er ist dann der Aufgabe enthoben, das Problem des Lebens durch produktives Tätigsein zu lösen.

Die *aktive* Form der symbiotischen Vereinigung ist die Beherrschung eines anderen Menschen oder – psychologisch ausgedrückt und analog zum Masochismus – *Sadismus*. Der sadistische Mensch möchte seiner Einsamkeit und seinem Gefühl, ein Gefangener zu sein, dadurch entrinnen, daß er einen anderen Menschen zu einem untrennbaren Bestandteil seiner selbst macht. Er bläht sich auf und vergrößert sich, indem er sich eine andere Person, die ihn verehrt, einverleibt.

Der Sadist ist von dem, der sich ihm unterwirft, ebenso abhängig wie dieser von ihm; keiner von beiden kann ohne den anderen leben. Der Unterschied liegt nur darin, daß der Sadist den anderen kommandiert, ausnutzt, verletzt und demütigt, während der Masochist sich kommandieren, ausnutzen, verletzen und demütigen läßt. Äußerlich gesehen ist das ein beträchtlicher Unterschied, aber in einem tieferen emotionalen Sinn ist der Unterschied nicht so groß wie das, was beide gemeinsam haben: Sie wollen Vereinigung ohne Integrität. Wer das begreift, wird sich nicht darüber wundern, daß ein und derselbe Mensch gewöhnlich sowohl auf sadistische wie auch auf masochistische Weise reagiert – meist verschiedenen Objekten gegenüber. Hitler zum Beispiel reagierte Menschen gegenüber vorwiegend auf sadistische Weise; dem Schicksal, der Geschichte, der »Vorsehung« gegenüber benahm er sich dagegen wie ein Masochist. Sein Ende – der Selbstmord inmitten der allgemeinen Vernichtung – ist für ihn ebenso kennzeichnend wie sein Traum vom Erfolg, von der totalen Herrschaft. (Zum Problem Sadismus – Masochismus vgl. E. Fromm, 1941a.)

Im Gegensatz zur symbiotischen Vereinigung ist die *reife Liebe eine Vereinigung, bei der die eigene Integrität und Individualität bewahrt bleibt. Liebe ist eine aktive Kraft im Menschen.* Sie ist eine Kraft, welche die Wände niederreißt, die den Menschen von seinem Mitmenschen trennen, eine Kraft, die ihn mit anderen vereinigt. Die Liebe läßt ihn das Gefühl der Isolation und Abgetrenntheit überwinden und erlaubt ihm trotzdem er selbst zu sein und seine Integrität zu behalten. In der Liebe kommt es zu dem Paradoxon, daß zwei Wesen eins werden und trotzdem zwei bleiben.

Wenn wir sagen, die Liebe sei eine *Aktivität,* so stehen wir einer Schwierigkeit gegenüber, die in der Mehrdeutigkeit des Wortes »Aktivität« liegt. Unter Aktivität im modernen Sinn des Wortes versteht man gewöhnlich eine Tätigkeit, die durch Aufwand von Energie eine Änderung in einer bestehenden Situation herbeiführt. So betrachtet man jemanden als aktiv, wenn er geschäftlich tätig ist, wenn er Medizin studiert, am Fließband arbeitet, einen Tisch herstellt oder Sport treibt. Allen diesen Tätigkeiten ist gemeinsam, daß sie sich jeweils auf ein bestimmtes äußeres Ziel richten, welches man erreichen möchte. Nicht berücksichtigt wird dagegen die *Motivation der*

Aktivität. Nehmen wir zum Beispiel einen Menschen, der sich durch ein tiefes Gefühl der Unsicherheit und Einsamkeit zu pausenlosem Arbeiten getrieben fühlt; oder einen anderen, den Ehrgeiz oder Geldgier treibt. In all diesen Fällen ist der Betreffende der Sklave einer Leidenschaft, und seine Aktivität ist in Wirklichkeit *Passivität,* weil er dazu getrieben wird. Er ist ein »Leidender«, er erfährt sich in der »Leideform« (Passiv) und nicht in der »Tätigkeitsform« (Aktiv); er ist kein »Tätiger«, er ist nicht selbst der »Akteur«. Im Gegensatz dazu hält man einen Menschen, der ruhig dasitzt, sich der Kontemplation hingibt und dabei keinen anderen Zweck und kein anderes Ziel im Auge hat, als sich selbst und sein Einssein mit der Welt zu erleben, für »passiv«, weil er nichts »tut«. In Wirklichkeit aber ist diese konzentrierte Meditation die höchste Aktivität, die es gibt, eine Aktivität der Seele, deren nur der innerlich freie, unabhängige Mensch fähig ist. Die eine Auffassung von Aktivität, nämlich unsere moderne, bezieht sich auf die Verwendung von Energie zur Erreichung äußerer Ziele; die andere bezieht sich auf die Verwendung der dem Menschen innewohnenden Kräfte ohne Rücksicht darauf, ob damit eine äußere Veränderung bewirkt wird oder nicht. Am klarsten hat Spinoza diese Auffassung von Aktivität formuliert. Bei den Affekten unterscheidet er zwischen aktiven und passiven Affekten, zwischen *actiones* und *passiones.* Wenn der Mensch aus einem aktiven Affekt heraus handelt, ist er frei, ist er Herr dieses Affekts; handelt er dagegen aus einem passiven Affekt heraus, so ist er ein Getriebener, das Objekt von Motivationen, deren er sich selbst nicht bewußt ist. So gelangt Spinoza zu der Feststellung, daß Tugend und Vermögen (= Macht, etwas zu bewirken) ein und dasselbe sind (Spinoza, *Ethik,* Teil IV, 8. Begriffsbestimmung). Neid, Eifersucht, Ehrgeiz und jede Art von Gier sind *passiones,* die Liebe dagegen ist eine *actio,* die Betätigung eines menschlichen Vermögens, das nur in Freiheit und nie unter Zwang möglich ist.

Liebe ist eine Aktivität und kein passiver Affekt. Sie ist etwas, das man in sich selbst entwickelt, nicht etwas, dem man verfällt. Ganz allgemein kann man den aktiven Charakter der Liebe so beschreiben, daß man sagt, sie ist in erster Linie ein *Geben* und nicht ein Empfangen.

Was heiße geben? So einfach die Antwort auf diese Frage scheinen mag, ist sie doch tatsächlich doppelsinnig und ziemlich kompliziert. Das verbreitetste Mißverständnis besteht in der Annahme, geben heiße etwas »aufgeben«, dessen man damit beraubt wird und das man zum Opfer bringt. Jemand, dessen Charakter sich noch nicht über das Stadium der rezeptiven, ausbeuterischen oder hortenden Orientierung hinausentwickelt hat, erfährt den Akt des Gebens auf diese Weise. Der Marketing-Charakter ist zwar bereit, etwas herzugeben, jedoch nur im Austausch für etwas anderes, das er empfängt; zu geben, ohne etwas zu empfangen, ist für ihn gleichbedeutend mit Betrogenwerden. (Zu den genannten Charakter-Orientierungen vgl. E. Fromm, 1974a.) Menschen, die im wesentlichen nicht-schöpferisch orientiert sind, empfinden das Geben als eine Verarmung. Die meisten Menschen dieses Typs weigern sich daher, etwas herzugeben. Manche machen aus dem Geben eine Tugend im Sinne eines Opfers. Sie haben das Gefühl, man *sollte* eben deshalb geben, weil es so schwerfällt; das Geben wird erst dadurch, daß sie bereit sind, ein Opfer zu bringen, für sie zur Tugend. Für sie bedeutet das Gebot »Geben ist seliger denn Nehmen«, daß es besser sei, Entbehrungen zu erleiden als Freude zu erfahren.

Für den produktiven Charakter hat das Geben eine ganz andere Bedeutung. Für ihn ist Geben höchster Ausdruck seines Vermögens. Gerade im Akt des Schenkens erlebe ich meine Stärke, meinen Reichtum, meine Macht. Dieses Erlebnis meiner gesteigerten Vitalität und Potenz erfüllt mich mit Freude. Ich erlebe mich selbst als überströmend, hergebend, lebendig und voll Freude. (Vgl. die Begriffsbestimmung von Freude als

»Übergang des Menschen von geringerer zu größerer Voll-
kommenheit« in Spinozas *Ethik*, Teil III, Begriffsbestimmun-
gen der Affekte.) Geben bereitet mehr Freude als Empfangen
nicht deshalb, weil es ein Opfer ist, sondern weil im Akt des
Schenkens die eigene Lebendigkeit zum Ausdruck kommt.

Es dürfte nicht schwerfallen, die Richtigkeit dieses Prinzips zu
erkennen, wenn man verschiedene spezifische Phänomene
daraufhin untersucht. Das elementarste Beispiel finden wir im
Bereich der Sexualität. Der Höhepunkt der männlichen Sexu-
alfunktion liegt im Akt des Gebens; der Mann gibt sich selbst,
gibt sein Geschlechtsorgan der Frau. Im Augenblick des Orgasmus gibt er ihr seinen Samen. Er kann nicht anders, wenn
er potent ist; wenn er nicht geben kann, ist er impotent. Bei der
Frau handelt es sich um den gleichen Prozeß, wenn er auch etwas komplexer abläuft. Auch sie gibt sich; sie öffnet die Tore
zum Innersten ihrer Weiblichkeit; im Akt des Empfangens gibt
sie. Wenn sie zu diesem Akt des Gebens nicht fähig ist, wenn
sie nur empfangen kann, ist sie frigid. Bei ihr gibt es einen weiteren Akt des Gebens, nicht als Geliebte, sondern als Mutter.
Sie gibt sich dann dem Kind, das in ihr wächst, sie gibt dem
Säugling ihre Milch, sie gibt ihm ihre körperliche Wärme. Nicht
zu geben, wäre schmerzlich für sie.

Im Bereich des Materiellen bedeutet geben reich zu sein. Nicht
der ist reich, der viel *hat*, sondern der, welcher viel *gibt*. Der
Hortende, der ständig Angst hat, etwas zu verlieren, ist psychologisch gesehen ein armer Habenichts, ganz gleich, wieviel
er besitzt. Wer dagegen die Fähigkeit hat, anderen etwas von
sich zu geben, ist reich. Er erfährt sich selbst als jemand, der
anderen etwas von sich abgeben kann. Eigentlich hat nur der,
der nichts als das Allernotwendigste zum Leben hat, keine
Möglichkeit, sich damit eine Freude zu machen, daß er anderen
materielle Dinge gibt. Aber die tägliche Erfahrung lehrt, daß
es ebenso vom Charakter wie vom tatsächlichen Besitz abhängt, was jemand als sein Existenzminimum ansieht. Be-

kanntlich sind die Armen eher gewillt zu geben als die Reichen. Dennoch kann Armut, wenn sie ein bestimmtes Maß überschreitet, es unmöglich machen zu geben, und sie ist dann nicht nur wegen der Entbehrungen, die sie unmittelbar verursacht, so erniedrigend, sondern auch weil sie dem Armen die Freude des Gebens nicht erlaubt.

Der wichtigste Bereich des Gebens liegt jedoch nicht im Materiellen, sondern im zwischenmenschlichen Bereich. Was gibt ein Mensch dem anderen? Er gibt etwas von sich selbst, vom Kostbarsten, was er besitzt, er gibt etwas von seinem Leben. Das bedeutet nicht unbedingt, daß er sein Leben für den anderen opfert – sondern daß er ihm etwas von dem gibt, was in ihm lebendig ist; er gibt ihm etwas von seiner Freude, von seinem Interesse, von seinem Verständnis, von seinem Wissen, von seinem Humor, von seiner Traurigkeit – von allem, was in ihm lebendig ist. Indem er dem anderen auf diese Weise etwas von seinem Leben abgibt, bereichert er ihn, steigert er beim anderen das Gefühl des Lebendigseins und verstärkt damit dieses Gefühl des Lebendigseins auch in sich selbst. Er gibt nicht, um selbst etwas zu empfangen; das Geben ist an und für sich eine erlesene Freude. Indem er gibt, kann er nicht umhin, im anderen etwas zum Leben zu erwecken, und dieses zum Leben Erweckte strahlt zurück auf ihn; wenn jemand wahrhaft gibt, wird er ganz von selbst etwas zurückempfangen. Zum Geben gehört, daß es auch den anderen zum Geber macht, und beide haben ihre Freude an dem, was sie zum Leben erweckt haben. Im Akt des Gebens wird etwas geboren, und die beiden beteiligten Menschen sind dankbar für das Leben, das für sie beide geboren wurde. Für die Liebe insbesondere bedeutet dies: Die Liebe ist eine Macht, die Liebe erzeugt. Impotenz ist die Unfähigkeit, Liebe zu erzeugen. Marx hat diesem Gedanken sehr schönen Ausdruck verliehen, wenn er sagt: »Setze den *Menschen* als *Menschen* und sein Verhältnis zur Welt als ein menschliches voraus, so kannst du Liebe nur gegen Liebe austauschen, Vertrauen nur gegen Vertrauen etc. Wenn du die Kunst genießen willst, mußt du ein künstlerisch gebildeter Mensch sein; wenn du Einfluß auf andere Menschen ausüben willst, mußt du ein wirklich anregend und fördernd auf andere Menschen wirkender Mensch sein. Jedes deiner Verhältnisse zum Menschen und zu der Natur muß eine *bestimmte*, dem Gegenstand deines Willens entsprechende *Äußerung* deines *wirklichen individuellen* Lebens sein. Wenn du liebst, ohne Gegenliebe hervorzurufen, das heißt, wenn dein Lieben als Liebe nicht die Gegenliebe produziert, wenn du durch eine *Lebensäußerung* als liebender Mensch dich nicht *zum geliebten Menschen* machst, so ist deine Liebe ohnmächtig, ein Unglück« (K. Marx, 1971, S. 301). Aber nicht nur in der Liebe bedeutet geben empfangen. Der Lehrer lernt von seinen Schülern, der Schauspieler wird von seinen Zuschauern angespornt, der Psychoanalytiker wird von seinen Patienten geheilt – vorausgesetzt, daß sie einander nicht wie leblose Gegenstände behandeln, sondern echt und schöpferisch zueinander in Beziehung treten.

Wir brauchen wohl nicht besonders darauf hinzuweisen, daß die Fähigkeit zur Liebe – wird Liebe als ein Akt des Gebens verstanden – von der Charakterentwicklung des Betreffenden abhängt. Sie setzt voraus, daß er bereits zu einer vorherrschend produktiven Orientierung gelangt ist; bei einer solchen Orientierung hat der Betreffende seine Abhängigkeit, sein narzißtisches Allmachtsgefühl, den Wunsch, andere auszubeuten, oder den Wunsch zu horten überwunden; er glaubt an seine eigenen menschlichen Kräfte und hat den Mut, auf seine Kräfte zu vertrauen. In dem Maß, wie ihm diese Eigenschaften fehlen, hat er Angst, sich hinzugeben – Angst zu lieben.

Die Liebe ist aber nicht nur ein Geben, ihr »aktiver« Charakter zeigt sich auch darin, daß sie in allen ihren Formen stets folgende Grundelemente enthält: *Fürsorge, Verantwortungsgefühl, Achtung vor dem anderen* und *Erkenntnis*.

Daß zur Liebe *Fürsorge* gehört, zeigt sich am deutlichsten in der Liebe der Mutter zu ihrem Kind. Keine Beteuerung ihrer Liebe käme uns aufrichtig vor, wenn sie es an Fürsorge für das Kind fehlen ließe, wenn sie versäumte, es zu ernähren, zu baden und für sein leibliches Wohl zu sorgen; und wir fühlen uns von ihrer Liebe beeindruckt, wenn wir sehen, wie sie für ihr Kind sorgt. Mit der Liebe zu Tieren und Blumen ist es nicht anders. Wenn eine Frau behauptet, sie liebe Blumen, und wir sehen dann, wie sie vergißt, sie zu gießen, dann glauben wir ihr ihre »Blumenliebe« nicht. *Liebe ist die tätige Sorge für das Leben und das Wachstum dessen, was wir lieben.* Wo diese tätige Sorge fehlt, ist auch keine Liebe vorhanden. Dieses Element der Liebe ist besonders schön im Buch Jona beschrieben. Gott hat Jona aufgetragen, sich nach Ninive zu begeben und die Bewohner zu warnen, daß sie bestraft würden, wenn sie ihren schlimmen Lebenswandel nicht änderten. Jona versucht sich dem Auftrag zu entziehen, weil er fürchtet, die Bewohner Ninives könnten bereuen und Gott würde ihnen dann vergeben. Er ist ein Mann mit einem starken Gefühl für Gesetz und Ordnung, aber ihm fehlt die Liebe. Doch bei seinem Versuch zu fliehen, findet er sich im Bauch des Walfisches wieder, was den Zustand der Isolation und Gefangenschaft symbolisiert, in den er durch seinen Mangel an Liebe und Solidarität geraten ist. Gott rettet ihn, und Jona geht nach Ninive. Er predigt den Bewohnern, was Gott ihm aufgetragen hat, und eben das, was er befürchtet hat, tritt ein: Die Bewohner Ninives bereuen ihre Sünden und bessern ihren Lebenswandel; Gott vergibt ihnen und beschließt, die Stadt nun doch nicht zu vernichten. Jona ist überaus ärgerlich und enttäuscht darüber. Er wollte, daß »Gerechtigkeit« und nicht Gnade walten solle. Schließlich findet er einigen Trost im Schatten eines Baumes, den Gott für ihn wachsen ließ, um ihn vor der Sonne zu schützen. Aber als Gott den Baum verdorren läßt, ist Jona niedergeschlagen, und er beschwert sich bei Gott. »Darauf sagte der Herr: Dir ist es leid um den Rizinusstrauch, für den du nicht gearbeitet und den du nicht großgezogen hast. Über Nacht war er da, über Nacht ist er eingegangen. Mir aber sollte es nicht leid sein um Ninive, die große Stadt, in der mehr als hundertzwanzigtausend Menschen leben, die nicht einmal rechts und links unterscheiden können – und außerdem noch so viel Vieh?« (Jon 4,10f.). Was Gott Jona antwortet, ist symbolisch zu verstehen. Er erklärt ihm, daß das Wesen der Liebe darin besteht, für etwas »zu arbeiten« und »etwas aufzuziehen«, daß Liebe und Arbeit nicht voneinander zu trennen sind. Man liebt das, wofür man sich müht, und man müht sich für das, was man liebt.

Neben der Fürsorge gehört noch ein weiterer Aspekt zur Liebe: das *Verantwortungsgefühl*. Heute versteht man unter Verantwortungsgefühl häufig »Pflicht«, also etwas, das uns von außen auferlegt wird. Aber in seiner wahren Bedeutung ist das Verantwortungsgefühl etwas völlig Freiwilliges; es ist meine Antwort auf die ausgesprochenen oder auch unausgesprochenen Bedürfnisse eines anderen menschlichen Wesens. Sich für jemanden »verantwortlich« zu fühlen, heißt fähig und bereit sein zu »antworten«. Jona fühlte sich für die Bewohner von Ninive nicht verantwortlich. Er hätte wie Kain fragen können: »Bin ich der Hüter meines Bruders?« (Gen 4,9). Der liebende Mensch antwortet. Das Leben seines Bruders geht nicht nur diesen Bruder allein, sondern auch ihn an. Er fühlt sich für seine Mitmenschen genauso verantwortlich wie für sich selbst. Das Verantwortungsgefühl der Mutter für ihr Kind bezieht sich hauptsächlich auf ihre Fürsorge für dessen körperliche Bedürfnisse. Bei der Liebe zwischen Erwachsenen bezieht sich das Verantwortungsgefühl hauptsächlich auf die seelischen Bedürfnisse des anderen.

Das Verantwortungsgefühl könnte leicht dazu verleiten, den anderen beherrschen und ihn für sich besitzen zu wollen, wenn eine dritte Komponente der Liebe nicht hinzukommt: die *Achtung vor dem anderen*. Achtung hat nichts mit Furcht und nichts mit Ehrfurcht zu tun: Sie bezeichnet die Fähigkeit, jemanden so zu sehen, wie er ist, und seine einzigartige Individualität wahrzunehmen. Achtung bezieht sich darauf, daß man ein echtes Interesse daran hat, daß der andere wachsen und sich entfalten kann. Daher impliziert Achtung das Fehlen von Ausbeutung. Ich will, daß der andere um seiner selbst willen und auf seine eigene Weise wächst und sich entfaltet und nicht mir zuliebe. Wenn ich den anderen wirklich liebe, fühle ich mich eins mit ihm, aber so, *wie er wirklich ist,* und nicht, wie ich ihn als Objekt zu meinem Gebrauch benötige. Es ist klar, daß ich nur Achtung vor einem anderen haben kann, wenn *ich selbst* zur Unabhängigkeit gelangt bin, wenn ich ohne Krücken stehen und laufen kann und es daher nicht nötig habe, einen anderen auszubeuten. Achtung gibt es nur auf der Grundlage der Freiheit: *L'amour est l'enfant de la liberté* heißt es in einem alten französischen Lied. Die Liebe ist das Kind der Freiheit, niemals das der Beherrschung.

Achtung vor einem anderen ist nicht möglich ohne ein wirkliches Kennen des anderen. Fürsorge und Verantwortungsgefühl für einen anderen wären blind, wenn sie nicht von *Erkenntnis* geleitet würden. Meine Erkenntnis wäre leer, wenn sie nicht von der Fürsorge für den anderen motiviert wäre. Es gibt viele Ebenen der Erkenntnis. Die Erkenntnis, die ein Aspekt der Liebe ist, bleibt nicht an der Oberfläche, sondern dringt zum Kern vor. Sie ist nur möglich, wenn ich mein eigenes Interesse transzendiere und den anderen so sehe, wie er wirklich ist. So kann ich zum Beispiel merken, daß jemand sich ärgert, selbst wenn er es nicht offen zeigt; aber ich kann ihn auch noch tiefer kennen, und dann weiß ich, daß er Angst hat und sich Sorgen macht, daß er sich einsam und schuldig fühlt. Dann weiß ich, daß sein Ärger nur die Manifestation von etwas ist, was tiefer liegt, und ich sehe in ihm dann den verängstigten und verwirrten, das heißt den leidenden und nicht den verärgerten Menschen.

Solche Erkenntnis steht noch in einer anderen, noch grundlegenderen Beziehung zum Problem der Liebe. Das Grundbedürfnis, sich mit einem anderen Menschen zu vereinigen, um auf diese Weise dem Kerker des eigenen Abgetrenntseins zu entrinnen, ist eng verwandt mit einem anderen spezifisch menschlichen Verlangen, nämlich dem, »das Geheimnis des Menschen« zu ergründen. Das Leben ist nicht nur in seinen rein biologischen Aspekten ein Wunder und ein Geheimnis, der Mensch ist für sich und für seine Mitmenschen auch in seinen menschlichen Aspekten ein unergründliches Geheimnis. Wir kennen uns – und kennen uns doch auch wieder nicht, sosehr wir uns darum auch bemühen mögen. Wir kennen unseren Mitmenschen und kennen ihn doch auch wieder nicht, weil wir kein Ding sind und weil unser Mitmensch ebenfalls kein Ding ist. Je weiter wir in die Tiefe unseres eigenen Seins oder das eines anderen Menschen hinabreichen, um so mehr entzieht sich uns das, was wir erkennen möchten. Trotzdem können wir den Wunsch nicht unterdrücken, in das Geheimnis der Seele des Menschen, in den innersten Kern seines wahren Wesens einzudringen.

Es gibt eine verzweifelte Möglichkeit, dies zu erreichen: Sie besteht darin, den anderen völlig in seine Gewalt zu bekommen, ihn mit Macht dazu zu bringen, das zu tun, was wir wollen, das zu fühlen, was wir wollen, das zu denken, was wir wollen, so daß er in ein Ding, in unseren Besitz verwandelt wird. Dieser äußerste Versuch, den anderen zu »erkennen«, ist bei extremen Formen des Sadismus gegeben, im Wunsch und in der Fähigkeit, ein menschliches Wesen leiden zu lassen, es zu quälen, es zu zwingen, in seinem Leiden sein Geheimnis preiszugeben. Dieses Verlangen, in das Geheimnis eines anderen Menschen und damit in das eigene Geheimnis einzudringen, ist im wesentlichen die Motivation für die Tiefe und Intensität der Grausamkeit und Destruktivität. Isaac Babel hat diesen Gedanken prägnant zum Ausdruck gebracht. Er zitiert einen Offizierskameraden im Russischen Bürgerkrieg, der, nachdem er seinen früheren Herrn zu Tode getrampelt hatte, sagte: »Ich würde sagen, mit Schießen schafft man sich so einen Kerl nur vom Hals... aber mit Schießen kommt man nicht an die Seele heran, wo die in dem Kerl ist und wie sie sich zeigt. Aber ich schon' mich nicht und ich hab' schon mehr als einmal auf einem Feind über eine Stunde lang herumgetrampelt. Weißt du, ich möchte herauskriegen, was das Leben wirklich ist, was das mit unserem Leben so auf sich hat« (I. Babel, 1955).

Bei Kindern können wir oft beobachten, wie sie diesen Weg zur Erkenntnis ganz offen einschlagen. Das Kind nimmt etwas auseinander, es zerbricht es, um es kennenzulernen; oder es zerlegt ein Tier, es reißt grausam einem Schmetterling die Flügel aus, um ihn kennenzulernen, ihm sein Geheimnis gewaltsam zu entreißen. Die Grausamkeit selbst ist hier durch etwas Tieferes motiviert, durch den Wunsch, hinter das Geheimnis der Dinge und des Lebens zu kommen.

Der andere Weg, »das Geheimnis« zu erkennen, ist die Liebe. Liebe ist ein aktives Eindringen in den andern, wobei das eigene Verlangen, ihn zu erkennen, durch die Vereinigung gestillt wird. Im Akt der Vereinigung erkenne ich dich, erkenne ich mich, erkenne ich alle die anderen, und ich »weiß« doch nichts. Ich erkenne auf die einzige Weise, in welcher dem Menschen Erkenntnis des Lebendigen möglich ist: im Erleben von Einheit – und nicht aufgrund des Wissens, das mir mein Verstand vermittelt. Der Sadismus ist vom Verlangen motiviert, das Geheimnis zu durchschauen, doch bleibe ich dabei so unwissend wie zuvor. Ich habe den anderen Glied um Glied auseinandergerissen, aber ich habe damit nur erreicht, ihn zu zerstören. Liebe ist der einzige Weg zur Erkenntnis, der im Akt der Vereinigung mein Verlangen stillt. Im Akt der Liebe, im Akt der Hingabe meiner selbst, im Akt des Eindringens in den anderen finde ich mich selbst, entdecke ich mich selbst, entdecke ich uns beide, entdecke ich den Menschen.

Das Verlangen, uns selbst und unseren Mitmenschen zu erkennen, drückt sich in der Inschrift des Apollotempels in Delphi aus: »Erkenne dich selbst.« Dieses Motto ist die treibende Kraft der gesamten Psychologie. Aber da in uns das Verlangen ist, alles über den Menschen zu wissen, sein innerstes Geheimnis zu kennen, kann dieses Verlangen durch die gewöhnliche Verstandeserkenntnis allein niemals gestillt werden. Selbst wenn wir tausendmal mehr über uns wüßten, kämen wir doch nie auf den Grund. Wir blieben uns immer ein Rätsel, wie auch unsere Mitmenschen uns immer ein Rätsel bleiben würden. Der einzige Weg zu ganzer Erkenntnis ist der *Akt* der Liebe: Dieser Akt transzendiert alles Denken und alle Worte. Es ist der kühne Sprung in das Erleben von Einheit. Freilich ist das gedankliche Wissen, das heißt die psychologische Erkenntnis, eine unentbehrliche Voraussetzung für die volle Erkenntnis im Akt der Liebe. Ich muß den anderen und mich selbst objektiv kennen, um sehen zu können, wie er wirklich ist – oder besser gesagt um die Illusionen, das irrational entstellte Bild zu überwinden, das ich mir von ihm mache. Nur wenn ich einen anderen Menschen objektiv sehe, kann ich ihn im Akt der Liebe in seinem innersten Wesen erkennen. (Dies spielt bei der Bewertung der Psychologie in unserer heutigen westlichen Kultur eine wesentliche Rolle. Zwar spricht aus der großen Popularität der Psychologie zweifellos ein Interesse am Wissen um den Menschen, aber sie ist gleichzeitig ein Hinweis auf den grundsätzlichen Mangel an Liebe in den heutigen menschlichen Beziehungen. Das psychologische Erkennen wird zu einem Ersatz für das volle Erkennen im Akt der Liebe, anstatt nur ein Schritt zur Erkenntnis hin zu sein.)

Parallel zum Problem, den Menschen zu erkennen, gibt es das religiöse Problem, Gott zu erkennen. In der herkömmlichen westlichen Theologie wird versucht, Gott im Denken zu erkennen und Aussagen *über* Gott zu machen. Es wird angenommen, daß ich Gott durch Denken erkennen kann. Die Mystik, welche, wie ich später noch zeigen werde, die letzte Konsequenz des Monotheismus ist, gibt den Versuch auf, Gott gedanklich erfassen zu können. Statt dessen versucht sie zum Erlebnis der Einheit mit Gott zu gelangen, in der kein Platz mehr ist für ein Wissen *über* Gott und wo auch kein Bedürfnis mehr danach besteht.

Das Erlebnis der Vereinigung mit dem Menschen oder, religiös ausgedrückt, mit Gott ist keineswegs irrational. Es ist ganz im Gegenteil, wie Albert Schweitzer dargelegt hat, das Ergebnis des Rationalismus in seiner kühnsten und radikalsten Konsequenz. Es beruht auf unserem Wissen um die grundsätzlichen und nicht zufälligen Grenzen unserer Erkenntnis, auf unserem Wissen darum, daß wir das Geheimnis des Menschen und des Universums nie »begreifen« werden, daß wir es aber trotzdem im Akt der Liebe »erkennen« können. Die Psychologie als Wissenschaft hat ihre Grenzen, und wie die Mystik die logische Konsequenz der Theologie ist, so ist die letzte Konsequenz der Psychologie die Liebe.

Fürsorge, Verantwortungsgefühl, Achtung und Erkenntnis stehen miteinander in engem Zusammenhang. Sie bilden ein Syndrom von Einstellungen, die beim reifen Menschen zu finden sind, das heißt bei einem Menschen, der seine eigenen Kräfte produktiv entwickelt hat, der nur das haben will, was er sich selbst erarbeitet hat, der seine narzißtischen Träume von Allwissenheit und Allmacht aufgegeben und die Demut erworben hat, die auf einer inneren Stärke beruht, wie sie nur echtes produktives Tätigsein geben kann.

Bisher habe ich von der Liebe nur als von der Überwindung des menschlichen Getrenntseins, als der Erfüllung der Sehnsucht nach Einheit gesprochen. Aber über das universale existentielle Bedürfnis nach Einheit hinaus gibt es noch ein spezifisch biologisches Bedürfnis: das Verlangen nach einer Vereinigung des männlichen und des weiblichen Pols. Dieser Gedanke der Vereinigung der beiden Pole kommt am eindrucksvollsten in dem Mythos zum Ausdruck, daß Mann und Frau ursprünglich eins waren, daß sie auseinandergeteilt wurden und daß seitdem jeder Mann seine verlorene weibliche Hälfte sucht, um sich aufs neue mit ihr zu vereinigen. (Der gleiche Gedanke von der ursprünglichen Einheit der Geschlechter ist auch in der biblischen Geschichte enthalten, nach welcher Eva aus der Rippe Adams geschaffen wurde, wenn auch in dieser von einem patriarchalischen Geist erfüllten Geschichte die Frau als dem Manne untergeordnet erscheint.) Die Bedeutung des Mythos ist offensichtlich. Die sexuelle Polarisierung veranlaßt den Menschen, eine Einheit spezieller Art zu suchen, nämlich die mit dem anderen Geschlecht. Die Polarität zwischen dem männlichen und dem weiblichen Prinzip besteht auch im Inneren eines jeden Mannes und im Inneren einer jeden Frau. Genauso wie im physiologischen Bereich Mann und Frau jeweils auch Hormone des anderen Geschlechts haben, sind sie auch im psychologischen Sinn bisexuell. Sie tragen beide das Prinzip des Empfangens und des Eindringens, der Materie und des Geistes in sich. Der Mann wie auch die Frau finden die Einheit in sich selbst nur in Gestalt der Vereinigung ihrer weiblichen und männlichen Polarität. Diese Polarität ist die Grundlage jeder Kreativität.

Die männlich-weibliche Polarität ist auch die Basis der zwischenmenschlichen Kreativität. Biologisch wird dies darin sichtbar, daß die Geburt eines Kindes auf der Vereinigung von Samen und Eizelle beruht. Aber auch im rein seelischen Bereich ist es nicht anders; in der Liebe zwischen Mann und Frau werden beide wiedergeboren. (Die homosexuelle Abweichung von der Norm entsteht dadurch, daß diese polarisierte Vereinigung nicht zustande kommt und daß der Homosexuelle hierdurch unter dem Schmerz der nicht aufgehobenen Getrenntheit leidet, wobei es sich übrigens um ein Unvermögen handelt, das er mit dem durchschnittlich heterosexuell Veranlagten, der nicht lieben kann, teilt.)

Die gleiche Polarität des männlichen und weiblichen Prinzips gibt es auch in der Natur, und zwar nicht nur so offensichtlich wie bei Tieren und Pflanzen, sondern auch in der Polarität der beiden fundamentalen Funktionen des Empfangens und des Eindringens. Es ist die Polarität von Erde und Regen, von Fluß und Meer, von Nacht und Tag, von Dunkelheit und Licht, von Materie und Geist. Der moslemische Dichter und Mystiker Rumi hat dies besonders schön ausgedrückt.

»Wahrlich nie sucht der Liebende, ohne von der Geliebten gesucht zu werden.

Hat der Blitz der Liebe *dieses* Herz getroffen, so wisse, daß auch *jenes* Herz voll Liebe ist.

Wächst die Liebe zu Gott in deinem Herzen, so wirst auch du ohne Zweifel von Gott geliebt.

Kein Händeklatschen ertönt nur von einer Hand ohne die andere.

Göttliche Weisheit und Gottes Ratschluß macht, daß wir einander lieben.

Durch diese Vorbestimmung ist jeder Teil der Welt mit seinem Gefährten gepaart.

Nach Ansicht der Weisen ist der Himmel der Mann und die Erde die Frau: Die Erde zieht auf, was vom Himmel herabfällt.

Fehlt der Erde die Wärme, so schickt sie der Himmel; geht ihr Frische und Nässe verloren, so versorgt sie der Himmel aufs neue.

Der Himmel geht seinen Lauf wie der Gatte, der nach Nahrung sucht für sein Weib;

Und die Erde widmet sich eifrig häuslichen Pflichten: Sie hilft bei der Geburt und nährt, was sie gebiert.

Siehe, auch Erde und Himmel sind mit Verstand begabt, verrichten sie doch das Werk verständiger Wesen.

Fände der eine nicht Gefallen am andern, weshalb hingen sie dann wie Liebende aneinander?

Wie sollten Blumen und Bäume blühen ohne die Erde? Was würde ohne sie Wasser und Wärme des Himmels erzeugen?

So wie Gott in Mann und Frau das Verlangen gepflanzt hat, auf daß die Welt erhalten bliebe durch ihre Vereinigung,
so hat Er auch jedem Teil der Welt das Verlangen nach einem anderen Teil dieser Welt eingepflanzt.

Feinde sind Tag und Nacht von außen gesehen, doch dienen sie beide demselben Zweck:
Beide lieben einander, um gemeinsam ihr Werk zu vollenden.

Ohne die Nacht würde des Menschen Natur nichts empfangen,
so daß der Tag nichts mehr zum Ausgeben hätte«
(R. A. Nicholson, 1950, S. 122f.).

Das Problem der männlich-weiblichen Polarität führt zu weiteren Erörterungen über das Thema Liebe und Sexualität. Ich erwähnte bereits, daß Freud sich irrte, als er in der Liebe ausschließlich den Ausdruck oder die Sublimierung des Sexualtriebs sah und nicht erkannte, daß das sexuelle Verlangen nur ein Ausdruck des Bedürfnisses nach Liebe und Einheit ist. Aber Freuds Irrtum reicht noch tiefer. In Übereinstimmung mit seinem physiologischen Materialismus sieht er im Sexualtrieb das Resultat einer im Körper auf chemischem Weg erzeugten Spannung, die schmerzhaft empfunden wird und daher nach Entspannung sucht. Ziel des sexuellen Verlangens ist die Beseitigung dieser quälenden Spannung; die sexuelle Befriedigung liegt in dieser Spannungsbeseitigung. Diese Ansicht ist insoweit richtig, als das sexuelle Verlangen sich in ähnlicher Weise auswirkt wie Hunger und Durst, wenn dem Organismus zuwenig Nahrung zugeführt wird. Der Sexualtrieb ist nach dieser Auffassung eine Art Juckreiz, die sexuelle Befriedigung ist die Beseitigung dieses Juckreizes. Bei einer solchen Auffassung der Sexualität wäre die Masturbation tatsächlich die ideale sexuelle Befriedigung. Was Freud paradoxerweise dabei übersieht, ist der psychologisch-biologische Aspekt der Sexualität, die männlich-weibliche Polarität und das Verlangen, diese Polarität durch die Vereinigung zu überbrücken. Dieser merkwürdige Irrtum wurde vermutlich durch Freuds extrem patriarchalische Einstellung begünstigt, die ihn zu der Annahme verleitete, die Sexualität sei an und für sich männlich, so daß er die weibliche Sexualität außer acht ließ. Er brachte diesen Gedanken in seinen *Drei Abhandlungen zur Sexualtheorie* (S. Freud, 1905d, S. 120–122) zum Ausdruck, wo er sagt, die Libido habe regelmäßig »einen männlichen Charakter« ungeachtet der Tatsache, ob es sich um die Libido bei einem Mann oder bei einer Frau handele. Der gleiche Gedanke kommt auch in einer rationalisierten Form in Freuds Theorie zum Ausdruck, daß nämlich der kleine Junge die Frau als kastrierten Mann erlebe und daß die Frau selbst den Verlust des männlichen Gliedes auf verschiedene Weise zu kompensieren suche. Aber die Frau ist kein kastrierter Mann, und ihre Sexualität ist spezifisch weiblich und nicht von »männlichem Charakter«.

Die sexuelle Anziehung zwischen den Geschlechtern ist nur teilweise durch das Bedürfnis nach Abfuhr der Spannung motiviert; in der Hauptsache handelt es sich dabei um das Bedürfnis nach Einheit mit dem anderen sexuellen Pol. Tatsächlich äußert sich erotische Anziehung ja auch nicht nur in der sexuellen Anziehung. Männlichkeit und Weiblichkeit zeigen sich ebenso im *Charakter* wie in *Sexualfunktionen*. Man kann den männlichen Charakter definieren, indem man ihm Eigenschaften wie Eindringungsvermögen, Führungsbefähigung, Aktivität, Disziplin und Abenteuerlust zuschreibt; den weiblichen

Charakter dagegen kennzeichnen Eigenschaften wie produktive Aufnahmefähigkeit, Beschützenwollen, Realismus, Geduld und Mütterlichkeit. (Dabei sollte man sich stets vor Augen halten, daß in jedem Menschen stets beiderlei Charaktereigenschaften miteinander verquickt sind, wobei die zu »seinem« oder die zu »ihrem« Geschlecht gehörigen jeweils überwiegen.) Wenn die männlichen *Charakterzüge* eines Mannes dadurch, daß er emotional ein Kind geblieben ist, nur schwach ausgebildet sind, kommt es sehr häufig vor, daß er diesen Mangel dadurch zu kompensieren sucht, daß er in sexueller Hinsicht ausschließlich eine männliche Rolle spielt. Das Ergebnis ist dann ein Don Juan, der es nötig hat, seine Manneskraft im Geschlechtsverkehr zu beweisen, weil er sich seines männlichen Charakters nicht sicher ist. Ist die Lähmung der Männlichkeit noch extremer, so wird der Sadismus (die Anwendung von Gewalt) zum pervertierten Hauptersatz für die Männlichkeit. Ist die weibliche Sexualität geschwächt oder pervertiert, so verwandelt sie sich in Masochismus oder in Besitzgier.

Man hat Freud wegen seiner Überbewertung der Sexualität kritisiert. Bei dieser Kritik hat häufig auch der Wunsch eine Rolle gespielt, ein Element aus seinem System zu beseitigen, das ihm in konventionell eingestellten Kreisen Kritik und Feindschaft eintrug. Freud spürte diese Motivation genau und wehrte sich aus eben diesem Grund gegen jeden Versuch, seine Sexualtheorie zu ändern. Tatsächlich wirkte ja Freuds Theorie in seiner Zeit herausfordernd und revolutionär. Aber was für die Zeit um die Jahrhundertwende galt, hat fünfzig Jahre später seine Gültigkeit verloren. Die sexuellen Gewohnheiten haben sich so sehr geändert, daß Freuds Theorien für das Bürgertum des Westens nicht mehr anstößig sind, und es zeugt von einem weltfremden Radikalismus, wenn heute noch orthodoxe Analytiker sich für besonders mutig und radikal halten, wenn sie seine Sexualtheorie verteidigen. Tatsächlich ist ihre Art von

Psychoanalyse konformistisch, macht sie doch nicht einmal den Versuch, psychologische Fragen anzuschneiden, die zu einer Kritik der heutigen Gesellschaft führen würden.

Meine Kritik an Freuds Theorie gilt nicht seiner Überbetonung der Sexualität, sondern bezieht sich darauf, daß er diese nicht tief genug verstanden hat. Er hat den ersten Schritt zur Entdeckung der Bedeutung zwischenmenschlicher Leidenschaften getan; in Übereinstimmung mit seinen philosophischen Prämissen hat er sie psychologisch erklärt. In dem Maß, wie sich die Psychoanalyse weiterentwickelt, erscheint es jedoch notwendig und richtig, Freuds Auffassung dadurch zu korrigieren und zu vertiefen, daß man seine Einsichten aus dem physiologischen Bereich in den biologischen und existentiellen Bereich hinübernimmt. (Auch hier hat Freud den ersten Schritt in dieser Richtung später selbst getan, als er den Begriff des Lebens- und Todestriebs entwickelte. Sein Verständnis des Lebenstriebs *[eros]* als des Prinzips der Synthese und Vereinigung liegt auf einer völlig anderen Ebene als sein Libidobegriff. Aber wenn auch seine Theorie vom Lebens- und Todestrieb von orthodoxen Analytikern akzeptiert wurde, so kam es dennoch zu keiner grundsätzlichen Revision seiner Auffassung von der Libido, besonders nicht in der klinischen Arbeit.)

Liebe zwischen Eltern und Kind

Das Kind hätte bereits im Augenblick seiner Geburt Angst zu sterben, wenn ein gnädiges Schicksal es nicht davor bewahrte, sich der Angst bewußt zu werden, welche mit der Trennung von der Mutter und von seiner Existenz im Mutterleib verbunden ist. Selbst nach der Geburt unterscheidet sich das Kind kaum von dem, was es vor der Geburt war; es kann noch keinen Gegenstand erkennen, es ist sich seiner selbst und der Welt als etwas außerhalb von ihm Liegendes noch nicht bewußt. Es fühlt lediglich den positiven Eindruck von Wärme und Nahrung, doch es unterscheidet diese Wärme und Nahrung noch nicht von deren Quelle, der Mutter. Die Mutter *ist* Wärme, die Mutter *ist* Nahrung, die Mutter *ist* der euphorische Zustand von Befriedigung und Sicherheit. Es ist dies ein narzißtischer Zustand, um Freuds Begriff zu gebrauchen. Die äußere Realität, Personen wie Dinge, sind nur insofern von Bedeutung, als sie für den inneren Zustand des Körpers eine Befriedigung oder Versagung bedeuten. Real ist nur das, was im Inneren vorgeht; alles außerhalb Befindliche besitzt nur in bezug auf die eigenen Bedürfnisse Realität – niemals jedoch in bezug auf die objektiven Eigenschaften oder Bedürfnisse.

In dem Maße, wie das Kind weiter wächst und sich entwickelt, erlangt es die Fähigkeit, Dinge so wahrzunehmen, wie sie sind. Es unterscheidet jetzt die Befriedigung, gefüttert zu werden, von der Brust der Mutter. Schließlich erlebt es dann seinen Hunger und dessen Stillung durch die Milch, die Brust und die Mutter als verschiedene Dinge. Es lernt auch viele andere Dinge voneinander zu unterscheiden und merkt, daß sie eine eigene Existenz besitzen. Jetzt lernt es auch, sie beim Namen zu nennen und mit ihnen umzugehen. Es lernt, daß Feuer heiß ist und weh tut, daß der Körper der Mutter warm ist und wohl tut, daß Holz hart und schwer und daß Papier leicht ist und daß man es zerreißen kann. Es lernt auch mit Menschen umzugehen; es lernt, daß die Mutter lächelt, wenn es ißt, daß sie es auf den Arm nimmt, wenn es weint, daß sie es lobt, wenn es sein Geschäft verrichtet. Alle diese Erfahrungen kristallisieren sich und gehen ein in die Erfahrung: *Ich werde geliebt*. Ich werde geliebt, weil ich hilflos bin, ich werde geliebt, weil ich schön und bewundernswert bin, ich werde geliebt, weil Mutter mich braucht. Allgemeiner ausgedrückt heißt das: *Ich werde geliebt, weil ich das bin, was ich bin,* oder vielleicht noch präziser: *Ich werde geliebt, weil ich bin.* Diese Erfahrung, von der Mutter geliebt zu werden, ist ihrem Wesen nach passiv. Ich brauche nichts dazu zu tun, um geliebt zu werden, Mutterliebe ist keinen Bedingungen unterworfen. Alles, was ich tun muß, ist *zu sein*, ihr Kind zu sein. Die Liebe der Mutter bedeutet Seligkeit, sie bedeutet Frieden, man braucht sie nicht erst zu erwerben, man braucht sie sich nicht zu verdienen. Aber diese Bedingungslosigkeit der Mutterliebe hat auch ihre negative Seite. Sie braucht nicht nur nicht verdient zu werden – sie *kann* auch *nicht erworben*, erzeugt oder unter Kontrolle gehalten werden. Ist sie vorhanden, so ist sie ein Segen; ist sie nicht vorhanden, so ist es, als ob alle Schönheit aus dem Leben verschwunden wäre, und ich kann nichts tun, um sie hervorzurufen.

Für die meisten Kinder unter achteinhalb bis zehn Jahren besteht das Problem fast ausschließlich darin, geliebt zu werden – und zwar dafür geliebt zu werden, daß man so ist, wie man ist. (Vgl. H. S. Sullivan, 1953.) Bis zu diesem Alter liebt das Kind selbst noch nicht; es reagiert nur dankbar und fröhlich darauf, daß es geliebt wird. An diesem Punkt der kindlichen Entwicklung kommt ein neuer Faktor hinzu: das neue Gefühl, daß man durch die eigene Aktivität Liebe wecken kann. Zum erstenmal kommt das Kind auf den Gedanken, daß es der Mutter (oder dem Vater) etwas *geben* kann, daß es etwas selbst schaffen kann – ein Gedicht, eine Zeichnung oder was immer es sein mag. Zum erstenmal im Leben des Kindes verwandelt sich die Vorstellung von Liebe. Geliebtwerden wird zum Lieben, zum Erwecken von Liebe. Von diesem ersten Anfang bis zum Reifen der Liebe sind viele Jahre nötig. Schließlich hat das Kind, das inzwischen ein Jugendlicher sein mag, seine Ichbezogenheit überwunden; der andere ist jetzt nicht mehr in erster Linie ein Mittel zur Befriedigung der eigenen Bedürfnisse. Die Bedürfnisse des anderen werden ebenso wichtig wie die eigenen – ja tatsächlich noch wichtiger als diese. Geben ist befriedigender, freudvoller geworden als Empfangen; Lieben ist wichtiger geworden als Geliebtwerden. Dadurch, daß der junge Mensch liebt, ist er aus der Gefängniszelle seines Allein-seins und seiner Isolierung herausgelangt, die durch seinen Narzißmus und seine Ichbezogenheit bedingt waren. Er erlebt ein neues Gefühl der Einheit, des Teilens und des Einsseins. Was noch wichtiger ist, er spürt in sich das Vermögen, Liebe durch Lieben zu wecken und nicht mehr abhängig davon zu sein, geliebt zu werden und aus diesem Grund klein, hilflos und krank – oder »brav« bleiben zu müssen. Infantile Liebe folgt dem Prinzip: »*Ich liebe, weil ich geliebt werde.*« Reife Liebe folgt dem Prinzip: »*Ich werde geliebt, weil ich liebe.*« Unreife Liebe sagt: »*Ich liebe dich, weil ich dich brauche.*« Reife Liebe sagt: »*Ich brauche dich, weil ich dich liebe.*«

In engem Zusammenhang mit der Entwicklung der Liebes*fähigkeit* steht die Entwicklung der Liebes*objekte*. In den ersten Monaten und Jahren ist das Kind seiner Mutter am engsten verbunden. Diese Bindung beginnt schon vor dem Augenblick der Geburt, wo Mutter und Kind noch eins sind, wenngleich sie zwei sind. Die Geburt ändert die Situation in gewisser Hinsicht, jedoch nicht so drastisch, wie es zunächst scheinen mag. Obwohl das Kind jetzt außerhalb des Mutterleibes lebt, ist es doch von der Mutter noch völlig abhängig. Aber es wird jetzt täglich unabhängiger: Es lernt selbständig zu laufen, zu sprechen und die Welt zu erforschen; die Beziehung zur Mutter verliert einiges von ihrer vitalen Bedeutung, und statt dessen wird die Beziehung zum Vater immer wichtiger.

Um dieses Hinüberwechseln von der Mutter zum Vater zu verstehen, müssen wir uns die wesentlichen qualitativen Unterschiede zwischen mütterlicher und väterlicher Liebe vor Augen halten. Über die Mutterliebe haben wir bereits gesprochen. Mutterliebe ist ihrem Wesen nach an keine Bedingungen geknüpft. Eine Mutter liebt ihr neugeborenes Kind, allein weil es ihr Kind ist, und nicht weil es bestimmten Voraussetzungen entspricht oder bestimmte Erwartungen erfüllt. (Wenn ich hier von der Liebe der Mutter und des Vaters spreche, so spreche ich natürlich von »Idealtypen« im Sinn Max Webers oder von Archetypen im Jungschen Sinn und behaupte damit nicht, daß jede Mutter und jeder Vater auf diese Weise liebt. Ich meine damit das mütterliche und väterliche Prinzip, das sich in einer mütterlichen oder väterlichen Person zeigt.) Eine Liebe, die an keine Bedingungen geknüpft ist, entspricht einer tiefen Sehnsucht nicht nur des Kindes, sondern eines jeden menschlichen Wesens; wenn man dagegen seiner eigenen Verdienste wegen geliebt wird, so bleiben immer irgendwelche Zweifel bestehen; vielleicht habe ich es dem, der mich lieben soll, nicht recht gemacht, oder ich habe dies oder jenes falsch gemacht – immer muß ich fürchten, die Liebe könnte vergehen. Außerdem hinterläßt »verdiente« Liebe leicht das bittere Gefühl, daß man nicht um seiner selbst willen geliebt wird, sondern daß man *nur* geliebt wird, weil man dem anderen einen Gefallen tut, daß man letzten Endes gar nicht geliebt, sondern zu einem bestimmten Zweck benutzt wird. Kein Wunder also, daß wir alle – als Kinder und als Erwachsene – an unserer Sehnsucht nach der mütterlichen Liebe festhalten. Die meisten Kinder haben das Glück, Mutterliebe zu empfangen. (Wir werden später noch darauf zurückkommen, in welchem Ausmaß das jeweils der Fall ist.) Beim Erwachsenen ist die gleiche Sehnsucht weit schwieriger zu erfüllen. Am befriedigendsten verläuft die Entwicklung, wenn die Mutterliebe eine Komponente der normalen erotischen Liebe bleibt; oft findet sie ihren Ausdruck in religiösen, noch häufiger in neurotischen Formen.

Die Beziehung zum Vater ist ganz anderer Art. Die Mutter ist die Heimat, aus der wir kommen, sie ist die Natur, die Erde, das Meer. Der Vater dagegen verkörpert keine solche natürliche Heimat. In den ersten Lebensjahren des Kindes hat er nur wenig Verbindung mit ihm, und seine Bedeutung für das Kind läßt sich in dieser frühen Periode nicht mit der der Mutter vergleichen. Aber während der Vater die natürliche Welt nicht repräsentiert, verkörpert er den anderen Pol der menschlichen

Existenz: die Welt des Denkens, die Welt der vom Menschen geschaffenen Dinge, Gesetz, Ordnung und Disziplin, und die Welt der Reisen und Abenteuer. Der Vater ist derjenige, der das Kind lehrt, der ihm den Weg in die Welt weist.

Eng verbunden mit dieser Funktion ist eine andere, die mit der sozio-ökonomischen Entwicklung zusammenhängt. Als das Privateigentum aufkam und dieses Privateigentum vom einen der Söhne ererbt werden konnte, fing der Vater an, sich nach dem Sohn umzusehen, dem er seinen Besitz vererben könnte. Natürlich war das derjenige, den der Vater für den geeignetsten hielt, einmal sein Nachfolger zu werden, der Sohn, der ihm am ähnlichsten war und den er deshalb am meisten liebte. Die väterliche Liebe ist an Bedingungen geknüpft. Ihr Grundsatz lautet: »Ich liebe dich, *weil* du meinen Erwartungen entsprichst, weil du deine Pflicht erfüllst, weil du mir ähnlich bist.« Wir finden in der bedingten väterlichen Liebe genau wie in der unbedingten mütterlichen Liebe einen negativen und einen positiven Aspekt. Der negative Aspekt ist, daß man sich die väterliche Liebe verdienen muß, daß man sie verlieren kann, wenn man sich nicht so verhält, wie es von einem erwartet wird. Bei der väterlichen Liebe wird der Gehorsam zur höchsten Tugend und der Ungehorsam zur schwersten Sünde, die mit dem Entzug der väterlichen Liebe bestraft wird. Ihre positive Seite ist nicht weniger wichtig. Da die väterliche Liebe an Bedingungen geknüpft ist, kann ich etwas dazu tun, sie mir zu erwerben, ich kann mich um sie bemühen, sie steht nicht wie die mütterliche Liebe außerhalb meiner Macht.

Die Einstellung von Mutter und Vater zu ihrem Kind entspricht dessen Bedürfnissen. Das Kleinkind braucht sowohl körperlich wie auch seelisch die bedingungslose Liebe und Fürsorge der Mutter. Nachdem es sechs Jahre alt geworden ist, braucht es dann allmählich auch die Liebe des Vaters, seine Autorität und Lenkung. Die Mutter hat die Funktion, ihm die Sicherheit im Leben zu geben, der Vater hat die Funktion, es zu lehren und anzuleiten, damit es mit den Problemen fertig wird, mit denen die Gesellschaft, in die das Kind hineingeboren wurde, es konfrontiert. Im Idealfall versucht die Liebe der Mutter nicht, das Kind am Erwachsenwerden zu hindern und seine Hilflosigkeit auch noch zu belohnen. Die Mutter sollte Vertrauen zum Leben haben und daher nicht überängstlich sein und das Kind mit ihrer Angst anstecken. Sie sollte den Wunsch, daß das Kind unabhängig wird und sich schließlich von ihr trennt, zu einem Bestandteil ihres Lebens machen. Die väterliche Liebe sollte sich von Grundsätzen und Erwartungen leiten lassen. Sie sollte geduldig und tolerant und nicht bedrohlich und autoritär sein. Sie sollte dem heranwachsenden Kind in immer stärkerem Maße das Gefühl eigener Kompetenz geben und ihm schließlich erlauben, über sich selbst zu bestimmen und ohne die väterliche Autorität auszukommen.

Schließlich hat der reife Mensch den Punkt erreicht, an dem er seine eigene Mutter und sein eigener Vater ist. Er besitzt dann sozusagen ein mütterliches und ein väterliches Gewissen. Das mütterliche Gewissen sagt: »Es gibt keine Missetat, kein Verbrechen, die dich meiner Liebe, meiner guten Wünsche für dein Leben und für dein Glück berauben könnten.« Das väterliche Gewissen sagt: »Du hast unrecht getan und mußt die Folgen tragen; vor allem aber mußt du dein Verhalten ändern, wenn ich dir auch weiterhin gut sein soll.« Der reife Mensch hat sich von der äußeren Mutter- und Vaterfigur freigemacht und sie in seinem Inneren aufgebaut. Im Unterschied zu Freuds Über-Ich hat er sie jedoch nicht in sich aufgebaut, indem er sich Mutter und Vater einverleibte, sondern indem er ein mütterliches Gewissen auf seiner eigenen Liebesfähigkeit und ein väterliches Gewissen auf seiner eigenen Vernunft und Urteilskraft errichtete. Im übrigen liebt der reife Mensch sowohl entsprechend seinem mütterlichen wie auch entsprechend seinem väterlichen Gewissen, wenn sich auch beide zu widersprechen scheinen. Würde er nur sein väterliches Gewissen beibehalten, so würde er streng und unmenschlich. Wenn er nur sein mütterliches Gewissen beibehielte, könnte er leicht sein Urteilsvermögen einbüßen und sich und andere in der Entwicklung behindern.

Die Entwicklung von der Mutter- zur Vaterbindung und ihre schließliche Synthese bildet die Grundlage für seelisch-geistige Gesundheit und Reife. Eine Fehlentwicklung ist die Hauptursache für Neurosen. Dies im einzelnen darzulegen, ginge über den Rahmen dieses Buches hinaus, doch möchte ich immerhin noch einige klärende Bemerkungen anfügen.

Eine neurotische Entwicklung kann zum Beispiel darauf zurückgehen, daß ein Junge eine liebevolle, allzu nachsichtige oder eine in der Familie dominierende Mutter und einen schwachen oder gleichgültigen Vater hat. In diesem Fall kann er an seine Mutterbindung aus seiner frühen Kindheit fixiert bleiben und sich zu einem von der Mutter abhängigen Menschen entwickeln, der sich hilflos fühlt und der für eine rezeptive Persönlichkeit charakteristische Neigungen aufweist; er möchte von anderen empfangen, beschützt und bemuttert werden, und ihm fehlen die väterlichen Eigenschaften wie Disziplin, Unabhängigkeit und die Fähigkeit, das Leben selbst zu meistern. Er wird vermutlich versuchen, in jedem eine »Mutter« zu finden, gelegentlich in einer Frau und gelegentlich auch in einem Mann, der Autorität und Macht hat. Ist die Mutter dagegen kalt, teilnahmslos und dominierend, so kann er entweder sein Bedürfnis nach mütterlichem Schutz auf den Vater und später auf Vaterfiguren übertragen – dann ist das Endresultat etwa das gleiche wie im ersten Fall – oder er wird sich zu einem einseitig vater-orientierten Menschen entwickeln, der sich ausschließlich an die Prinzipien von Gesetz, Ordnung und Autorität hält und dem die Fähigkeit fehlt, bedingungslose Liebe zu erwarten oder zu empfangen. Diese Entwicklung wird noch intensiviert, wenn ein autoritärer Vater gleichzeitig seinem Sohn eng verbunden ist. Kennzeichnend für alle diese neurotischen Entwicklungen ist, daß das eine Prinzip – das väterliche oder das mütterliche – sich nicht richtig entwickelt oder daß die Mutter- oder Vaterrolle in bezug auf Außenstehende und in bezug auf diese Rollen im eigenen Inneren durcheinandergeraten, wie es bei schwereren Formen von Neurosen der Fall ist. Bei eingehenderen Untersuchungen wird man feststellen, daß gewisse Neurosetypen, wie zum Beispiel Zwangsneurosen, sich häufiger aus einer einseitigen Vaterbindung heraus entwickeln, während andere, wie Hysterie, Alkoholismus und die Unfähigkeit, sich durchzusetzen und sich auf realistische Weise mit dem Leben auseinanderzusetzen, sowie Depressionen Folge einer einseitigen Mutterbindung sind.

Objekte der Liebe

Liebe ist nicht in erster Linie eine Bindung an eine bestimmte Person. Sie ist eine *Haltung*, eine *Charakter-Orientierung*, welche die Bezogenheit eines Menschen zur Welt als Ganzem und nicht nur zu einem einzigen »Objekt« der Liebe bestimmt. Wenn jemand nur eine einzige andere Person liebt und ihm alle übrigen Mitmenschen gleichgültig sind, dann handelt es sich bei seiner Liebe nicht um Liebe, sondern um eine symbiotische Bindung oder um einen erweiterten Egoismus. Trotzdem glauben die meisten Menschen, Liebe komme erst durch ein Objekt zustande und nicht aufgrund einer Fähigkeit. Sie bilden sich tatsächlich ein, es sei ein Beweis für die Intensität ihrer Liebe, wenn sie außer der »geliebten« Person niemanden lieben. Es ist dies der gleiche Irrtum, den wir bereits an anderer Stelle erwähnt haben. Weil man nicht erkennt, daß die Liebe ein Tätigsein, eine Kraft der Seele ist, meint man, man brauche nur das richtige Objekt dafür zu finden und alles andere gehe dann von selbst. Man könnte diese Einstellung mit der eines Menschen vergleichen, der gern malen möchte und der, anstatt diese Kunst zu erlernen, behauptet, er brauche nur auf das richtige Objekt zu warten, und wenn er es gefunden habe, werde er wunderbar malen können. Wenn ich einen Menschen wahrhaft liebe, so liebe ich alle Menschen, so liebe ich die Welt, so liebe ich das Leben. Wenn ich zu einem anderen sagen kann: »Ich liebe dich«, muß ich auch sagen können: »Ich liebe in dir auch alle anderen, ich liebe durch dich die ganze Welt, ich liebe in dir auch mich selbst.«

Wenn ich sage, die Liebe sei eine Orientierung, die sich auf alle und nicht nur auf einen einzigen Menschen bezieht, so heißt das jedoch nicht, daß es zwischen den verschiedenen Arten der Liebe keine Unterschiede gibt, die jeweils von der Art des geliebten Objekts abhängen.

Nächstenliebe

Die fundamentalste Art von Liebe, die allen anderen Formen zugrundeliegt, ist die *Nächstenliebe*. Damit meine ich ein Gespür für Verantwortlichkeit, Fürsorge, Achtung und »Erkenntnis«, das jedem anderen Wesen gilt, sowie den Wunsch, dessen Leben zu fördern. Es ist jene Art der Liebe, von der die Bibel spricht, wenn sie sagt: »Liebe deinen Nächsten wie dich selbst« (Lev 19,18). Nächstenliebe ist Liebe zu allen menschlichen Wesen. Es ist geradezu kennzeichnend für sie, daß sie niemals exklusiv ist. Wenn sich in mir die Fähigkeit zu lieben entwickelt hat, kann ich gar nicht umhin, meinen Nächsten zu lieben. Die Nächstenliebe enthält die Erfahrung der Einheit mit allen Menschen, der menschlichen Solidarität, des menschlichen Einswerdens. Die Nächstenliebe gründet sich auf die Erfahrung, daß wir alle eins sind. Die Unterschiede von Begabung, Intelligenz und Wissen sind nebensächlich im Vergleich zur Identität des menschlichen Kerns, der uns allen gemeinsam ist. Um diese Identität zu erleben, muß man von der Oberfläche zum Kern vordringen. Wenn ich bei einem anderen Menschen hauptsächlich das Äußere sehe, dann nehme ich nur die Unterschiede wahr, das, was uns trennt; dringe ich aber bis zum Kern vor, so nehme ich unsere Identität wahr, ich merke dann, daß wir Brüder sind. Diese Bezogenheit von einem Kern zum anderen, anstatt von Oberfläche zu Oberfläche, ist eine Bezogenheit aus der Mitte *(central relatedness)*. Simone Weil drückt dies besonders schön aus, wenn sie bezüglich des Bekenntnisses »ich liebe dich«, das ein Mann zu seiner Frau spricht, bemerkt: »Die gleichen Worte können je nach der Art, wie sie gesprochen werden, nichtssagend sein oder etwas ganz Außergewöhnliches bedeuten. Die Art, wie sie gesagt werden, hängt von der Tiefenschicht ab, aus der sie beim Betreffenden stammen und auf die der Wille keinen Einfluß hat. Durch eine ans Wunderbare grenzende Übereinstimmung erreichen sie in dem, der sie hört, genau die gleiche Tiefenschicht. So kann der Hörer erkennen, was die Worte wert sind, sofern er hierfür überhaupt ein Unterscheidungsvermögen besitzt« (S. Weil, 1952, S. 117).

Nächstenliebe ist Liebe zwischen Gleichen. Aber selbst die, die uns gleichen, sind nicht einfach uns »gleich«. Insofern wir Menschen sind, sind wir auf Hilfe angewiesen – heute ich, morgen du. Aber dieses Angewiesensein auf Hilfe heißt nicht, daß der eine hilflos und der andere mächtig ist. Hilflosigkeit ist ein vorübergehender Zustand; die Fähigkeit, auf eigenen Füßen zu stehen und zu laufen, ist dagegen der bleibende, allen gemeinsame Zustand.

Demnach ist die Liebe zum Hilflosen, die Liebe zum Armen und zum Fremden der Anfang der Nächstenliebe. Sein eigenes Fleisch und Blut zu lieben, ist kein besonderes Verdienst. Auch ein Tier liebt seine Jungen und sorgt für sie. Der Hilflose liebt seinen Herrn, weil sein Leben von ihm abhängt; das Kind liebt seine Eltern, weil es sie braucht. Erst in der Liebe zu denen, die für uns keinen Zweck erfüllen, beginnt die Liebe sich zu entfalten. Bezeichnenderweise bezieht sich im Alten Testament die Liebe des Menschen hauptsächlich auf Arme, Fremde, Witwen, Waisen und schließlich sogar auf die Nationalfeinde, die Ägypter und die Edomiter. Dadurch, daß der Mensch mit den Hilflosen Mitleid hat, entwickelt sich in ihm allmählich die Liebe zu seinem Nächsten; und in seiner Liebe zu sich selbst liebt er auch den Hilfsbedürftigen, den Gebrechlichen und den, dem die Sicherheit fehlt. Zum Mitleid gehören »Erkenntnis« und die Fähigkeit, sich mit den anderen identifizieren zu können. »Wenn sich ein Fremder in eurem Land aufhält, sollt ihr ihn nicht unterdrücken. Er soll bei euch wie ein Einheimischer sein, und du sollst ihn lieben wie dich selbst; denn ihr seid selbst Fremde in Ägypten gewesen« (Lev 19,33; – die gleiche Vorstellung wie im Alten Testament findet sich auch bei H. Cohen, 1929, S. 167ff.).

Mütterliche Liebe

Mit dem Wesen der mütterlichen Liebe haben wir uns bereits in einem früheren Kapitel beschäftigt, als wir den Unterschied zwischen der mütterlichen und der väterlichen Liebe behandelten. Die Mutterliebe ist, wie bereits gesagt, die bedingungslose Bejahung des Lebens und der Bedürfnisse des Kindes. Aber hier ist noch etwas Wichtiges hinzuzufügen. Die Bejahung des Lebens des Kindes hat zwei Aspekte: der eine besteht in der Fürsorge und dem Verantwortungsgefühl, die zur Erhaltung und Entfaltung des Lebens des Kindes unbedingt notwendig sind. Der andere Aspekt geht über die bloße Lebenserhaltung hinaus. Es ist die Haltung, die dem Kind jene Liebe zum Leben vermittelt, die ihm das Gefühl gibt: Es ist gut zu leben, es ist gut, ein kleiner Junge oder ein kleines Mädchen zu sein; es ist gut, auf dieser Welt zu sein! Diese beiden Aspekte der mütterlichen Liebe kommen in der biblischen Schöpfungsgeschichte prägnant zum Ausdruck. Gott erschafft die Welt und er erschafft den Menschen. Dies entspricht der einfachen Fürsorge für das Geschaffene und seiner Bejahung. Aber Gott geht über dieses notwendige Minimum hinaus. An jedem Tag der Schöpfung sagt Gott eigens zu dem, was er geschaffen hat: »Es ist gut!« Diese besondere Bestätigung gibt in der mütterlichen Liebe dem Kind das Gefühl: »Es ist gut, geboren worden zu sein.« Sie vermittelt dem Kind die *Liebe zum Leben* und nicht nur den Willen, am Leben zu bleiben. Der gleiche Gedanke dürfte auch in einem anderen biblischen Symbol zum Ausdruck kommen. Das gelobte Land (Land ist stets ein Muttersymbol) wird beschrieben als »ein Land, wo Milch und Honig fließen«. Die Milch ist das Symbol des ersten Aspekts der Liebe, dem der Fürsorge und Bestätigung. Der Honig symbolisiert die Süßigkeit des Lebens, die Liebe zum Leben und das Glück zu leben. Die meisten Menschen sind fähig, »Milch« zu geben, aber nur eine Minderzahl unter ihnen kann auch »Honig« spenden. Um Honig spenden zu können, muß die Mutter nicht nur eine »gute Mutter« sein, sie muß auch ein glücklicher Mensch sein – ein Ziel, das nur wenige erreichen. Die Wirkung auf das Kind kann man kaum zu hoch einschätzen. Die Liebe der Mutter zum Leben ist ebenso ansteckend wie ihre Angst. Beide Einstellungen haben einen tiefen Eindruck auf die gesamte Persönlichkeit des Kindes. Tatsächlich kann man bei Kindern und bei Erwachsenen jene, welche nur »Milch« bekommen haben, deutlich von denen unterscheiden, die »Milch und Honig« erhielten.

Im Gegensatz zur Nächstenliebe und zur erotischen Liebe, die beide eine Liebe zwischen Gleichen sind, ist die Beziehung zwischen Mutter und Kind ihrer Natur nach eine Ungleichheits-Beziehung, bei welcher der eine Teil alle Hilfe braucht und der andere sie gibt. Wegen dieses altruistischen, selbstlosen Charakters gilt die Mutterliebe als die höchste Art der

Liebe und als heiligste aller emotionalen Bindungen. Mir scheint jedoch, daß die Mutterliebe nicht in der Liebe zum Säugling, sondern in der Liebe zum heranwachsenden Kind ihre eigentliche Leistung vollbringt. Tatsächlich sind ja die allermeisten Mütter nur so lange liebevolle Mütter, wie ihr Kind noch klein und völlig von ihnen abhängig ist. Die meisten Frauen wünschen sich Kinder, sie sind glücklich über das Neugeborene und widmen sich eifrig seiner Pflege. Das ist so, obwohl sie vom Kind nichts dafür »zurückbekommen« außer einem Lächeln oder dem Ausdruck von Zufriedenheit auf seinem Gesicht. Es scheint, daß diese Art der Liebe, die man ebenso beim Tier wie bei der menschlichen Mutter findet, teilweise instinktbedingt ist. Aber wie stark dieser instinktive Faktor auch ins Gewicht fallen mag, es spielen daneben auch noch spezifisch menschliche, psychische Faktoren eine Rolle. Einer beruht auf dem narzißtischen Element in der mütterlichen Liebe. Insofern die Mutter noch immer das Gefühl hat, daß der Säugling ein Teil ihrer selbst ist, kann es sein, daß sie mit ihrer überschwenglichen Liebe zu ihm ihren eigenen Narzißmus befriedigt. Eine andere Motivation könnte ihr Streben nach Macht oder Besitz sein. Da das Kind hilflos und ihrem Willen unterworfen ist, ist es für eine tyrannische und besitzgierige Frau ein natürliches Objekt ihrer eigenen Befriedigung.

So häufig diese Motivierungen sind, so dürften sie doch eine weniger wichtige und universale Rolle spielen, als etwas anderes, das man als das Bedürfnis nach Transzendenz bezeichnen könnte. Dieses Bedürfnis nach Transzendenz ist eines der Grundbedürfnisse des Menschen, das seine Wurzel in der Tatsache hat, daß er sich seiner selbst bewußt ist, daß er sich mit seiner Rolle als Kreatur nicht begnügt, daß er es nicht hinnehmen kann, wie ein Würfel aus dem Becher geworfen zu sein. Er muß sich als Schöpfer fühlen, der die passive Rolle eines bloßen Geschöpfs transzendiert. Es gibt viele Möglichkeiten, diese Befriedigung des Schöpferischen zu erreichen; der natürlichste und einfachste Weg ist die Liebe und Fürsorge der Mutter zu dem, was sie als Mutter hervorgebracht hat. Sie transzendiert sich selbst in ihrem Kind; ihre Liebe zu ihm verleiht ihrem Leben Bedeutung. (In der Unfähigkeit des Mannes, sein Bedürfnis nach Transzendenz durch das Gebären eines Kindes zu befriedigen, ist sein Drang begründet, sich selbst dadurch zu transzendieren, daß er selbstgeschaffene Dinge und Ideen hervorbringt.)

Aber das Kind muß wachsen. Es muß den Mutterleib verlassen, sich von der Mutterbrust lösen; es muß schließlich zu einem völlig unabhängigen menschlichen Wesen werden. Wahre Mutterliebe besteht darin, für das Wachstum des Kindes zu sorgen, und das bedeutet, daß sie selbst wünscht, daß das Kind von ihr loskommt. Hierin unterscheidet sich diese Liebe grundsätzlich von der erotischen Liebe. Bei der erotischen Liebe werden zwei Menschen, die getrennt waren, eins. Bei der Mutterliebe trennen sich zwei Menschen voneinander, die eins waren. Die Mutter muß nicht nur die Loslösung des Kindes dulden, sie muß sie sogar wünschen und fördern. Erst in diesem Stadium wird die Mutterliebe zu einer so schweren Aufgabe, die Selbstlosigkeit verlangt und die Fähigkeit fordert, alles geben zu können und nichts zu wollen als das Glück des geliebten Kindes. Auf dieser Stufe kommt es auch häufig vor, daß Mütter bei der Aufgabe, die ihnen ihre mütterliche Liebe stellt, versagen. Einer narzißtischen, herrschsüchtigen, auf Besitz bedachten Frau kann es zwar gelingen, eine »liebende« Mutter zu sein, solange ihr Kind noch klein ist. Aber nur die wahrhaft liebende Frau, die Frau, die im Geben glücklicher ist als im Nehmen und die in ihrer eigenen Existenz fest verwurzelt ist, kann auch dann noch eine liebende Mutter sein, wenn das Kind sich im Prozeß der Trennung von ihr befindet.

Die Mutterliebe zum heranwachsenden Kind, jene Liebe, die nichts für sich will, ist vielleicht die schwierigste Form der Liebe; und sie ist sehr trügerisch, weil es für eine Mutter so leicht ist, ihr kleines Kind zu lieben. Aber gerade, weil es später so schwer ist, kann eine Frau nur dann eine wahrhaft liebende Mutter sein, wenn sie überhaupt *zu lieben* versteht und wenn sie fähig ist, ihren Mann, andere Kinder, Fremde, kurz alle menschlichen Wesen zu lieben. Eine Frau, die nicht fähig ist, in diesem Sinn zu lieben, kann zwar, solange ihr Kind noch klein ist, eine fürsorgende Mutter sein, aber sie ist keine wahrhaft liebende Mutter. Die Probe darauf ist ihre Bereitschaft, die Trennung zu ertragen und auch nach der Trennung noch weiter zu lieben.

Erotische Liebe

Nächstenliebe ist Liebe zwischen Gleichen; Mutterliebe ist Liebe zum Hilflosen. So verschieden beide voneinander sind, ihnen ist doch gemein, daß sie sich ihrem Wesen nach nicht auf eine einzige Person beschränken. Wenn ich meinen Nächsten liebe, liebe ich alle meine Nächsten; wenn ich mein Kind liebe, liebe ich alle meine Kinder, nein, ich liebe sogar darüber hinaus alle Kinder, alle, die meiner Hilfe bedürfen. Im Gegensatz zu diesen beiden Arten von Liebe steht die *erotische Liebe*. Hier handelt es sich um das Verlangen nach vollkommener Vereinigung, nach der Einheit mit einer anderen Person. Eben aus diesem Grund ist die erotische Liebe exklusiv und nicht universal; aber aus diesem Grund ist sie vielleicht auch die trügerischste Form der Liebe.

Zunächst einmal wird sie oft mit dem explosiven Erlebnis, »sich zu verlieben« verwechselt, mit dem plötzlichen Fallen der Schranken, die bis zu diesem Augenblick zwischen zwei Fremden bestanden. Aber wie bereits dargelegt, ist das Erlebnis einer plötzlichen Intimität seinem Wesen nach kurzlebig. Nachdem der Fremde für mich zu einem intimen Bekannten geworden ist, sind zwischen uns keine Schranken mehr zu überwinden, und ich brauche mich nicht mehr darum zu bemühen, ihm näherzukommen. Man lernt den »Geliebten« ebenso genau kennen wie sich selbst; oder vielleicht sollte man besser sagen, ebensowenig wie sich selbst. Wenn es mehr Tiefe in der Erfahrung eines anderen Menschen gäbe, wenn man die Unbegrenztheit seiner Persönlichkeit erleben könnte, würde einem der andere nie so vertraut – und das Wunder der Überwindung der Schranken könnte sich jeden Tag aufs neue ereignen. Aber für die meisten ist die eigene Person genau wie die des anderen schnell ergründet und ausgeschöpft. Sie erreichen Intimität vor allem durch sexuelle Vereinigung. Da sie das Getrenntsein von anderen in erster Linie als körperliches Getrenntsein erfahren, bedeutet die körperliche Vereinigung für sie die Überwindung des Getrenntseins.

Darüber hinaus gibt es noch andere Faktoren, die viele für die Überwindung des Abgetrenntseins halten. Man glaubt, man könne es dadurch überwinden, daß man über sein eigenes persönliches Leben, seine Hoffnungen und Ängste spricht, daß man sich dem anderen von seiner kindlichen oder kindischen Seite zeigt oder daß man sich um ein gemeinsames Interesse an der Welt bemüht. Selbst dem anderen seinen Ärger, seinen Haß und seine völlige Hemmungslosigkeit vor Augen zu führen, wird für Intimität gehalten, was die pervertierte Anziehung erklären mag, welche Ehepartner häufig aufeinander ausüben, die offenbar nur intim sind, wenn sie zusammen im Bett liegen oder wenn sie ihrem gegenseitigen Haß und ihrer Wut aufeinander freien Lauf lassen. Aber alle diese Arten von »Nähe« verschwinden mit der Zeit mehr und mehr. Die Folge ist, daß man nun bei einem anderen Menschen, bei einem neuen Fremden Liebe sucht. Wiederum verwandelt sich der Fremde in einen Menschen, mit dem man »intim« ist, wiederum wird das Sichverlieben als ein anregendes, intensives Erlebnis empfunden, und wiederum flaut es allmählich mehr und mehr ab und endet mit dem Wunsch nach einer neuen Eroberung, nach einer neuen Liebe – immer in der Illusion, daß die neue Liebe ganz anders sein wird als die früheren Liebesbeziehungen. Zu diesen Illusionen trägt die trügerische Eigenart des sexuellen Begehrens weitgehend bei.

Die sexuelle Begierde strebt nach Vereinigung und ist keineswegs nur ein körperliches Verlangen, keineswegs nur die Lösung einer quälenden Spannung. Aber die sexuelle Begierde kann auch durch die Angst des Alleinseins, durch den Wunsch zu erobern oder sich erobern zu lassen, durch Eitelkeit, durch den Wunsch zu verletzen oder sogar zu zerstören, ebenso stimuliert werden wie durch Liebe. Es scheint so zu sein, daß die sexuelle Begierde sich leicht mit allen möglichen starken Emotionen vermischt und durch diese genauso stimuliert werden kann wie durch die Liebe. Da das sexuelle Begehren von den meisten mit der Idee der Liebe in Verbindung gebracht wird, werden sie leicht zu dem Irrtum verführt, sie liebten einander, wenn sie sich körperlich begehren. Liebe kann zu dem Wunsch führen, sich körperlich zu vereinigen; in diesem Fall ist die körperliche Beziehung ohne Gier, ohne den Wunsch zu erobern oder sich erobern zu lassen, sondern sie ist voll Zärtlichkeit. Wenn dagegen das Verlangen nach körperlicher Vereinigung nicht von Liebe stimuliert wird, wenn die erotische Liebe nicht auch Liebe zum Nächsten ist, dann führt sie niemals zu einer Einheit, die mehr wäre als eine orgiastische, vorübergehende Vereinigung. Die sexuelle Anziehung erzeugt für den Augenblick die Illusion der Einheit, aber ohne Liebe läßt diese »Vereinigung« Fremde einander ebenso fremd bleiben, wie sie es vorher waren. Manchmal schämen sie sich dann voreinander, oder sie hassen sich sogar, weil sie, wenn die Illusion vorüber ist, ihre Fremdheit nur noch deutlicher empfinden als zuvor. Die Zärtlichkeit ist keineswegs, wie Freud annahm, eine Sublimierung des Sexualtriebes, sie ist vielmehr unmittelbarer Ausdruck der Nächstenliebe und kommt sowohl in körperlichen wie auch in nicht-körperlichen Formen der Liebe vor.

Die erotische Liebe kennzeichnet eine Ausschließlichkeit, die
der Nächstenliebe und der Mutterliebe fehlt. Dieser exklusive
Charakter der erotischen Liebe bedarf noch einer näheren Be-
trachtung. Häufig wird die Exklusivität der erotischen Liebe
mit dem Wunsch verwechselt, vom anderen Besitz zu ergreifen.
Man findet oft zwei »Verliebte«, die niemanden sonst lieben.
Ihre Liebe ist dann in Wirklichkeit ein Egoismus zu zweit; es
handelt sich dann um zwei Menschen, die sich miteinander
identifizieren und die das Problem des Getrenntseins so lösen,
daß sie das Alleinsein auf zwei Personen erweitern. Sie machen dann zwar die Erfahrung, ihre Einsamkeit zu überwinden, aber da sie von der übrigen Menschheit abgesondert sind,
bleiben sie auch voneinander getrennt und einander fremd; ihr
Erlebnis der Vereinigung ist damit eine Illusion. Erotische
Liebe ist zwar exklusiv, aber sie liebt im anderen die ganze
Menschheit, alles Lebendige. Sie ist exklusiv nur in dem Sinn,
daß ich mich mit ganzer Intensität eben nur mit einem einzigen
Menschen vereinigen kann. Erotische Liebe schließt die Liebe
zu anderen nur im Sinne einer erotischen Vereinigung, einer
vollkommenen Bindung an den anderen in allen Lebensbereichen aus – aber nicht im Sinne einer tiefen Liebe zum Nächsten.

Damit es sich um echte Liebe handelt, muß die erotische Liebe
einer Voraussetzung genügen: Ich muß aus meinem innersten
Wesen heraus lieben und den anderen im innersten Wesen seines Seins erfahren. Ihrem Wesen nach sind alle Menschen
gleich. Wir alle sind Teil des Einen; wir alle sind das Eine. Deshalb sollte es eigentlich keinen Unterschied machen, wen ich
liebe. Die Liebe sollte im wesentlichen ein Akt des Willens, des
Entschlusses sein, mein Leben völlig an das eines anderen
Menschen zu binden. Tatsächlich steht diese Vorstellung hinter
der Idee von der Unauflöslichkeit der Ehe, wie auch hinter den
vielen Formen der traditionellen Ehe, wo die beiden Partner
sich nicht selbst wählen, sondern füreinander ausgesucht wer-

den – und wo man trotzdem von ihnen erwartet, daß sie einander lieben. In unserer gegenwärtigen westlichen Kultur scheint uns diese Idee völlig abwegig. Wir halten die Liebe für das Resultat einer spontanen emotionalen Reaktion, in der wir plötzlich von einem unwiderstehlichen Gefühl erfaßt werden. Bei dieser Auffassung berücksichtigt man nur die Besonderheiten der beiden Betroffenen und nicht die Tatsache, daß alle Männer ein Teil Adams und alle Frauen ein Teil Evas sind. Man übersieht einen wesentlichen Faktor in der erotischen Liebe – den Willen. Jemanden zu lieben, ist nicht nur ein starkes Gefühl, es ist auch eine Entscheidung, ein Urteil, ein Versprechen. Wäre die Liebe nur ein Gefühl, so könnte sie nicht die Grundlage für das Versprechen sein, sich für immer zu lieben. Ein Gefühl kommt und kann auch wieder verschwinden. Wie kann ich behaupten, die Liebe werde ewig dauern, wenn nicht mein Urteilsvermögen und meine Entschlußkraft beteiligt sind?

Von diesem Standpunkt aus könnte man die Meinung vertreten, Liebe sei ausschließlich ein Akt der willensmäßigen Bindung an einen anderen, und es komme daher im Grunde nicht darauf an, wer die beiden Personen seien. Ob die Ehe von anderen arrangiert wurde oder das Ergebnis einer individuellen Wahl war: nachdem sie einmal geschlossen ist, sollte dieser Akt den Fortbestand der Liebe garantieren. Diese Auffassung übersieht jedoch ganz offensichtlich die paradoxe Eigenart der menschlichen Natur und der erotischen Liebe. Wir alle sind eins – und trotzdem ist jeder von uns ein einzigartiges, nicht wiederholbares Wesen. In unserer Beziehung zu anderen wiederholt sich das gleiche Paradoxon. Insofern wir alle eins sind, können wir jeden auf die gleiche Weise im Sinne der Nächstenliebe lieben. Aber insofern wir auch alle voneinander verschieden sind, setzt die erotische Liebe gewisse spezifische, höchst individuelle Elemente voraus, wie sie nur zwischen gewissen Menschen und keineswegs zwischen allen zu finden sind.

So sind beide Auffassungen richtig, die Ansicht, daß die erotische Liebe eine völlig individuelle Anziehung, etwas Einzigartiges zwischen zwei bestimmten Personen ist, wie auch die andere Meinung, daß sie nichts ist als ein reiner Willensakt. Vielleicht sollte man besser sagen, daß die Wahrheit weder in der einen noch in der anderen Auffassung zu finden ist. Daher ist auch die Idee, man könne eine Verbindung ohne weiteres wieder lösen, wenn sie sich als nicht erfolgreich herausstellt, ebenso irrig wie die Ansicht, daß man eine Verbindung unter keinen Umständen wieder lösen dürfe.

Selbstliebe[1]

Während kein Einwand dagegen erhoben wird, wenn man seine Liebe den verschiedensten Objekten zuwendet, ist die Meinung weitverbreitet, daß es zwar eine Tugend sei, andere zu lieben, sich selbst zu lieben aber, das sei Sünde. Man nimmt an, in dem Maß, wie man sich selbst liebe, liebe man andere nicht, und Selbstliebe sei deshalb das gleiche wie Selbstsucht. Diese Auffassung reicht im westlichen Denken weit zurück. Calvin spricht von der Selbstliebe als der »schädlichsten Pestilenz« (J. Calvin, 1955, S. 446). Freud spricht von der Selbst-

[1] In seiner Besprechung meines Buches *The Sane Society* hat Paul Tillich (1955) vorgeschlagen, den mehrdeutigen Ausdruck »Selbstliebe« durch »natürliche Selbstbestätigung« oder durch »paradoxe Selbstannahme« zu ersetzen. Obwohl viel für seinen Vorschlag spricht, bin ich in diesem Fall doch nicht seiner Meinung. Im Begriff »Selbstliebe« wird das in der Selbstliebe enthaltene paradoxe Element deutlicher. Es ist darin zum Ausdruck gebracht, daß die Liebe eine Einstellung ist, die gegenüber allen ihren Objekten, einschließlich meiner selbst, die gleiche ist. Auch ist nicht zu vergessen, daß der Begriff »Selbstliebe« in der hier gebrauchten Bedeutung eine Geschichte hat. Die Bibel spricht von Selbstliebe, wenn es in dem betreffenden Gebot heißt: »Liebe deinen Nächsten *wie dich selbst*«; und auch Meister Eckhart spricht im gleichen Sinn von Selbstliebe.

liebe zwar in psychiatrischen Begriffen, doch bewertet er sie
nicht anders als Calvin. Für ihn ist Selbstliebe gleichbedeutend
mit Narzißmus, bei dem die Libido sich auf die eigene Person
richtet. Narzißmus ist die erste Stufe in der menschlichen Entwicklung, und wer im späteren Leben auf diese Stufe zurück-
kehrt, ist unfähig zu lieben; im Extremfall ist er geisteskrank.
Freud nimmt an, die Liebe sei eine Manifestation der Libido,
und die Libido richte sich entweder auf andere – als Liebe; oder
sie richte sich auf uns selbst – als Selbstliebe. Liebe und Selbstliebe schließen sich dabei gegenseitig aus: Je mehr von der einen, um so weniger ist von der anderen vorhanden. Ist aber die
Selbstliebe etwas Schlechtes, so folgt daraus, daß Selbstlosigkeit eine Tugend ist.

Hier erheben sich folgende Fragen: Bestätigen psychologische
Beobachtungen die These, daß zwischen der Liebe zu sich
selbst und der Liebe zu anderen ein grundsätzlicher Widerspruch besteht? Ist Liebe zu sich selbst das gleiche Phänomen
wie Selbstsucht, oder sind Selbstliebe und Selbstsucht Gegensätze? Ferner: Ist die Selbstsucht des modernen Menschen tatsächlich *ein liebevolles Interesse an sich selbst* als einem Individuum mit allen seinen intellektuellen, emotionalen und
sinnlichen Möglichkeiten? Ist »er«, der moderne Mensch, nicht
vielmehr zu einem Anhängsel an seine sozio-ökonomische
Rolle geworden? *Ist seine Selbstsucht wirklich dasselbe wie
Selbstliebe, oder ist die Selbstsucht nicht geradezu die Folge davon, daß es ihm an Selbstliebe fehlt?*

Bevor wir den psychologischen Aspekt der Selbstsucht und der
Selbstliebe nun diskutieren, ist zu unterstreichen, daß die Auffassung, die Liebe zu anderen Menschen und die Liebe zu sich
selbst schlössen sich gegenseitig aus, ein logischer Trugschluß
ist. Wenn es eine Tugend ist, meinen Nächsten als ein menschliches Wesen zu lieben, dann muß es doch auch eine Tugend
– und kein Laster – sein, wenn ich mich selbst liebe, da ja auch
ich ein menschliches Wesen bin. Es gibt keinen Begriff vom

Menschen, in den ich nicht eingeschlossen wäre. Eine These, die das behauptet, würde sich damit als in sich widersprüchlich ausweisen. Die im biblischen Gebot: »Liebe deinen Nächsten wie dich selbst« ausgedrückte Idee impliziert, daß die Achtung vor der eigenen Integrität und Einzigartigkeit, die Liebe zum eigenen Selbst und das Verständnis dafür nicht von unserer Achtung vor einem anderen Menschen, von unserer Liebe zu ihm und unserem Verständnis für ihn zu trennen sind. Liebe zu meinem Selbst ist untrennbar mit der Liebe zu allen anderen Wesen verbunden.

Damit sind wir bei den grundlegenden psychologischen Prämissen angekommen, auf denen sich unsere Argumentation aufbaut. Es handelt sich dabei ganz allgemein um folgende Voraussetzungen: Nicht nur andere, auch wir selbst sind »Objekte« unserer Gefühle und Einstellungen; dabei stehen unsere Einstellungen zu anderen und die zu uns selbst keineswegs miteinander im Widerspruch, sondern *hängen eng miteinander zusammen*. In bezug auf das hier erörterte Problem bedeutet dies: Die Liebe zu anderen und die Liebe zu uns selbst stellen keine Alternative dar; ganz im Gegenteil wird man bei allen, die fähig sind, andere zu lieben, beobachten können, daß sie auch sich selbst lieben. *Liebe ist grundsätzlich unteilbar; man kann die Liebe zu anderen Liebes-»Objekten« nicht von der Liebe zum eigenen Selbst trennen.* Echte Liebe ist Ausdruck inneren Produktivseins und impliziert Fürsorge, Achtung, Verantwortungsgefühl und »Erkenntnis«. Sie ist kein »Affekt« in dem Sinn, daß ein anderer auf uns einwirkt, sondern sie ist ein tätiges Bestreben, das Wachstum und das Glück der geliebten Person zu fördern. Dieses Streben aber wurzelt in unserer eigenen Liebesfähigkeit.

Einen anderen lieben bedeutet eine Aktualisierung und ein Konzentrieren der Liebesfähigkeit. Die grundsätzliche in der Liebe enthaltene Bejahung richtet sich auf die geliebte Person als der Verkörperung von Eigenschaften, die zum Wesen des

Menschen gehören. Einen Menschen lieben heißt alle Menschen als solche lieben. Jene »Arbeitsteilung«, von der William James spricht, bei der man die eigene Familie liebt, aber kein Gefühl für den »Fremden« hat, ist ein Zeichen dafür, daß man im Grunde zur Liebe nicht fähig ist. Liebe zum Menschen ist nicht, wie häufig angenommen, eine Abstraktion, die auf die Liebe zu einer bestimmten Person folgt, sie geht ihr vielmehr voraus. Genetisch gesehen wird die Liebe zum Menschen überhaupt dadurch erworben, daß man *bestimmte* Individuen liebt.

Hieraus folgt, daß mein eigenes Selbst ebenso sehr Objekt meiner Liebe sein muß wie ein anderer Mensch. *Die Bejahung des eigenen Lebens, des eigenen Glücks und Wachstums und der eigenen Freiheit ist in der Liebesfähigkeit eines jeden verwurzelt,* das heißt in seiner Fürsorge, seiner Achtung, seinem Verantwortungsgefühl und seiner »Erkenntnis«. Wenn ein Mensch fähig ist, produktiv zu lieben, dann liebt er auch sich selbst; wenn er *nur* andere lieben kann, dann kann er überhaupt nicht lieben.

Wenn wir annehmen, daß die Liebe zu uns selbst und zu anderen grundsätzlich miteinander zusammenhängen, wie ist dann die Selbstsucht zu erklären, die doch offensichtlich jedes echte Interesse an anderen ausschließt? Der *Selbstsüchtige* interessiert sich nur für sich selbst, er will alles für sich, er hat keine Freude am Geben, sondern nur am Nehmen. Die Außenwelt interessiert ihn nur insofern, als er etwas für sich herausholen kann. Die Bedürfnisse anderer interessieren ihn nicht, und er hat keine Achtung vor ihrer Würde und Integrität. Er kann nur sich selbst sehen; einen jeden und alles beurteilt er nur nach dem Nutzen, den er davon hat. Er ist grundsätzlich unfähig zu lieben. Beweist das nicht, daß das Interesse an anderen und das Interesse an sich selbst unvereinbar sind? Das wäre so, wenn Selbstsucht dasselbe wäre wie Selbstliebe. Aber diese Annahme ist eben der Irrtum, der bei unserem Problem schon zu so vielen Fehlschlüssen geführt hat. *Selbstsucht und Selbstliebe sind keineswegs identisch, sondern in Wirklichkeit Gegensätze.* Der Selbstsüchtige liebt sich selbst nicht zu sehr, sondern zu wenig; tatsächlich haßt er sich. Dieser Mangel an Freude über sich selbst und an liebevollem Interesse an der eigenen Person, der nichts anderes ist als Ausdruck einer mangelnden Produktivität, gibt ihm ein Gefühl der Leere und Enttäuschung. Er kann deshalb nur unglücklich und eifrig darauf bedacht sein, dem Leben die Befriedigung gewaltsam zu entreißen, die er sich selbst verbaut hat. Er scheint zu sehr um sich besorgt, aber in Wirklichkeit unternimmt er nur den vergeblichen Versuch, zu vertuschen und zu kompensieren, daß es ihm nicht gelingt, sein wahres Selbst zu lieben. Freud steht auf dem Standpunkt, der Selbstsüchtige sei narzißtisch und habe seine Liebe gleichsam von anderen abgezogen und auf die eigene Person übertragen. *Es stimmt zwar, daß selbstsüchtige Menschen unfähig sind, andere zu lieben, aber sie sind auch nicht fähig, sich selbst zu lieben.*

Die Selbstsucht ist leichter zu verstehen, wenn man sie mit dem besitzgierigen Interesse an anderen vergleicht, wie wir es zum Beispiel bei einer übertrieben besorgten Mutter finden. Während sie bewußt glaubt, ihr Kind besonders zu lieben, hegt sie in Wirklichkeit eine tief verdrängte Feindseligkeit gegen das Objekt ihrer Fürsorge. Sie ist übertrieben besorgt, nicht weil sie ihr Kind zu sehr liebt, sondern weil sie irgendwie kompensieren muß, daß sie überhaupt unfähig ist zu lieben.

Diese Theorie des Wesens der Selbstsucht wird durch psychoanalytische Erfahrungen mit der neurotischen »Selbstlosigkeit« bestätigt, die man bei nicht wenigen Menschen beobachten kann; diese leiden gewöhnlich an Symptomen, die damit zusammenhängen, etwa an Depressionen, Müdigkeit, an einer Unfähigkeit zu arbeiten, am Scheitern von Liebesbeziehungen usw. Nicht nur wird Selbstlosigkeit nicht als ein »Symptom« empfunden; im Gegenteil: Sie ist oft der einzige lobenswerte

Charakterzug, auf den solche Menschen stolz sind. Der solcherart Selbstlose »will nichts für sich selbst«; er »lebt nur für andere«; er ist stolz darauf, daß er sich selbst nicht wichtig nimmt. Er wundert sich darüber, daß er sich trotz seiner Selbstlosigkeit unglücklich fühlt und daß seine Beziehungen zu denen, die ihm am nächsten stehen, unbefriedigend sind. Bei der Analyse stellt sich dann heraus, daß seine Selbstlosigkeit sehr wohl etwas mit seinen anderen Symptomen zu tun hat, und daß sie selbst eines dieser Symptome und sogar oft das wichtigste ist; der Betreffende ist nämlich überhaupt in seiner Fähigkeit, zu lieben oder sich zu freuen, gelähmt; daß er voller Feindschaft gegen das Leben ist und daß sich hinter der Fassade seiner Selbstlosigkeit eine subtile, aber deshalb nicht weniger intensive Ichbezogenheit verbirgt. Man kann einen solchen Menschen nur heilen, wenn man auch seine Selbstlosigkeit als eines seiner Symptome interpretiert, um auf diese Weise seinen Mangel an Produktivität, der die Ursache sowohl seiner Selbstlosigkeit als auch seiner anderen Störungen ist, korrigieren zu können.

Das Wesen der Selbstlosigkeit kommt besonders deutlich in ihrer Wirkung auf andere zum Ausdruck und in unserer Kultur speziell in der Wirkung, die eine solche »selbstlose« Mutter auf ihre Kinder hat. Sie meint, durch ihre Selbstlosigkeit würden ihre Kinder erfahren, was es heißt, geliebt zu werden, und sie würden ihrerseits daraus lernen, was lieben bedeutet. Die Wirkung ihrer Selbstlosigkeit entspricht jedoch keineswegs ihren Erwartungen. Die Kinder machen nicht den Eindruck von glücklichen Menschen, die davon überzeugt sind, geliebt zu werden. Sie sind ängstlich, nervös und haben ständig Angst, die Mutter könnte mit ihnen nicht zufrieden sein, und sie könnten ihre Erwartungen enttäuschen. Meist werden sie von der versteckten Lebensfeindschaft ihrer Mutter angesteckt, die sie mehr spüren als klar erkennen, und schließlich werden auch sie ganz davon durchdrungen. Alles in allem wirkt eine derart

selbstlose Mutter auf ihre Kinder kaum anders als eine selbstsüchtige, ja die Wirkung ist häufig noch schlimmer, weil ihre
Selbstlosigkeit die Kinder daran hindert, an ihr Kritik zu üben.
Sie fühlen sich verpflichtet, sie nicht zu enttäuschen; so wird ihnen unter der Maske der Tugend eine Abscheu vor dem Leben
beigebracht. Hat man dagegen Gelegenheit, die Wirkung zu
studieren, die eine Mutter mit einer echten Selbstliebe auf ihr
Kind ausübt, dann wird man erkennen, daß es nichts gibt, was
dem Kind besser die Erfahrung vermitteln könnte, was Liebe,
Freude und Glück bedeuten, als von einer Mutter geliebt zu
werden, die sich selber liebt.

Man kann diese Gedanken über die Selbstliebe nicht besser
zusammenfassen als mit einem Zitat Meister Eckharts: »Hast
du dich selbst lieb, so hast du alle Menschen lieb wie dich selbst.
Solange du einen einzigen Menschen weniger lieb hast als dich
selbst, so hast du dich selbst nie wahrhaft lieb gewonnen, –
wenn du nicht alle Menschen so lieb hast wie dich selbst, in einem Menschen alle Menschen: und dieser Mensch ist Gott und
Mensch. So steht es recht mit einem solchen Menschen, der sich
selbst lieb hat und alle Menschen so lieb wie sich selbst, und
mit dem ist es gar recht bestellt« (J. Quint, 1977, S. 214).

Liebe zu Gott

Wir haben bereits festgestellt, daß unser Bedürfnis nach Liebe
auf unsere Erfahrung des Getrenntseins und auf das daraus resultierende Verlangen zurückzuführen ist, die aus der Getrenntheit entspringende Angst durch die Erfahrung von Einheit zu überwinden. Die als Gottesliebe bezeichnete religiöse
Form der Liebe ist psychologisch gesehen nichts anderes. Sie
entspringt dem Bedürfnis, das Getrenntsein zu überwinden
und Einheit zu erlangen. Tatsächlich hat ja die Liebe zu Gott
ebenso viele verschiedene Qualitäten und Aspekte wie die

Liebe zum Menschen – und wir finden bei ihr auch im allgemeinen ebenso viele Unterschiede.

In allen theistischen Religionen – ob sie nun polytheistisch oder monotheistisch sind – verkörpert Gott den höchsten Wert, das erstrebenswerteste Gut. Daher hängt die jeweilige Bedeutung Gottes davon ab, was dem Betreffenden als wünschenswertestes Gut erscheint. Um die Gottesvorstellung eines gläubigen Menschen zu verstehen, sollte man daher mit einer Analyse seiner Charakterstruktur beginnen.

Die Entwicklung der menschlichen Rasse kann man nach allem, was wir darüber wissen, als die Loslösung des Menschen von der Natur, von der Mutter, von der Bindung an Blut und Boden charakterisieren. Am Anfang seiner Geschichte sieht sich der Mensch zwar aus seiner ursprünglichen Einheit mit der Natur ausgestoßen, doch hält er noch weiter an den ursprünglichen Bindungen fest. Er findet seine Sicherheit, indem er wieder zurückgeht oder diese ursprünglichen Bindungen beibehält. Noch immer identifiziert er sich mit der Welt der Tiere und Bäume, und er versucht dadurch zur Einheit zu gelangen, daß er eins bleibt mit der Welt der Natur. Von dieser Entwicklungsstufe zeugen viele primitive Religionen. Da wird ein Tier zu einem Totem, man trägt bei besonders feierlichen religiösen Handlungen oder auch im Krieg Tiermasken; man verehrt ein Tier als Gott. Auf einer späteren Entwicklungsstufe, wenn der Mensch sich handwerkliche und künstlerische Fähigkeiten erworben hat und nicht mehr ausschließlich auf die Gaben der Natur – die Früchte, die er findet, und die Tiere, die er jagt – angewiesen ist, verwandelt er das Erzeugnis seiner eigenen Hände in einen Gott. Es ist dies das Stadium der Verehrung von Götzen aus Lehm, Silber oder Gold. Der Mensch projiziert dabei seine eigenen Kräfte und Fertigkeiten in die Dinge, die er macht, und betet so auf entfremdete Weise sein eigenes Können, seinen eigenen Besitz an. Auf einer noch späteren Stufe verleiht der Mensch seinen Göttern menschliche Gestalt.

Offenbar ist er dazu erst imstande, nachdem er sich seiner selbst stärker bewußt geworden ist und den Menschen als das höchste und ehrwürdigste »Ding« auf der Welt entdeckt hat. In dieser Phase der anthropomorphen Gottesverehrung verläuft die Entwicklung in zwei Dimensionen. Im einen Fall ist die weibliche oder die männliche Natur der Götter ausschlaggebend; im anderen Fall hängt die Art der Götter und die Art, wie sie geliebt und verehrt werden, vom Grad der Reife ab, den die Menschen erreicht haben.

Beschäftigen wir uns zunächst mit der Entwicklung von matrizentrischen zu patrizentrischen Religionen. Entsprechend den großen, entscheidenden Entdeckungen von Bachofen und Morgan um die Mitte des neunzehnten Jahrhunderts und trotz des Widerspruchs, auf den sie mit ihren Entdeckungen in den meisten akademischen Kreisen gestoßen sind, besteht kaum ein Zweifel, daß zum mindesten in vielen Kulturen eine Phase der matriarchalischen Religion der patriarchalischen vorangegangen ist. In der matriarchalischen Phase ist das höchste Wesen die Mutter. Sie ist die Göttin, und sie ist auch in Familie und Gesellschaft die Autoritätsperson. Um das Wesen der matriarchalischen Religion zu verstehen, brauchen wir uns nur daran zu erinnern, was wir über das Wesen der mütterlichen Liebe gesagt haben. Die Mutterliebe stellt keine Bedingungen, sie ist allbeschützend und allumfassend. Da sie keine Bedingungen stellt, entzieht sie sich jeder Kontrolle, und man kann sie sich nicht erwerben. Ihr Besitz ist Seligkeit; ihr Fehlen führt zu einem Gefühl der Verlorenheit und zu äußerster Verzweiflung. Da Mütter ihre Kinder lieben, weil sie ihre Kinder sind und nicht weil sie »brav« und gehorsam sind oder weil sie tun, was sie von ihnen wünschen oder verlangen, beruht die Mutterliebe auf Gleichheit. Alle Menschen sind gleich, weil sie alle Kinder einer Mutter sind, weil sie alle Kinder der Mutter Erde sind.

Das nächste Stadium der menschlichen Entwicklung, das einzige, von dem wir genaue Kenntnis haben und bei dem wir nicht auf Rückschlüsse und Rekonstruktionen angewiesen sind, ist die patriarchalische Phase. In dieser Phase wird die Mutter von ihrer alles beherrschenden Stellung entthront, und der Vater wird in der Religion wie auch in der Gesellschaft zum höchsten Wesen. Das Wesen der väterlichen Liebe besteht darin, daß er Forderungen stellt, daß er Gesetze aufstellt und daß seine Liebe zu seinem Sohn davon abhängt, ob dieser seinen Befehlen gehorcht. Er liebt denjenigen Sohn am meisten, der ihm am ähnlichsten ist, der ihm am meisten gehorcht und sich am besten zu seinem Nachfolger als Erbe seines Besitzes eignet. (Die Entwicklung der patriarchalischen Gesellschaft geht Hand in Hand mit der Entwicklung des Privateigentums.)

Die Folge ist, daß die patriarchalische Gesellschaft hierarchisch gegliedert ist; die Gleichheit der Brüder muß dem Wettbewerb und Wettstreit weichen. Ob wir an die indische, die ägyptische oder griechische Kultur oder an die jüdisch-christliche oder islamische Religion denken – immer stehen wir inmitten einer patriarchalischen Welt mit ihren männlichen Göttern, über die ein Hauptgott regiert, oder wo alle Götter außer dem Einen, *dem* Gott abgeschafft wurden. Da jedoch das Verlangen nach der Liebe einer Mutter aus den Herzen der Menschen nicht auszurotten ist, ist es nicht verwunderlich, daß die Figur der liebenden Mutter aus dem Pantheon nie ganz vertrieben wurde. Im Judentum wurden besonders in den verschiedenen mystischen Strömungen die mütterlichen Aspekte Gottes wieder aufgegriffen. In der katholischen Religion symbolisieren die Kirche und die Jungfrau Maria die Mutter. Selbst im Protestantismus ist die Mutterfigur nicht ganz ausgemerzt, wenn sie auch im verborgenen bleibt. Luthers Hauptthese lautete, daß sich der Mensch Gottes Liebe nicht durch seine eigenen guten Werke verdienen kann. Gottes Liebe ist Gnade, der gläubige Mensch sollte auf diese Gnade vertrauen und sich klein und hilfsbedürftig machen. Gute Werke können Gott nicht beeinflussen; sie können ihn nicht veranlassen, uns zu lieben, wie das die katholische Kirche lehrt. Wir erkennen hier, daß die katholische Lehre von den guten Werken in das patriarchalische Bild hineingehört. Ich kann mir die Liebe des Vaters dadurch erwerben, daß ich ihm gehorche und seine Gebote erfülle. Dagegen enthält die lutherische Lehre trotz ihres manifesten patriarchalischen Charakters ein verborgenes matriarchalisches Element. Die Liebe der Mutter kann man sich nicht erwerben; man besitzt sie oder man besitzt sie nicht. Alles, was man tun kann, ist, sich in ein hilfloses, machtloses Kind zu verwandeln und Vertrauen zu haben. Wie der Psalmist sagt: »Du bist es, der mich aus dem Schoß meiner Mutter zog, mich barg an der Brust der Mutter« (Ps 22,10). Aber es ist eine Besonderheit Luthers, daß bei ihm die Mutterfigur aus dem manifesten Bild seines Glaubens herausgenommen und durch die Vaterfigur ersetzt ist. Anstelle der Gewißheit, von der Mutter geliebt zu werden, ist ein intensiver Zweifel, die Hoffnung, entgegen aller Hoffnung von dem Vater bedingungslos geliebt zu werden, das hervorstechendste Merkmal seines Glaubens.

Ich mußte auf diesen Unterschied zwischen den matriarchalischen und den patriarchalischen Elementen in der Religion eingehen, um zu zeigen, daß der Charakter der Liebe zu Gott von dem jeweiligen Gewicht der matriarchalischen und der patriarchalischen Aspekte der Religion abhängt. Der patriarchalische Aspekt veranlaßt mich, Gott wie einen Vater zu lieben; ich nehme dann an, daß er gerecht und streng ist, daß er belohnt und bestraft und daß er mich schließlich als seinen Lieblingssohn auserwählen wird, so wie Gott Abraham und Israel auserwählte, wie Isaak Jakob und wie Gott sein Lieblingsvolk auserwählte. Der matriarchalische Aspekt der Religion erlaubt, daß ich Gott als eine allumfassende Mutter liebe. Ich vertraue darauf, daß sie mich lieben wird, ganz gleich, ob ich arm und hilflos bin und ob ich gesündigt habe, und daß sie mir keine anderen Kinder vorziehen wird. Was auch immer mit mir geschieht, sie

wird mir zu Hilfe kommen; sie wird mich retten und mir vergeben. Es erübrigt sich zu sagen, daß meine Liebe zu Gott und
Gottes Liebe zu mir nicht voneinander zu trennen sind. Wenn
Gott ein Vater ist, liebt er mich wie einen Sohn, und ich liebe
ihn wie einen Vater. Wenn Gott eine Mutter ist, so sind ihre
und meine Liebe hierdurch bestimmt. Der Unterschied zwischen dem mütterlichen und dem väterlichen Aspekt der Liebe
zu Gott ist jedoch nur ein Faktor bei der Wesensbestimmung
dieser Liebe. Der andere Faktor ist der Reifegrad des Individuums, von dem auch der Grad der Reife seiner Gottesvorstellung und seiner Gottesliebe abhängt.

Da sich die menschliche Rasse von einer Gesellschaftsstruktur
und einer Religion, in deren Mittelpunkt die Mutter stand, zu
einer solchen entwickelte, in deren Zentrum der Vater steht,
können wir die Entwicklung einer reifer werdenden Liebe in
erster Linie an der Entwicklung der patriarchalischen Religion
verfolgen. (Das gilt besonders für die monotheistischen Religionen des Westens. In den indischen Religionen haben die
Mutterfiguren ihren Einfluß größtenteils behalten, wie zum
Beispiel die Göttin Kali. Im Buddhismus und im Taoismus war
die Vorstellung von einem Gott – oder einer Göttin – ohne wesentliche Bedeutung, soweit sie nicht überhaupt völlig elimi-
niert wurde.) Zu Beginn der Entwicklung finden wir einen despotischen, eifersüchtigen Gott, der den Menschen, den er
schuf, als seinen Besitz ansieht und mit ihm machen kann, was
er will. Es ist dies die Phase der Religion, in der Gott den Menschen aus dem Paradies vertreibt, damit er nicht vom Baum der
Erkenntnis ißt und wie Gott selbst wird; es ist die Phase, in der
Gott beschließt, die menschliche Rasse durch die Sintflut zu
vernichten, weil keiner, der ihr angehört, ihm gefällt, außer
seinem Lieblingssohn Noah; es ist die Phase, in der Gott von
Abraham verlangt, seinen einzigen geliebten Sohn Isaak zu tö-
ten, um seine Liebe zu Gott durch einen Akt äußersten Gehor-
sams unter Beweis zu stellen. Aber gleichzeitig beginnt eine

neue Phase; Gott schließt mit Noah einen Bund, in dem er verspricht, nie wieder die menschliche Rasse zu vernichten, einen Bund, an den er selbst gebunden ist. Er ist nicht nur durch sein Versprechen gebunden, sondern auch durch sein eigenes Prinzip der Gerechtigkeit, aufgrund dessen er Abrahams Forderung nachgeben muß, Sodom zu verschonen, sofern sich wenigstens zehn Gerechte darin fänden. Aber die Entwicklung geht noch weiter, und Gott verwandelt sich nicht nur aus der Figur eines despotischen Stammeshäuptlings in einen liebenden Vater, in einen Vater, der selbst an die von ihm geforderten Grundsätze gebunden ist, sie verläuft in der Richtung, daß Gott sich aus einer Vaterfigur in das Symbol seiner Prinzipien: Gerechtigkeit, Wahrheit und Liebe verwandelt. Gott *ist* Wahrheit, Gott *ist* Gerechtigkeit. Im Verlauf dieser Entwicklung hört Gott auf, eine Person zu sein; er wird zum Symbol für das Prinzip der Einheit hinter der Mannigfaltigkeit der Erscheinungen, zum Symbol für die Vision einer Blume, die aus dem geistigen Samen im Menschen wächst. Gott kann keinen Namen haben. Ein Name bezeichnet immer ein Ding oder eine Person, etwas Bestimmtes. Wie kann Gott einen Namen haben, wenn er weder eine Person noch ein Ding ist?

Das deutlichste Beispiel für diesen Wandel ist die biblische Geschichte, in der sich Gott Moses offenbart. Gott macht Moses ein Zugeständnis, als dieser sagt, die Hebräer würden ihm nicht glauben, daß Gott ihn schickt, falls er ihnen nicht Gottes Namen nennen könne. (Wie könnten auch Götzenanbeter einen namenlosen Gott begreifen, da es ja gerade das Wesen eines Götzen ausmacht, daß er einen Namen hat.) Gott macht Moses ein Zugeständnis. Er sagt ihm, sein Name sei »Ich bin der ›Ich-bin-da‹« (Ex 3,14). Mit diesem Namen »Ich-bin-da« sagt er, daß er nicht bestimmbar ist, keine Person und kein »Seiendes«. Die treffendste Übersetzung seiner Namensangabe würde wohl sein: »Mein Name ist Namenlos«. Das Verbot, sich irgendein Bild von Gott zu machen, seinen Namen unnütz auszusprechen und schließlich seinen Namen überhaupt auszusprechen, zielt ebenfalls darauf ab, den Menschen von der Vorstellung freizumachen, daß Gott ein Vater, daß er eine Person sei. In der späteren theologischen Entwicklung wird dieser Gedanke dahingehend weitergeführt, daß man Gott überhaupt keine positiven Eigenschaften zuschreiben soll. Sagt man, Gott sei weise, stark und gut, so setzt man voraus, daß er eine Person ist; man kann über Gott nur das aussagen, was er *nicht* ist; man kann lediglich seine negativen Attribute feststellen: daß er nicht endlich, nicht ohne Liebe und nicht ungerecht ist. Je mehr ich darüber weiß, was Gott *nicht* ist, um so mehr weiß ich von ihm. (Vgl. Maimonides' Auffassung von den negativen Attributen, M. Maimonides, 1972.) Wenn man die sich entfaltende Idee des Monotheismus weiterverfolgt, so kann man nur zu dem Schluß kommen, Gottes Namen überhaupt nicht mehr zu erwähnen und überhaupt nicht mehr *über* Gott zu sprechen. Dann wird Gott zu dem, was er potentiell in der monotheistischen Theologie ist, das namenlose Eine, ein nicht in Worte zu fassendes Gestammel, das sich auf die der Erscheinungswelt zugrunde liegende Einheit, auf den Grund allen Daseins bezieht. Gott wird Wahrheit, Liebe, Gerechtigkeit. Gott, das bin ich, insofern ich menschlich bin. Natürlich bewirkt diese Entwicklung vom anthropomorphen zu einem rein monotheistischen Prinzip große Unterschiede in der Art der Gottesliebe. Den Gott Abrahams kann man wie einen Vater lieben oder fürchten, wobei manchmal seine Vergebung und manchmal sein Zorn dominiert. Insofern Gott Vater ist, bin ich das Kind. Ich habe mich noch nicht ganz von dem autistischen Verlangen nach Allwissenheit und Allmacht freigemacht. Ich habe noch nicht die Objektivität erlangt, mir meine Grenzen als menschliches Wesen, meine Unwissenheit, meine Hilflosigkeit klarzumachen. Wie ein Kind mache ich noch immer den Anspruch geltend, daß ein Vater da sein muß, der mir zu Hilfe kommt, der auf mich achtgibt und der mich bestraft, ein Vater, der mich liebt, wenn ich ihm gehorche, der sich geschmeichelt fühlt, wenn ich ihn lobe, und der zornig wird, wenn ich ihm nicht gehorche. Ganz offensichtlich haben die meisten Menschen in ihrer persönlichen Entwicklung dieses infantile Stadium noch nicht überwunden, so daß für die meisten der Glaube an Gott gleichbedeutend ist mit dem Glauben an einen helfenden Vater – eine kindliche Illusion. Wenn auch einige der großen Lehrer der Menschheit und eine Minderheit unter den Menschen diese Religionsauffassung überwunden haben, so ist sie doch noch immer die dominierende Form von Religion.

Soweit dies zutrifft, hatte Freud mit seiner Kritik an der Gottesidee völlig recht. Sein Irrtum lag jedoch darin, daß er den anderen Aspekt der monotheistischen Religion, nämlich ihren eigentlichen Kern, übersah, welcher in seiner letzten Konsequenz zur Negation der Gottesvorstellung führt. Wenn ein wahrhaft religiöser Mensch sich dem Wesen der monotheistischen Idee entsprechend verhält, dann betet er nicht um etwas, dann erwartet er nichts von Gott; er liebt Gott nicht so, wie ein Kind seinen Vater oder seine Mutter liebt; er hat sich zu der Demut durchgerungen, daß er seine Grenzen fühlt und weiß, daß er über Gott nichts wissen kann. Gott wird für ihn zu dem Symbol, in dem der Mensch auf einer früheren Stufe seiner Evolution alles das zum Ausdruck brachte, was das Ziel seines Strebens war: den Bereich der geistigen Welt, Liebe, Wahrheit und Gerechtigkeit. Ein solcher Mensch vertraut auf die Prinzipien, die »Gott« repräsentieren; er denkt die Wahrheit, er lebt die Liebe und Gerechtigkeit, und er hält sein Leben nur so weit für wertvoll, als es ihm die Chance gibt, zu einer immer reicheren Entfaltung seiner menschlichen Kräfte zu gelangen – als der einzigen Realität, auf die es ankommt, als des einzigen, was ihn »unbedingt angeht«. Schließlich spricht er dann nicht mehr *über* Gott und erwähnt nicht einmal mehr seinen Namen. Wenn er sich überhaupt dieser Bezeichnung bedient, dann heißt Gott lieben für ihn soviel wie sich danach sehnen, die volle Liebesfähigkeit zu erlangen und das in sich zu verwirklichen, was »Gott« in einem selbst bedeutet.

Von diesem Standpunkt aus ist die Negation aller »Theologie«, alles Wissen über Gott, die logische Konsequenz monotheistischen Denkens. Es gibt jedoch einen Unterschied zwischen einer so radikalen nicht-theologischen Auffassung und einem nicht-theistischen System, wie wir es zum Beispiel im frühen Buddhismus oder im Taoismus finden.

Alle theistischen Systeme, selbst die nicht-theologischen, mystischen Systeme, postulieren einen spirituellen, den Menschen transzendierenden, jenseitigen Bereich, der den spirituellen Kräften des Menschen und seinem Verlangen nach Erlösung und nach einem inneren Neugeborenwerden Bedeutung und Geltung verleiht. In einem nicht-theistischen System gibt es einen solchen spirituellen, jenseits des Menschen existierenden oder ihn transzendierenden Bereich nicht. Der Bereich der Liebe, Vernunft und Gerechtigkeit existiert als Realität nur deshalb und insofern, als der Mensch es vermochte, während des gesamten Evolutionsprozesses diese Kräfte in sich zu entwickeln. Nach dieser Auffassung besitzt das Leben keinen Sinn außer dem, den der Mensch ihm gibt; die Menschen sind völlig allein und können ihre Einsamkeit nur überwinden, indem sie einander helfen.

Im Zusammenhang mit der Liebe zu Gott möchte ich klarstellen, daß meine eigene Auffassung keine theistische ist. Ich halte die Gottesvorstellung für eine historisch bedingte und bin der Ansicht, daß der Mensch in einer bestimmten historischen Periode die Erfahrung der eigenen höheren Kräfte, seine Sehnsucht nach Wahrheit und Einheit darin zum Ausdruck gebracht hat. Aber ich meine andererseits, daß die aus einem strengen Monotheismus zu ziehenden Konsequenzen und die, welche sich aus einem nicht-theistischen »unbedingten Interesse« an der spirituellen Wirklichkeit ergeben, zwar verschieden sind, aber sich deshalb nicht unbedingt gegenseitig bekämpfen müssen.

Hier zeigt sich jedoch das Problem der Gottesliebe noch in einer anderen Dimension, die wir diskutieren müssen, um die ganze Komplexität des Problems zu erfassen. Ich meine den grundlegenden Unterschied zwischen der religiösen Einstellung des Ostens (Chinas und Indiens) und der des Westens. Dieser Unterschied läßt sich am Verständnis von Logik erläutern. Seit Aristoteles hat sich die westliche Welt an die logischen Prinzipien der aristotelischen Philosophie gehalten. Diese Logik gründet sich auf den Satz von der Identität (A ist gleich A), auf den Satz vom Widerspruch (A ist nicht gleich Nicht-A) sowie auf den Satz vom ausgeschlossenen Dritten (A kann nicht A und gleichzeitig Nicht-A sein, genausowenig wie es gleichzeitig weder A noch Nicht-A sein kann). Aristoteles erklärt seine Auffassung sehr klar in dem Satz, »daß ein und dasselbe demselben nicht zugleich zugesprochen und abgesprochen werden könne... Dies ist die sicherste Grundlage...« (*Metaphysik*, 1005b).

Dieses Axiom der aristotelischen Logik hat unsere Denkgewohnheiten so tief beeinflußt, daß wir es als natürlich und selbstverständlich empfinden, während uns die Behauptung, X sei zugleich A *und* Nicht-A, unsinnig vorkommt. (Natürlich bezieht sich diese Behauptung auf den Faktor X zu einem bestimmten Zeitpunkt und nicht auf X zu einem früheren oder späteren Zeitpunkt oder auf einen bestimmten Aspekt von X im Gegensatz zu einem anderen Aspekt.)

Im Gegensatz zur aristotelischen Logik steht das, was man als *paradoxe Logik* bezeichnen könnte. Dabei wird angenommen, daß A und Nicht-A sich als Prädikat von X nicht ausschließen. Die paradoxe Logik dominierte im chinesischen und indischen Denken und in der Philosophie des Heraklit. Später tauchte sie unter der Bezeichnung Dialektik in der Philosophie von Hegel und Marx wieder auf. Das allgemeine Prinzip der paradoxen

Logik hat Lao-tse sehr klar zum Ausdruck gebracht: »Wirklich wahre Worte sind paradox« (Lao-tse, *Tao-te-king,* Spruch 78). Tschuang-tse sagt: »Das, was eins ist, ist eins. Das, was nicht-eins ist, ist auch eins.« Diese Formulierungen der paradoxen Logik sind positiv: *Es ist, und es ist nicht.* Eine andere Formulierung ist negativ: *Es ist weder dies noch das.* Positive Formulierungen des Gedankens finden wir im taoistischen Denken, bei Heraklit und später wieder in Hegels Dialektik; negative Formulierungen sind in der indischen Philosophie häufig anzutreffen.

Es ginge über den Rahmen dieses Buches, den Unterschied zwischen der aristotelischen und der paradoxen Logik ausführlicher darzulegen. Dennoch möchte ich zur Verdeutlichung des Prinzips einige Beispiele anführen. Im westlichen Denken kommt die paradoxe Logik zuerst in der Philosophie Heraklits zum Ausdruck. Dieser nimmt an, daß der Konflikt zwischen Gegensätzen die Grundlage jeder Existenz ist. »Sie begreifen nicht«, sagt Heraklit, »daß es (das All-Eine), auseinanderstrebend, mit sich selber übereinstimmt: widerstrebende Harmonie wie bei Bogen und Leier« (Heraklit, 1953, S. 134). Oder noch deutlicher: »Wir steigen in denselben Fluß, und doch nicht in denselben; wir sind es, und wir sind es nicht« (a.a.O., S. 132). Oder: »Ein und dasselbe offenbart sich in den Dingen als Lebendes und Totes, Waches und Schlafendes, Junges und Altes« (a.a.O., S. 133).

Lao-tse drückt das gleiche in poetischerer Form in seiner Philosophie aus. Ein charakteristisches Beispiel für das taoistische Denken ist folgender Ausspruch (Spruch 26):

> Das Schwere ist des Leichten Wurzelgrund;
> Das Stille ist des Ungestümen Herr.

Oder (Spruch 37):

> Der *Weg* ist ewig ohne Tun;
> Aber nichts, was ungetan bliebe.

Oder (Spruch 70):

> Meine Worte sind sehr leicht zu verstehen
> und sehr leicht auszuführen.
> Doch im ganzen Reich
> Vermag niemand, sie zu verstehen,
> Vermag niemand, sie auszuführen.

Genau wie im indischen und im sokratischen Denken ist auch im taoistischen die höchste Stufe, zu der das Denken führen kann, das Wissen, daß wir nichts wissen (Spruch 71):

> Um sein Nichtwissen wissen
> ist das Höchste.
> Um sein Wissen nicht wissen
> ist krankhaft.

Für diese Philosophie ist es nur konsequent, wenn der höchste Gott keinen Namen hat. Die letzte Realität, das letzte Eine, kann nicht in Worte gefaßt oder in Gedanken eingefangen werden. Lao-tse sagt (Spruch 1):

> Könnten wir weisen den *Weg,*
> Es wäre kein ewiger Weg.
> Könnten wir nennen den Namen,
> Es wäre kein ewiger Name.

Oder (Spruch 14):

> Was du nicht siehst, so sehr du danach schaust,
> Des Name ist: plan.
> Was du nicht hörst, so sehr du danach lauschest,
> Des Name ist: heimlich.
> Was du nicht fängst, so sehr du danach greifst,
> Des Name ist: subtil.
> Diese drei kannst du nicht weiter erkunden;
> Wahrlich chaotisch sind sie zum Einen verbunden.

In Spruch 56 gibt er noch eine andere Formulierung des gleichen Gedankens:

> Ein Wissender redet nicht [über das Tao, den Weg]
> Ein Redender weiß nicht.

Die brahmanische Philosophie beschäftigte sich mit der Beziehung zwischen der Mannigfaltigkeit (der Erscheinungen) und
der Einheit (Brahman). Aber weder in Indien noch in China
wird die paradoxe Philosophie mit einem *dualistischen* Standpunkt verwechselt. Die Harmonie (Einheit) besteht eben in der
Einheit der in ihr enthaltenen Gegensätze. »Von Anbeginn an
kreiste das brahmanische Denken um das Paradoxon, daß die
Kräfte und Formen der Erscheinungswelt sich gleichzeitig in
Antagonismus wie auch in Identität befinden« (H. Zimmer,
1973, S. 304). Die höchste Macht im Universum wie auch im
Menschen ist von ihm weder begrifflich noch mit den Sinnen
zu erfassen. Sie ist deshalb »weder das noch das«. Aber wie
Zimmer dazu bemerkt, »gibt es keinen Antagonismus zwischen ›wirklich‹ und ›unwirklich‹ in dieser streng undualisti-
schen Welt« (a.a.O., S. 309).
Auf ihrer Suche nach der Einheit hinter der Mannigfaltigkeit
kamen die brahmanischen Denker zu dem Schluß, daß das von
ihnen wahrgenommene Gegensatzpaar nicht das Wesen der
Dinge, sondern das Wesen des wahrnehmenden Geistes wi-
derspiegelt. Das wahrnehmende Denken muß sich selbst
transzendieren, um die wahre Wirklichkeit zu erreichen. Der
Widerspruch ist eine Kategorie des menschlichen Geistes und
nicht an und für sich ein Element der Wirklichkeit. In dem Rig-
veda wird dieser Grundsatz folgendermaßen ausgedrückt: »Ich
bin beides, die Lebenskraft und der Lebensstoff, die beiden zugleich.« Die letzte Konsequenz aus dieser Idee, daß der
menschliche Geist nur in Widersprüchen wahrnehmen kann,
ziehen die Veden auf sehr drastische Weise: In den Veden
»wurde das Denken mit all seinen feinen Unterscheidungen

erkannt als eine nur weiter hinausgeschobene Grenze der Unwissenheit, ja als der allerfeinste Täuschungskniff der Maya« (H. Zimmer, 1973, S. 409).

Die paradoxe Logik hat auf die Gottesvorstellung einen bedeutsamen Einfluß. Insofern Gott die letzte Wirklichkeit verkörpert und insofern der menschliche Geist diese Wirklichkeit in Form von Widersprüchen wahrnimmt, kann man über Gott keine positiven Aussagen machen. In dem Vedanta gilt die Idee eines allwissenden und allmächtigen Gottes als Gipfel der Unwissenheit. (Vgl. H. Zimmer, 1973, S. 381 f.) Wir sehen hier den Zusammenhang mit der Namenlosigkeit des Tao, mit dem namenlosen Gott, der sich Moses offenbart, und dem »absoluten Nichts« bei Meister Eckhart. Der Mensch kann nur die *negatio*, nie aber die *positio*, die letzte Wirklichkeit erkennen: »So vermag denn der Mensch überhaupt nicht zu wissen, was Gott ist. Etwas weiß er wohl: was Gott *nicht* ist. So ruht die Vernunft nimmer als allein in der wesenhaften Wahrheit, die alle Dinge in sich beschlossen hält, damit sie sich nicht zufriedengebe mit irgendwelchen *Dingen*, sondern immer tiefere Sehnsucht fühle nach dem höchsten und letzten Gute!« (Meister Eckhart, 1934, S. 76).

Für Meister Eckhart ist Gott »ein Verneinen des Verneinens und ein Verleugnen des Verleugnens... Alle Kreaturen tragen eine Verneinung in sich; die eine verneint, die andere zu sein« (J. Quint, 1977, S. 252 f.; vgl. auch die negative Theologie des Maimonides). Es ist nur konsequent, daß Gott für Meister Eckhart »das absolute Nichts« ist, genauso wie er für die Kabbala »En Sof«, das Endlose, ist.

Ich habe den Unterschied zwischen der aristotelischen und der paradoxen Logik erörtert, um die Darlegung eines wichtigen Unterschieds in der Auffassung von der Gottesliebe vorzubereiten. Die Lehrer der paradoxen Logik sagen, der Mensch könne die Wirklichkeit nur in ihren Widersprüchen wahrnehmen, und er könne die letzte Einheit der Wirklichkeit, das

All-Eine selbst niemals *verstandesmäßig* erfassen. Das hatte zur Folge, daß man das letzte Ziel nicht mehr auf *denkerischem* Weg zu finden suchte. Das Denken kann uns nur zur Erkenntnis führen, daß es selbst uns die letzte Antwort nicht geben kann. Die Welt des Denkens bleibt in Paradoxien verfangen. Die einzige Möglichkeit, die Welt letztlich zu erfassen, liegt nicht im Denken, sondern im Akt, im Erleben von Einssein. So führt die paradoxe Logik zu dem Schluß, daß die Gottesliebe weder im verstandesmäßigen Wissen über Gott, noch in der gedanklichen Vorstellung, ihn zu lieben, besteht, sondern im Akt des Erlebens des Einsseins mit Gott.

Dies führt dazu, daß das größte Gewicht auf die rechte Art zu leben gelegt wird. Unser gesamtes Leben, jede geringfügige und jede wichtige Handlung, dient der Erkenntnis Gottes – aber nicht einer durch richtiges Denken zu erlangenden Erkenntnis, sondern einer, die im richtigen Handeln begründet ist. Das läßt sich deutlich in den Religionen des Ostens erkennen. Sowohl im Brahmanismus wie auch im Buddhismus und Taoismus ist das letzte Ziel der Religion nicht der rechte Glaube, sondern das richtige Handeln. Das gleiche gilt für die jüdische Religion. Es hat in der jüdischen Überlieferung kaum jemals eine größere Glaubensspaltung gegeben. (Die eine große Ausnahme, der Streit zwischen Pharisäern und Sadduzäern, war im wesentlichen eine Auseinandersetzung zwischen zwei widerstreitenden Gesellschaftsklassen.) Die jüdische Religion hat (besonders seit dem Beginn unserer Zeitrechnung) den Hauptwert auf die rechte Art zu leben, die Halacha, gelegt (ein Begriff, der etwa die gleiche Bedeutung hat wie Tao).

In der neueren Geschichte finden wir das gleiche Prinzip im Denken von Spinoza, Marx und Freud. Spinoza legt in seiner Philosophie das Hauptgewicht nicht auf den rechten Glauben, sondern auf die richtige Lebensführung. Marx steht auf dem gleichen Standpunkt, wenn er sagt: »Die Philosophen haben die Welt nur verschieden *interpretiert;* es kommt darauf an, sie zu *verändern*« (K. Marx, 1971, S. 341). Freud wurde durch seine paradoxe Logik zum Prozeß seiner psychoanalytischen Therapie, der sich immer weiter vertiefenden Erfahrung seiner selbst, hingeführt.

Vom Standpunkt der paradoxen Logik aus ist nicht das Denken, sondern das Handeln das wichtigste im Leben. Diese Einstellung hat noch verschiedene weitere Konsequenzen. Zunächst führt sie zur *Toleranz,* wie wir sie in der indischen und der chinesischen religiösen Entwicklung finden. Wenn nicht das Richtige zu denken der Wahrheit letzter Schluß und der Weg zum Heil ist, besteht auch kein Anlaß, mit anderen zu streiten, deren Denken zu anderen Formulierungen geführt hat. Diese Toleranz kommt besonders schön in der Geschichte von den drei Männern zum Ausdruck, die aufgefordert wurden, im Dunkeln einen Elefanten zu beschreiben. Der eine, der seinen Rüssel betastete, sagte: »Dieses Tier gleicht einem Wasserschlauch«; der andere, der das Ohr befühlte, sagte: »Dieses Tier sieht aus wie ein Fächer«, und der dritte, der ein Bein des Elefanten berührte, verglich ihn mit einer Säule.

Zweitens führte die paradoxe Auffassung dazu, stärker die *Wandlung des Menschen zu betonen* als das Dogma und die Wissenschaft. Vom Standpunkt der indischen und chinesischen Philosophie und Mystik aus besteht die religiöse Aufgabe des Menschen nicht darin, richtig zu denken, sondern richtig zu handeln und (bzw. oder) mit dem Einen im Akt konzentrierter Meditation eins zu werden.

Der Hauptstrom des westlichen Denkens verlief in entgegengesetzter Richtung. Da man erwartete, durch richtiges Denken die letzte Wahrheit erkennen zu können, legte man das Hauptgewicht auf das Denken, wenngleich auch das rechte Handeln nicht für unwichtig gehalten wurde. In der religiösen Entwicklung führte das zur Formulierung von Dogmen, zu endlosen Disputen über dogmatische Formulierungen und zu Intoleranz gegen »Ungläubige« oder Ketzer. Außerdem führte es dazu, im »Glauben an Gott« das Hauptziel einer religiösen Einstellung zu sehen. Natürlich bedeutete das nicht, daß nicht daneben auch die Auffassung geherrscht hätte, daß man richtig leben sollte. Trotzdem aber hielt sich jemand, der an Gott glaubte – auch dann, wenn er Gott nicht *lebte* –, für besser als jemand, der Gott lebte, aber nicht an ihn »glaubte«.

Diese Betonung des Denkens hatte noch eine weitere, historisch höchst bedeutungsvolle Konsequenz. Die Idee, daß man die Wahrheit auf dem Weg des Denkens finden könne, führte nicht nur zum Dogma, sondern auch zur Wissenschaft. Beim wissenschaftlichen Denken kommt es allein auf das korrekte Denken an, und zwar sowohl in bezug auf die intellektuelle Ehrlichkeit wie auch in bezug auf die Anwendung des wissenschaftlichen Denkens auf die Praxis – das heißt auf die Technik.

Kurz, das paradoxe Denken führte zur Toleranz und zur Bemühung, sich selbst zu wandeln. Der aristotelische Standpunkt führte zum Dogma und zur Wissenschaft, zur katholischen Kirche und zur Entdeckung der Atomenergie.

Auf die Konsequenzen dieses Unterschieds zwischen den beiden Standpunkten für das Problem der Gottesliebe sind wir implizit bereits eingegangen, und wir brauchen sie daher an dieser Stelle nur noch einmal kurz zusammenzufassen.

In den vorherrschenden westlichen Religionssystemen ist die Gottesliebe im wesentlichen gleichbedeutend mit dem Glauben an Gott, an Gottes Existenz, Gottes Gerechtigkeit und Gottes Liebe. Die Gottesliebe ist im wesentlichen ein Denkerlebnis. In den östlichen Religionen und in der Mystik ist die Gottesliebe ein intensives Gefühlserlebnis des Einsseins, das nicht davon zu trennen ist, daß diese Liebe in jeder Handlung im Leben zum Ausdruck kommt. Die radikalste Formulierung für dieses Ziel hat Meister Eckhart gefunden: »Was in ein anderes verwandelt wird, das wird eins mit ihm. Ganz so werde ich in ihn verwandelt, daß er mich als sein Sein wirkt, (und zwar) als eines, *nicht* als *gleiches;* beim lebendigen Gott ist es wahr, daß es da keinerlei Unterschied gibt... Manche einfältigen Leute wähnen, sie sollten Gott (so) sehen, als stünde er dort und sie hier. Dem ist nicht so. Gott und ich, wir sind *eins*. Durch das Erkennen nehme ich Gott in mich hinein; durch die Liebe hingegen gehe ich in Gott ein« (J. Quint, 1977, S. 186).

Damit können wir auf die wichtige Parallele zwischen der Liebe zu den Eltern und der Liebe zu Gott zurückkommen. Das Kind ist zunächst an seine Mutter als den »Grund allen Seins« gebunden. Es fühlt sich hilflos und braucht die allumfassende Liebe der Mutter. Dann wendet es sich dem Vater als dem neuen Mittelpunkt seiner Zuneigung zu, als dem Leitprinzip seines Denkens und Handelns. Auf dieser Stufe wird es von dem Bedürfnis motiviert, sich das Lob des Vaters zu erwerben und zu vermeiden, seinen Unwillen zu erregen. Auf der Stufe der vollen Reife hat es sich dann von der Person der Mutter und der des Vaters als den beschützenden und befehlenden Mächten befreit; es hat das mütterliche und das väterliche Prinzip in seinem Inneren errichtet. Es ist zu seinem eigenen Vater, zu seiner eigenen Mutter geworden. Es *ist* Vater und Mutter. In der Geschichte der menschlichen Rasse können wir – wie zu erwarten – die gleiche Entwicklung beobachten: vom Anfang der Liebe zu Gott als einer hilflosen Bindung an eine Muttergottheit, über die Gehorsamsbindung an einen Vatergott bis zu einem reifen Stadium, wo Gott aufhört, eine äußere Macht zu sein, wo der Mensch die Prinzipien der Liebe und Gerechtigkeit in sein eigenes Innere hineingenommen hat, wo er mit Gott so eins geworden ist, daß er schließlich von ihm nur noch in einem poetischen, symbolischen Sinn spricht.

Aus diesen Erwägungen folgt, daß die Liebe zu Gott nicht von der Liebe zu den eigenen Eltern zu trennen ist. Wenn jemand sich nicht von der inzestuösen Bindung an seine Mutter, seine Sippe und seine Nation gelöst hat, wenn er seine kindliche Abhängigkeit von einem strafenden und belohnenden Vater oder irgendwelchen anderen Autoritäten beibehält, dann kann er keine reife Liebe zu Gott entwickeln; dann befindet sich seine Religion noch in jener früheren Phase, wo Gott als die allbeschützende Mutter oder als der strafende und belohnende Vater erlebt wurde.

In der heutigen Religion finden wir noch alle diese Phasen vor, von der frühesten und primitivsten bis zur höchsten Entwicklungsstufe. Das Wort »Gott« bezeichnet ebenso den Stammeshäuptling wie das »absolute Nichts«. Freud hat gezeigt, daß im Unbewußten eines jeden Menschen seine sämtlichen Entwicklungsstufen von seiner hilflosen Kindheit an erhalten sind. Die Frage ist, bis zu welchem Punkt der Mensch in seinem Wachstum gelangt ist. Eines ist gewiß: Die Art seiner Liebe zu Gott entspricht der Art seiner Liebe zum Menschen. Außerdem ist ihm die wahre Qualität seiner Liebe zu Gott und den Menschen oft nicht bewußt – sie wird verdeckt und rationalisiert durch seine reiferen Gedanken darüber, wie seine Liebe beschaffen sei. Hinzu kommt, daß die Liebe zum Menschen zwar unmittelbar in seine Beziehungen zur Familie eingebettet ist, daß sie aber letzten Endes durch die Struktur der Gesellschaft determiniert ist, in welcher er lebt. Wenn die Gesellschaftsstruktur durch die Unterwerfung unter eine Autorität gekennzeichnet ist – unter eine offene Autorität oder unter die anonyme Autorität des Marktes und der öffentlichen Meinung –, dann kann seine Gottesvorstellung nur kindlich und weit entfernt von der reifen Auffassung sein, wie sie in der Geschichte der monotheistischen Religion im Keim zu finden ist.

Die Liebe
und ihr Verfall in der heutigen westlichen Gesellschaft

Wenn Liebe eine Fähigkeit des reifen, produktiven Charakters ist, so folgt daraus, daß die Liebesfähigkeit eines in einer bestimmten Kultur lebenden Menschen von dem Einfluß abhängt, den diese Kultur auf den Charakter des Durchschnittsbürgers ausübt. Wenn wir jetzt von der Liebe in der westlichen Kultur sprechen, wollen wir uns daher zunächst fragen, ob die Gesellschaftsstruktur der westlichen Zivilisation und der aus ihr resultierende Geist der Entwicklung von Liebe förderlich ist. Wir müssen diese Frage verneinen. Kein objektiver Beobachter unseres westlichen Lebens kann bezweifeln, daß die Liebe – die Nächstenliebe, die Mutterliebe und die erotische Liebe – bei uns eine relativ seltene Erscheinung ist und daß einige Formen der Pseudoliebe an ihre Stelle getreten sind, bei denen es sich in Wirklichkeit um ebenso viele Formen des Verfalls der Liebe handelt.

Die kapitalistische Gesellschaft gründet sich einerseits auf das Prinzip der politischen Freiheit und andererseits auf den Markt als den Regulator aller wirtschaftlichen und damit auch gesellschaftlichen Beziehungen. Der Markt der Gebrauchsgüter bestimmt die Bedingungen, unter denen diese Gebrauchsgüter ausgetauscht werden, der Arbeitsmarkt reguliert den An- und Verkauf von Arbeitskraft. Nutzbringende Dinge wie auch nutzbringende menschliche Energie werden in Gebrauchsgüter verwandelt, die man ohne Anwendung von Gewalt und ohne Betrug entsprechend den Marktbedingungen austauscht. Schuhe zum Beispiel, so nützlich und notwendig sie sein mögen, haben keinen wirtschaftlichen Wert (Tauschwert), wenn auf dem Markt keine Nachfrage danach herrscht. Die menschliche Energie und Geschicklichkeit hat keinen Tauschwert, wenn sie unter den derzeitigen Marktbedingungen nicht gefragt ist. Wer über Kapital verfügt, kann Arbeitskraft kaufen und so einsetzen, daß er sein Kapital gewinnbringend anlegt. Wer nur über Arbeitskraft verfügt, muß sie zu den jeweiligen Marktbedingungen an die Kapitalisten verkaufen, wenn er nicht verhungern will. Diese wirtschaftliche Struktur spiegelt sich in der Hierarchie der Werte wider. Das Kapital dirigiert die Arbeitskraft; angesammelte, tote Dinge besitzen einen höheren Wert als das Lebendige, die menschliche Arbeitskraft und Energie.

Dies war von Anfang an die Grundstruktur des Kapitalismus. Obgleich es noch immer auch für den modernen Kapitalismus kennzeichnend ist, haben sich doch inzwischen eine Reihe von Faktoren geändert, die dem heutigen Kapitalismus seine spezifischen Eigenschaften verleihen und einen tiefen Einfluß auf die Charakterstruktur des modernen Menschen ausüben. Die Entwicklung des Kapitalismus hat dahin geführt, daß wir heute Zeugen eines ständig zunehmenden Prozesses der Zentralisierung und Konzentration des Kapitals sind. Die großen Unternehmen dehnen sich ständig weiter aus, und die kleineren werden von ihnen erdrückt. Die Besitzer des in Großunternehmen investierten Kapitals sind immer seltener zugleich auch die Manager. Hunderttausende von Aktionären »besitzen« das Unternehmen; eine Bürokratie von gutbezahlten Managern, denen das Unternehmen jedoch nicht gehört, verwaltet es. Diese Bürokratie ist weniger an einem maximalen Profit als an der Ausweitung des Unternehmens und der eigenen Macht interessiert. Parallel mit der zunehmenden Konzentration des Kapitals und dem Aufkommen einer mächtigen Managerbürokratie läuft die Entwicklung der Arbeiterbewegung. Durch die Organisierung der Arbeiter in den Gewerkschaften braucht der einzelne Arbeiter auf dem Arbeitsmarkt nicht mehr seine Sache allein auszuhandeln. Er ist in großen Gewerkschaften organisiert, die von einer mächtigen Bürokratie geleitet werden und die ihn gegenüber den Industriekolossen vertreten. Auf dem Gebiet des Kapitals wie auch auf dem Arbeitsmarkt ist die Initiative, mag man das nun begrüßen oder bedauern, vom einzelnen auf die Bürokratie übergegangen. Immer mehr Menschen verlieren ihre Unabhängigkeit und werden von Managern der großen Wirtschaftsimperien abhängig.

Ein weiteres entscheidendes Merkmal, das auf diese Konzentration des Kapitals zurückzuführen und das für den modernen Kapitalismus charakteristisch ist, ist die spezifische Art der Arbeitsorganisation. Die weitgehend zentralisierten Unternehmen mit ihrer radikalen Arbeitsteilung führen zu einer Organisation der Arbeit, bei der der einzelne seine Individualität einbüßt und zu einem austauschbaren Rädchen in der Maschinerie wird. Man kann das menschliche Problem des Kapitalismus folgendermaßen formulieren: Der moderne Kapitalismus braucht Menschen, die in großer Zahl reibungslos funktionieren, die immer mehr konsumieren wollen, deren Geschmack standardisiert ist und leicht vorausgesehen und beeinflußt werden kann. Er braucht Menschen, die sich frei und unabhängig vorkommen und meinen, für sie gebe es keine Autorität, keine Prinzipien und kein Gewissen – und die trotzdem bereit sind, sich kommandieren zu lassen, zu tun, was man von ihnen erwartet, und sich reibungslos in die Gesellschaftsmaschinerie einzufügen; Menschen, die sich führen lassen, ohne daß man Gewalt anwenden müßte, die sich ohne Führer führen lassen und die kein eigentliches Ziel haben außer dem, den Erwartungen zu entsprechen, in Bewegung zu bleiben, zu funktionieren und voranzukommen.

Was kommt dabei heraus? Der moderne Mensch ist sich selbst, seinen Mitmenschen und der Natur entfremdet. (Vgl. meine ausführliche Diskussion des Problems der Entfremdung und des Einflusses der modernen Gesellschaft auf den menschlichen Charakter in E. Fromm, 1955a.) Er hat sich in eine Gebrauchsware verwandelt und erlebt seine Lebenskräfte als Kapitalanlage, die ihm unter den jeweils gegebenen Marktbedingungen den größtmöglichen Profit einzubringen hat. Die menschlichen Beziehungen sind im wesentlichen die von entfremdeten Automaten. Jeder glaubt sich dann in Sicherheit, wenn er möglichst dicht bei der Herde bleibt und sich in seinem Denken, Fühlen und Handeln nicht von den anderen unterscheidet. Während aber jeder versucht, den übrigen so nahe wie möglich zu sein, bleibt er doch völlig allein und hat ein tiefes Gefühl der Unsicherheit, Angst und Schuld, wie es immer dann entsteht, wenn der Mensch sein Getrenntsein nicht zu überwinden vermag. Unsere Zivilisation verfügt über viele Betäubungsmittel, die den Leuten helfen, sich ihres Alleinseins nicht bewußt zu werden: Da ist vor allem die strenge Routine der bürokratischen, mechanischen Arbeit, die verhindern hilft, daß sich die Menschen ihres tiefsten Bedürfnisses, des Verlangens nach Transzendenz und Einheit, bewußt werden. Da die Arbeitsroutine hierzu nicht ausreicht, überwindet der Mensch seine unbewußte Verzweiflung durch die Routine des Vergnügens, durch den passiven Konsum von Tönen und Bildern, wie sie ihm die Vergnügungsindustrie bietet; außerdem durch die Befriedigung, ständig neue Dinge zu kaufen und diese bald wieder gegen andere auszuwechseln. Der moderne Mensch kommt tatsächlich dem Bild nahe, das Aldous Huxley in seinem Roman *Brave New World* (1946) beschreibt: Er ist gut genährt, gut gekleidet und sexuell befriedigt, aber ohne Selbst und steht nur in einem höchst oberflächlichen Kontakt mit seinen Mitmenschen. Dabei wird er von Devisen geleitet, die Huxley äußerst treffend formuliert hat: »Wenn der einzelne fühlt, wird die Gesellschaft von Schwindel erfaßt.« Oder: »Verschiebe ein Vergnügen nie auf morgen, wenn du es heute haben kannst.« Oder die Krone von allem: »Heutzutage ist jeder glücklich.« Des Menschen Glück besteht heute darin, »seinen Spaß zu haben«. Und man hat seinen Spaß, wenn man sich Gebrauchsgüter, Bilder, Essen, Trinken, Zigaretten, Menschen, Zeitschriften, Bücher und Filme »einverleibt«, indem man alles konsumiert, alles verschlingt. Die Welt ist nur noch da zur Befriedigung unseres Appetits, sie ist ein riesiger Apfel, eine riesige Flasche, eine riesige Brust, und wir sind die Säuglinge, die ewig auf etwas warten, ewig auf etwas hoffen und ewig enttäuscht werden. Unser Charakter ist darauf eingestellt, zu tauschen und Dinge in Empfang zu nehmen, zu handeln und zu konsumieren. Alles und jedes – geistige wie materielle Dinge – werden zu Objekten des Tausches und des Konsums.

Wie nicht anders zu erwarten, ist auch die Liebe vom Gesellschafts-Charakter des modernen Menschen geprägt. Automaten können nicht lieben, sie tauschen ihre persönlichen Vorzüge aus und hoffen auf ein faires Geschäft. Einer der signifikantesten Ausdrücke im Zusammenhang mit Liebe und besonders im Zusammenhang mit einer solchermaßen entfremdeten Ehe ist die Idee des »Teams«. In zahllosen Artikeln über die glückliche Ehe wird deren Idealform als ein reibungslos funktionierendes Team beschrieben. Diese Beschreibung unterscheidet sich kaum von der eines reibungslos funktionierenden Angestellten, der »ziemlich unabhängig«, zur Zusammenarbeit bereit, tolerant und gleichzeitig ehrgeizig und aggressiv sein sollte. Dementsprechend soll der Ehemann, wie die Eheberater uns mitteilen, seine Frau »verstehen« und ihr eine Hilfe sein. Er soll ihr neues Kleid und ein schmackhaftes Gericht, das sie ihm vorsetzt, loben. Sie ihrerseits soll Verständnis dafür haben, wenn er müde und schlecht gelaunt heimkommt, sie soll ihm aufmerksam zuhören, wenn er über seine beruflichen Schwierigkeiten redet, und sich nicht ärgern, sondern es verständnisvoll aufnehmen, wenn er ihren Geburtstag vergißt. Beziehungen dieser Art laufen alle auf die gut geölte Beziehung zwischen zwei Menschen hinaus, die sich ihr ganzes Leben lang fremd bleiben, die nie zu einer Beziehung von Personmitte zu Personmitte gelangen, sondern sich lediglich höflich behandeln und versuchen, es dem anderen etwas leichter zu machen.

Bei dieser Auffassung von Liebe und Ehe kommt es in erster Linie darauf an, eine Zuflucht vor dem sonst unerträglichen Gefühl des Alleinseins zu finden. In der »Liebe« hat man endlich einen Hafen gefunden, der einen vor der Einsamkeit schützt. Man schließt zu zweit einen Bund gegen die Welt und hält dann diesen *égoisme à deux* irrtümlich für Liebe und Vertrautheit.

Die Betonung des Teamgeistes, der gegenseitigen Toleranz usw. ist eine relativ neue Entwicklung. In den Jahren nach dem Ersten Weltkrieg hatte man eine andere Auffassung von der Liebe. Damals hielt man die gegenseitige sexuelle Befriedigung für die Grundlage einer befriedigenden Liebesbeziehung und besonders für die einer glücklichen Ehe. Man glaubte den Grund für die vielen unglücklichen Ehen darin gefunden zu haben, daß die Ehepartner es nicht verstanden, sich sexuell richtig aufeinander einzustellen und führte dies darauf zurück, daß sie sich sexuell nicht »richtig« zu verhalten wußten, gab also der falschen sexuellen Technik des einen Partners oder beider Partner die Schuld. Um diesen Fehler zu »heilen« und den unglücklichen Partnern, die sich nicht lieben konnten, zu helfen, enthielten viele Bücher Weisungen und erteilten Belehrungen und Ratschläge, wie das sexuelle Verhalten zu korrigieren sei, und versprachen implizit oder explizit, daß Glück und Liebe sich dann schon einstellen würden. Die zugrunde liegende Idee war, daß die Liebe das Kind der sexuellen Lust sei und daß zwei Menschen sich lieben würden, wenn sie erst gelernt hätten, sich gegenseitig sexuell zu befriedigen. Es paßte in die allgemeine Illusion jener Zeit hinein, daß man annahm, durch Anwendung der richtigen Technik könne man nicht nur die technischen Probleme der industriellen Produktion, sondern auch alle menschlichen Probleme lösen. Man erkannte nicht, daß es genau umgekehrt ist.

Die Liebe ist nicht das Ergebnis einer adäquaten sexuellen Befriedigung, sondern das sexuelle Glück – ja sogar die Erlernung der sogenannten sexuellen Technik – ist das Resultat der Liebe. Wenn diese These, abgesehen von den Beobachtungen im täglichen Leben, noch eines Beweises bedürfte, so würden die Psychoanalysen reichlich Material dafür liefern. Wenn man die am häufigsten auftretenden sexuellen Probleme untersucht – die Frigidität der Frau und mehr oder weniger schwere Formen psychisch bedingter Impotenz beim Mann –, so erkennt man, daß die Ursache dafür nicht in der mangelnden Kenntnis der richtigen Technik, sondern in den Hemmungen zu suchen ist, die es unmöglich machen zu lieben. Angst oder Haß gegenüber dem anderen Geschlecht liegen diesen Schwierigkeiten zugrunde, die einen Menschen hindern, sich ganz hinzugeben und aus dem Vertrauen auf den Sexualpartner heraus beim unmittelbaren körperlichen Kontakt spontan zu reagieren. Wenn ein sexuell gehemmter Mensch es fertigbringt, sich von seiner Angst oder seinem Haß freizumachen und auf diese Weise fähig wird zu lieben, dann sind seine sexuellen Probleme gelöst. Gelingt es ihm nicht, dann werden ihm auch noch so umfassende Kenntnisse über Sexualtechniken nicht helfen.

Während jedoch das aus der psychoanalytischen Therapie gewonnene Material darauf hinweist, daß es ein Irrtum ist zu glauben, die Kenntnis der richtigen Sexualtechnik würde zu sexuellem Glück und zur Liebe führen, stand doch die dieser Meinung zugrunde liegende Annahme, die Liebe sei eine Begleiterscheinung der gegenseitigen sexuellen Befriedigung, stark unter dem Einfluß von Freuds Theorien. Für Freud war die Liebe im wesentlichen ein sexuelles Phänomen. »Die Erfahrung, daß die geschlechtliche (genitale) Liebe dem Menschen die stärksten Befriedigungserlebnisse gebe, müßte es nahegelegt haben, die Glücksbefriedigung im Leben auch weiterhin auf dem Gebiet der geschlechtlichen Beziehungen zu suchen, die genitale Erotik in den Mittelpunkt des Lebens zu stellen« (S. Freud, 1930a, S. 460).

Für Freud ist die Nächstenliebe ein Produkt der sexuellen Begierde, wobei jedoch der Sexualtrieb in einen »zielgehemmten Impuls« verwandelt ist. »Die zielgehemmte Liebe war eben ursprünglich vollsinnliche Liebe und ist es im Unbewußten des Menschen noch immer« (a.a.O., S. 462). Was das Gefühl des völligen Einsseins, das »ozeanische Gefühl« betrifft, das das Wesen des mystischen Erlebens ausmacht und das dem intensivsten Gefühl der Vereinigung mit einem anderen Menschen oder mit unseren Mitmenschen zugrunde liegt, so hat Freud es als pathologische Regression, als »Wiederherstellung des uneingeschränkten Narzißmus« der frühen Kindheit interpretiert (a.a.O., S. 430).

Es heißt nur noch einen Schritt weitergehen, wenn für Freud die Liebe an sich ein irrationales Phänomen ist. Für ihn gibt es keinen Unterschied zwischen irrationaler Liebe und der Liebe als Ausdruck der reifen Persönlichkeit. In seinen *Bemerkungen über die Übertragungsliebe* (S. Freud, 1915a) stellt er die Behauptung auf, die Übertragungsliebe unterscheide sich im wesentlichen nicht von dem »normalen« Phänomen der Liebe. Sich zu verlieben grenze stets ans Abnorme, gehe immer Hand in Hand mit Blindheit gegenüber der Wirklichkeit, es habe Zwangscharakter und sei eine Übertragung von Liebesobjekten der Kindheit. Als ein rationales Phänomen und als höchster Ausdruck der Reife war die Liebe für ihn kein Forschungsobjekt, da sie keine reale Existenz für ihn besaß.

Es wäre jedoch falsch, den Einfluß zu überschätzen, den Freuds Ideen auf die Auffassung ausübten, die Liebe sei das Resultat sexueller Anziehung oder – besser gesagt – sie sei *dasselbe* wie die im bewußten Gefühl reflektierte sexuelle Befriedigung. In Wirklichkeit sind die Zusammenhänge genau um-

gekehrt. Teilweise sind Freuds Ideen selbst vom Geist des neunzehnten Jahrhunderts beeinflußt; teils wurden sie durch den nach dem Ersten Weltkrieg herrschenden Zeitgeist populär. Sowohl die damals verbreiteten Anschauungen wie auch Freuds Auffassungen waren erstens die Reaktion auf die strengen Moralbegriffe der Viktorianischen Zeit. Zweitens waren Freuds Ideen von dem damals vorherrschenden Menschenbild geprägt, das von der Struktur des Kapitalismus bestimmt war. Um zu beweisen, daß der Kapitalismus den natürlichen Bedürfnissen des Menschen entspricht, mußte man nachweisen, daß der Mensch von Natur aus auf Wettbewerb eingestellt und einer des anderen Feind ist. Während die Nationalökonomen dies mit dem unersättlichen Streben nach wirtschaftlichem Gewinn »bewiesen« und die Darwinisten es mit dem biologischen Gesetz vom Überleben des Tüchtigsten begründeten, kam Freud zum gleichen Resultat aufgrund der Annahme, daß der Mann von dem unstillbaren Verlangen erfüllt sei, alle Frauen sexuell zu erobern, und daß ihn nur der Druck der Gesellschaft davon abhalte. Die Folge war seiner Auffassung nach, daß die Männer aufeinander eifersüchtig sein müßten, und er nahm an, daß diese gegenseitige Eifersucht und der Konkurrenzkampf selbst dann noch fortbestehen würden, wenn alle gesellschaftlichen und wirtschaftlichen Gründe dafür verschwunden wären. (Der einzige Schüler Freuds, der sich nie von seinem Meister trennte, der aber trotzdem in seinen letzten Lebensjahren seine Ansichten über die Liebe änderte, war Sándor Ferenczi. Eine ausgezeichnete Erörterung dieses Themas bietet I. de Forest, 1954.)
Schließlich war Freud in seinem Denken auch noch weitgehend von der im neunzehnten Jahrhundert herrschenden Richtung des Materialismus beeinflußt. Man glaubte, das Substrat aller geistig-seelischen Erscheinungen sei in physiologischen Phänomenen zu suchen. Daher hat Freud Liebe, Haß, Ehrgeiz und Eifersucht sämtlich als Produkte der verschiedenen Formen

des Sexualtriebs erklärt. Er erkannte nicht, daß die grundlegende Wirklichkeit die Totalität der menschlichen Existenz ist, die erstens durch die allen Menschen gemeinsame »menschliche Situation« und zweitens durch die Lebenspraxis bestimmt ist, die ihrerseits durch die spezifische Struktur der Gesellschaft determiniert ist. (Marx hat mit seinem »historischen Materialismus« den entscheidenden Schritt vollzogen, der über diese Art von Materialismus hinausführt. Für ihn war nicht der Körper und auch nicht ein Trieb, etwa das Bedürfnis nach Nahrung oder Besitz, der Schlüssel zum Verständnis des Menschen, sondern der gesamte Lebensprozeß des Menschen, seine »Lebenspraxis«). Nach Freud würde die volle und ungehemmte Befriedigung aller triebhaften Wünsche seelische Gesundheit und Glück verbürgen. Aber die klinischen Fakten zeigen unverkennbar, daß Männer – und Frauen –, die ihr Leben der hemmungslosen sexuellen Befriedigung widmen, nicht glücklich sind und sehr häufig unter schweren neurotischen Konflikten oder Symptomen leiden. Die völlige Befriedigung aller triebhaften Bedürfnisse ist nicht nur kein Fundament des Glücks, sie garantiert nicht einmal seelische Gesundheit. Freuds Idee konnte in der Zeit nach dem Ersten Weltkrieg nur deshalb so populär werden, weil sich im Geist des Kapitalismus gewisse Veränderungen vollzogen hatten. Das Hauptgewicht wurde nicht mehr auf das Sparen, sondern auf das Geldausgeben gelegt. Anstatt sich einzuschränken, um es wirtschaftlich zu etwas zu bringen, strebte man jetzt nach möglichst großem Konsum auf einem sich ständig erweiternden Markt, wo der angsterfüllte, automatisierte Einzelmensch seine Hauptbefriedigung fand. Die Befriedigung eines Wunsches unter keinen Umständen hinauszuschieben, wurde im Bereich der Sexualität wie beim materiellen Konsum zum herrschenden Prinzip. Es ist interessant, die Freudschen Begriffe, die dem Geist des Kapitalismus entsprechen, wie er zu Anfang unseres Jahrhunderts noch ungebrochen fortbestand, mit den theoretischen

Begriffen eines der bedeutendsten zeitgenössischen Psycho-
analytikers, des verstorbenen H. S. Sullivan, zu vergleichen. In
Sullivans psychoanalytischem System finden wir im Gegensatz
zu dem von Freud eine strenge Unterscheidung zwischen Sexualität und Liebe.

Was versteht Sullivan unter Liebe und Intimität? »Intimität ist
jene Situation zwischen zwei Menschen, welche es ermöglicht,
alle Komponenten des persönlichen Wertes voll zur Geltung zu
bringen. Dies erfordert eine Art der Beziehung, die ich als
Kollaboration bezeichnen möchte, worunter ich die klar um-
rissene Anpassung des Verhaltens des einen Partners an die
zum Ausdruck gebrachten Bedürfnisse des anderen Partners
verstehe, mit dem Ziel einer immer mehr identischen, das heißt
nahezu gegenseitigen Befriedigung, wobei immer ähnlichere
Mittel angewandt werden, um dem anderen ein Gefühl der Sicherheit zu geben« (H. S. Sullivan, 1953, S. 246; hierzu ist zu
bemerken, daß Sullivans Definition sich zwar auf die Störungen von Voradoleszenten bezieht, daß er aber von diesen als
integrierenden Tendenzen spricht, die während der Voradoleszenz in Erscheinung treten und »die wir, wenn sie voll entwickelt sind, Liebe nennen«, und daß er sagt, diese Liebe in der
Voradoleszenz stelle »den Anfang von etwas dar, was der voll-
entwickelten, psychiatrisch definierten Liebe sehr nahe-
kommt«). Mit noch etwas einfacheren Worten hat Sullivan das
Wesen der Liebe als eine Situation der Kollaboration bezeichnet, in der zwei Menschen das Gefühl haben: »Wir halten uns
an die Spielregeln, um unser Prestige zu wahren und uns das
Gefühl zu erhalten, anderen überlegen zu sein und gewisse
Verdienste zu haben« (a.a.O., eine andere Definition der
Liebe, in der Sullivan sagt, die Liebe beginne damit, daß ein
Mensch das Gefühl habe, daß die Bedürfnisse des anderen
ebenso wichtig seien wie seine eigenen, ist weniger von der
Marketing-Orientierung geprägt als die oben erwähnte
Formulierung).

Genau wie Freuds Vorstellung von der Liebe dem patriarchalischen Mann im Sinne des Materialismus des neunzehnten Jahrhunderts entspricht, bezieht sich Sullivans Definition auf die Erfahrung der entfremdeten Marketing-Persönlichkeit des zwanzigsten Jahrhunderts. Es handelt sich um die Beschreibung eines *égoisme à deux* von zwei Menschen, die ihre beiderseitigen Interessen in einen Topf werfen und gegen eine feindliche und entfremdete Welt zusammenstehen. Tatsächlich gilt seine Definition der Intimität im Prinzip für das Gefühl eines jeden zusammenarbeitenden Teams, »in dem jeder sein Verhalten den zum Ausdruck gebrachten Bedürfnissen des anderen in der Verfolgung gemeinsamer Ziele anpaßt« (a.a.O.). (Bemerkenswert ist, daß Sullivan hier von *zum Ausdruck gebrachten* Bedürfnissen spricht, während man von der Liebe doch zum mindesten sagen müßte, daß sie eine Reaktion zweier Menschen auf ihre *unausgesprochenen* Bedürfnisse impliziert.)

Die Liebe als gegenseitige sexuelle Befriedigung und die Liebe als »Teamwork« und schützender Hafen vor der Einsamkeit sind die beiden »normalen« Formen des Verfalls der Liebe in der modernen westlichen Gesellschaft. Sie stellen die gesellschaftlich bedingte Pathologie der Liebe dar. Es gibt viele individuelle Formen pathologischer Liebe, die dazu führen, daß die Betreffenden bewußt leiden und die von Psychiatern und auch von einer immer größeren Zahl von Laien als neurotisch angesehen werden. Ich möchte im folgenden kurz ein paar Beispiele für diese Formen geben.

Grundvoraussetzung für die neurotische Liebe ist, daß einer der beiden »Liebenden« oder auch beide noch an eine Elternfigur gebunden sind und daß sie jetzt als Erwachsene die Gefühle, Erwartungen und Ängste, die sich auf den Vater oder die Mutter bezogen, auf die geliebte Person übertragen. Solche Menschen haben diese infantile Bezogenheit nie überwunden und suchen als Erwachsene nach ähnlichen affektiven Beziehungen. In diesen Fällen ist der Betreffende in seinem Gefühlsleben noch ein zwei- oder fünf- oder zwölfjähriges Kind, während er intellektuell und gesellschaftlich auf der Stufe seines wirklichen Alters steht. In schwierigen Fällen führt die emotionale Unreife zu einer Beeinträchtigung der Leistungen innerhalb der Gesellschaft; in weniger schweren Fällen bleibt der Konflikt auf die Sphäre der intimen persönlichen Beziehungen beschränkt.

Mit folgendem Beispiel kommen wir noch einmal auf unsere Diskussion der mutter- oder vaterzentrierten Persönlichkeit zurück. Bei dieser heute häufig anzutreffenden neurotischen Liebesbeziehung handelt es sich um Männer, die in bezug auf ihre emotionale Entwicklung in ihrer infantilen Bindung an die Mutter steckengeblieben sind. Es sind Männer, die gleichsam nie von der Mutter entwöhnt wurden. Sie fühlen sich noch immer als Kinder; sie verlangen nach mütterlichem Schutz, nach mütterlicher Liebe, Wärme, Fürsorge und Bewunderung; sie brauchen die bedingungslose Liebe einer Mutter, eine Liebe, die ihnen aus keinem anderen Grund gegeben wird als dem, daß sie das Kind ihrer Mutter sind und daß sie hilflos sind. Solche Männer sind häufig recht zärtlich und charmant, wenn sie versuchen, eine Frau dazu zu bringen, sie zu lieben, und sie bleiben es sogar, nachdem sie ihr Ziel erreicht haben. Aber ihre Beziehung zu dieser Frau (wie übrigens zu allen anderen Menschen auch) bleibt oberflächlich und ohne Verantwortungsgefühl. Ihr Ziel ist, geliebt zu werden, nicht zu lieben. Solche Männer sind gewöhnlich recht eitel und haben mehr oder weniger versteckt den Kopf voll grandioser Ideen. Wenn sie die richtige Frau gefunden haben, fühlen sie sich sicher und aller Welt überlegen. Sie können dann sehr liebevoll und charmant sein, was der Grund dafür ist, daß man so oft auf sie hereinfällt. Wenn aber dann die Frau nach einiger Zeit ihren phantastischen Erwartungen nicht mehr entspricht, kommt es zu Konflikten und Verstimmungen. Wenn die Frau einen solchen

Mann nicht ständig bewundert, wenn sie ihr eigenes Leben leben will, wenn sie selbst geliebt und beschützt werden möchte, und wenn sie in extremen Fällen nicht bereit ist, ihm seine Liebesaffären mit anderen Frauen zu verzeihen (oder sogar ein bewunderndes Interesse dafür zu bekunden), dann fühlt er sich zutiefst verletzt und enttäuscht und erklärt gewöhnlich dieses Gefühl damit, daß die Frau ihn nicht liebe und egoistisch und anmaßend sei. Alles, was nicht der Haltung einer liebenden Mutter gegenüber ihrem entzückenden Kind entspricht, wird ihr als mangelnde Liebe ausgelegt. Solche Männer verwechseln gewöhnlich ihr charmantes Verhalten, ihren Wunsch zu gefallen mit echter Liebe und kommen so zu dem Ergebnis, daß sie unfair behandelt werden. Sie halten sich für großartige Liebhaber und beklagen sich bitter über die Undankbarkeit ihres Liebespartners.

In seltenen Fällen kann ein solcher Mann, der von seiner Mutterbindung nicht loskommt, ohne schwere Störungen recht gut funktionieren. Wenn seine Mutter ihn tatsächlich auf eine übertrieben besorgte Weise geliebt hat (vielleicht als eine im Haus dominierende, aber nicht destruktive Frau), wenn er selbst eine Ehefrau vom gleichen mütterlichen Typ findet, wenn seine spezifischen Begabungen und Talente ihm die Möglichkeit geben, seinen Charme spielen zu lassen und bewundert zu werden (wie das gelegentlich bei erfolgreichen Politikern der Fall ist), dann ist er gesellschaftlich »gut angepaßt«, ohne jedoch je ein höheres Niveau der Reife zu erreichen. Aber unter weniger günstigen Bedingungen – und das kommt natürlich häufiger vor – wird sein Liebesleben, wenn nicht sogar sein Leben in der Gesellschaft, zu einer schweren Enttäuschung. Wenn dieser Persönlichkeitstyp sich im Stich gelassen fühlt, kommt es zu Konflikten, und er wird häufig von intensiver Angst und von Depressionen befallen.

Es gibt eine noch schwerere Form der Erkrankung, bei der die Mutterbindung noch tiefgehender und noch irrationaler ist.

Auf dieser Ebene möchte der Betreffende nicht symbolisch in Mutters schützende Arme, nicht an ihre nährende Brust, sondern in ihren allempfangenden – und allzerstörenden – Schoß zurückkehren. Wenn es das Wesen der geistig-seelischen Gesundheit ist, aus dem Mutterschoß in die Welt hineinzuwachsen, so ist eine schwere seelische Erkrankung dadurch gekennzeichnet, daß der Betreffende sich zum Mutterschoß hingezogen fühlt, daß er davon wieder aufgesogen und aus dem Leben herausgenommen werden möchte. Zu einer derartigen Mutterbindung kommt es im allgemeinen, wenn Mütter ihre Kinder auf diese verschlingende und destruktive Weise an sich binden. Sie möchten – manchmal im Namen der Liebe, manchmal im Namen der Pflicht – das Kind, den Adoleszenten, den Mann in sich behalten; nur durch sie soll er atmen können; er soll, außer auf einem oberflächlichen sexuellen Niveau, nicht lieben können und alle anderen Frauen damit entwürdigen; er soll nicht frei und unabhängig sein, sondern ein ewiger Krüppel oder ein Verbrecher.

Dieser Aspekt der destruktiven, verschlingenden Mutter ist der negative Aspekt der Mutterfigur. Die Mutter kann das Leben geben, und sie kann es auch nehmen. Sie kann beleben und zerstören; sie kann Wunder der Liebe bewirken, und niemand kann so verletzen wie sie. Man findet diese beiden entgegengesetzten Aspekte der Mutter häufig in religiösen Bildnissen (zum Beispiel bei der Hindugöttin Kali) wie auch in Traumsymbolen.

Eine andere Form neurotischer Erkrankung findet sich bei Menschen mit einer überstarken Vaterbindung.

Ein solcher Fall liegt bei einem Mann vor, dessen Mutter kalt und reserviert ist, während der Vater (teilweise infolge der Gefühlskälte seiner Frau) seine ganze Liebe und sein ganzes Interesse auf den Sohn konzentriert. Er ist ein »guter Vater«, aber zugleich ist er autoritär. Wenn ihm das Verhalten seines Sohnes behagt, lobt er ihn, beschenkt er ihn und behandelt er ihn liebevoll; mißfällt ihm sein Sohn, so zieht er sich von ihm zurück oder tadelt ihn. Der Sohn, der keine andere Zuneigung erfährt als die seines Vaters, gerät in eine sklavische Abhängigkeit von ihm. Sein Hauptlebensziel ist dann, es dem Vater recht zu machen. Gelingt ihm das, so fühlt er sich glücklich, sicher und zufrieden. Macht er jedoch einen Fehler, mißlingt ihm etwas oder gelingt es ihm nicht, dem Vater zu gefallen, so fühlt er sich klein und häßlich, ungeliebt und ausgestoßen. In seinem späteren Leben wird ein solcher Mensch eine Vaterfigur zu finden suchen, an die er sich in ähnlicher Weise anschließt. Sein ganzes Leben wird zu einer Folge von Höhe- und Tiefpunkten, je nachdem, ob es ihm gelingt, das Lob des Vaters zu bekommen. Solche Männer sind in ihrer gesellschaftlichen Laufbahn oft sehr erfolgreich. Sie sind gewissenhaft, zuverlässig, fleißig – vorausgesetzt, die Vaterfigur, die sie sich erwählt haben, versteht sie richtig zu behandeln. In ihren Beziehungen zu Frauen bleiben sie jedoch zurückhaltend und distanziert. Die Frau besitzt für sie keine zentrale Bedeutung, meist verachten sie sie ein wenig, was sie oft hinter der Maske eines väterlichen Interesses für ein kleines Mädchen verbergen. Zu Anfang haben sie durch ihre Männlichkeit vielleicht Eindruck auf eine Frau gemacht, aber sie werden für die Frau, die sie heiraten, zu einer wachsenden Enttäuschung, wenn diese merkt, daß es ihr Schicksal ist, in bezug auf die Liebe ihres Mannes hinter der Vaterfigur, die in dessen Leben stets die Hauptrolle spielt, zurückstehen zu müssen; anders ist es, wenn sie zufällig selbst eine unaufgelöste Vaterbindung hat und deshalb mit einem Mann glücklich ist, der zu ihr eine Beziehung hat wie zu einem launischen Kind.

Komplizierter ist jene Art von neurotischen Störungen in der Liebe, die ihren Grund in einer anderen Elternkonstellation hat, nämlich dann, wenn Eltern einander nicht lieben, aber zu beherrscht sind, um sich zu streiten oder nach außen hin ihre mangelnde Befriedigung merken zu lassen. Ihre distanzierte

Haltung macht, daß auch ihrer Beziehung zu ihren Kindern jede Spontaneität abgeht. Ein kleines Mädchen wächst dann in einer Atmosphäre der »Korrektheit« auf, in der es aber mit dem Vater oder der Mutter nie in engen Kontakt kommt, was es in Verwirrung und Angst versetzt. Es ist sich nie sicher, was die Eltern fühlen oder denken; immer ist ein Element des Unbekannten, Mysteriösen in der Atmosphäre. Die Folge ist, daß das kleine Mädchen sich in seine eigene Welt zurückzieht, daß es vor sich hin träumt, sich vor der Welt abschließt und später in seinen Liebesbeziehungen die gleiche Haltung einnimmt.

Überdies führt dieses Sich-Zurückziehen zu einer intensiven Angst, zu dem Gefühl, keinen festen Boden unter den Füßen zu haben, und hat oft masochistische Tendenzen zur Folge, welche die einzige Möglichkeit sind, intensive Erregungen zu erleben. Oft wäre es solchen Frauen lieber, ihr Mann würde ihnen eine Szene machen und brüllen, als daß er sich immer so normal und vernünftig verhält, weil das wenigstens die Last der Spannung und Angst von ihnen nehmen würde. Nicht selten provozieren sie solche Szenen, um die quälende Spannung zu beenden, die eine affektive Gleichgültigkeit hervorruft.

Ich möchte nun im folgenden auf andere häufige Formen irrationaler Liebe zu sprechen kommen, ohne jedoch die ihnen zugrunde liegenden spezifischen Faktoren aus der Kindheitsentwicklung zu analysieren.

Eine Form der Pseudoliebe, die nicht selten ist und oft als die »große Liebe« erlebt wird (und die noch öfter in rührenden Filmen und Romanen dargestellt wird), ist die *abgöttische Liebe*. Wenn jemand noch nicht das Niveau erreicht hat, wo er ein Gefühl der Identität, des Ich-Seins hat, das sich auf die produktive Entfaltung seiner eigenen Kräfte gründet, neigt er dazu, die geliebte Person zu »vergöttern«. Er wird dann seinen eigenen Kräften entfremdet und projiziert sie auf die geliebte Person, die er als das *summum bonum*, als Inbegriff aller Liebe, allen Lichts und aller Seligkeit verehrt. Bei diesem Prozeß beraubt er sich völlig des Gefühls von eigener Stärke und verliert sich in der Geliebten, anstatt sich in ihr zu finden. Da in der Regel niemand auf die Dauer die Erwartungen eines so abgöttisch Liebenden erfüllen kann, muß es zu Enttäuschungen kommen, und man sucht sich mit einem neuen Idol zu entschädigen, manchmal in einem nicht endenden Kreislauf. Kennzeichnend für diese Liebe ist die Intensität und Plötzlichkeit des Liebeserlebnisses. Oft wird diese abgöttische Liebe als die wahre große Liebe bezeichnet. Aber während sie angeblich der Inbegriff einer intensiven, tiefen Liebe ist, spricht aus ihr in Wirklichkeit nur der Hunger und die Verzweiflung des abgöttisch Liebenden. Es braucht wohl nicht besonders erwähnt zu werden, daß nicht selten zwei Menschen in einer gegenseitigen abgöttischen Liebe zusammenfinden, die in Extremfällen das Bild einer *folie à deux* bietet.

Eine andere Form der Pseudoliebe könnte man als *sentimentale Liebe* bezeichnen. Das Wesentliche dabei ist, daß die Liebe nur in der Phantasie und nicht im Hier und Jetzt in einer Beziehung mit einem realen anderen Menschen erlebt wird. Die am weitesten verbreitete Form dieser Art Liebe findet man in der Ersatzbefriedigung, die der Konsument von Liebesfilmen, von Liebesgeschichten in Zeitschriften und von Liebesliedern erlebt. Alle unerfüllten Sehnsüchte nach Liebe, Vereinigung und menschlicher Nähe finden im Konsum dieser Produkte ihre Befriedigung. Ein Mann und eine Frau, die in der Beziehung zu ihrem Ehepartner nie fähig waren, die Mauer des Getrenntseins zu überwinden, sind zu Tränen gerührt, wenn sie die glückliche oder unglückliche Liebesgeschichte eines Paares auf der Filmleinwand miterleben. Für viele Paare sind diese Vorführungen auf der Leinwand die einzige Gelegenheit, Liebe zu erleben – nicht Liebe zueinander, sondern als gemeinsame Zuschauer bei der »Liebe« anderer Leute. Solange die Liebe ein Tagtraum ist, können sie an ihr teilhaben, sobald sie aber Wirklichkeit wird und es sich nun um die Beziehung zwischen zwei realen Menschen handelt, erstarren sie zu Eis. Ein anderer Aspekt der sentimentalen Liebe ist der, daß sie vom gegenwärtigen Zustand der Liebe absieht. Da kann es vorkommen, daß ein Paar tief gerührt den Erinnerungen an seine verflossene Liebe nachhängt, obgleich sie damals, als die Vergangenheit Gegenwart war, gar keine Liebe füreinander empfanden oder nur vom Glück zukünftiger Liebe phantasierten. Wie viele Verlobte oder Jungvermählte träumen vom künftigen Liebesglück und fangen bereits jetzt an, sich leid zu werden. Diese Tendenz paßt zur allgemeinen Einstellung, die für den modernen Menschen kennzeichnend ist. Er lebt in der Vergangenheit oder in der Zukunft, aber nicht in der Gegenwart. Er erinnert sich wehmütig an seine Kindheit und an seine Mutter, oder er schmiedet glückverheißende Pläne für die Zukunft. Ob die Liebe aus zweiter Hand erfahren wird, indem man an den erfundenen Erlebnissen anderer teilnimmt, oder ob man sie aus der Gegenwart in die Vergangenheit oder Zukunft entrückt, immer dient diese abstrahierende und entfremdete Form der Liebe als Droge, die die Schmerzen der Wirklichkeit, das Alleinsein und die Abgetrenntheit des einzelnen lindert.

Bei einer anderen Form der neurotischen Liebe werden Projektionsmechanismen angewendet, um den eigenen Problemen aus dem Weg zu gehen und sich statt dessen mit den Fehlern und Schwächen der »geliebten« Person zu beschäftigen. Die einzelnen Menschen verhalten sich in dieser Hinsicht sehr ähnlich wie Gruppen, Nationen oder Religionen. Sie haben ein feines Gespür auch für unwesentliche Mängel des anderen und übersehen dabei mit fröhlicher Unbekümmertheit die eigenen – immer darauf bedacht, dem anderen Vorwürfe zu machen oder ihn zu erziehen. Wenn bei einem Paar das alle beide tun – wie es oft der Fall ist –, verwandelt sich ihre Liebesbeziehung in eine Beziehung gegenseitiger Projektionen. Wenn ich herrschsüchtig, unentschlossen oder habgierig bin, werfe ich es meinem Partner vor, um ihn – je nach meinem Charakter – entweder davon zu heilen oder dafür zu bestrafen. Der andere tut dasselbe, und auf diese Weise gelingt es beiden, die eigenen Probleme zu übersehen, und sie unternehmen daher auch keinerlei Schritte, die ihnen in ihrer eigenen Entwicklung weiterhelfen würden.

Eine weitere Form der Projektion ist die Projektion der eigenen Probleme auf die Kinder. Gar nicht selten können wir derartige Projektionen bereits bei dem Wunsch nach eigenen Kindern beobachten. In solchen Fällen entspringt der Wunsch nach Kindern in erster Linie dem Bestreben, das eigene Existenzproblem auf das Leben der Kinder zu projizieren. Wenn jemand das Gefühl hat, daß es ihm nicht gelungen ist, seinem Leben einen Sinn zu geben, versucht er, den Sinn seines Lebens im Leben seiner Kinder zu finden. Aber dieses wird zwangsläufig für einen selbst *und* hinsichtlich der Kinder scheitern. Für einen selbst scheitert es, weil jeder sein Existenzproblem nur für sich selbst lösen und sich dabei keines Stellvertreters bedienen kann; hinsichtlich der Kinder scheitert es, weil es einem eben an jenen Eigenschaften fehlt, die man brauchte, um die Kinder auf deren eigener Suche nach einer Antwort anleiten zu können. Kinder müssen auch für Projektionen herhalten, wenn es darum geht, eine unglückliche Ehe aufzulösen. Das Hauptargument, das die Eltern in dieser Situation zur Hand haben, lautet, daß sie sich nicht trennen könnten, weil sie die Kinder nicht der Segnungen eines intakten Elternhauses berauben wollen. Bei jeder genaueren Untersuchung würde sich jedoch herausstellen, daß die spannungsgeladene, unglückliche Atmosphäre einer solchen »intakten« Familie den Kindern mehr schadet als ein offener Bruch, der sie wenigstens lehrt, daß der Mensch in der Lage ist, eine unerträgliche Situation durch einen mutigen Entschluß zu beenden.

Noch ein anderer häufiger Irrtum ist in diesem Zusammenhang zu erwähnen, nämlich die Illusion, Liebe bedeute notwendigerweise, daß es niemals zu Konflikten komme. Genauso wie Menschen gewöhnlich meinen, Schmerz und Traurigkeit müßten unter allen Umständen vermieden werden, so glauben sie auch, Liebe bedeute das Fehlen jeglicher Konflikte. Sie haben auch allen Grund zu dieser Annahme, weil die Streitigkeiten in ihrer Umgebung offenbar nichts als destruktive Auseinandersetzungen sind, die keinem der Beteiligten irgendeinen Nutzen bringen. Die Ursache hierfür ist jedoch, daß die »Konflikte« der meisten Menschen in Wirklichkeit Versuche darstellen, den *wirklichen* Konflikten auszuweichen. Es sind Meinungsverschiedenheiten über geringfügige, nebensächliche Dinge, die sich ihrer Natur nach nicht dazu eignen, etwas klarzustellen oder zu einer Lösung zu kommen. Wirkliche Konflikte zwischen zwei Menschen, die nicht dazu dienen, etwas zu verdecken oder auf den anderen zu projizieren, sondern die in der Tiefenschicht der inneren Wirklichkeit, zu der sie gehören, erlebt werden, sind nicht destruktiv. Sie dienen der Klärung und führen zu einer Katharsis, aus der beide Partner wissender und gestärkt hervorgehen. Damit kommen wir wieder auf etwas zurück, das wir bereits dargelegt haben.

Liebe ist nur möglich, wenn sich zwei Menschen aus der Mitte ihrer Existenz heraus miteinander verbinden, wenn also jeder sich selbst aus der Mitte seiner Existenz heraus erlebt. Nur dieses »Leben aus der Mitte« ist menschliche Wirklichkeit, nur hier ist Lebendigkeit, nur hier ist die Basis für Liebe. Die so erfahrene Liebe ist eine ständige Herausforderung; sie ist kein Ruheplatz, sondern bedeutet, sich zu bewegen, zu wachsen, zusammenzuarbeiten. Ob Harmonie waltet oder ob es Konflikte gibt, ob Freude oder Traurigkeit herrscht, ist nur von sekundärer Bedeutung gegenüber der grundlegenden Tatsache, daß zwei Menschen sich vom Wesen ihres Seins her erleben, daß sie miteinander eins sind, indem sie mit sich selbst eins sind, anstatt vor sich selber auf der Flucht zu sein. Für die Liebe gibt es nur einen Beweis: die Tiefe der Beziehung und die Lebendigkeit und Stärke in jedem der Liebenden. Das allein ist die Frucht, an der die Liebe zu erkennen ist.

Ebensowenig wie Automaten einander lieben können, können sie Gott lieben. Der *Verfall der Gottesliebe* hat die gleichen Ausmaße angenommen wie der Verfall der Menschenliebe. Die Tatsache steht in schreiendem Widerspruch zu der Idee, daß wir in der gegenwärtigen Epoche eine religiöse Wiedergeburt erleben. Nichts könnte weiter von der Wahrheit entfernt sein. Von gewissen Ausnahmen abgesehen, erleben wir einen Rückfall in eine götzendienerische Gottesvorstellung und die Umwandlung der Liebe zu Gott in eine Beziehung, die zu einer entfremdeten Charakterstruktur paßt. Die Regression auf eine götzenhafte Gottesvorstellung ist leicht zu erkennen. Die Menschen haben Angst, sie besitzen weder Grundsätze noch Glauben und finden sich ohne Ziel außer dem einen, immer weiter voranzukommen. Daher bleiben sie Kinder, um hoffen zu können, daß Vater oder Mutter ihnen schon zu Hilfe kommen werden, wenn sie Hilfe brauchen.

Es ist zwar wahr, daß in religiösen Kulturen wie der des Mittelalters der Durchschnittsmensch in Gott auch einen hilfreichen Vater und eine Mutter gesehen hat; gleichzeitig aber nahm er Gott ernst in dem Sinn, daß es das letzte Ziel seines Lebens ist, nach Gottes Geboten zu leben, und daß die Erlangung des »Heils« sein höchstes Anliegen ist, dem er alle anderen Betätigungen unterordnete. Heute ist von solchem Bemühen nichts zu merken. Das tägliche Leben wird streng von allen religiösen Wertvorstellungen getrennt. Man widmet es dem Streben nach materiellem Komfort und nach Erfolg auf dem Personalmarkt. Die Grundsätze, auf die unsere weltlichen Bemühungen sich gründen, sind Gleichgültigkeit und Egoismus (wobei letzterer oft als »Individualismus« oder als »individuelle Initiative« bezeichnet wird). Menschen aus wahrhaft religiösen Kulturen kann man mit achtjährigen Kindern vergleichen, die zwar noch einen Vater brauchen, der ihnen hilft, die aber schon damit an-

fangen, sich seine Lehren und Prinzipien selbst zu eigen zu machen. Der heutige Mensch ist eher wie ein dreijähriges Kind,
das nach dem Vater ruft, wenn es ihn braucht, aber das sich
sonst durchaus selbst genug ist, wenn es nur spielen kann.

In dieser Hinsicht befinden wir uns in einer infantilen Abhängigkeit von einem anthropomorphen Gottesbild. Wir denken
dabei nicht daran, unser Leben entsprechend Gottes Geboten
zu ändern, und stehen daher einem primitiven Götzendienst
treibenden Stamm näher als der religiösen Kultur des Mittelalters. Andererseits weist unsere religiöse Situation Züge auf, die
neu sind und die nur unsere heutige westliche kapitalistische
Gesellschaft kennzeichnen. Ich kann mich hier auf Feststellun-
gen beziehen, die ich bereits an früherer Stelle in diesem Buch
gemacht habe. Der moderne Mensch hat sich in eine Ware verwandelt; er erlebt seine Lebensenergie als Investition, mit der
er entsprechend seiner Stellung und seiner Situation auf dem
Personalmarkt einen möglichst hohen Profit erzielen möchte.
Er ist sich selbst, seinen Mitmenschen und der Natur entfremdet. Sein Hauptziel ist, mit seinen Fertigkeiten, seinem Wissen
und sich selbst, kurz mit seiner »Persönlichkeit« ein möglichst
gutes Geschäft zu machen mit anderen, die genau wie er an einem fairen und gewinnbringenden Tauschhandel interessiert
sind. Sein Leben hat kein Ziel außer dem einen: voranzukommen; keinen Grundsatz außer dem einen: ein faires Tauschgeschäft zu machen; und er kennt keine Befriedigung außer der
einen: zu konsumieren.

Was kann der Gottesbegriff unter diesen Umständen noch bedeuten? Seine ursprüngliche religiöse Bedeutung hat sich so
gewandelt, daß er jetzt in die entfremdete Kultur des Erfolgs
hineinpaßt. In jüngster Zeit hat man in der religiösen »Erneuerung« den Glauben an Gott in eine psychologische Methode
umgewandelt, die einen für den Konkurrenzkampf noch besser
ausrüsten soll. Die Religion verbündet sich mit der Autosugge-
stion und der Psychotherapie, um dem Menschen bei seinen

Geschäften behilflich zu sein. In den zwanziger Jahren hatte man Gott noch nicht bemüht, um seine »Persönlichkeit« aufzupolieren. Der Bestseller von 1938, Dale Carnegies *How to Win Friends and Influence People* (Wie man Freunde gewinnt und Menschen beeinflußt) blieb auf streng weltlicher Ebene. Heute hat unser berühmtester Bestseller *The Power of Positive Thinking* (Die Macht des positiven Denkens) von Pfarrer N. V. Peale die Funktion von Carnegies Buch übernommen. In diesem religiösen Buch wird nicht einmal gefragt, ob unser Hauptinteresse, das dem Erfolg gilt, auch dem Geist des monotheistischen Glaubens entspricht. Ganz im Gegenteil wird dieses höchste Ziel niemals angezweifelt. Der Glaube an Gott und das Gebet werden als ein Mittel empfohlen, seine Erfolgsmöglichkeiten noch zu vergrößern. Genauso wie moderne Psychiater dem Angestellten empfehlen, glücklich zu sein, um anziehender auf die Kundschaft zu wirken, gibt es Geistliche, die den Rat geben, Gott zu lieben, um erfolgreicher zu werden. »Mache Gott zu deinem Partner« bedeutet, man solle Gott zu seinem Geschäftspartner machen, anstatt eins mit Gott zu werden in Liebe, Gerechtigkeit und Wahrheit. Genauso wie die biblische Nächstenliebe durch die unpersönliche Fairneß ersetzt wurde, hat man Gott in einen weit entfernten Generaldirektor der Universum GmbH verwandelt. Man weiß zwar, daß es ihn gibt, er schmeißt den Laden (wenngleich der Laden vermutlich auch ohne ihn laufen würde), man bekommt ihn nie zu sehen, aber man erkennt ihn als Chef an, und man tut seine Pflicht.

Die Praxis der Liebe

Nachdem wir uns bisher mit dem theoretischen Aspekt der Kunst des Liebens befaßt haben, stehen wir jetzt vor dem weit schwierigeren Problem, wie man die Kunst des Liebens in die Praxis umsetzen kann. Kann man überhaupt etwas über die Ausübung einer Kunst lernen, außer indem man sie selbst ausübt?

Das Problem wird dadurch noch komplizierter, daß heute die meisten Menschen – und demnach auch die Leser dieses Buches – erwarten, daß man ihnen Do-it-yourself-Rezepte gibt, was in unserem Fall heißt, daß sie eine praktische Anleitung in der Kunst des Liebens erwarten. Ich fürchte, daß jeder, der das von diesem letzten Kapitel erwartet, schwer enttäuscht sein wird. Lieben ist eine persönliche Erfahrung, die jeder nur für sich allein haben kann; tatsächlich gibt es ja auch kaum jemand, der diese Erfahrung nicht wenigstens in rudimentärer Form als Kind, als Adoleszent oder als Erwachsener gehabt hätte. Wenn wir hier die Praxis der Liebe diskutieren, so können wir nur ihre Prämissen erörtern, die Wege, die zu ihr hinführen, und wie man sich in bezug auf diese Prämissen und Zugangswege zu verhalten hat. Die Schritte zu diesem Ziel hin kann jeder nur für sich allein tun, und die Diskussion endet, bevor der entscheidende Schritt getan ist. Dennoch glaube ich, daß die Diskussion der Zugangswege helfen könnte, die Kunst beherrschen zu lernen – wenigstens denen, die keine fertigen Rezepte erwarten.

Die Ausübung einer jeden Kunst hat gewisse allgemeine Voraussetzungen, ganz gleich ob es sich um die Tischlerkunst, die Medizin oder die Kunst der Liebe handelt. Vor allem erfordert die Ausübung einer Kunst *Disziplin*. Ich werde es nie zu etwas bringen, wenn ich nicht diszipliniert vorgehe. Tue ich nur dann etwas, wenn ich gerade »in Stimmung« bin, so kann das für mich ein nettes oder unterhaltsames Hobby sein, doch niemals werde ich in dieser Kunst ein Meister werden. Aber es geht nicht nur um die Disziplin bei der Ausübung einer bestimmten Kunst (zum Beispiel darum, sich jeden Tag einige Stunden lang darin zu üben), sondern man sollte sich in seinem gesamten Leben um Disziplin bemühen. Man sollte meinen, für den modernen Menschen sei nichts leichter zu lernen als Disziplin. Verbringt er nicht täglich acht Stunden auf denkbar disziplinierte Weise bei seinem Job, den er nach einer strengen Routine erledigt? Tatsächlich jedoch zeigt der moderne Mensch außerhalb der Sphäre seiner Berufsarbeit nur äußerst wenig Selbstdisziplin. Wenn er nicht arbeitet, möchte er faulenzen und sich herumräkeln oder – etwas netter ausgedrückt – sich »entspannen«. Daß man faulenzen möchte, ist aber großenteils nichts anderes als eine Reaktion darauf, daß unser Leben durch und durch zur Routine geworden ist. Eben weil der Mensch sich acht Stunden am Tag gezwungen sieht, seine Energie auf Zwecke zu verwenden, die nicht seine eigenen sind, bei einer Arbeitsweise, die er sich nicht selbst aussuchen kann, sondern die ihm vom Arbeitsrhythmus vorgeschrieben wird, begehrt er auf, und sein Aufbegehren nimmt die Form eines kindlichen Sich-gehen-Lassens an. Außerdem ist er im Kampf gegen autoritäre Systeme mißtrauisch geworden gegen jede Art von Disziplin, ganz gleich ob sie ihm von einer irrationalen Autorität aufgezwungen wird oder ob er sie sich vernünftigerweise selbst auferlegen sollte. Ohne Disziplin aber wird das Leben zersplittert und chaotisch, und es fehlt ihm an Konzentration.

Daß die *Konzentration* eine unumgängliche Vorbedingung für die Meisterschaft in einer Kunst ist, bedarf kaum eines Beweises. Jeder, der jemals eine Kunst zu erlernen versuchte, weiß das. Trotzdem ist aber die Konzentration in unserer Kultur sogar noch seltener als die Selbstdisziplin. Ganz im Gegenteil führt unsere Kultur zu einer unkonzentrierten, zerstreuten Lebensweise, für die es kaum eine Parallele gibt. Man tut vielerlei gleichzeitig. Zu gleicher Zeit liest man, hört man Radio, redet, raucht, ißt und trinkt. Wir sind die Konsumenten mit dem stets geöffneten Mund, begierig und bereit, alles zu verschlingen – Bilder, Schnaps und Wissen. Dieser Mangel an Konzentration kommt auch darin deutlich zum Ausdruck, daß es uns schwerfällt, mit uns allein zu sein. Stillzusitzen, ohne zu reden, zu rauchen, zu lesen und zu trinken, ist den meisten Menschen unmöglich. Sie werden nervös und zappelig und müssen etwas tun – mit dem Mund oder den Händen. Das Rauchen ist eines der Symptome dieses Mangels an Konzentrationsfähigkeit; es beschäftigt Hände, Mund, Augen und Nase zugleich.

Eine dritte Voraussetzung ist die *Geduld*. Wiederum weiß jeder, der jemals eine Kunst zu meistern versuchte, daß man Geduld haben muß, wenn man etwas erreichen will. Wenn man auf rasche Erfolge aus ist, lernt man eine Kunst nie. Aber für den modernen Menschen ist es ebenso schwer, Geduld zu haben, wie Disziplin und Konzentration aufzubringen. Unser gesamtes Industriesystem ist genau dem Gegenteil förderlich: der Geschwindigkeit. Alle unsere Maschinen sind auf Geschwindigkeit hin konstruiert; Auto und Flugzeug bringen uns schnell zu unserem Bestimmungsort – je schneller, um so besser. Die Maschine, die die gleiche Quantität in der halben Zeit produziert, ist doppelt so gut wie die ältere, langsamere. Natürlich hat das wichtige wirtschaftliche Gründe. Aber wie auf so vielen anderen Gebieten werden auch hier menschliche Werte von wirtschaftlichen Gesichtspunkten bestimmt. Was für die Maschine gut ist, muß auch für den Menschen gut sein – so lautet der logische Schluß. Der moderne Mensch meint, er würde etwas verlieren – nämlich Zeit –, wenn er nicht alles schnell erledigt; und dann weiß er nicht, was er mit der gewonnenen Zeit anfangen soll – und er schlägt sie tot.

Schließlich gehört auch noch zu den Vorbedingungen für die Erlernung einer Kunst, daß es einem sehr wichtig ist, darin Meister zu werden. Wenn die Kunst dem Lehrling nicht von großer *Wichtigkeit* ist, wird er sie nie erlernen. Er wird bestenfalls ein guter Dilettant, aber niemals ein Meister darin werden. Es ist dies auch für die Kunst der Liebe eine ebenso wichtige Vorbedingung wie für jede andere Kunst. Es sieht aber so aus, als ob in der Kunst des Liebens noch mehr als in anderen Künsten die Dilettanten gegenüber den Meistern in der Überzahl wären.

Im Hinblick auf die allgemeinen Voraussetzungen für die Erlernung einer Kunst ist noch ein weiterer Punkt zu erwähnen. Man lernt anfangs eine Kunst nicht direkt, sondern sozusagen auf indirekte Weise. Man muß oft zuerst eine große Anzahl anderer Dinge lernen, die scheinbar nur wenig damit zu tun haben, bevor man mit der eigentlichen Kunst anfängt. Ein Tischlerlehrling lernt zunächst einmal hobeln; ein angehender Pianist übt zunächst Tonleitern; ein Lehrling in der Zen-Kunst des Bogenschießens fängt mit Atemübungen an. (Um ein Bild von der Konzentration, Disziplin, Geduld und Hingabe zu gewinnen, die zur Erlernung einer Kunst erforderlich sind, möchte ich den Leser auf Herrigels *Zen in der Kunst des Bogenschießens* [E. Herrigel, 1960] hinweisen.) Wenn man in irgendeiner Kunst zur Meisterschaft gelangen will, muß man ihr sein ganzes Leben widmen oder es doch wenigstens darauf ausrichten. Unsere gesamte Persönlichkeit muß zu einem Instrument zur Ausübung der Kunst werden und muß je nach den speziellen Funktionen, die es zu erfüllen gilt, in Form gehalten werden. Bezüglich der Kunst des Liebens bedeutet das, daß jeder, der ein Meister in dieser Kunst werden möchte, in jeder Phase seines Lebens Disziplin, Konzentration und Geduld *praktisch üben* muß.

Wie übt man sich in Disziplin? Unsere Großväter wären weit besser in der Lage gewesen, diese Frage zu beantworten. Sie hätten uns empfohlen, morgens früh aufzustehen, keinen unnötigen Luxus zu treiben und hart zu arbeiten. Diese Art von Disziplin hatte jedoch auch ihre offensichtlichen Nachteile. Sie war starr und autoritär, sie stellte die Tugenden der Genügsamkeit und Sparsamkeit in den Mittelpunkt und war in vieler Hinsicht lebensfeindlich. Aber als Reaktion auf diese Art von Disziplin besteht heute in zunehmendem Maß die Tendenz, jeder Art von Disziplin mit Argwohn zu begegnen und in einem undisziplinierten, trägen Sich-Gehen-Lassen einen Ausgleich für die Routine zu suchen, die uns während unseres achtstündigen Arbeitstages aufgezwungen wird. Morgens regelmäßig zur gleichen Zeit aufstehen, sich täglich eine bestimmte Zeit mit Tätigkeiten wie meditieren, lesen, Musik hören und spazierengehen beschäftigen; nicht über ein gewisses Mindestmaß hinaus Ablenkung durch Kriminalromane und Filme suchen und nicht zuviel essen und trinken, das wären einige auf der Hand liegende Grundregeln. Wesentlich ist jedoch, daß man Disziplin nicht wie etwas übt, das einem von außen aufgezwungen wird, sondern daß sie zum Ausdruck des eigenen Wollens wird, daß man sie als angenehm empfindet und daß man sich allmählich ein Verhalten angewöhnt, das man schließlich vermissen würde, wenn man es wieder aufgeben sollte. Es gehört zu den bedauerlichen Aspekten unserer westlichen Auffassung von Disziplin (wie übrigens von jeder Tugend), daß man sie für recht mühsam hält und daß man meint, sie könne nur etwas »Gutes« sein, wenn sie einem schwerfällt. Der Osten hat schon vor langer Zeit erkannt, daß das, was dem Menschen guttut – seinem Körper und seiner Seele –, ihm auch angenehm sein muß, auch wenn zu Anfang einige Widerstände zu überwinden sind.

Sich zu konzentrieren ist in unserer Kultur noch weit schwieriger, wo alles der Konzentrationsfähigkeit entgegenzuwirken scheint. Der wichtigste Schritt dazu ist zu lernen, mit sich selbst allein zu sein, ohne zu lesen, Radio zu hören, zu rauchen oder zu trinken. Tatsächlich bedeutet sich konzentrieren zu können dasselbe, wie mit sich allein sein zu können – und eben diese Fähigkeit ist eine Vorbedingung für die Fähigkeit zu lieben. Wenn ich an einem anderen Menschen hänge, weil ich nicht auf eigenen Füßen stehen kann, kann er vielleicht mein Lebensretter sein, aber unsere Beziehung ist keine Liebe. Paradoxerweise ist die Fähigkeit, allein sein zu können, die Vorbedingung für die Fähigkeit zu lieben. Jeder, der versucht, mit sich allein zu sein, wird entdecken, wie schwer das ist. Er wird eine innere Unruhe verspüren, wird zappelig werden und sogar Angst bekommen. Er wird bald keine Lust mehr haben, mit dieser Übung fortzufahren, und wird die Unlust damit rationalisieren, daß es ja doch keinen Wert habe, daß es dummes Zeug sei, daß es zuviel Zeit in Anspruch nehme und dergleichen Gründe mehr. Außerdem wird er beobachten, daß ihm allerlei Gedanken durch den Kopf gehen und von ihm Besitz ergreifen. Er wird merken, daß er Pläne für den restlichen Teil des Tages macht, daß er über irgendwelche beruflichen Schwierigkeiten nachdenkt oder darüber, wo er den Abend verbringen könnte. Er wird sich den Kopf mit vielen Dingen füllen, statt sich einmal davon zu befreien. Dabei können ein paar sehr einfache Übungen helfen, wie zum Beispiel in entspannter Haltung (ohne sich zu räkeln, aber auch nicht verkrampft) dasitzen, die Augen schließen, versuchen, sich eine weiße Fläche vorzustellen und dabei alle störenden Bilder und Gedanken auszuschalten. Dann sollte man das eigene Atmen verfolgen; man sollte nicht darüber nachdenken und es auch nicht gewaltsam beeinflussen, sondern es einfach verfolgen – und es auf diese Weise »spüren«. Ferner sollte man versuchen, sein »Ich« zu erfüllen; Ich = mein Selbst als Zentrum all meiner Kräfte, als Schöpfer meiner Welt. Solche Konzentrationsübungen sollte man jeden Morgen wenigstens zwanzig Minuten lang machen (wenn möglich noch länger) sowie allabendlich vor dem Schlafengehen. (Während dies in den östlichen Kulturen, vor allem in der indischen, in Theorie und Praxis schon immer eine beträchtliche Rolle spielt, verfolgt man in den letzten Jahren auch im Westen ähnliche Ziele. Die wichtigste Schule ist meiner Ansicht nach die von Gindler, deren Ziel es ist, ein Gefühl für den eigenen Körper zu erwerben. Zur Gindler-Methode vgl. auch Charlotte Selvers Beitrag in ihren Vorlesungen und Kursen an der New Yorker *New School*.)

Neben solchen Übungen sollte man lernen, sich bei allem, was man tut, zu konzentrieren: wenn man Musik hört, ein Buch liest, sich mit jemand unterhält oder eine Aussicht bewundert. Nur das, was wir in diesem Augenblick tun, darf uns interessieren, und wir müssen uns ihm ganz hingeben. Wenn man sich so auf etwas konzentriert, spielt es kaum eine Rolle, *was* man tut. Dann nehmen alle Dinge, die wichtigen wie die unwichtigen, eine neue Dimension in der Wirklichkeit an, weil wir ihnen unsere volle Aufmerksamkeit schenken. Wenn man lernen will, sich zu konzentrieren, sollte man triviale Unterhaltungen, das heißt solche, die nicht echt sind, möglichst meiden. Wenn zwei Menschen miteinander über das Wachstum eines Baumes, den sie beide kennen, oder über den Geschmack des Brotes, das sie gerade gegessen haben, oder über ein gemeinsames berufliches Erlebnis reden, so kann eine solche Unterhaltung durchaus relevant sein, vorausgesetzt, daß sie das, worüber sie reden, wirklich erlebt haben und sich nicht auf abstrakte Weise damit befassen; andererseits kann sich eine Unterhaltung um Politik oder um religiöse Fragen drehen und trotzdem trivial sein. Dies ist der Fall, wenn beide Gesprächspartner in Gemeinplätzen miteinander reden und bei dem, was sie sagen, mit dem Herzen nicht dabei sind. Hinzuzufügen wäre noch, daß man nicht nur keine trivialen Unterhaltungen führen, sondern daß man auch schlechte Gesellschaft möglichst meiden sollte. Unter schlechter Gesellschaft verstehe ich nicht nur lasterhafte und destruktive Menschen; ihnen sollte man aus dem Weg gehen, weil sie eine vergiftete und deprimierende Atmosphäre um sich verbreiten. Ich meine auch die Gesellschaft von Menschen, die innerlich abgestorben sind, deren Seele tot ist, obgleich ihr Körper noch lebt, von Menschen, deren Gedanken und deren Unterhaltung trivial sind, die schwätzen anstatt zu reden und die Gemeinplätze statt eigene Gedanken vorbringen. Freilich ist es nicht immer möglich, die Gesellschaft solcher Leute zu meiden, und es ist auch gar nicht notwendig. Wenn man ihnen nicht in der erwarteten Weise mit Gemeinplätzen und Belanglosigkeiten antwortet, sondern unmittelbar und menschlich reagiert, wird man oft erleben, daß auch sie ihr Verhalten ändern, und das oft aufgrund des Überraschungseffekts, den der Schock des Unerwarteten bei ihnen auslöst.

Auf andere konzentriert zu sein, heißt vor allem zuhören zu können. Die meisten hören sich an, was andere sagen, oder erteilen ihnen sogar Ratschläge, ohne ihnen wirklich zuzuhören. Sie nehmen das, was der andere sagt, nicht ernst, und genausowenig ernst nehmen sie ihre eigenen Antworten. Die Folge ist, daß das Gespräch sie ermüdet. Sie bilden sich ein, es würde sie noch mehr ermüden, wenn sie konzentriert zuhörten, aber das Gegenteil trifft zu. Jede konzentriert ausgeführte Tätigkeit macht einen wach (wenn auch hinterher eine natürliche und wohltuende Müdigkeit einsetzt), während jede unkonzentrierte Tätigkeit schläfrig macht und andererseits zur Folge hat, daß man abends dann schlecht einschläft.

Konzentriert sein heißt, ganz in der Gegenwart, im Hier und Jetzt leben und nicht, während man das eine tut, bereits an das nächste denken, das anschließend zu tun ist. Es versteht sich von selbst, daß Konzentration vor allem von Menschen geübt werden muß, die sich lieben. Sie müssen lernen, einander nahe zu sein, ohne gleich irgendwie wieder voneinander wegzulaufen, wie das gewöhnlich geschieht. Zu Anfang wird es schwerfallen, sich in der Konzentration zu üben; man wird das Gefühl haben, es werde einem nie gelingen. Daß Geduld dazu nötig ist, braucht man kaum zu betonen. Wenn man nicht weiß, daß alles seine Zeit hat, und die Dinge erzwingen will, wird man freilich die Konzentration nie erlernen – auch nicht in der Kunst des Liebens. Wenn man sich eine Vorstellung davon machen will, was Geduld ist, braucht man nur ein Kind beim Laufenlernen zu beobachten. Es fällt hin und fällt immer und immer wieder hin und versucht es doch von neuem; es gelingt ihm immer besser, bis es eines Tages laufen kann, ohne hinzufallen. Was könnte der Erwachsene alles fertigbringen, wenn er bei Dingen, die ihm wichtig sind, die Geduld und Konzentration eines Kindes hätte!

Man kann Konzentration nicht erlernen, wenn man sich kein *Gespür für sich selbst* erwirbt. Was heißt das? Sollte man die ganze Zeit über sich selbst nachdenken, sollte man sich selbst analysieren oder was sonst? Wenn wir sagen wollten, daß man für eine Maschine ein Gespür haben müsse, dürfte es uns kaum schwerfallen zu erklären, was wir damit meinen. So hat zum Beispiel jeder, der einen Wagen fährt, ein Gespür für ihn. Er spürt auch das geringste ungewohnte Geräusch und die geringste Änderung im Beschleunigungsvermögen des Motors. Ebenso spürt der Fahrer jede Veränderung in der Fahrbahnoberfläche und er spürt, was die Autos vor und hinter ihm machen. Über all das *denkt er nicht nach;* er befindet sich in einem Zustand entspannter Aufmerksamkeit, in dem er aufgeschlossen ist für alle relevanten Veränderungen der Situation, auf die er sich konzentriert – nämlich seinen Wagen sicher zu fahren.

Wenn wir uns nach einer Situation umsehen, wo ein Mensch ein Gespür für den anderen hat, so finden wir das deutlichste Beispiel im Verhältnis der Mutter zu ihrem Baby. Sie bemerkt gewisse körperliche Veränderungen, Wünsche und Nöte ihres Kindes bereits, bevor es diese offen äußert. Sie wacht auf, wenn das Kind schreit, während andere, viel lautere Geräusche sie nicht wecken würden. All das bedeutet, daß sie ein Gespür für die Lebensäußerungen ihres Kindes hat; sie ist nicht ängstlich oder besorgt, sondern befindet sich in einem wachen Ruhezustand, in dem sie für jede bedeutsame Mitteilung, die von ihrem Kind kommt, aufnahmebereit ist. Auf gleiche Weise kann man auch für sich selbst ein Gespür haben. Man merkt zum Beispiel, daß man müde oder deprimiert ist, und anstatt diesem Gefühl nachzugeben und es durch trübe Gedanken, die stets zur Hand sind, noch zu verstärken, fragt man sich: »Was ist mit mir los? Warum bin ich so deprimiert?« Dasselbe geschieht, wenn man merkt, daß man irritiert oder ärgerlich ist oder daß man vor sich hinträumt und sonstwie vor etwas auf der Flucht ist. In allen diesen Fällen kommt es darauf an, die wahre Ursache zu spüren und nicht auf tausenderlei Weise seine Zuflucht zu Rationalisierungen zu nehmen. Wir sollten auf unsere innere Stimme hören, die uns – oft recht schnell – sagt, weshalb wir so unruhig, deprimiert oder irritiert sind.

Der Durchschnittsmensch hat ein gewisses Gespür für die Prozesse, die sich in seinem Körper abspielen; er bemerkt Veränderungen, selbst einen geringfügigen Schmerz; zu dieser Art von körperlichem Gespür kommt es relativ leicht, da die meisten Menschen eine Vorstellung davon haben, wie man sich fühlt, wenn es einem gut geht. Das gleiche Gespür in bezug auf geistige Prozesse ist weit seltener, da die meisten Menschen niemals jemand kennengelernt haben, der optimal funktioniert. Sie nehmen die Art, wie ihre Eltern und Verwandten oder die gesellschaftliche Gruppe, in die sie hineingeboren wurden, seelisch funktionieren, für die Norm, und solange sie selbst nicht davon abweichen, haben sie das Gefühl, normal zu sein, und haben kein Interesse daran zu beobachten. So gibt es zum Beispiel viele, die noch nie einen liebenden Menschen oder einen Menschen gesehen haben, der Integrität, Mut oder Konzentrationsfähigkeit besitzt. Es liegt auf der Hand, daß man, um für sich selbst ein Gespür zu bekommen, eine Vorstellung davon haben muß, was unter dem vollkommen gesunden Funktionieren eines Menschen zu verstehen ist – und wie soll man zu dieser Erfahrung gelangen, wenn man sie in seiner Kindheit oder im späteren Leben nie gemacht hat? Diese Frage ist gewiß nicht einfach zu beantworten, aber sie weist auf einen sehr kritischen Punkt in unserem Erziehungssystem hin.

Über der Vermittlung von Wissen geht uns jene Art zu lehren verloren, die für die menschliche Entwicklung am allerwichtigsten ist: die einfache Gegenwart eines reifen, liebenden Menschen. In früheren Epochen unserer Kultur oder in China und Indien schätzte man einen Menschen mit hervorragenden seelischen und geistigen Eigenschaften am höchsten. Auch der Lehrer hatte nicht in erster Linie die Aufgabe, Wissen zu vermitteln, sondern er sollte bestimmte menschliche Haltungen lehren. In der heutigen kapitalistischen Gesellschaft – und dasselbe gilt auch für den russischen Kommunismus – werden keineswegs Menschen mit hervorragenden geistigen und seelischen Qualitäten als Gegenstand unserer Bewunderung und als Vorbild hingestellt. Im Licht der Öffentlichkeit stehen im wesentlichen Leute, die dem Durchschnittsbürger stellvertretend ein Gefühl der Befriedigung geben. Filmstars, Showmaster, Kolumnisten, einflußreiche Geschäftsleute oder Spitzenpolitiker – das sind die Vorbilder, denen wir nacheifern. Ihre Hauptqualifikation besteht oft darin, daß es ihnen gelungen ist, in der Öffentlichkeit von sich reden zu machen. Aber die Lage erscheint trotzdem nicht ganz hoffnungslos. Wenn man bedenkt, daß ein Mann wie Albert Schweitzer in den Vereinigten Staaten berühmt werden konnte, wenn man sich klarmacht, wie viele Möglichkeiten wir haben, unsere Jugend mit lebenden und historischen Persönlichkeiten bekanntzumachen, die zeigen, was menschliche Wesen als menschliche Wesen und nicht als Entertainer im weitesten Sinn vollbringen können, wenn man an die großen Werke von Literatur und Kunst aller Zeiten denkt, so scheint es doch noch eine Chance zu geben, daß wir uns die Vision einer guten Zukunft des Menschen erhalten, und daß wir sensibel dafür bleiben, wenn der Mensch zu mißlingen droht. Falls es uns nicht gelingen sollte, die Vision eines reifen Lebens lebendig zu halten, so besteht allerdings die Wahrscheinlichkeit, daß unsere gesamte kulturelle Tradition zusammenbricht. Diese Tradition gründet sich nicht in erster Linie auf die Übermittlung bestimmter Arten von Wissen, sondern auf die Weitergabe bestimmter menschlicher Wesenszüge. Wenn die kommenden Generationen diese Wesenszüge nicht mehr vor Augen haben, wird eine fünftausendjährige Kultur zusammenbrechen, selbst dann, wenn ihr Wissen auch weiterhin gelehrt und weiter entwickelt wird.

Bisher haben wir uns mit dem beschäftigt, was zur Ausübung *einer jeden* Kunst notwendig ist. Jetzt möchte ich mich der Erörterung jener Eigenschaften zuwenden, die für die Fähigkeit zu lieben von spezifischer Bedeutung sind. Nach allem, was ich über das Wesen der Liebe gesagt habe, ist die Hauptvoraussetzung für die Fähigkeit, lieben zu können, daß man *seinen Narzißmus überwindet*. Der narzißtisch Orientierte erlebt nur das als real, was in seinem eigenen Inneren existiert, während die Erscheinungen in der Außenwelt für ihn an sich keine Realität besitzen, sondern nur daraufhin erfahren werden, ob sie für ihn selbst von Nutzen oder gefährlich sind. Das Gegenteil von Narzißmus ist Objektivität; damit ist die Fähigkeit gemeint, Menschen und Dinge so zu sehen, *wie sie sind*, also objektiv, und in der Lage zu sein, dieses *objektive* Bild von einem Bild zu trennen, das durch die eigenen Wünsche und Ängste zustande kommt. Sämtliche Formen von Psychosen weisen die Unfähigkeit zur Objektivität in einem extremen Maß auf. Für den Geisteskranken gibt es nur eine Realität, die in seinem eigenen Inneren existiert, die seiner Ängste und Wünsche. Er sieht die Außenwelt als Symbol seiner eigenen Innenwelt, als seine Schöpfung. Genau das trifft für uns alle zu, wenn wir träumen. Im Traum produzieren wir Ereignisse, wir inszenieren Dramen, die Ausdruck unserer Wünsche und Ängste sind (freilich gelegentlich auch unserer Einsichten und Beurteilungen), und wir sind, solange wir schlafen, überzeugt, daß das Erzeugnis unserer Träume ebenso real ist wie die Wirklichkeit, die wir im wachen Zustand wahrnehmen.

Dem Geisteskranken wie dem Träumenden fehlt ein objektives Bild von der Außenwelt *vollständig;* aber wir alle sind mehr oder weniger geisteskrank, wir alle schlafen mehr oder weniger, wir alle machen uns ein nicht-objektives Bild von der Welt, das durch unsere narzißtische Orientierung entstellt ist. Muß ich dafür noch Beispiele anführen? Jeder wird sie leicht entdecken, wenn er sich selbst oder seine Nachbarn beobachtet, oder wenn er die Zeitung liest. Der Grad der narzißtischen Entstellung der Wirklichkeit ist dabei unterschiedlich. So ruft zum Beispiel eine Frau den Arzt an und sagt, sie wolle am Nachmittag zu ihm in die Sprechstunde kommen. Der Arzt erwidert, er habe an diesem Tag keine Zeit für sie, aber sie könne gern am nächsten Tag zu ihm kommen. Sie sagt darauf: »Aber Herr Doktor, ich wohne doch nur fünf Minuten von Ihrer Praxis entfernt!« Sie begreift nicht, daß es für *ihn* ja keine Zeitersparnis bedeutet, wenn *sie* nur einen so kurzen Weg hat. Sie erlebt die Situation auf narzißtische Weise: weil *sie* Zeit spart, spart auch *er* Zeit; die einzige Realität, die es für sie gibt, ist sie selbst.

Weniger extrem – oder vielleicht auch nur weniger offensichtlich – sind die Entstellungen, die in den zwischenmenschlichen Beziehungen an der Tagesordnung sind. Wie viele Eltern erleben die Reaktion ihres Kindes nur unter dem Gesichtspunkt, ob es ihnen gehorcht, ob es ihnen Freude macht, ob es ihnen zur Ehre gereicht usw., anstatt zu merken oder sich auch nur dafür zu interessieren, wie dem Kind selbst dabei zumute ist. Wie viele Männer meinen, ihre Frau sei herrschsüchtig, nur weil sie aufgrund ihrer eigenen Mutterbindung jede Forderung ihrer Frau als Einschränkung der eigenen Freiheit empfinden. Wie viele Frauen halten ihren Mann für untüchtig oder dumm, weil er ihrem Phantasiebild eines strahlenden Ritters nicht entspricht, das sie sich vielleicht als Kind gemacht haben.

Notorisch ist auch der Mangel an Objektivität in bezug auf andere Völker. Von einem Tag zum anderen wird ein anderes Volk als höchst gemein und bösartig empfunden, während das eigene Volk alles, was nur gut und edel ist, verkörpert. Alles, was der Feind tut, wird mit dem einen – alles, was man selbst tut, wird mit dem anderen Maßstab gemessen. Gute Taten des Feindes werden als besonders heimtückisch betrachtet, weil sie uns und die Welt angeblich hinters Licht führen sollen, während unsere eigenen Übeltaten notwendig und durch die edlen Ziele gerechtfertigt sind, denen sie angeblich dienen. Wenn man die Beziehungen zwischen den Völkern wie auch die zwischen einzelnen Individuen betrachtet, kommt man tatsächlich zu der Überzeugung, daß Objektivität die Ausnahme und eine mehr oder weniger stark ausgeprägte narzißtische Entstellung die Regel ist.

Vernunft ist die Fähigkeit, objektiv zu denken. Die ihr zugrunde liegende emotionale Haltung ist die *Demut*. Man kann nur objektiv sein und sich seiner Vernunft bedienen, wenn man demütig geworden ist und seine Kindheitsträume von Allwissenheit und Allmacht überwunden hat.

Auf die Praxis der Kunst des Liebens bezogen bedeutet dies: Da die Fähigkeit zu lieben davon abhängt, daß unser Narzißmus relativ gering ist, verlangt diese Kunst die Entwicklung von Demut, Objektivität und Vernunft. Wir müssen unser ganzes Leben darauf ausrichten. Demut und Objektivität sind ebenso unteilbar wie die Liebe. Ich kann meiner Familie gegenüber nicht wirklich objektiv sein, wenn ich es dem Fremden gegenüber nicht sein kann, und umgekehrt. Wenn ich die Kunst des Liebens lernen will, muß ich mich in jeder Situation um Objektivität bemühen und ein Gespür für solche Situationen bekommen, in denen ich nicht objektiv bin. Ich muß versuchen, den Unterschied zu erkennen zwischen dem narzißtisch entstellten

Bild, das *ich* mir von einem Menschen und seinem Verhalten mache, und dem wirklichen Menschen, wie er unabhängig von meinen Interessen, Bedürfnissen und Ängsten existiert. Wenn man sich die Fähigkeit zu Objektivität und Vernunft erworben hat, hat man den Weg zur Kunst des Liebens schon halb zurückgelegt, aber man muß diese Fähigkeit gegenüber allen Menschen besitzen, mit denen man in Kontakt kommt. Wenn jemand seine Objektivität nur für den geliebten Menschen reservieren wollte und meint, er könne in seinen Beziehungen zur übrigen Welt darauf verzichten, dann wird er bald merken, daß er hier wie dort versagt.

Die Fähigkeit zur Liebe hängt davon ab, ob es uns gelingt, unseren Narzißmus und die inzestuöse Bindung an die Mutter und die Sippe zu überwinden. Sie hängt von unserer Fähigkeit ab, zu wachsen und eine produktive Orientierung in unserer Beziehung zur Welt und zu uns selbst zu entwickeln. Dieser Prozeß des Sichlösens, des Geborenwerdens, des Erwachens hat als unumgängliche Voraussetzung den *Glauben*. Die Praxis der Kunst des Liebens erfordert die Praxis des Glaubens.

Was ist Glauben? Muß es sich dabei unbedingt um den Glauben an Gott oder an religiöse Doktrinen handeln? Steht Glaube notwendigerweise im Gegensatz oder ist er geschieden von Vernunft und rationalem Denken? Wenn man das Problem des Glaubens auch nur ansatzweise verstehen will, muß man zwischen dem *rationalen* und dem *irrationalen* Glauben unterscheiden. Unter einem irrationalen Glauben verstehe ich einen Glauben (an eine Person oder eine Idee), bei dem man sich einer irrationalen Autorität unterwirft. Im Gegensatz dazu handelt es sich beim rationalen Glauben um eine Überzeugung, die im eigenen Denken oder Fühlen wurzelt. Rationaler Glaube meint jene Qualität von Gewißheit und Unerschütterlichkeit, die unseren Überzeugungen eigen ist. Glaube ist ein Charakterzug, der die Gesamtpersönlichkeit beherrscht, und nicht ein Glaube an etwas ganz Bestimmtes.

Rationaler Glaube ist im produktiven, intellektuellen und emotionalen Tätigsein verwurzelt. Der rationale Glaube ist eine wichtige Komponente des rationalen Denkens, in dem er angeblich keinen Platz hat. Wie kommt beispielsweise der Wissenschaftler zu einer neuen Entdeckung? Macht er zunächst ein Experiment nach dem anderen, trägt er Tatsache um Tatsache zusammen, ohne eine Vision davon zu haben, was er zu finden erwartet? Nur selten ist auf irgendeinem Gebiet eine wichtige Entdeckung auf solche Weise gemacht worden, genausowenig wie man zu wichtigen Schlußfolgerungen kommt, wenn man lediglich seinen Phantasien nachjagt. Der Prozeß kreativen Denkens beginnt in allen Bereichen menschlichen Bemühens oft mit etwas, das man als eine »rationale Vision« bezeichnen könnte, welche selbst das Ergebnis beträchtlicher vorausgegangener Studien, reflektierenden Denkens und vieler Beobachtungen ist. Wenn es einem Wissenschaftler gelingt, genügend Daten zusammenzutragen oder eine mathematische Formel aufzustellen, die seine ursprüngliche Vision in hohem Maß plausibel macht, dann kann man von ihm sagen, es sei ihm gelungen, eine vorläufige Hypothese aufzustellen. Eine sorgfältige Analyse der Hypothese und ihrer Implikationen sowie die Sammlung neuer Daten, welche sie unterbauen, führt dann zu einer adäquaten Hypothese und schließlich vielleicht zur Einordnung dieser Hypothese in eine umfassende Theorie.

Die Geschichte der Wissenschaft ist voller Beispiele für den Glauben an die Vernunft und für solche Visionen der Wahrheit. Kopernikus, Kepler, Galilei und Newton waren alle erfüllt von einem unerschütterlichen Glauben an die Vernunft. Für diesen Glauben starb Giordano Bruno auf dem Scheiterhaufen, und seinetwegen wurde Spinoza exkommuniziert. Bei jedem Schritt von der Konzeption einer rationalen Vision bis zur Formulierung einer Theorie braucht man *Glauben*: Glauben an die Vision als einem vernünftigen Ziel, das sich anzustreben lohnt, Glauben an die Hypothese als einer wahrscheinlichen

und einleuchtenden Behauptung und Glauben an die schließlich formulierte Theorie – wenigstens so lange, bis ein allgemeiner Konsensus bezüglich ihrer Validität erreicht ist. Dieser
Glaube wurzelt in der eigenen Erfahrung, im Vertrauen auf das
eigene Denk-, Beobachtungs- und Urteilsvermögen. Während
der irrationale Glaube etwas nur deshalb für wahr hinnimmt,
weil eine Autorität oder die Mehrheit es sagt, ist der rationale
Glaube in einer unabhängigen Überzeugung verwurzelt, die
sich auf das eigene produktive Beobachten und Denken – und
der Meinung der Mehrheit zum Trotz – gründet.

Denken und Urteilen sind nicht die einzigen Bereiche, in denen
der rationale Glaube eine Rolle spielt. In der Sphäre der
menschlichen Beziehungen ist Glaube ein unentbehrlicher Bestandteil jeder echten Freundschaft oder Liebe. »An einen anderen glauben« heißt so viel wie sich sicher sein, daß der andere
in seiner Grundhaltung, im Kern seiner Persönlichkeit, in seiner Liebe zuverlässig und unwandelbar ist. Damit soll nicht gesagt sein, daß jemand nicht auch einmal seine Meinung ändern
dürfte, doch sollte seine Grundhaltung sich gleichbleiben. So
sollte zum Beispiel seine Achtung vor dem Leben und der
Würde des Menschen ein Bestandteil seiner selbst und keiner
Veränderung unterworfen sein.

Im gleichen Sinn glauben wir auch an uns selbst. Wir sind uns
der Existenz eines Selbst, eines Kerns unserer Persönlichkeit
bewußt, der unveränderlich ist und unser ganzes Leben lang
fortbesteht, wenn sich auch die äußeren Umstände ändern mögen und wenn auch in unseren Meinungen und Gefühlen gewisse Änderungen eintreten. Dieser Kern ist die Realität hinter
dem Wort »Ich«, auf der unsere Überzeugung von unserer
Identität beruht. Wenn wir nicht an die Beständigkeit unseres
Selbst glauben, gerät unser Identitätsgefühl in Gefahr, und wir
werden von anderen Menschen abhängig, deren Zustimmung
dann zur Grundlage unseres Identitätsgefühls wird. Nur wer an
sich selbst glaubt, kann anderen treu sein, weil nur ein solcher

Mensch sicher sein kann, daß er auch in Zukunft noch derselbe sein wird wie heute und daß er deshalb genauso fühlen und handeln wird, wie er das jetzt von sich erwartet. Der Glaube an uns selbst ist eine Voraussetzung dafür, daß wir etwas versprechen können, und da der Mensch – wie F. Nietzsche (1910, S. 341) sagt – durch seine Fähigkeit, etwas versprechen zu können, definiert werden kann, ist der Glaube eine der Voraussetzungen der menschlichen Existenz. Worauf es in Liebesbeziehungen ankommt, ist der Glaube an die eigene Liebe, der Glaube an die Fähigkeit der eigenen Liebe, bei anderen Liebe hervorzurufen, und der Glaube an ihre Verläßlichkeit.

Ein weiterer Aspekt des Glaubens an einen anderen Menschen bezieht sich darauf, daß wir an dessen Möglichkeiten glauben. Die rudimentärste Form, in der dieser Glaube existiert, ist der Glaube der Mutter an ihr Neugeborenes: daß es leben, wachsen, laufen lernen und sprechen lernen wird. Freilich erfolgt die Entwicklung des Kindes in dieser Hinsicht mit einer solchen Regelmäßigkeit, daß man wohl für die diesbezüglichen Erwartungen keinen besonderen Glauben braucht. Anders ist es mit den Fähigkeiten, die sich unter Umständen nicht entwickeln werden, wie etwa die Fähigkeit des Kindes zu lieben, glücklich zu sein und seine Vernunft zu gebrauchen, wie auch spezielle künstlerische Begabungen. Sie sind die Saat, die wächst und die zum Vorschein kommt, wenn die richtigen Voraussetzungen für ihre Entwicklung gegeben sind, die aber auch im Keim erstickt werden kann, wenn solche Voraussetzungen fehlen.

Eine der wichtigsten Voraussetzungen ist, daß die Bezugsperson im Leben des Kindes an diese Entwicklungsmöglichkeiten glaubt. Ob dieser Glaube vorhanden ist oder nicht, macht den Unterschied aus zwischen Erziehung und Manipulation. Erziehen bedeutet, dem Kind zu helfen, seine Möglichkeiten zu realisieren. (Das englische Wort *education* = Erziehung kommt vom lateinischen *e-ducere*, was wörtlich soviel bedeutet wie »herausführen« oder »etwas herausbringen, was potentiell bereits vorhanden ist«.) Das Gegenteil von Erziehung ist Manipulation, bei welcher der Erwachsene nicht an die Entwicklungsmöglichkeiten des Kindes glaubt und überzeugt ist, daß das Kind nur dann zu einem ordentlichen Menschen wird, wenn er ihm das, was er für wünschenswert hält, einprägt und alles unterdrückt, was ihm nicht wünschenswert scheint. An einen Roboter braucht man nicht zu glauben, weil in ihm kein Leben ist, das sich entfalten könnte.

Der Höhepunkt des Glaubens an andere wird im Glauben an die *Menschheit* erreicht. In der westlichen Welt kam dieser Glaube in der jüdisch-christlichen Religion zum Ausdruck, und in weltlicher Sprache fand er seinen stärksten Ausdruck in den humanistisch orientierten politischen und gesellschaftlichen Ideen der letzten hundertfünfzig Jahre. Genau wie der Glaube an ein Kind gründet auch er sich auf die Idee, daß die dem Menschen gegebenen Möglichkeiten derart sind, daß er unter entsprechenden Bedingungen die Fähigkeit besitzt, eine von den Grundsätzen der Gleichheit, Gerechtigkeit und Liebe getragene Gesellschaftsordnung zu errichten. Noch ist dem Menschen der Aufbau einer solchen Gesellschaftsordnung nicht gelungen, und deshalb erfordert die Überzeugung, daß er dazu in der Lage sein wird, Glauben. Aber genau wie bei jeder Art von rationalem Glauben handelt es sich auch hier um kein Wunschdenken, sondern gründet sich auf die unleugbaren Leistungen der Menschheit in der Vergangenheit und auf die Erfahrungen, die jeder einzelne in seinem eigenen Inneren mit seiner Fähigkeit zu Vernunft und Liebe macht.

Während der irrationale Glaube in der Unterwerfung unter eine Macht, die als überwältigend stark, als allwissend und allmächtig empfunden wird, und im Verzicht auf die eigene Kraft und Stärke wurzelt, gründet sich der rationale Glaube auf die entgegengesetzte Erfahrung. Wir besitzen diese Art von Glauben an eine Idee, weil sie das Ergebnis unserer eigenen Beobachtungen und unseres eigenen Denkens ist. Wir glauben an die Möglichkeiten anderer, unserer selbst und der Menschheit nur deshalb, weil wir das Wachstum unserer eigenen Möglichkeiten, die Realität des Wachsens und die Stärke unserer eigenen Vernunft und unserer Liebesfähigkeit in uns erfahren haben; und wir glauben nur insoweit daran, wie wir diese Erfahrung in uns selbst gemacht haben. *Die Grundlage des rationalen Glaubens ist die Produktivität.* Aus dem Glauben heraus leben heißt produktiv leben. Hieraus folgt, daß der Glaube an die Macht (im Sinne von Herrschaft) und an die Ausübung von Macht das Gegenteil des Glaubens ist. An eine bereits existierende Macht glauben ist gleichbedeutend mit der Verleugnung der Wachstumschancen noch nicht realisierter Möglichkeiten. Bei der Macht handelt es sich um eine Voraussage auf die Zukunft, die sich lediglich auf die handgreifliche Gegenwart gründet und die sich als schwere Fehlkalkulation herausstellt. Sie ist deshalb völlig irrational, weil sie die menschlichen Möglichkeiten und das menschliche Wachstum nicht berücksichtigt. Es gibt keinen rationalen Glauben an die Macht. Es gibt nur eine Unterwerfung unter die Macht oder – von seiten derer, die sie besitzen – den Wunsch, sie zu behaupten. Während Macht für viele das Allerrealste auf der Welt zu sein scheint, hat die Geschichte der Menschheit bewiesen, daß Macht die unstabilste aller menschlichen Errungenschaften ist. Da aber Glaube und Macht sich gegenseitig ausschließen, werden alle Religionen und alle politischen Systeme, die ursprünglich auf einen rationalen Glauben gründeten, schließlich korrupt und verlieren ihre Stärke, wenn sie sich auf ihre Macht verlassen oder sich mit der Macht verbünden.

Glauben erfordert *Mut*. Damit ist die Fähigkeit gemeint, ein Risiko einzugehen, und auch die Bereitschaft, Schmerz und Enttäuschung hinzunehmen. Wer Gefahrlosigkeit und Sicherheit als das Wichtigste im Leben ansieht, kann keinen Glauben haben. Wer sich in einem Verteidigungssystem verschanzt und darin seine Sicherheit durch Distanz und Besitz zu erhalten sucht, macht sich selbst zum Gefangenen. Geliebtwerden und lieben brauchen Mut, den Mut, bestimmte Werte als das anzusehen, was »uns unbedingt angeht«, den Sprung zu wagen und für diese Werte alles aufs Spiel zu setzen.

Dieser Mut ist etwas völlig anderes als der Mut, von dem der Angeber Mussolini sprach, wenn er sich des Schlagworts »Lebe gefährlich!« bediente. Sein Mut war der Mut des Nihilismus. Er wurzelte in einer destruktiven Einstellung zum Leben, in der Bereitschaft, sein Leben wegzuwerfen, weil man nicht fähig ist, es zu lieben. Der Mut der Verzweiflung ist das genaue Gegenteil des Muts der Liebe, genauso wie der Glaube an die Macht das Gegenteil des Glaubens an das Leben ist.

Kann man Glauben und Mut irgendwie üben? Glauben kann man tatsächlich jeden Augenblick üben. Man braucht Glauben, um ein Kind zu erziehen; man braucht Glauben, um einschlafen zu können; man braucht Glauben, um mit irgendeiner Arbeit anzufangen. Aber wir alle pflegen ja diese Art von Glauben zu besitzen. Wer ihn nicht hat, leidet an einer Überängstlichkeit in bezug auf sein Kind, oder er leidet an Schlaflosigkeit oder an der Unfähigkeit, eine produktive Arbeit zu leisten; oder er ist mißtrauisch, hat Hemmungen, mit anderen in Kontakt zu kommen, ist hypochondrisch oder unfähig, etwas auf längere Zeit hinaus zu planen. Zu seinem Urteil über einen Menschen auch dann zu stehen, wenn die öffentliche Meinung oder irgendwelche unvorhergesehenen Ereignisse den Anschein erwecken, daß man sich irrte, an seinen Überzeugungen festzuhalten, auch wenn sie unpopulär sind – zu all dem ist Glauben und Mut nötig. Die Schwierigkeiten, Rückschläge und Kümmernisse des Lebens als Herausforderung anzusehen, deren Überwindung uns stärkt, anstatt sie als ungerechte Strafe zu betrachten, die *wir* nicht verdient haben, das erfordert Glauben und Mut.

Das praktische Üben von Glauben und Mut fängt bei den kleinen Dingen des täglichen Lebens an. Die ersten Schritte hierzu sind: darauf zu achten, wo und wann man den Glauben verliert, die Rationalisierungen zu durchschauen, deren man sich bedient, um diesen Glaubensverlust zu verdecken, zu erkennen, wo man sich feige verhält und welche Rationalisierung man hierbei anwendet, zu merken, wie jeder Verrat am Glauben uns schwächt und wie jede neue Schwächung zu einem neuen Verrat führt und daß dies ein Teufelskreis ist. Dann werden wir auch erkennen, *daß wir bewußt zwar Angst haben, nicht geliebt zu werden, daß wir uns aber in Wirklichkeit – wenngleich meist unbewußt – davor fürchten zu lieben.* Lieben heißt, daß wir uns dem anderen ohne Garantie ausliefern, daß wir uns der geliebten Person ganz hingeben in der Hoffnung, daß unsere Liebe auch in ihr Liebe erwecken wird. Liebe ist ein Akt des Glaubens, und wer nur wenig Glauben hat, der hat auch nur wenig Liebe. Kann man noch mehr über die Praxis des Glaubens sagen? Vielleicht kann ein anderer es. Wenn ich ein Dichter oder ein Prediger wäre, könnte ich es vielleicht versuchen. Aber da ich beides nicht bin, kann ich nicht einmal den Versuch machen, wenn ich auch meine, daß jeder, dem es wirklich am Herzen liegt, glauben zu lernen, es auch lernen kann, so wie ein Kind das Laufen lernt.

Eine Haltung jedoch, die für die Ausübung der Kunst des Liebens unentbehrlich ist und die wir bisher nur nebenbei erwähnt haben, sollte an dieser Stelle ausdrücklich diskutiert werden, da sie die Grundlage für die Praxis des Liebens ist: die Aktivität im Sinne des aus sich heraus Tätigseins. Ich erwähnte bereits, daß Aktivität nicht so zu verstehen ist, daß man »sich irgendwie beschäftigt«, sondern als inneres Tätigsein, als produktiver Gebrauch der eigenen Kräfte. Liebe ist ein solches Tätigsein, eine solche Aktivität. Wenn ich liebe, beschäftige ich mich ständig auf aktive Weise mit der geliebten Person, aber nicht nur mit ihr allein. Denn ich würde die Fähigkeit verlieren, aktiv mit ihr in Beziehung zu treten, wenn ich träge wäre, wenn ich mich nicht beständig im Zustand der Aufnahmebereitschaft, der Wachsamkeit und Aktivität befände. Der Schlaf allein ist ein legitimer Zustand der Inaktivität; im wachen Zustand sollte man der Trägheit keinen Platz einräumen. Sehr viele befinden sich heute in der paradoxen Situation, daß sie halb schlafen, wenn sie wach sind, und halb wachen, wenn sie schlafen oder schlafen möchten. Ganz wach zu sein, ist die Voraussetzung dafür, daß man sich selbst und andere nicht langweilt – und tatsächlich gehört es ja zu den wichtigsten Vorbedingungen für die Liebe, daß man sich weder gelangweilt fühlt noch den anderen langweilt. Den ganzen Tag lang im Denken und Fühlen, mit Augen und Ohren tätig zu sein, um nicht innerlich träge zu werden, indem man sich rein rezeptiv verhält, Dinge hortet oder einfach seine Zeit totschlägt, das ist eine unerläßliche Voraussetzung für die Praxis der Kunst des Liebens. Es ist eine Illusion zu glauben, man könne sein Leben so einteilen, daß man im Bereich der Liebe produktiv und in allen anderen nicht-produktiv sein könne. Produktivität läßt eine derartige Arbeitsteilung nicht zu. Die Fähigkeit zu lieben erfordert einen Zustand intensiver Wachheit und gesteigerter Vitalität, der nur das Ergebnis einer produktiven und tätigen Orientierung in vielen anderen Lebensbereichen sein kann. Ist man auf anderen Gebieten nicht-produktiv, so ist man es auch nicht in der Liebe.

Eine Diskussion der Kunst des Liebens darf sich nicht auf den persönlichen Bereich beschränken, wo jene Merkmale und Haltungen erworben und weiterentwickelt werden, die wir in diesem Kapitel beschrieben haben. Sie hängt untrennbar mit dem gesellschaftlichen Bereich zusammen. Wenn lieben soviel heißt wie gegenüber einem jeden eine liebevolle Haltung einnehmen, wenn Liebe ein Charakterzug ist, dann muß sie notwendigerweise nicht nur in unseren Beziehungen zu unserer Familie und zu unseren Freunden, sondern auch in den Beziehungen zu all jenen zu finden sein, mit denen wir durch unsere Arbeit, unser Geschäft oder unseren Beruf in Kontakt kommen. Es gibt keine »Arbeitsteilung« zwischen der Liebe zu den eigenen Angehörigen und der Liebe zu Fremden. Ganz im Gegenteil ist letztere die Vorbedingung für erstere. Würde man diese Einsicht ernst nehmen, so würde das in der Tat eine recht drastische Veränderung in unseren gewohnten sozialen Beziehungen bedeuten. Während wir viel vom religiösen Ideal der Nächstenliebe reden, werden unsere Beziehungen in Wirklichkeit bestenfalls vom Grundsatz der *Fairneß* geleitet. Fairneß bedeutet soviel wie auf Betrug und Tricks beim Austausch von Gebrauchsgütern und Dienstleistungen wie auch beim Austausch von Gefühlen zu verzichten. »Ich gebe dir ebenso viel, wie du mir gibst« – materielle Güter oder Liebe –: So lautet die oberste Maxime der kapitalistischen Moral. Man könnte sagen, daß die Entwicklung der Fairneß-Ethik der besondere ethische Beitrag der kapitalistischen Gesellschaft ist.

Die Gründe hierfür sind im Wesen des Kapitalismus zu suchen. In den vorkapitalistischen Gesellschaften bestimmten nackte Gewalt, Tradition oder persönliche Bande der Liebe und Freundschaft den Güteraustausch. Im Kapitalismus ist der allesbestimmende Faktor der Austausch auf dem Markt. Ob es sich um den Warenmarkt, um den Arbeitsmarkt oder den Dienstleistungsmarkt handelt – jeder tauscht das, was er zu verkaufen hat, zu den jeweiligen Marktbedingungen ohne Anwendung von Gewalt und ohne Betrug gegen das, was er zu erwerben wünscht.

Die Fairneß-Ethik ist leicht mit der Ethik der Goldenen Regel zu verwechseln. Die Maxime: »Was du nicht willst, daß man dir tu, das füg' auch keinem andern zu«, kann man so auslegen, als bedeute sie: »Sei fair in deinem Tauschgeschäft mit anderen.« Tatsächlich jedoch handelte es sich dabei ursprünglich um eine volkstümliche Formulierung des biblischen Gebots: »Liebe deinen Nächsten wie dich selbst.« In Wirklichkeit ist dieses jüdisch-christliche Gebot der Nächstenliebe etwas völlig anderes als die Fairneß-Ethik. »Seinen Nächsten lieben« heißt, sich für ihn verantwortlich und sich eins mit ihm zu fühlen, während die Fairneß-Ethik das Ziel verfolgt, sich *nicht* verantwortlich für ihn und eins mit ihm zu fühlen, sondern von ihm getrennt und distanziert zu sein; sie bedeutet, daß man zwar die Rechte seines Nächsten respektiert, nicht aber daß man ihn liebt. Es ist kein Zufall, daß die Goldene Regel heute zur populärsten religiösen Maxime geworden ist. Weil man sie nämlich im Sinn der Fairneß-Ethik interpretieren kann, ist es die einzige religiöse Maxime, die ein jeder versteht und die ein jeder zu praktizieren bereit ist. Aber wenn man Liebe praktizieren will, muß man erst einmal den Unterschied zwischen Fairneß und Liebe begriffen haben.

Hier stellt sich jedoch eine wichtige Frage. Wenn unsere gesamte gesellschaftliche und wirtschaftliche Organisation darauf basiert, daß jeder den eigenen Vorteil sucht, wenn sie von dem lediglich durch den Grundsatz der Fairneß gemilderten Prinzip des Egoismus beherrscht wird, wie kann man dann im Rahmen unserer bestehenden Gesellschaftsordnung leben und wirken und gleichzeitig Liebe üben? Bedeutet denn letzteres nicht, daß man alle weltlichen Interessen aufgeben und in völliger Armut leben sollte? Christliche Mönche und Menschen wie Leo Tolstoi, Albert Schweitzer und Simone Weil haben diese Frage gestellt und auf radikale Weise beantwortet. Es gibt andere, die die Meinung teilen, daß Liebe und normales weltliches Leben in unserer Gesellschaft miteinander unvereinbar sind. (Vgl. H. Marcuse, 1955.) Sie kommen zu dem Ergebnis, daß, wer heute von der Liebe rede, sich nur am allgemeinen Schwindel beteilige; sie behaupten, nur ein Märtyrer oder ein Verrückter könne in der heutigen Welt lieben, und deshalb seien alle Diskussionen über die Liebe nichts als gutgemeinte Predigt. Dieser sehr respektable Standpunkt kann aber leicht zur Rationalisierung des eigenen Zynismus dienen. Tatsächlich steckt er hinter der Auffassung des Durchschnittsbürgers, der das Gefühl hat: »Ich wäre ja recht gern ein guter Christ – aber wenn ich damit ernst machte, müßte ich verhungern.« Dieser »Radikalismus« läuft auf einen moralischen Nihilismus hinaus. Ein solcher »radikaler Denker« ist genau wie der Durchschnittsbürger ein liebesunfähiger Automat, und der einzige Unterschied zwischen beiden ist der, daß letzterer es nicht merkt, während ersterer es weiß und darin eine »historische Notwendigkeit« sieht. Ich bin der Überzeugung, daß die absolute Unvereinbarkeit von Liebe und »normalem« Leben nur in einem abstrakten Sinn richtig ist. Unvereinbar miteinander sind das der kapitalistischen Gesellschaftsordnung zugrunde liegende *Prinzip* und das *Prinzip* der Liebe. Aber konkret gesehen ist die moderne Gesellschaft ein komplexes Phänomen. Der Verkäufer einer unbrauchbaren Ware kann zum Beispiel wirtschaftlich nicht existieren, wenn er nicht lügt; ein geschickter Arbeiter, ein Chemiker oder Physiker aber kann das durchaus. In ähnlicher Weise können Bauern, Arbeiter, Lehrer und Geschäftsleute vieler Art durchaus versuchen, Liebe zu praktizieren, ohne hierdurch in wirtschaftliche Schwierigkeiten zu geraten. Selbst wenn man erkannt hat, daß das Prinzip des Kapitalismus mit dem Prinzip der Liebe an sich unvereinbar ist, muß man doch einräumen, daß der »Kapitalismus« selbst eine komplexe, sich ständig verändernde Struktur hat, in der immer noch recht viel Nicht-Konformität und persönlicher Spielraum möglich sind.

Damit möchte ich allerdings nicht den Eindruck erwecken, als ob wir damit rechnen könnten, daß unser gegenwärtiges Gesellschaftssystem in alle Ewigkeit fortdauern wird und daß wir gleichzeitig auf die Verwirklichung des Ideals der Nächstenliebe hoffen können. Menschen, die unter unserem gegenwärtigen System zur Liebe fähig sind, bilden in jedem Fall die Ausnahme. Liebe ist zwangsweise eine Randerscheinung in der heutigen westlichen Gesellschaft, und das nicht sosehr, weil viele Tätigkeiten eine liebevolle Einstellung ausschließen, sondern weil in unserer hauptsächlich auf Produktion eingestellten, nach Gebrauchsgütern gierenden Gesellschaft nur der Nonkonformist sich erfolgreich gegen diesen Geist zur Wehr setzen kann. Wem also die Liebe als einzige vernünftige Lösung des Problems der menschlichen Existenz am Herzen liegt, der muß zu dem Schluß kommen, daß in unserer Gesellschaftsstruktur wichtige und radikale Veränderungen vorgenommen werden müssen, wenn die Liebe zu einem gesellschaftlichen Phänomen werden und nicht eine höchst individuelle Randerscheinung bleiben soll. In welcher Richtung derartige Veränderungen vorgenommen werden könnten, kann hier nur angedeutet werden. (In *The Sane Society* [1955a] habe ich mich mit diesem Problem ausführlicher befaßt.) Unsere Gesellschaft wird von einer Manager-Bürokratie und von Berufspolitikern geleitet; die Menschen werden durch Massensuggestion motiviert; ihr Ziel ist, immer mehr zu produzieren und zu konsumieren, und zwar als Selbstzweck. Sämtliche Aktivitäten werden diesen wirtschaftlichen Zielen untergeordnet; die Mittel sind zum Zweck geworden; der Mensch ist ein gut ernährter, gut gekleideter Automat, den es überhaupt nicht mehr interessiert, welche menschlichen Qualitäten und Aufgaben ihm eignen. Wenn der Mensch zur Liebe fähig sein soll, muß der Mensch selbst an erster Stelle stehen. Der Wirtschaftsapparat muß ihm dienen, und nicht er ihm. Er muß am Arbeitsprozeß aktiven Anteil nehmen, anstatt nur bestenfalls am Profit beteiligt zu sein. Die Gesellschaft muß so organisiert werden, daß die soziale, liebevolle Seite des Menschen nicht von seiner gesellschaftlichen Existenz getrennt, sondern mit ihr eins wird. Wenn das, was ich zu zeigen versuchte, zutrifft – daß nämlich die Liebe die einzig vernünftige und befriedigende Lösung des Problems der menschlichen Existenz darstellt, dann muß jede Gesellschaft, welche die Entwicklung der Liebe so gut wie unmöglich macht, auf die Dauer an ihrem Widerspruch zu den grundlegenden Bedürfnissen der menschlichen Natur zugrunde gehen. Wenn man von der Liebe spricht, ist das keine

»Predigt«, denn es geht dabei um das tiefste, realste Bedürfnis eines jeden menschlichen Wesens. Daß dieses Bedürfnis so völlig in den Schatten gerückt ist, heißt nicht, daß es nicht existiert. Das Wesen der Liebe zu analysieren, heißt ihr allgemeines Fehlen heute aufzuzeigen und an den gesellschaftlichen Bedingungen Kritik zu üben, die dafür verantwortlich sind. Der Glaube an die Möglichkeit der Liebe als einem gesellschaftlichen Phänomen und nicht nur als einer individuellen Ausnahmeerscheinung ist ein rationaler Glaube, der sich auf die Einsicht in das wahre Wesen des Menschen gründet.

Anhang

Nachwort
von Ruth Nanda Anshen

Dieses Buch ist ein Band der »Weltperspektiven«, die sich die Aufgabe stellen, kurze Schriften der verantwortlichen zeitgenössischen Denker auf verschiedenen Gebieten herauszugeben. Die Absicht ist, grundlegende neue Richtungen in der modernen Zivilisation aufzuzeigen, die schöpferischen Kräfte zu deuten, die im Osten wie im Westen am Werke sind, und das neue Bewußtsein deutlich zu machen, das zu einem tieferen Verständnis der Wechselbeziehungen zwischen Mensch und Universum, Individuum und Gesellschaft sowie der allen Völkern gemeinsamen Werte beitragen kann. Die »Weltperspektiven« repräsentieren die Weltgemeinschaft der Ideen in einem universalen Gespräch, wobei sie das Prinzip der Einheit der Menschheit betonen, der Beständigkeit in der Wandlung.

Neue Entdeckungen in vielen Bereichen des Wissens haben unvermutete Aussichten eröffnet für ein tieferes Verständnis der menschlichen Situation und für eine richtige Würdigung menschlicher Werte und Bestrebungen. Diese Aussichten, obwohl das Ergebnis nur spezialisierter Studien auf begrenzten Gebieten, erfordern zu ihrer Analyse und Synthese einen neuen Rahmen, in dem sie erforscht, bereichert und in all ihren Aspekten zum Wohl des Menschen und der Gesellschaft gefördert werden können. Solch einen Rahmen zu bestimmen, sind die »Weltperspektiven« bemüht, in der Hoffnung, zu einer Lehre vom Menschen zu führen.

Eine Absicht dieser Reihe ist auch der Versuch, ein Grundübel der Menschheit zu überwinden, nämlich die Folgen der Atomisierung der Wissenschaft, die durch das überwältigende Anwachsen der Fakten entstanden ist, die die Wissenschaft ans Licht brachte; ferner: Ideen durch eine Befruchtung der Geister zu klären und zu verbinden, von verschiedenen Gesichtspunkten aus die gegenseitige Abhängigkeit von Gedanken, Fakten und Werten in ihrer beständigen Wechselwirkung zu zeigen: die Art, Verwandtschaft, Logik und Bewegung des Organismus der Wirklichkeit zu demonstrieren, indem sie den dauernden Zusammenhang der Prozesse des Menschengeistes zeigt, und so die innere Synthese und die organische Einheit des Lebens selbst zu enthüllen.

Die »Weltperspektiven« sind überzeugt, daß trotz der Unterschiede und Streitfragen der hier dargestellten Disziplinen eine starke Übereinstimmung der Autoren besteht hinsichtlich der überwältigenden Notwendigkeit, die Fülle zwingender wissenschaftlicher Ergebnisse und Untersuchungen objektiver Phänomene von der Physik bis zur Metaphysik, Geschichte und Biologie zu sinnvoller Erfahrung zu verbinden.

Um dieses Gleichgewicht zu schaffen, ist es notwendig, die grundlegende Tatsache ins Bewußtsein zu rufen: daß letztlich die individuelle menschliche Persönlichkeit all die losen Fäden zu einem organischen Ganzen verknüpfen und sich zu sich selbst, der Menschheit und Gesellschaft in Beziehung setzen muß, während sie ihre Gemeinschaft mit dem Universum vertieft und steigert. Diesen Geist zu verankern und ihn dem intellektuellen und spirituellen Leben der Menschheit, Denkenden wie Handelnden gleicherweise, tief einzuprägen, ist tatsächlich eine große, wichtige Aufgabe und kann weder gänzlich der Naturwissenschaft noch der Religion überlassen werden. Denn wir stehen der unabweisbaren Notwendigkeit gegenüber, ein Prinzip der Unterscheidung und dennoch Verwandtschaft zu entdecken, das klar genug ist, um Naturwissenschaft, Philosophie und jede andere Kenntnis zu rechtfertigen und zu läutern, indem es ihre gegenseitige Abhängigkeit annimmt. Dies ist die Krisis im Bewußtsein, die durch die Krisis der Wissenschaft deutlich wird. Dies ist das neue Erwachen.

Die »Weltperspektiven« wollen beweisen, daß grundlegendes theoretisches Wissen mit dem dynamischen Inhalt der Ganzheit des Lebens verbunden ist. Sie sind der neuen Synthese gewidmet, die Erkenntnis und Intuition zugleich ist. Sie befassen sich mit der Erneuerung der Wissenschaft in bezug auf die Natur des Menschen und sein Verständnis, eine Aufgabe für die synthetische Imagination und ihre einigenden Ausblicke. Diese Situation des Menschen ist neu, und darum muß auch seine Antwort darauf neu sein. Denn die Natur des Menschen ist auf vielen Wegen erkennbar, und all diese Pfade der Erkenntnis sind zu verknüpfen, und manche sind so miteinander verknüpft wie ein großes Netz, ein großes Netz zwischen Menschen, zwischen Ideen, zwischen Systemen der Erkenntnis, eine Art rational gedachter Struktur, die menschliche Kultur und Gesellschaft bedeutet.

Wissenschaft, das wird in dieser Bücherreihe gezeigt, besteht nicht mehr darin, Mensch und Natur als gegensätzliche Mächte zu behandeln, auch nicht in der Reduzierung von Tatsachen auf eine statistische Ordnung, sondern sie ist ein Mittel, die Menschheit von der destruktiven Gewalt der Furcht zu befreien und ihr den Weg zum Ziel der Rehabilitierung des menschlichen Willens, der Wiedergeburt des Glaubens und Vertrauens zu weisen. Diese Bücherreihe will auch klarmachen, daß der Schrei nach Vorbildern, Systemen und Autoritäten weniger dringlich wird in dem Maße, wie im Osten und Westen der Wunsch nach Wiederherstellung einer Würde, Lauterkeit und Selbstverwirklichung stärker wird, die unveräußerliche Rechte des Menschen sind. Denn er ist keine Tabula rasa, der durch äußere Umstände alles willkürlich aufgeprägt werden kann, sondern er besitzt die einzigartige Möglichkeit der freien Schöpferkraft. Dadurch unterscheidet sich der Mensch von den anderen Formen des Lebens, daß er im Lichte rationaler Erfahrung mit bewußter Zielsetzung Wandel schaffen kann.

Die »Weltperspektiven« planen, Einblick in die Bedeutung des Menschen zu gewinnen, der nicht nur durch die Geschichte bestimmt wird, sondern selbst die Geschichte bestimmt. Geschichte soll dabei so verstanden werden, daß sie sich nicht nur mit dem Leben des Menschen auf diesem Planeten beschäftigt, sondern auch die kosmischen Einflüsse umfaßt, die unsere Menschenwelt durchdringen. Die jetzige Generation entdeckt, daß die Geschichte nicht den sozialen Optimismus der modernen Zivilisation bestätigt und daß die Organisation menschlicher Gemeinschaften und die Setzung von Freiheit, Gerechtigkeit und Frieden nicht nur intellektuelle Taten, sondern auch geistige und moralische Werke sind. Sie verlangen die Pflege der Ganzheit menschlicher Persönlichkeit, die »spontane Ganzheit von Fühlen und Denken«, und stellen die eine unaufhörliche Forderung an den Menschen, der aus dem Abgrund von Sinnlosigkeit und Leiden emporsteigt, um in der Ganzheit seines Daseins erneuert und vollendet zu werden.

Die »Weltperspektiven« sind sich dessen bewußt, daß allen großen Wandlungen eine lebendige geistige Neubewertung und Reorganisation vorangeht. Unsere Autoren wissen, daß man die Sünde der Hybris vermeiden kann, indem man zeigt, daß der schöpferische Prozeß selbst nicht frei ist, wenn wir unter frei willkürlich oder unverbunden mit dem kosmischen Gesetz verstehen. Denn der schöpferische Prozeß im Menschengeist, der Entwicklungsprozeß in der organischen Natur und die Grundgesetze im anorganischen Bereich sind vielleicht nur verschiedene Ausdrücke eines universalen Formungsprozesses. So hoffen die »Weltperspektiven« auch zu zeigen, daß in der gegenwärtigen apokalyptischen Periode, obwohl voll von außerordentlichen Spannungen, doch auch eine ungewöhnliche Bewegung zu einer kompensierenden Einheit hin am Werke ist, welche die sittliche Urkraft nicht stören kann, die das Universum durchdringt, diese Kraft, auf die sich jede menschliche Anstrengung schließlich stützen muß. Auf diesem Wege gelangen wir vielleicht zum Verständnis dafür, daß eine Unabhängigkeit geistigen Wachstums existiert, die wohl durch Umstände bedingt, doch niemals von den Umständen bestimmt wird. Auf diese Art mag der große Überfluß menschlichen Wissens in Wechselbeziehung gebracht werden zur Einsicht in das Wesen der menschlichen Natur, indem man ihn auf den tiefen und vollen Klang menschlicher Gedanken und Erfahrungen abstimmt. Denn was uns fehlt, ist nicht das Wissen um die Struktur des Universums, sondern das Bewußtsein von der qualitativen Einzigartigkeit menschlichen Lebens.

Und endlich ist das Thema dieser »Weltperspektiven«, daß der Mensch im Begriff ist, ein neues Bewußtsein zu entwickeln, das trotz scheinbarer geistiger und moralischer Knechtschaft das Menschengeschlecht vielleicht über die Furcht, die Unwissenheit, die Brutalität und die Isolierung erheben kann, die es heute bedrücken. Diesem entstehenden Bewußtsein, diesem Begriff des Menschen, aus einer neuen Sicht der Wirklichkeit geboren, sind die »Weltperspektiven« gewidmet.

Literaturverzeichnis

Aristoteles: *Metaphysik*, herausgegeben und übertragen von Paul Gohlke, Paderborn 1951 (F. Schönigh).

Babel, I., 1955: *The Collected Stories*, New York 1955 (Criterion Book); deutsch: *Zwei Welten. Die Geschichten des Isaak Babel*, 46 Erzählungen, Wien 1960 (Desch Verlag).

Calvin, J., 1955: *Unterricht in der christlichen Religion. Institutio Christianae Religionis*, übersetzt und bearbeitet von Otto Weber, Neukirchen 1955 (Verlag der Buchhandlung des Erziehungsvereins).

Cohen, H., 1929: *Die Religion der Vernunft aus den Quellen des Judentums*, Frankfurt 1929 (E. Kaufmann Verlag).

Forest, I. de, 1954: *The Heaven of Love*, New York 1954 (Harper).

Freud, S.: *Gesammelte Werke* (G. W.), Bände 1–17, London 1940–1952 (Imago Publishing Co.) und Frankfurt 1960 (S. Fischer Verlag);

–, 1905d: *Drei Abhandlungen zur Sexualtheorie*, G. W. Band 5, S. 27–145;

–, 1915a: *Bemerkungen über die Übertragungsliebe. Weitere Ratschläge zur Technik der Psychoanalyse III*, G. W. Band 10, S. 305–321;

–, 1930a: *Das Unbehagen in der Kultur*, G. W. Band 14, S. 419–506.

Fromm, E., 1941a: *Escape from Freedom*, New York (Farrar & Rinehart); deutsch: *Die Furcht vor der Freiheit*, Zürich 1945 (Steinberg); Frankfurt/Köln 1966 (Europäische Verlagsanstalt); GA Band I, Stuttgart 1980 (Deutsche Verlags-Anstalt).

–, 1947a: *Man for Himself. An Inquiry into the Psychology of Ethics*, New York 1947 (Rinehart & Co.); deutsch: *Psychoanalyse und Ethik*, Zürich 1954 (Diana Verlag); Stuttgart 1979 (Deutsche Verlags-Anstalt); GA Band II, Stuttgart 1980 (Deutsche Verlags-Anstalt).

–, 1955a: *The Sane Society*, New York 1955 (Rinehart and Winston, Inc.); deutsch: *Der moderne Mensch und seine Zukunft. Eine sozialpsychologische Untersuchung*, Frankfurt/Köln 1960 (Europäische Verlagsanstalt);

in neuer Übersetzung: *Wege aus einer kranken Gesellschaft,* GA Band IV, Stuttgart 1980 (Deutsche Verlags-Anstalt).

Heraklit, 1953: *Fragmente,* in: W. Capelle (Hrsg.), Die Vorsokratiker, Stuttgart 1953 (Alfred Kröner Verlag).

Herrigel, E., 1960: *Zen in der Kunst des Bogenschießens,* 9. Auflage, München-Planegg 1960 (O. W. Barth Verlag); engl.: *Zen in the Art of Archery,* New York 1953 (Pantheon).

Huxley, A., 1946: *Brave New World,* London 1946 (The Vanguard Library); deutsch: *Schöne neue Welt,* Frankfurt/Hamburg 1955 (S. Fischer Verlag).

Lao-tse: *Tao-te-king,* Das heilige Buch vom Weg und von der Tugend, Übersetzung, Einleitung und Anmerkungen von Günther Debon, Stuttgart 1967 (Philipp Reclam jun.).

Maimonides, M., 1972: *Führer der Unschlüssigen,* Übersetzung und Kommentar von Adolf Weiss, mit einer Einleitung von Johann Maier, Band I (Erstes Buch), Band II (Zweites und Drittes Buch), Hamburg 1972 (Verlag Felix Meiner).

Marcuse, H., 1955: *The Social Implications of Freudian »Revisionism«,* in: Dissent, New York 1 (Summer 1955), S. 221–240; deutsch (leicht verändert): *Epilog: Kritik des neofreudianischen Revisionismus,* in: H. Marcuse, Triebstruktur und Gesellschaft. Ein philosophischer Beitrag zu Sigmund Freud, Frankfurt 1970, S. 234–269 (Suhrkamp Verlag).

Marx, K., 1971: *Die Frühschriften,* hrsg. von Siegfried Landshut (= Kröners Taschenausgabe 209), Stuttgart 1971 (Alfred Kröner Verlag).

Meister Eckhart, 1934: *Schriften,* herausgegeben von Herman Büttner, Jena 1934 (Eugen Diederichs Verlag).

Nicholson, R. A., 1950: *Rūmi,* London 1950 (Allen and Unwin Ltd.).

Nietzsche, F., 1910: *Zur Genealogie der Moral,* in: ders., Nietzsches Werke, 1. Abteilung, Band VII, Leipzig 1910 (Alfred Kröner Verlag).

Quint, J., 1977: *Meister Eckhart. Deutsche Predigten und Traktate,* herausgegeben und übersetzt von Josef Quint, 4. Auflage, München 1977 (Carl Hanser Verlag).

Spinoza: *Die Ethik. Schriften und Briefe,* herausgegeben von Friedrich Bülow, Stuttgart 1966 (Alfred Kröner Verlag).

Sullivan, H. S., 1953: *Interpersonal Theory of Psychiatry,* New York 1953 (Norton).

Tillich, P., 1955: *Review* of Erich Fromm, The Sane Society, in: Pastoral Psychology, New York 6 (1955), S. 13–16.

Weil, S., 1952: *Gravity and Grace,* New York 1952 (G. P. Putnam's Sons); deutsch: *Schwerkraft und Gnade,* 2. Auflage, München 1954 (Kösel).

Zimmer, H., 1973: *Philosophie und Religion Indiens,* Frankfurt 1973 (Suhrkamp Taschenbuch Verlag); engl.: *Philosophies of India,* New York 1951 (Pantheon Books).

Register

"You've Turned into One Hell of a Gutsy Lady, Brenna Richards."

His head went back and he laughed, a laugh that clearly said he was enjoying himself. "I like that. I can remember a time when you wouldn't have had the nerve to look me in the eye." His smile slowly faded to a frown as he folded his arms across his chest. "You never quite approved of me, though, did you, Brenna?"

"You know as well as I do that you never gave a damn whether anyone approved of you or not. You didn't then and I don't believe you do now." Her retort was sharp, but her eyes sparkled with humor. "You always were incorrigible, Garrett, and something tells me that hasn't changed."

SUZANNE SIMMS

was born in Storm Lake, Iowa, and currently resides in Indiana with her husband and nine-year-old son. She has a degree in English literature, loves opera, and studied classical piano for ten years. Ms. Simms loves reading and writing romances and believes being a successful romance writer is primarily a matter of attitude.

Dear Reader:

SILHOUETTE DESIRE is an exciting new line of contemporary romances from Silhouette Books. During the past year, many Silhouette readers have written in telling us what other types of stories they'd like to read from Silhouette, and we've kept these comments and suggestions in mind in developing SILHOUETTE DESIRE.

DESIREs feature all of the elements you like to see in a romance, plus a more sensual, provocative story. So if you want to experience all the excitement, passion and joy of falling in love, then SILHOUETTE DESIRE is for you.

Karen Solem
Editor-in-Chief
Silhouette Books

SUZANNE SIMMS
Only This Night

Silhouette Desire
Published by Silhouette Books New York
America's Publisher of Contemporary Romance

Dedicated to Maureen Walters,
who started out as a good agent
and ended up as a great friend.
Hugs and kisses from "Rugged."

 SILHOUETTE BOOKS, a Division of Simon & Schuster, Inc.
1230 Avenue of the Americas, New York, N.Y. 10020

Copyright © 1984 by Suzanne Guntrum

Distributed by Pocket Books

ISBN: 0-671-46358-6

First Silhouette Books printing January, 1984

10 9 8 7 6 5 4 3 2 1

America's Publisher of Contemporary Romance

Printed in the U.S.A.

Books by Suzanne Simms

Silhouette Desire

Moment in Time #10
Of Passion Born #17
A Wild, Sweet Magic #43
All the Night Long #61
So Sweet a Madness #79
Only This Night #109

1

~oooooooooo~

Good Gawd!" the woman exclaimed, her gaze riveted to the entrance of the country club. "Do you suppose that could really be Brenna?"

The man beside her turned and looked over his shoulder. "Brenna Phillips?" He saw the tall, stunning brunette standing in the doorway. "If it is, she sure has changed since the last time I saw her," he murmured appreciatively.

With one glossy pink nail Marla Bennett tapped a finger against her bottom lip. "Well, it has been a long time," she pointed out. "As a matter of fact, I don't think I've seen Brenna since the summer after we were all graduated."

A frown creased the man's forehead. "Come to think of it, I haven't either. I guess we've all changed over the years. Probably more than we care to admit." He openly studied the slender figure standing in the entrance. "Of course, in some cases I'd have to say there has been a definite improvement. God, but she is beautiful!" The last was quietly murmured under his breath.

"You didn't always think so, Lance." As his wife's best friend, Marla felt it was her duty to remind him of that fact.

"No, I didn't," he admitted with a somewhat sheepish grin, "but then, Brenna Phillips wasn't always beautiful."

Marla Bennett allowed herself one small, exasperated sigh. When it came right down to it, men were such simpleminded creatures. They really did most of their thinking by the seat of their pants—or in that general vicinity, anyway. In her opinion it was only natural, since that was where their brains seemed to be.

"I don't think she's Brenna Phillips anymore," she speculated aloud. "I seem to recall reading on those bio sheets everyone sent in to the reunion committee that her name is Richards now." Her voice took on a brittle and slightly waspish tone. "And if the diamond on her left hand is any indication, I would say that Mrs. Richards has done very well for herself."

The remark seemed unnecessarily catty to the man standing beside her; but on occasions like this, who knew what old insecurities and imagined grievances came floating to the surface like so much excess ballast jettisoned from a sinking ship.

Lance Clarke continued gazing across the room at the woman he had once known. Funny how some women seemed to actually improve with age. It didn't take a second glance to determine that Brenna was one of that rare breed. Gone was the short, mouse-colored hair. In its stead was a swath of long, dark, lustrous hair

8

that flirted with her shoulders all the while that it literally cried out for a man to run his hands through its silken strands.

And, God knew, he'd have to be blind not to notice her figure. She was certainly no longer the awkward, overweight schoolgirl he remembered. Tall and lithe, she had a graceful way of carrying herself that was at once proud and perfectly natural. And those eyes! They'd always been her best feature, but now they were devastating. She was undoubtedly one of the most beautiful women he had ever laid eyes on.

Then there were those women who simply grew older, gracefully or otherwise. Marla Bennett was a perfect example. Marla, the eternal cheerleader—as Lance thought of her in his more cynical moods. She'd been damned cute in high school, with her blond hair and perky little figure; but now she was one hundred percent polyester compared to Brenna's pure satin and silk. It was the old story of the ugly duckling who became the beautiful swan, he decided. Brenna appeared to be totally at ease as she stood there quietly looking out over the crowd. In marked contrast, Marla's habitual, incessant chatter was beginning to wear a little thin.

Even so, cattiness wasn't something he'd expected from Marla. Perhaps she was beginning to wonder what the future held for her beyond a comfortable husband and two "adorable" children, as she always referred to her offspring. It was possible things weren't going quite so well at the Bennett household as she would like everyone to think. Hell, it was no skin off his back if Marla Bennett was thirty-three years old and bored.

As president of his graduating class, it had been his responsibility to organize this weekend. Lance had also organized their tenth reunion and it had been a ball; but they were all over thirty now, and it wasn't just a few wrinkles that were beginning to show.

The man visibly started when he realized he was still staring at the woman poised at the entrance of the country club. Jeez, Brenna *had* turned out different than any of them would have imagined. This was the first time she'd returned for one of their reunions, and Lance Aaron Clarke, for one, couldn't help but wonder why she'd decided to come back now.

As she stood there looking out over the crowded room, Brenna Richards was asking herself the same question. What in the world had possessed her to come back to Mansfield for her fifteenth class reunion?

She distinctly recalled the day the letter arrived in the mail. With a quick glance at the schedule of events, she had dismissed the reunion from her mind as effortlessly as she'd tossed the letter aside on her desk. She'd had no intention of attending until she received the telephone call several weeks later from one of the committee members. Admittedly, the caller had been persuasive, but that was hardly enough reason to return after fifteen years.

Perhaps it was impulse, pure and simple, that had finally prompted her to attend. But Brenna acknowledged that it was partly curiosity as well. She had come a long way from Mansfield, Indiana. Far enough that she knew she could at last come back. Who had said you can't go home again? Thomas Wolfe? Perhaps Thomas Wolfe had been right; perhaps not.

But then Mansfield was no longer her home. In fact, she hadn't thought of it as home for a very long time now. Home was Chicago. Home was the lovely house that she and Daniel had moved into just after they were married.

Daniel . . . God, it had been months since she had foolishly, futilely, longed for Daniel to be at her side, knowing full well he would never be there again. It had taken no small amount of courage for her to decide to attend this reunion weekend. But then, she had learned something of courage in the past two years; and she had to admit she was getting used to doing things on her own again.

She should be, Brenna reminded herself. After all, she'd been on her own for the greater part of the last fifteen years. Daniel had been but a brief interlude in her life. Brief, but oh so lovely . . .

Spotting a familiar face in the crowd, she suddenly found herself indebted to the committee member who had insisted on issuing everyone a name tag. Her own read "Brenna Phillips Richards" in bold, black print. Amusement tugged at the corners of her generous mouth. Without some form of identification, she was quite certain no one would know *who* she was. She certainly had no idea as to the identity of the woman coming toward her, a drink precariously balanced in her hand.

"Brenna?" The woman came a step closer, a hesitant smile on her face. "Is it *really* Brenna Phillips?" She glanced down at the name tag fastened to the front of Brenna's silk dress and corrected herself. "I see I should say 'Brenna Richards' now. You do realize it's going to be like this the entire weekend." She laughed, apparently undaunted by the prospect.

"Susan?" Brenna managed that much without having to resort to the woman's name tag. Good Lord, could this short, slightly stout woman be the pretty girl she had once sat behind in American history?

"Yes, it's Susan!" The woman held her drink to one side as she gave Brenna a warm hug. "It's Susan Whitfield now, of course. I married Robert a year after we were graduated."

"You two always were inseparable," Brenna remarked with a nostalgic smile. She was surprised to find that her memory provided her with a clear picture of the lanky, brown-haired, brown-eyed boy she had known as Robert Whitfield. So, Susan and Robert had gotten married after all, and apparently still were.

"It's been ages since any of us have seen you," her former classmate blurted out with typical midwestern candor. "To be perfectly honest, I wasn't sure it was you."

Brenna found herself genuinely amused by the woman's frankness. "It's been almost fifteen years, and I suppose I have changed." She wasn't the only one who had changed in the intervening years. Not by a long shot. Could that be Lance Clarke standing there staring at her from across the room, his mustachioed mouth hanging wide open? Brenna felt a little tingle of pleasure; then at once berated herself for it. "Is that who I think it is?" she asked, dropping her voice to a near whisper.

Susan nonchalantly glanced over her shoulder before turning around to meet her companion's inquiring gaze. "Yes," she said, chuckling, "it's Lance, all right. For your information, the man hasn't taken his eyes off you since you walked through the door. I . . . ah . . . seem to recall you had quite a crush on Lance Clarke back in the old days." Apparently Susan took delight in reminding Brenna of that bit of ancient history.

"Yes, I'm afraid it was a clear-cut case of unrequited love. On my part, not his," she confessed with an exaggerated sigh that quickly had them both laughing. "It was a *very* long time ago, as you said, Susan."

Still, wasn't there always that one boy, that one man, in every woman's past? Well, Lance Clarke had been that boy in her past. To think that fifteen years ago she would have been willing to sell her soul for just one date with him! Oh, how sad and how silly one could be at seventeen. Brenna could almost feel the butterflies doing wild cabrioles in her stomach as they had the night of the spring dance. It had been a ladies' choice, and with every bit of courage she could muster, she had asked Lance to dance with her. She knew even then that he accepted simply because he was too polite to refuse her. She was so young, so vulnerable in those days. Thank God, she could look back now and smile a sad little smile for that girl. Lance Clarke hadn't been worth a moment of heartache, but no one could have convinced her of that as a girl.

"I'm sorry, Susan. What were you saying?" She suddenly realized the other woman was madly chatting away.

"I was just wondering if your husband was able to come with you to the reunion," Susan repeated, obviously curious about the elusive Mr. Richards.

It was moments like this that Brenna still dreaded. She'd had to come to grips with losing Daniel a long time ago, but death was difficult for most people to handle. They never seemed to know what to say; and yet it was so natural, so right, to simply say they were sorry.

Brenna took a steadying breath and gently placed a hand on the other woman's arm. "My husband isn't with me, Susan. I'm a widow," she said in a matter-of-fact tone.

Even under the soft influence of the room's lighting, she could see the color drain from Susan Whitfield's face. "Oh, Brenna, I am sorry," she stammered, as if she could have kicked herself for asking in the first place.

"It's all right. Honestly, it is," Brenna hastened to reassure her. "My husband has been dead for several years now."

That was one of the ironies of being a widow. She found herself offering consolation as often as she received it. So few people could talk about death and dying; yet, sooner or later it inevitably touched everyone. The last thing she wished to elicit from Susan or anyone else at this reunion was sympathy. Her friends and associates in Chicago were well aware of her past, but here no one knew. It was one of the reasons she'd been reluctant to come. For how could she possibly explain that the two years she'd spent with Daniel had been worth all the resulting pain? It had been a long time since Brenna Richards had felt the necessity of explaining herself to anyone. And she'd be damned if she would start again now!

"Susan, listen to the music they're playing!" she exclaimed as the small combo at the front of the room launched into a tune she recognized from their high school days. "Now, that's one golden oldie I haven't heard in years. I wish I could remember who sang it."

Susan seemed only too willing to follow her lead in changing the subject. "It was the Four Tops," she piped up. "They had quite a few hit records back in the sixties."

"That's right, you were something of a trivia buff,

weren't you? I should have realized that if anyone would know, it would be *you*," Brenna remarked, her voice like a fine crystal bell.

The woman simply stood there staring at Brenna, the drink in her hand all but forgotten. "I just can't get over the change in you!" she finally burst out in an impetuous rush. "I mean, you were always a *nice* girl back in high school, but you were a bit plump. . . ." Then she blushed. It was a hot, unstoppable blush, a rash of color that quickly spread from ear to ear.

"Let's face it, I was twenty-five pounds overweight, and what I did have wasn't in any of the right places," Brenna replied, laughing outright.

Her laughter seemed to reassure Susan that the subject was no longer taboo. "But it's so much more than that—" The words ground to a halt. It was more than the obvious weight loss. The Brenna she had known was a quiet, sensitive, unassuming girl with a definite intellectual bent. It was difficult, if not downright impossible, to reconcile the image in her mind with the confident, easygoing and exquisitely beautiful woman standing beside her now. "You seem so different," Susan murmured, shaking her head.

"Perhaps in some ways I am, but in other ways I'm the same girl I always was," Brenna admitted with a touch of wistfulness. "I still get all weepy when I read Edna St. Vincent Millay. And I still love opera and orange soda pop and cheap detective novels."

"That's right!" Susan gave a soft cry of recollection. "I remember you used to read those cheap paperback novels at lunchtime. The covers were absolutely lurid."

"Far more lurid than anything *between* the covers, I assure you." Brenna chuckled.

Susan Whitfield raised one brow in a questioning

arch. "So, what are you doing now? Are you a model or something?" she asked, taking a sip of her drink.

At that, Brenna laughed again. "I'm not a model, so I guess that makes me an 'or something.' Actually, I'm a businesswoman," she stated without going into an explanation of the subject.

"A businesswoman? Really?"

The expression on Susan's face told her she might as well have said she was a geophysicist or something equally unusual. "Yes, I have a chain of health spas in the Chicago area," Brenna went on to explain.

"Well, I must say you have to be the best advertisement for a health spa I've ever seen," Susan commented. "Is that how you manage to stay in such good shape?"

"I work out three mornings a week. But I have to confess it gets harder and harder the older I get," Brenna quickly assured her.

"*Tell* me about it," the woman laughed, patting her ample middle. "I'm a prime candidate to be one of your customers, myself. But enough! We're here to enjoy ourselves. Let's start by getting you a drink. You do drink, don't you?"

Brenna smiled. "I've been known to on special occasions."

"Well, this certainly qualifies as a special occasion in my book," her former classmate declared gaily.

"And in mine," Brenna agreed after a brief pause.

With her classmate in tow, Brenna made her way across the room to the nearest bar, ordering a gin and tonic for herself—it seemed the kind of thing one should drink on a summer night—and another frozen daiquiri for Susan. There had been nearly one hundred members in their graduating class, and from all appearances there were half again that many people in the country club tonight—most of them gathered at one of the bars set up for the occasion.

"I wonder how many of our class are here for the reunion?" Brenna remarked during a momentary lull in their conversation.

"I heard Marla Bennett mention that something like eighty graduates responded they were coming for at least part of the weekend. Add to that husbands and wives and a few assorted guests, and there must be a hundred and fifty people here. Oh, there's Robert! He'll get the biggest kick out of seeing you again. Wait here and I'll go get him." With that, Susan took off through the crowd.

Brenna stood to one side of the bar, absently nursing her gin and tonic, telling herself she *didn't* feel like a fifth wheel no matter how it might appear to anyone else. She'd recognized a long time ago that the world essentially went two by two. A single woman in her thirties had to learn to live with that fact. At least being single no longer carried the stigma it once had. Not in a city like Chicago, anyway. She wasn't so sure about a town the size of Mansfield. . . .

It was impossible to pinpoint just when she first became aware of the strange tingling sensation at the back of her neck. One moment it wasn't there; the next it was. She wasn't imagining things, Brenna assured herself. The hair at her nape was literally standing on end. It was the oddest thing—a pinprick of intense heat that somehow left her feeling chilled. It didn't make sense. She knew that. But there was simply no other way to describe it. It was like being hot and cold in the same instant.

Slowly turning her head, Brenna half expected to find

17

the French doors that led to the terrace standing wide open. But the doors were shut tight. And, besides, the evening was unseasonably warm even for the middle of June.

Then she saw him. He was standing some distance away, his eyes black and liquid as they leisurely took in her appearance, starting with her half-parted lips and working down to her long, well-shaped legs, pausing along the way to survey in intimate detail the soft thrust of her breasts and the rounded curve of her hips.

At first she was outraged. Just who in the hell did he think he was, anyway? Then Brenna drew in a long breath. She knew that face! It was older and wiser than she remembered, but by God, she knew that face! She knew that determined jut of a masculine chin, that shock of hair that was nearly as black as coal, that mouth with its sensual curl at the edges. He'd been dangerously, devastatingly handsome even as a youth. He was no less so now that he was a man. Then a name popped into her head.

Garrett Forsyte . . .

She was sixteen. She was at the library one evening researching a term paper on Swinburne for her honors English class. The time had gotten away from her, as it often did in those days; when she came out of the library it was already pitch-dark. It occurred to her that the wisest thing to do was go back inside and call her father, but one wasn't always wise at sixteen. Instead, she decided to walk the mile or so from the library to her house.

She was only halfway home when a gang of teenage boys drove by, leaving in their wake the echo of catcalls and derisive whistles, and some empty beer cans. Brenna kept her eyes glued to the sidewalk ahead, her back ramrod straight; but it seemed that her bravado didn't fool them a minute. They were intent on harassing somebody, anybody, and she had innocently and unluckily become their target that night.

They made another circle around the block, this time slowing down as they approached her. She didn't recognize any of the boys in the car and could only assume they were from out of town. When their catcalls became abusive and then obscene, Brenna knew real fear for the first time in her life.

There had been no place to run, no one to turn to. Brenna could still remember the awful taste of bile in her throat, the way her heart pounded in her chest—until she was quite sure the boys could smell her fear.

And then it happened. Another car pulled over to the side of the road. The driver leaned over and jerked the door open on the passenger's side and called out to her. It was Garrett Forsyte.

"Get in, Brenna," he growled at her in that gravelly baritone that had been his even at seventeen.

She stood there a moment, undecided; then with one quick glance at the other car, she scrambled inside. She didn't know Garrett well, but she knew of his reputation. He was supposed to be one of the wild ones at Mansfield High School. One of those boys who drank and smoked and did God-knew-what when it came to girls. Yes, she'd heard about Garrett Forsyte, but at the moment he seemed the lesser of the two evils she faced.

Brenna got into the car with him that night and she would remember long afterward the way he softly swore under his breath as he demanded to know what the hell she was doing out alone after dark, anyway. Didn't she have an ounce of common sense?

"I was researching a paper at the library," she

answered, proudly choking back the tears. No one had dared speak to her in that manner before. "I guess I forgot the time," she added lamely.

Garrett took her home then, without another word. As she got out of his car in front of her parents' house, Brenna had finally turned to him.

"Thank you, Garrett. I . . . I don't know what I would've done if you hadn't come along."

"Forget it, kid," he'd drawled, nonchalantly lighting a cigarette before barreling off again. The incident had obviously been of little consequence to him one way or the other.

It was some weeks later that Brenna realized he might have been embarrassed to find himself playing the unlikely role of a white knight. But she never forgot his unexpected kindness to her. Never . . .

She never told anyone about that night, either. Not even her best friend, Jane. It would have seemed presumptuous, somehow. Brenna knew all too well she wasn't the type of girl someone like Garrett Forsyte would be interested in. Every pretty girl in Mansfield High School and the surrounding county was after him. Still, she never thought of him in quite the same way after his gallant rescue.

There was only one other memory Brenna had of Garrett Forsyte. It was in the late spring of that year, just before graduation. In fact, it was Senior Day. Most of their class was gathered in the gymnasium to sign yearbooks. With courage in hand, she marched up to Garrett and asked him to write in hers. He took the yearbook she handed him and scribbled a few words. She uttered a polite thank-you, not expecting him to reciprocate, which he didn't.

Brenna made a point of not reading his note until she

was alone. When she opened her yearbook later, she was surprised at what she found. For Garrett had written, "To Brenna, with the big brown eyes. Remember never to go walking alone at night. Best of luck, G." She knew then he'd not forgotten that night, either.

And that was what Brenna remembered when she looked up and saw that same dark, compelling gaze holding hers now. But there was a distinct difference, and no one had to tell her what it was. She could see the masculine appreciation in the man's eyes. She was an attractive woman, and apparently Garrett Forsyte had just found that out for himself.

"Well, I'll be!"

Startled, Brenna quickly turned around and saw a tall, lanky, brown-haired man walking toward her with Susan at his side.

"Hello, Robert." She smiled, holding out her hand.

She could tell at once that Robert Whitfield was at a loss for words. Oh, his eyes were lit up with recognition all right, but he didn't even notice the hand she had extended to him. Good Lord, was it going to be like this the entire weekend? She was beginning to feel like the center act in a three-ring circus!

"Susan told me you were here, of course," Robert was saying as he shook his head in disbelief. "It sure has been a long time, Brenna."

"Yes, it has been a long time, hasn't it?" she responded, voicing the first banality that came to mind.

"I understand you're from Chicago now," the man went on. "Don't think you'll win a prize for coming the longest distance, though."

"Win a prize?" This was news to Brenna.

"Yeah, Susan and I were kind of hoping to win for the couple married the longest, but I don't know . . ." He was shaking his head again. "Some of these kids got married practically the same week we were graduated."

Susan finally took pity on her and explained. "The reunion committee hands out prizes for the graduate who travels the greatest distance to get here, to the couple married the longest, to the couple with the most children. You know, that kind of silly stuff."

"Oh!" It was all Brenna could think of to say. "In that case, I won't expect to win in any of the categories, whatever they may be," she said, biting her lip against the ridiculous smile that insisted on surfacing despite her best efforts.

"Didn't they give you a copy of the class-reunion book as you came in the door?" Robert inquired with far more concern than the situation warranted.

"I guess they did hand me something when I registered," Brenna confessed, reaching into her handbag. "I didn't have a chance to look at it yet."

"Susan and I are listed under the class couples who got married," he announced with a measure of pride in his voice. "That ought to get us a centerpiece, anyway."

"I think we'd better go find ourselves a table first, Robert," his wife interjected. "You know how fast they fill up once dinner is announced. You will join us, won't you, Brenna?"

It was an invitation she found impossible to refuse. "I'd be delighted to join you. But why don't you two go on ahead? I want to make a stop before we sit down for the banquet."

"We'll be sure to save you a place," the Whitfields promised as they linked arms and headed for the dining room.

The minute they were under way, Brenna went in search of the ladies' room. She needed a few moments of solitude to fortify herself for the evening ahead. Her nose certainly didn't require the extra pat of translucent powder she gave it. She ran a comb through hair that had already been brushed to a smooth, satiny sheen. It was the old monster Insecurity rearing its ugly head. Brenna knew herself too well to pretend otherwise. You could take the girl out of the small town, but could you take the small town out of the girl? She'd been halfway around the world, and yet here she was suddenly petrified by the thought of facing these people.

Lance, Garrett, Marla, Susan . . . A dozen other names and faces flitted through her mind. Memories could wreak such havoc with one's peace of mind. Surely after all these years she had laid her ghosts to rest. Surely there was nothing here that could hurt her now.

After all, Mansfield, Indiana, was just one small speck in a very big world. Hadn't she forgotten *and* forgiven everyone a long time ago—including herself? She was thirty-two years old, for God's sake! She was an intelligent, attractive, successful woman. She had been married to a man who could have had any woman; and yet Daniel had adored her—only her.

With her head held a little higher, Brenna Phillips Richards took a deep breath and opened the door of the ladies' room. She was halfway down the hall when that strange tingling sensation struck again. Then a voice stopped Brenna dead in her tracks.

"I don't know which of us has been the greater shock to them," came the rich timbre of the man's baritone.

It was a voice out of her past. A voice she now knew

she'd never forgotten. Her fingers clenched the silk bag in her hand as she swung around to find the impeccably dressed figure standing directly behind her.

"Hello, Brenna." His drawl was as smooth and slippery as new winter ice—and just as precarious, in her estimation.

Brenna raised a steady, cool gaze to meet his. "Well, hello, Garrett."

2

~~~~~~~~~~~~~~~~

Then it came again, neatly slicing the air between them, a totally masculine voice that was like tempered steel sheathed in velvet. On the surface it was disarmingly soft and smooth; yet there was, unmistakably, a fine cutting edge beneath. It proved to be an infuriating distraction when combined with the man's dark, fathomless eyes, ridiculously long, sooty lashes, and thick, jet black hair.

"Brenna with the lovely, big, brown eyes." Garrett examined her curiously. "Only they aren't really brown, are they?" he mused in that deep baritone of his.

Brenna inhaled deeply, struggling to keep her voice even. "According to my driver's license, they are."

He appeared to consider this for a minute, then imperceptibly shook his head. "They're green. Definitely green, with minute flecks of gold," he insisted as if it were somehow his prerogative to do so.

As she brushed a strand of hair back off her face, Brenna could only hope that her nonchalance was convincing. "Perhaps it's my dress," she insisted a little too loudly, one hand nervously fingering a fold of the jade-colored silk.

Why was it suddenly so difficult to breathe? And her hands. They were actually damp with perspiration. There was only one logical answer, of course. The strain of attending the reunion was beginning to take its toll on her already, physically as well as emotionally. And this insane conversation with Garrett wasn't helping matters any. After all, she hadn't seen him in nearly fifteen years, and here they were discussing the color of her eyes as if it were a matter of national importance. She would have laughed right in his face if she'd been able to laugh at all.

Then Garrett took a step toward her, his gaze dropping to the name tag prominently displayed above her right breast. There was just the slightest flicker of annoyance in his eyes to betray him, a scarcely discernible tightening of the skin around his mouth.

"You're married," he said, looking at her in cool appraisal.

"I . . . I was married," she stammered, the words ringing hollow even to her own ears.

Apparently, he was a man who didn't believe in mincing words. "Are you divorced?" Garrett demanded in a voice that made no pretense at subtlety.

Brenna found herself being equally blunt in return. "No, I'm not divorced. I'm a widow."

The man's expression quickly settled into a frown, his dark brows drawing together. "I see. . . . I'm sorry, Brenna. I didn't know."

Under his scrutiny, the color rose sharply to her cheeks. "I never thought for a moment you did."

But she was suddenly angry with him, and the reason for it escaped her. Then she saw it again, that predatory look in Garrett's eyes. A look she'd seen in the eyes of too many men in the past several years not to recognize it now when it was staring her in the face. Oh, this man might be a little smoother around the edges, a little less blatant about it, but his intentions were perfectly clear to her all the same.

She'd long ago lost count of just how many men had volunteered their services, offering to "comfort" her, to put her out of her "misery"—as if she were starving for any crumbs of affection they might care to toss her way. A widow was considered fair game by the male of the species, like some poor, defenseless animal at the outset of the hunting season. Well, Garrett Forsyte would simply have to learn as the others of his sex had. Brenna Richards was anything but defenseless!

And two could play at this game of his! Her marital status was no one's business but her own. Let the man think what he would. Turnabout was fair play in her book. Especially when it came to a man like Garrett who seemed to have the deck already stacked in his favor.

"What about you, Garrett?" she finally asked, failing to mask her annoyance. "Are you married? Divorced?" Brenna deliberately instilled a hint of scorn in her tone. "Or perhaps you're still single?"

She read the momentary surprise in his expression. And little wonder. The Brenna he remembered had been such a mouse when it came to the opposite sex. She would never have dared to challenge him.

Then, quite unexpectedly, Garrett's tanned face dissolved into a broad smile. "Well, well," he drawled. "It seems you've changed in more ways than one, my dear classmate."

"It's just as obvious you haven't changed at all," Brenna heard herself sputter.

Of course, it was a ridiculous thing to say. They'd all changed in the years since high school, and Garrett Forsyte was no exception. It was apparent from the expensive detailing of his navy blue blazer and the exotic scent of his cologne that he was no longer the kid from the wrong side of the tracks. This sophisticated-looking man was light-years away from the rebellious teenager who'd had such a chip on his shoulder.

In those days Garrett had been out to prove to the world—and Mansfield, Indiana, in particular—that he didn't give a damn what anyone thought of him. He seemed to delight in flaunting his disregard for what the small midwestern town considered proper behavior. He was the kind of socially precocious boy who attracted girls like bees to honey. In fact, most of his time and energy had been spent in living up to the reputation he'd made for himself. He never got into any real trouble that Brenna knew of, but in her opinion it was a miracle he had finished school at all. And she hadn't been alone in thinking that.

"Are you sure you haven't missed anything?" Garrett dropped the question with complete aplomb.

Brenna blinked several times in quick succession, realizing that she was staring at him unabashedly. Then a reckless, impulsive smile tugged at the corners of her mouth. Taking a deliberate step backward, she allowed her gaze to slide suggestively down the length of his long, lean body. "On second thought," she mused, "perhaps you have changed at that."

There was no denying his shoulders had filled out to an astounding, muscular breadth, although it appeared his waistline was as taut as it had been fifteen years before. Then, too, at one time there had been a kind of piratic swagger to his walk. Over the years that had mellowed to the confident stance befitting a successful and mature man. The eyes still held a challenge for anyone who dared to take him on, but there seemed to be less bitterness now in their blue-black depths. Garrett Forsyte was a man, all right. A man to be reckoned with on a far more subtle and dangerous level than the boy he'd once been.

Once he was satisfied that she had concluded her perusal of him, Garrett covered the distance between them in a single step, all six feet and more of him awesomely towering over her. "You've turned into one hell of a gutsy lady, among other things, Brenna Richards." Then his head went back and he laughed, a laugh that clearly said he was enjoying himself. "I like that. I can remember a time when you wouldn't have had the nerve to look me in the eye." His smile slowly faded to a frown as he folded his arms across his chest. "You never quite approved of me, though, did you, Brenna?"

"You know as well as I do that you never gave a damn whether anyone approved of you. You didn't then, and I don't believe you do now." Her retort was sharp, but her eyes sparkled with humor. "You always were incorrigible, Garrett, and something tells me that hasn't changed." Then she laughed softly. "You realize, of course, that anyone overhearing this conversation would think we're both slightly crazy. Aren't you supposed to be asking me where I live now or what I do or something of an equally mundane nature? And shouldn't I be inquiring what line of business you're in?"

Garrett paused for a moment, looking down at her, his eyes smoldering dark, like coals. "We always were different, you and I, each in his own way." Then he gave a little crack of laughter. "I'll tell you what I'd really like to know," Garrett said, his look quickening with interest. "I'd like to know what made you decide to attend this reunion."

"I could ask you the same thing," Brenna suggested thoughtfully. "I was under the impression that you hated this town and everything it stood for. Why did you decide to come back?"

"I always knew you felt the same way about this lousy place as I did," he went on without bothering to answer her question.

"Yes, I did for a long time." She sighed; the words came from her almost unconsciously. "I suppose it was finally a question of survival. I couldn't go on hating an entire town for the rest of my life. However much of a cliché it might seem, Garrett, hate is a very self-destructive force."

That produced a flash of white teeth. "How long did it take you to reach that profound conclusion?"

"Laugh if you must, but it took me four years of undergraduate study in psychology before I realized the extent of the damage I'd been inflicting on myself," she replied with quick pride. "I got my yearbook out once—Oh, it would be years ago now—and flipped through the pages, reading the captions under the pictures. You know, things like 'most likely to succeed,' 'best looking,' 'best personality.' I remember wondering then if any of them had managed to live up to the pretty little phrases we'd printed beside their names." Brenna faced him, smiling but quite serious. "And I confess I've wondered if Rose Jackson ever had her nose fixed, and if Marla ended up marrying that football player from Notre Dame she was going with." She hesitated for a moment, then went on. "But I suppose what I wondered most of all was how *I* would feel about coming back to Mansfield. You see, somewhere along the way I found out that what I really hated about this place was *myself.*"

After a long pause, Garrett spoke, his eyes taking on a hard look. "Hate isn't always destructive, Brenna. Sometimes it gives you the strength and determination to do things you might not otherwise. A town like Mansfield can punish someone who's different, someone who refuses to live by its smug, self-righteous little standards. They pin a label on you from the beginning and somehow it always sticks. Hate—" his voice vibrated with the word—"hate has been known to make some people strong." Then he drew a breath and reached out with his hand, gently cupping her chin in the palm. "But, as you say, curiosity can be an equally strong motivation. I admit I was curious about how it would feel to come back here, too, after all these years."

"And how do you feel?" Brenna asked, her voice sinking almost to a whisper.

Garrett gradually withdrew his touch. "I'm not sure yet," he said, weighing his words carefully. "I've come a long way since Mansfield, Indiana. I like to think I won't care one way or the other about it."

"But our memories haven't changed, even if we have," she pointed out with gentle sadness.

"I don't deny the existence of the past," he said thoughtfully. "It's a part of what we were, a part of what we've become. But our memories can't hurt us, Brenna, unless we allow them to. I don't believe this town or its people have the power to hurt either one of us now."

"I hope you're right, for your sake as well as mine," Brenna murmured, her voice low and fervent. "Oh, good Lord," she added hurriedly, glancing at the slim gold watch on her wrist. "I was supposed to join Susan and Robert Whitfield at their table for dinner. They probably think I've skipped town by now."

Garrett's dark, liquid eyes filled with pleasurable malice. "Not a bad idea, now that you mention it. I don't suppose you'd give it serious consideration?"

"Don't be ridiculous," she scoffed. "Now that I'm here I wouldn't dream of missing a single moment of this reunion. I want to be right there in the front row when they announce the grand prize for the couple with the most children. It may prove to be the high point of the entire evening," she said, suppressing a smile.

"Don't count on it," Garrett said on a quietly suggestive note. "After all, the evening is still young."

She wisely decided to let that pass without any comment. "I'm sure there will be an extra seat or two at our table. Why don't you join us?"

"Thank you, I'd like that," he drawled as he slipped a guiding hand beneath her elbow.

"I feel it's only fair to warn you," Brenna added, measuring her words. "The gossips will no doubt have a field day if we walk in together."

Garrett's lips compressed in a thin line. "In that case, Mrs. Richards, lead the way." Then he looked down at her, the strain fading from his expression. "We wouldn't want to disappoint them, now would we?" He smiled, a smile that dared her to accept the challenge he was offering.

"No, I guess we wouldn't," she concurred, attempting a smile in response to his.

They were saved the embarrassment of finding out by the appearance of a rather anxious Susan Whitfield. She came bustling up to them just as they reached the doorway of the large banquet room.

"There you are, Brenna!" she clucked like a mother hen discovering her missing chick. "I'm so glad I found you. Robert and I were beginning to wonder if something had happened to you," she said, not letting herself be interrupted. "Dinner is going to be served any minute. In fact, the waitresses were putting the fruit cups on the table when I left to come look for you."

Fruit cups? Brenna was forced to bite her lip as she glimpsed Garrett's mouth twitch in an effort not to laugh.

"I'm sorry, Susan," she managed at last. "I ran into Garrett and we got to talking and I'm afraid I lost track of the time." Suddenly conscious of the subtle pressure the man was exerting on her arm, she remarked, "You remember Garrett Forsyte, don't you?"

Visibly flustered by his unexpected appearance, Susan finally stammered, "Yes, of . . . of course I do." Then she recovered rather admirably. "It's nice to see you again, Garrett. If you don't have other plans, why not join us for dinner? We have room for one more at our table."

"Why, thank you, Susan. As a matter of fact, I don't have any other plans and I'd be delighted to join you," he responded without cracking a smile.

They obediently followed in Susan's footsteps as she

led the way across the large banquet room. As they approached the corner table where Robert Whitfield was keeping a solitary vigil over their fruit cups, Garrett purposely leaned over and whispered close to Brenna's ear. "By the way, I think it's only fair to warn you."

"Warn me about what?" she whispered back, more than a little reluctant to ask. Some basic instinct told her she was making it too easy for him, taking the bait—hook, line and sinker—as she was.

Brenna could almost feel him "reeling her in" as a soft, teasing laugh came from the back of his throat. "You were right on one count: I am single, very single. And *very* available."

"I'll just bet you are," she muttered under her breath, fighting off the temptation to deliver a well-placed blow to his shins. "Now behave yourself, Garrett Forsyte!" she scolded in a furious whisper as they approached the table where Robert awaited them. "We have an entire dinner and the announcement of prizes to get through before the night is over."

"That's when *this* night begins," Garrett insisted, his voice dangerously quiet. "Just wait until I have you alone, lady," he growled, but the look he gave her was innocence itself. "I mean on the dance floor, of course. . . ."

"Of course," Brenna repeated with acid sweetness, trying to stem the tide of color that washed over her face. But, oh God, she had a rapid sinking feeling it was going to be a *very* long night indeed.

"You don't think Susan and Robert mind that we've deserted them, do you?" she was saying as they sat at a small table in one corner of the club's ballroom, sipping an after-dinner drink.

"Don't worry about it," Garrett assured her. "We haven't even been missed yet. The Whitfields have been talking to that winning couple with the eight kids ever since the prizes were handed out."

"Can you imagine having eight children by our age?" Brenna asked the purely rhetorical question with what sounded suspiciously like a giggle. "They obviously put their minds to it."

"I don't think their *minds* had anything to do with it," he commented, knowing it would bring that sweet rush of color to her face once more. He wasn't disappointed. "You know, for a woman who's been married and reached the age of thirty-three, you blush beautifully," Garrett observed, looking at her intently.

"I am not!" Her retort was vehement.

His face went blank for a moment. "You're not what?"

"I'm not thirty-three years old," Brenna declared, determined to set the record straight. "In fact, I was just thirty-two last month. I skipped third grade," she added, as if that would somehow explain everything.

Garrett moved closer, resting both elbows on the edge of the table, his fingers intertwining to support his chin. "I've never known anyone who skipped the third grade before."

"Now I know you're making fun of me," she mumbled, meeting his gaze over the rim of her glass. Brenna plunked it down on the table and randomly looked around her. "Whew! It's warm in here." She grimaced, trying to fan herself, first with her hand and then with a slightly soggy, cocktail-size paper napkin. "I think I'll have another drink."

Garrett gave her a long, measuring look. "I'll get it for you," he offered, stretching his long legs under the table for a moment before getting to his feet. "Don't go away," he ordered ever so softly. "I'll be right back."

Brenna bit back the retort that was on the tip of her tongue. Garrett was certainly bossy all of a sudden! In fact, he was acting downright possessive of her. Which was rather ridiculous, considering they'd just met again after a fifteen-year hiatus. And she'd like to know where in tarnation he thought she'd go anyway! Good grief, she was beginning to sound like Robert Whitfield. "Tarnation" seemed to be the man's favorite word. Really, Robert was a dear, but she'd thought she would choke on her prime rib when he produced snapshots of his new tractor at dinner. She had to admit she owed Garrett for that one. He'd been the epitome of politeness, making all the appropriate comments without once losing his self-control. Brenna was afraid she couldn't say the same for herself.

In truth, the dinner with Susan and Robert would have been a crashing bore if Garrett hadn't been there to act as a buffer between her and the devoted couple. She had honestly tried to act interested in Susan's endless string of anecdotes about their three children and an apparent menagerie of cats, dogs and assorted livestock; but she had to confess her attention had wandered at times. She could only hope that she had laughed in the right places. And at that, Brenna heard herself chuckle again.

"You seem to be having a damn good time all by yourself," came a man's voice from somewhere in the vicinity of her right shoulder. Brenna turned to find Lance Clarke standing there beside the small table, gazing down at her. "Do you mind if I join you?" he inquired, slipping into the chair only recently vacated by Garrett.

Brenna shook her head. There was little else she could do under the circumstances. Besides, there was a kind of poetic justice in having both these men seek her out when neither had once had the time of day for her. It was a shame, really. She would have enjoyed all of this so much more as a girl.

"How are you, Lance?" It was trite, perhaps, but she was close to exhausting her supply of small talk.

"I'm fine," he replied, absently stroking his mustache. "You're looking good, Brenna. In fact, you're looking great," he amended appreciatively. "I couldn't believe my eyes when I saw you walk in tonight. Who would ever have thought . . ." He wisely left the rest of the sentence to her imagination.

"Yes," she muttered in a droll tone that went sailing over his head. "Who would have thought?"

Lance instilled the hushed and rather mournful note into his voice that she had heard a dozen times already in the course of the evening. "I understand you're a widow, Brenna." Then he patted her hand solicitously.

"Yes, well, you know how good news seems to travel fast, especially at a reunion," she said sarcastically. "I'm sorry, Lance," she quickly relented. "It's just that my husband has been dead for some time now and yet everyone is acting as though it happened last week. It's been something of a strain, to put it mildly."

She reached for her glass and then remembered it was empty except for one small ice cube. And that seemed to have melted. Where was Garrett, anyway? Since it seemed to be his lot to go around rescuing her, there was no reason he should suddenly stop now. That was the trouble with modern-day Sir Galahads. They were never around when you really needed them.

Brenna looked back at Lance, only to discover he

was holding his hand out to her. "I . . . I beg your pardon," she stammered, somewhat taken aback.

"I said, would you like to dance?" the man inquired, apparently for the second time.

It was only then that Brenna realized the small orchestra positioned at the front of the room had indeed begun to play. "Well, I . . . I . . ."

"I think what the lady's trying to say is she promised this dance to me." Garrett was suddenly there, shining armor and all, interceding on her behalf once again.

The two men faced each other—the one tall, dark and lethal; the other slightly shorter and fair and relatively harmless in comparison. It could be seen at a glance that it was an unfair contest.

Lance Clarke might not have been the most intuitive of men, but he seemed to recognize when he was outclassed. "Garrett Forsyte, isn't it?" he said in a conversational tone as he extended his hand.

Garrett took his own good time setting their drinks down on the table before he reciprocated. "Hello, Clarke."

Brenna knew it had to be her imagination, but in spite of his easygoing manner and relaxed stance, there was something vaguely threatening about the man. And she knew that Lance Clarke sensed it as well. Garrett had a smooth, graceful, almost catlike way of carrying himself that spoke of a man who could move through the jungle without making a sound. Such a man was dangerous, indeed. Perhaps even deadly.

"Maybe we'll have a chance to talk later," he was saying to Lance as he came around the table to collect her. "But you will excuse us right now. I've been looking forward to dancing with Brenna all evening. I'm sure you understand." Then Garrett caught her about the waist and off they went, leaving Lance to his own limited devices.

They moved around the dance floor for some minutes in a silent duel of wills. Stirring within the confines of his embrace, Brenna was the first to speak. "It was *dancing* you had in mind, wasn't it?" she taunted. At least she hadn't lost her sense of humor entirely. "I thought so," she went on when it became apparent Garrett wasn't going to respond. "To my knowledge, jousting went out with the Middle Ages."

Garrett speared her with a long stare. "I thought I told you to stay put."

"I was staying put," she shot back in protest. Why was she bothering to defend herself to this man? She didn't owe him any explanations. If she had any gumption at all, she would inform Mr. Garrett Forsyte where *he* could put it!

"I'm gone a grand total of five minutes, and when I come back I find you about to take off somewhere with 'lover boy.' You may call that staying put in your book, lady, but it sure as hell isn't in mine."

"I wasn't about to take off anywhere with Lance. The man simply asked me to dance," she stated, gritting her teeth, her patience exhausted. "And, for your information, I was about to refuse him. I think I have better manners than to accept a dance with one man while another one has graciously offered to get me a drink."

Ever so slightly, Garrett relaxed his hold on her. "Then I apologize for jumping to the wrong conclusion," he growled in a husky masculine tone.

"And I accept your apology," she finally said without looking at him.

Slowly, Brenna began to relax in his arms, soothed perhaps by the soft, subdued music, the graceful movement of Garrett's body as he expertly maneuvered her around the dance floor. He was a superb dancer; there was no denying that. Just as there was no denying the way he aroused her feminine curiosity. She wondered if he did everything equally well.

She started to move away as the song ended, only to find herself still cradled against his chest. Then she felt a tiny shiver of excitement run through her which she was at a loss to explain.

"No—" Garrett softly protested, urging her back into the full circle of his embrace. "I like the way you feel in my arms, the way your lovely body fits mine as if you were somehow made for me."

"Garrett—" Brenna put her head back, pressing one hand to his mouth in an effort to silence him. His lips were surprisingly soft, yet firm beneath her touch. She fought against the mutinous urge to explore them further, to discover for herself what other surprises they might hold in store for a woman with courage enough to find out.

"All right. I won't say it if you don't want me to. But it's true, and you know it as well as I do, lady," he murmured, brushing his lips along her fingertips.

Brenna jerked her hand back as if she had been burned by a red-hot flame. She was shaking suddenly, and her skin was oddly damp. The thought crossed her mind that she might be running a fever, but she knew herself to be the picture of health. There was only one explanation, and Brenna Richards didn't like that one!

Good Lord, and here she'd always been so proud of her self-control. Well, where was that marvelous control of hers now when she needed it? It wasn't as if she were an inexperienced teenager encountering the first handsome face and pair of broad shoulders to come her way. She may have been a slow starter, but she was a damned quick learner. And she was thirty-two years old—as if she could ever forget that.

Brenna put her head back and forced a small distance between Garrett and herself. She cleared her throat and took a breath. "So . . . what line of business *are* you in?"

Garrett looked down at her and laughed. "I believe you call that a strategic retreat, Mrs. Richards."

"No, I'm serious," she countered, shaking her head. "I'd really like to know what you do for a living."

Dark eyes engaged hers. "All right. If you're really serious, I'll tell you. I train companies in the concept of quality circles and how to utilize them with their employees."

Brenna looked at him, nonplussed. "I hate to admit it, but I don't even know what a quality circle is."

"It's very simple, really. It's a method that can be used to make employees a real part of the management of their company. It involves them in determining their own futures. A quality circle generally consists of a small group of workers who regularly meet to discuss and try solving the problems they run into on the job. The group is led by a 'facilitator,' usually a supervisor who has been trained for the task. And that's where I come into the picture."

Brenna found herself regarding him with newfound respect. "It sounds fascinating. Does it work?"

"The concept has its critics, of course; but, yes, it can work and work well. The basic idea originated in Japan after World War Two. MacArthur drafted the services of several Americans to assist the Japanese in raising the quality of their products, which previously had a reputation for shoddy workmanship. The concept caught on spectacularly with the Japanese. Ironically, they turned around and exported the idea back to this country. Lockheed Corporation became the first U.S. firm to adopt the concept back in nineteen seventy-four. Since then over six thousand companies in this country have implemented quality circles." Garrett flashed her a thoroughly charming smile. "And that's the end of the lecture. I bet you're sorry you asked now."

"No, I'm not," Brenna said in a quick, firm voice. "Actually, I was thinking that the idea of quality circles might work very well in my own business."

Garrett was quick enough to conceal his surprise at her announcement. "What kind of business are you in?"

"I own and operate a chain of health spas, fitness centers if you prefer, in three Chicago suburbs."

This time, surprise was plainly written on the man's face. Then he burst out with a loud hoot of laughter. "You're kidding!"

"I don't see what's so funny about that," Brenna told him sharply. She didn't find it the least bit amusing.

"It's just that C.G.S. Consultants is a Chicago-based company, too," he finally managed to convey to her.

"Is that the company you work for?"

"Work for and own," Garrett stated with obvious pride.

Brenna raised a skeptical brow. This was all just a little too much coincidence. "Are you trying to tell me you live in Chicago?"

"Well, actually I have an apartment in Flasmore,

which is just south of the city. But C.G.S. Consultants has its offices in downtown Chicago."

"Yes, I know where Flasmore is. I live in Northbrook, which is just—"

Garrett finished the sentence for her. "Which is just north of the city. Yes, I know."

Then they both realized in the same instant that somewhere in the middle of their conversation, the music had stopped. In fact, they were one of the few couples still on the dance floor.

"It seems the band has decided to take a break," Brenna needlessly pointed out to him. They gradually broke apart and walked back to the table where they'd left their drinks.

"Why don't we have these out on the terrace?" Garrett suggested before they sat down again. "I'd like to have a cigarette, and it's stuffy enough in here without adding more smoke to the air."

"All right," Brenna agreed, picking up her glass and heading for the French doors. "Hmmm . . . It is nice out here," she remarked as they stepped out into the balmy summer night. "And quiet, too."

"It was getting a little boisterous in there, wasn't it?" Garrett observed as he took a pack of cigarettes from the inside pocket of his jacket. "Would you like a cigarette?" he asked, offering her one of his.

"Thank you, but I don't smoke," she declined, turning to gaze out over the well-manicured lawns now partially obscured by shadows.

"How long have you lived in Chicago?" he inquired after lighting his cigarette and taking a deep draw.

"Ever since I left Mansfield fifteen years ago. I attended the University of Chicago for four years, and then I got my first job right in the area. Eventually I started my own business, and I've been there ever since." She shrugged. "What about you?"

Garrett set his drink on the wide railing that ran along the length of the terrace and down the steps at the far end. "Like you, I took a job in Chicago after I got out of college. That was nine, maybe ten years ago now."

"I suppose it's not unusual we haven't met before this," she ventured.

"No, I suppose it isn't," Garrett agreed. "After all, Chicago is a big place." Then they both fell silent, as if from mutual agreement.

The night was black with shadows, the sounds from inside the country club but a muted backdrop to the silence on the terrace. Brenna was conscious only of the night and of the man standing beside her. It had been a long time, perhaps too long, since she had been this aware of a man. She suddenly realized her emotions were no longer in a deep freeze; that she was as vulnerable as the next woman when it came to an attractive male. And Garrett was certainly that. All of her senses were strangely attuned to him. She inhaled deeply, taking in the faint scent of cigarette smoke mingled with the aroma of Scotch and exotic after-shave. She seemed to anticipate his slightest movement as if she could somehow see inside his head. When he took a step closer, she was prepared for it and countered the action by moving away.

"Tell me something, Garrett," she heard herself ask in a voice that was unnaturally deep and husky. "Why did you stop to help me the night those boys were harassing me?"

She was only slightly surprised when he seemed to know immediately what night she referred to. He didn't answer for a minute, but stood there watching the play of light and dark on the terrace floor. Then he threw his cigarette down and ground it underfoot before replying.

"I suppose I didn't like the odds."

"In other words, you tend to side with the underdog," she drawled.

"Something like that," he acknowledged. "Did you know I have a kid sister?" He put the question to her in the softest voice Brenna had ever heard him use.

"No . . . no, I didn't," she admitted, wondering why he would choose to tell her something like that now.

"Well, if it had been my sister caught in that ugly situation, I sure as hell hope some guy would've helped her out. I guess I couldn't leave you there that night because you reminded me so much of Carol."

"Why? Was she an unattractive, overweight girl, too?" Brenna said with more bitterness than she intended. Damn! She'd vowed to herself long ago that what was done, was done.

"I was thinking more of a sensitive, intelligent young woman trapped in frightening circumstances that were none of her making," Garrett told her coolly. "I was speaking of an inexperienced girl who foolishly found herself in over her head with no idea how to get out."

Brenna was suddenly ashamed. Deep within this man was a gentleness, an understanding that she should have known existed—if for no other reason than because of what he'd been through himself as a boy. In many ways, Garrett's life had been no easier than her own. It was a testimonial to the man that he had managed to turn it all around and make such a success of himself. They had both changed so much over the years, on the inside even more than on the outside.

"I'm sorry," Brenna finally said, placing a hand on his sleeve. "That wasn't a very gracious thing to say.

I . . . I just want you to know I've never forgotten your kindness to me that night," she murmured, feeling duly chastised.

"Forget it," he said, grinning a boy's grin. Then he reached out a lazy hand and captured her fingers, drawing them to the front of his jacket just above the spot where his heart beat in a strong, steady rhythm. "The past is the past, Brenna. It's the present I'm interested in."

Oh Lord, Garrett intended to kiss her! She could see it in his eyes, sense it in the slight tensing of his body as he moved closer still. But did she want him to kiss her? That was the question. A question to which Brenna found she had no immediate answer.

It wasn't that she objected on any moral grounds. While she considered herself a discriminating woman, a kiss between two people was simply a kiss in this day and age. But what if it wasn't quite that simple when the man was Garrett Forsyte? What if he misinterpreted the small capitulation? She would be the first to admit she was curious about the man. Curious, too, to experience the touch of that soft, warm, firm mouth on hers. But it could turn out to be more than she'd bargained for. Brenna wasn't certain this was the time or the place to take that kind of risk.

She knew she was particularly vulnerable right now, her emotions already highly charged after meeting all these people again after so many years. Perhaps if this had been another time or another place . . . but it wasn't. It was here and now, and she had perhaps a moment or two left in which to make her decision.

In the end, the decision was taken out of their hands by the opening of the terrace doors.

"Damn!" Garrett growled under his breath, quickly stepping away from her, his hands falling to his sides in a gesture of frustration.

Brenna wasn't sure if she wanted to thank the intruders or curse them as well, whoever they were. "I think it might be best if we went back inside," she sighed, straightening her shoulders.

"Yes, I suppose that would be best," Garrett finally concurred. Something in his tone made her glance at him, but his expression told her nothing. Then, without another word, he picked up his drink and motioned for her to precede him through the French doors.

Once inside, Brenna turned to him. "Thank you for being so attentive this evening, Garrett."

"Now, why does that sound suspiciously like a dismissal?" he said, his brow furled in a cynical arch.

Brenna met his eyes with a challenging lift of her chin. "It's not a dismissal, Garrett, merely good night. I'm tired," she began, not entirely truthfully. "And I think I've had quite enough of this reunion for one evening," she admitted. That much at least was the truth.

He scowled and thrust out his jaw. "I'll walk you to your car, then."

"No!" she declared in a taut voice. "No, you stay and enjoy the party. I prefer to find my own way to the parking lot."

For a moment it seemed he was going to argue the point, then he merely shrugged his shoulders. "All right. If you're sure that's the way you want it," he said without a trace of gentleness.

She wasn't at all sure, but Brenna nodded her head anyway. If there was one thing she didn't need this weekend, it was an unexpected complication. And

Garrett Forsyte was proving to be just that. But her inner voice was telling her she was a coward and they both knew it.

"Well. Good night, then," she said, forcing herself to smile. "Perhaps I'll see you at the picnic tomorrow."

"Perhaps you will," Garrett drawled, then he turned on his heel and stalked away.

It was for the best, Brenna reminded herself again as she found her way out of the country club and headed straight for the spot where she'd parked her gray BMW. What she needed right now was a shower, a comfortable bed and a good night's sleep—in that order. What she didn't need was a man complicating her life. Especially a man like Garrett Forsyte.

She told herself that several times during the fifteen-minute drive back to the motel on the outskirts of town. The accommodations weren't fancy, but they were the best Mansfield had to offer. At least the room was clean and the bed firm—from what she'd been able to determine when she checked in earlier that afternoon.

Brenna pulled off the highway at the flashing neon sign that indicated her destination and parked in front of the single-story unit. She wearily got out of her car and started toward the door of her room. She was about to take the key from her evening bag when she suddenly became aware of someone standing there in the shadows. Her heart picked up speed as she discerned the tall form of a man. Then he took a step toward her, the lights of a passing car momentarily illuminating his features.

Her first reaction was one of utter surprise. What in the world was Garrett doing *here* when she had left him only minutes before at the country club? Then her surprise quickly gave way to angry indignation. Surely the man hadn't followed her thinking to pick up where they had left off on the terrace. What kind of woman did he think she was, anyway?

"Just what do you think you're doing here?" she finally demanded, made all the angrier by hearing her voice shake.

3

⌒⌒⌒⌒⌒⌒⌒⌒⌒⌒

I was about to ask you the same question," Garrett said in a very hard, dry voice.

"I happen to have a room reserved at this motel," she shot back, fumbling in her evening bag. She took her key out and dangled it in front of his nose as proof of her claim.

"And so do I," he told her stonily, producing an identical key from the pocket of his trousers.

Brenna suddenly realized how bitter words could be when they had to be eaten one by one. "I . . . I'm sorry, Garrett. It seems I jumped to the wrong conclusion."

"It would seem so."

"You—you startled me!" she said accusingly.

"You thought I followed you here," he proclaimed in a flash of perception that she found disconcerting.

Did she dare deny it? Brenna thought not. The man was far too quick to believe some flimsy excuse she might think up on the spur of the moment. "Perhaps. But only for a minute," she confessed, sounding suitably dismayed.

"I suppose it was an understandable mistake." He smiled, his smile one of indulgence. "I admit it crossed my mind for a minute that you might have followed *me* back here."

"Well, of all the damned conceit!" she spit at him furiously. "As far as I knew, you were still back at that silly country club."

"I know," he said in a reasonable tone, taking the wind right out of her sails. "I left a minute or two after you did. Not that you had any way of knowing it. And that was when it occurred to me that this town only has two motels. The chances of our ending up at the same one were fifty-fifty no matter how you figure it. Not bad odds if you can get them."

"And just my luck," Brenna mumbled under her breath.

If Garrett heard her, he pretended otherwise. "Are you really tired?" he inquired, leaning toward her. "Or would you like to go someplace for a nightcap?"

She looked up at him, primly shaking her head. "Thank you, but I think I've had quite enough to drink for one night."

"You don't believe in taking any chances, do you, Brenna?" he charged, coldly amused by her refusal.

"Not when the odds are against me," she parried. "And I really am tired, Garrett." Her voice faltered for a moment. "It's been a long day."

"I guess it has been," he said in his softest tone. "But you owe me one, lady," he went on smoothly, his eyes on her. "You cheated me out of having the last dance with you by running away like that."

"I did not run away," she replied with dignity.

"Then let's have that last dance together now," he proposed, dropping the key back into his pocket.

Stunned, Brenna stared up at him. "You mean you actually want to dance here?" The man had obviously had more to drink than she'd realized.

"It seems like the perfect spot to me. All you have to do is imagine Henry Mancini's orchestra playing the 'Theme from *A Summer Place*' somewhere in the background. I'll supply the rest."

"Imagine Henry Mancini's orchestra?" she chided, refusing to take him seriously.

That was her second mistake, Brenna realized later. Her first was listening to even one word of this insane scheme of his when she should have made a run for it just as fast and as far as her feet would carry her.

"Well, I think it's the least you can do if I'm going to supply a willing and eager dance partner," he pointed out as if the logic of his statement were irrefutable.

"You're crazy, do you know that?" She gestured, flinging her arms in the air. "In fact, this whole situation is crazy."

"The whole world is crazy when you get right down to it," Garrett told her as he captured her hand and placed it on his shoulder. "Haven't you ever wanted to break loose and do something crazy every now and then?" he coaxed, twirling her in an elegant little dance step.

"It would seem I am right now, whether I want to or not," she muttered dryly, trying to follow his lead.

His eyes met hers as they came together, and then there was suddenly no more anger between them, no more sarcasm, only her body fitting to his as if they were complementing halves of a whole. She'd danced with many men who had made her feel awkward. But in Garrett's arms she was once again as light and graceful as a ballerina.

With one arm curled about her waist, he settled his chin against her forehead, the minute growth of whiskers a light abrasive against her flesh. He seemed to inhale the scent of her—the light summer breeze in her hair, the delicate perfume emanating from her skin, that totally natural essence that was hers and hers alone.

"I knew it would be like this from the first moment I took you in my arms," Garrett murmured, his words muffled against her hair.

Despite the warm June night, Brenna shivered when his lips grazed the tip of her ear. She felt his immediate response, sensing the masculine satisfaction in him. His hips began to move against hers in a smooth undulation, inviting, exciting her, daring her to meet his challenge with one of her own.

She should have known how it would end. Once she was in his arms, held close to the vibrant, virile strength of his body, the long line of his thighs pressing against her, she should have known. Perhaps something did warn her and she simply chose to ignore it, finding her curiosity demanding satisfaction above all else.

Oh God, it felt so good to be held like this in a man's arms, this man's arms; to feel like a woman again, to be wanted, to be desired on some elemental level that had nothing to do with who she was or what she was. All pretense had been stripped away from them, leaving only male and female and the age-old awareness they created in each other.

Brenna wasn't certain of the exact moment when

they stopped making any pretext at dancing and instead simply stood there, holding each other. Her arms had somehow become entwined around Garrett's neck, her hands buried in the thicket of black hair that brushed the top of his collar. His hands were at the small of her back, urging her closer, making occasional little forays down her hips as he pressed her to him.

Then Brenna found herself backed up against the motel room door, caught between its unyielding hardness and his. This was insane. She should break it off and slam the door in his face. She should halt the seductive movement of his hands as they spanned her waist, sliding across her rib cage just below her breasts. But her heart was beating like a wild thing. And she could feel Garrett's pumping furiously in his chest, giving him life, even as he created it anew in her.

"Garrett—" This was a far greater insanity than merely dancing with him in the dark silence of the night. He seemed to sap her strength, her will, taking it and turning it back on her until she felt the only power she possessed was in his body and not her own.

And then she knew that he was going to kiss her, that she was finally going to feel his lips on hers. She watched as his head descended, and in that moment before everything but Garrett was blocked from her sight, her eyes fluttered closed.

"Oh, lady, there's a fire in you, deep down inside you, that could consume a man alive. Let me feel its heat. Let it burn for me as I burn for you," he ordered in a husky voice as his mouth found hers.

Brenna trembled at his words, telling herself that his kiss would be no different from that of any other man. She might not be an expert on the subject, but how different could one man be from another, one kiss from another? Yes, there were firm, aggressive kisses; tentative, question-seeking kisses; kisses of friendship and of passion; kisses meant to hurt; kisses reflecting kindness and forgiveness. The list could go on forever. Her personal knowledge might well be limited, but she had a fine mind and an inventive imagination to make up for what she lacked in actual experience.

What Brenna quickly discovered was that nothing had prepared her for Garrett Forsyte's kiss. His mouth was soft and seductive, firm and questing, all in the same instant; but it was much more and much less than that. It was the taste of him, the way he explored her mouth that gave her infinite pleasure, that thrilled her, that filled her every sense with him. He quenched some thirst in her she hadn't known existed, all the while creating a hunger that demanded its own satisfaction. A hunger that told her she was capable of the most instinctive responses known to man or woman. It stripped away the veneer of civilization to reveal her own power as a woman.

Brenna had never thought of herself as a sensual creature before. Sensuality was a rare quality that few men or women possessed. It went far beyond anything physical, far beyond any amount of sexual experience or the lack of it. It was a way of thinking, of feeling, of moving, of touching, of simply knowing one was a totally sensual being. It was the unique ability to concentrate the senses all in one moment.

And it was frightening. After all the years of introspection, after all the hard work it had taken to reshape her mental image as well as the physical form of her body, it was frightening to discover such a secret. How could she have kept this from herself? It had taken so long to learn acceptance, to feel comfortable with her self-image. To make this discovery now scared the hell out of her.

She had to put a stop to it before it was too late. And that meant stopping this man as well. For in some inexplicable way, Brenna knew that he had some part in all of this. He was the catalyst, if not the actual source, of her revelation.

"No . . ." she rasped, attempting to push away the caressing hands that gave her such pleasure. "Please, Garrett, no . . ."

"Don't be afraid, Brenna," he murmured, venturing to lift his head for a moment. "Don't be afraid of what you feel, of what you make me feel."

"But I am," she whispered, almost to herself. "I am afraid." Then with a supreme effort of will, she pushed at him again. "I can't imagine what I was thinking," she said, still shaking with reaction.

"Well, I can tell you what *I* was thinking," he said, splaying his hands across the undercurve of her breasts.

"Please . . ." Brenna repeated in a low, earnest voice, shaking off his hands. "I don't know you," she added warily, drawing her delicately marked brows together. "Oh, I may have known the boy you once were, Garrett, but I don't know anything about the man you've become. And you don't know me. You don't know the first thing about me."

"I know enough. I know you're a beautiful woman with a lovely body that responds to my touch," he stated with typical male candor. "And I know what it does to me when I hold you in my arms."

Brenna inhaled deeply. "I'm afraid that's not nearly

enough." She took another deep breath and finished on a mirthless laugh. "If you only knew the irony of it."

"The irony of it?" Garrett returned guardedly.

"Yes, there were so many times as a girl when I wondered what it would be like to have a man want me, desire me, because I was attractive." She still couldn't bring herself to use the word *beautiful.* "I wonder if the dream is always so much better than the reality." She cocked her head and looked up at him. "Being attractive isn't all it's cracked up to be, Garrett. I know. I've seen it from both sides. People simply don't or won't take the time to look beneath the surface, whether that surface is plain or fancy."

"A man has many faces; the world sees but one," he drawled.

Brenna looked at him thoughtfully. "Who said that?"

Garrett gazed down at her with an air of innocence. "I thought I did."

She couldn't prevent the small laugh that escaped. "Well, whoever said it, it happens to be true. We are judged by our physical appearance as if the way we look on the outside is somehow a reflection of the person we are inside. The real danger is that sometimes we begin to believe it ourselves." Then Brenna shook her head and laughed again, this time at herself. She wasn't usually *quite* this serious. It must be the night air or the gin and tonics she'd lost count of halfway through the evening. So much for "false courage." "Well, aren't you going to ask how long it took me to come up with *that* profound conclusion?" she asked, once more feeling in control of herself and the situation.

"Who, me?" Garrett raised his hands in the traditional gesture of surrender. "Not me, lady. I was taught never to argue with a psychology major. Hell, once they start analyzing there's no stopping them. The next thing you know they've got you flat on your back on some damned couch." Then he grinned at her wickedly. "Of course, that does present some interesting possibilities of its own."

"Do I detect an element of wishful thinking in your last comment?" she teased.

"Let's just say it would be a pleasure to park my shoes under your couch anytime, Mrs. Richards."

"I'm afraid you'll have to forgo that particular pleasure on this trip, Mr. Forsyte. It seems I forgot to bring my couch with me." Brenna broke off to stifle a yawn. "I think it's time I said good night. All this philosophizing has made me sleepy."

"Philosophizing has been known to have that effect on some people," he drawled, none too subtly.

Ignoring his implication, Brenna replied evenly, "Thank you for the dance, Garrett."

"Anytime," he murmured. "Believe me, it was my pleasure." She knew by the look in his eyes that he was referring to more than the dance they'd shared. "Why don't we have breakfast together in the morning before the day's activities begin?"

"All right, if you like."

"What I'd *like* has nothing to do with it, honey. What I'd like is to take you in my arms—"

"I think breakfast will suffice," she quickly interposed, offering him her hand. "Shall we say eight o'clock?"

Garrett merely smiled back at her. "Don't you think it's a little late in the game for us to be shaking hands?"

"I've never been very good at games," she proclaimed, her back stiffening.

"We'll have to see about that," he muttered dryly. "Tomorrow morning at eight o'clock, then."

Brenna nodded, watching as he turned and walked two doors down to his own room. She took the key from her handbag for the second time that night and inserted it in the lock. She pushed the door open and then paused, looking back at Garrett.

"Pleasant dreams," she called out to him softly.

"You too, Brenna." He seemed about to say more and then changed his mind.

The last sound she heard was the door closing behind him.

"I could have taken my own car," she was still insisting as they pulled away from the roadside restaurant late the next morning.

Garrett lightly gripped the steering wheel of his sports car and leaned back against the leather seat. "There's no sense in both of us driving to the picnic." He seemed disinclined to argue the point with her, but added, "Anytime you want to leave, all you have to do is say the word and we'll go."

That wasn't the point, and he knew it perfectly well. But Brenna was quickly learning that Garrett Forsyte had a stubborn streak in him as wide as the muddy Mississippi itself. There was no doubt in her mind he could prove to be downright infuriating at times. But then, what man wasn't? She sighed, adjusting the sweater casually draped around her shoulders.

She had to admit his behavior at breakfast had been exemplary. He never once mentioned their encounter at the motel the previous night, setting out to put her at ease with a string of amusing anecdotes that kept her laughing through an overly generous serving of bacon and eggs and three cups of coffee. When she finally glanced at her watch, Brenna was surprised to find they'd managed to linger over breakfast for several hours.

"I would imagine the reunion committee is heaving a collective sigh of relief about now," Garrett remarked, taking a pair of dark-tinted sunglasses from the dashboard in front of him. With single-handed ease, he slipped them into place on the bridge of his nose.

"Yes, it looks like a perfect day for a picnic," she agreed, gazing out at one of those blue-skied June days that Indiana did so well.

"I know this is a heck of a time to ask," Garrett began as they drove up to the entrance of the town's one large municipal park, "but do you remember exactly where we're supposed to be going this morning?"

Brenna turned to him with an incredulous look on her face. "I thought you knew."

"I was sure you would know," he countered in a slightly dry tone of voice.

"I can't seem to remember what we were told," she confessed, tapping her chin as she spoke. "But it must be at that large shelterhouse up by Glen's Meadow. It's the only spot big enough to handle a crowd this size."

"Glen's Meadow it is, then," he said as he took the next turn on the left. "The reunion committee did say this was to be a day of fun and games for the *entire* family, didn't it?"

"Yup, and I have my entire family right here with me," she quipped, pointing to herself.

"You've never had any children, then?" Garrett asked with apparent nonchalance.

"No, I never have," she said resignedly. "I knew

when I married Daniel that he couldn't have any more children." Brenna saw the momentary confusion on his face. "My husband was twenty years older than me, Garrett. He'd been married once before and had three children by his first wife. I don't think Daniel ever expected to divorce, much less to remarry at the age of forty-eight. But he was honest with me right from the start. I knew we'd always be a couple." Her voice stretched into a thin thread of sound. "I just didn't know that 'always' was going to mean two short years."

The man beside her stirred uneasily. "I wasn't trying to pry, Brenna," he told her gently, apologetically.

She reached out across the short distance that separated them and gave his hand a reassuring squeeze. "I know you weren't, Garrett. I wanted to tell you." It was true. For reasons she didn't fully comprehend, she wanted to tell this man about Daniel. She wanted him to somehow understand, but that would have to wait until another time.

"Would you take a look at that!"

At the sound of his voice, Brenna jerked her head up. It was only then that she realized Garrett had stopped the car. They both sat there speechless, staring straight ahead at the sight that awaited them in Glen's Meadow.

The park was a riotous carnival of sight and sound and color that morning. A huge banner welcoming the alumni and their families hung across the front of the large shelterhouse. There was a softball game already in progress on a nearby playing field. There were horseshoes and Ping-Pong and balloons; badminton and volleyball. For those who preferred less strenuous activities, there was an assortment of lawn chairs and picnic tables set up in the shade of a large grove of trees.

Brightly colored awnings shaded the front of several concession stands selling soft drinks and cold beer. And there were people everywhere!

"Good Lord!" Brenna exclaimed. "Someone must have been here since dawn to get all this ready."

"I'd say a number of someones," Garrett observed, looking suitably impressed. "Something like this takes a lot of planning and hard work."

"You know, I think I'm beginning to feel a little guilty about this whole thing." She glanced up at him with a contrite expression on her face. "The sum total of my contribution to this reunion has been simply coming. And I was reluctant even about that."

"Yeah, I know the feeling," he conceded in a growl, one hand shoved in the front pocket of his jeans, the other raking the lush, dark hair at the back of his neck. "Well, there isn't anything we can do about it now but enjoy ourselves. So, dust yourself off, Mrs. Richards." His voice snapped with authority. "We're about to join the party."

Brenna quickly turned her head, looking behind her to see if she had bumped up against something dusty without knowing it. After several contorted twists and turns, not to mention a few strategic swipes at her backside with Garrett's help, she came to the conclusion the man was putting her on.

With hands planted on her hips, she gave him an exasperated look. "That wasn't very nice," she grated, enunciating each word very distinctly.

"Hey . . ." He shrugged, throwing his hands up as if he were nothing more than an innocent bystander. "It was only a figure of speech, honey. You look fine." His eyes cruised the length of her, taking in the double-faced cotton shirt neatly tucked into a pair of fitted jeans, the sweater loosely tied about her shoulders, the dark hair that hung free around her face. "In fact, you look good enough—" he swooped down and briefly caught her mouth "—to eat."

A wild rush of color flooded her cheeks. "Garrett, somebody might see us!" she protested. But Brenna knew her heart wasn't in the rebuke. How could it be when he looked so good himself? Last night he'd been the picture of urbane sophistication in that elegant navy blue blazer. Dressed as he was now in jeans and a casual western-style shirt, he seemed younger somehow, less imposing, if no less disturbing to her peace of mind.

"Don't scold, Brenna," he said softly. "Nobody's watching us. They're all too busy throwing horseshoes and chasing runaway balloons. Besides, if anything, I should be commended for my self-control. I've been wanting to do that since you walked out of your motel room this morning. I don't mind telling you I had one hell of a time keeping my mind on that plate of bacon and eggs, with you sitting across from me."

"I didn't notice it having any adverse effect on your appetite," she drawled, thinking of the huge breakfast he'd consumed before her amazed eyes.

He made a disparaging sound and moved toward her. "And what would you know about my appetite?" he mocked.

"Don't look now," she hissed in warning, glancing over his shoulder, "but here comes Susan Whitfield; and from what I can see, she has not only Robert, but three little Whitfields with her." Brenna turned with a smile on her face and called out to the approaching figure. "Good morning, Susan!"

"Hello, you two!" Susan cheerfully called back,

waving one hand above her head. "We were wondering when you'd get here. Although, in this crowd, it's hard to tell who's here and who's not," she acknowledged.

"Someone sure has put in a lot of time and work on this picnic," Garrett was saying as he shook hands with the other man.

"It's all in who organizes something of this magnitude, you know," Susan started to explain. "We were lucky to get Rhonda Wells to take the chairmanship. I know she's helped Lance tremendously."

"Rhonda Wells?" Brenna repeated quizzically. The name did seem familiar.

"Rhonda is the physical education teacher at the high school now," Robert announced perfunctorily. "You might remember her better as Ronnie Wells."

Brenna and Garrett exchanged a look. "Ronnie Wells!" they burst out in unison.

"Of course I remember Ronnie Wells," Brenna declared. "She was the star of the girls' basketball team."

"And apparently one heck of a fine organizer," Garrett commented dryly.

"I'd like you both to meet our children," Susan began as two young boys and a girl obediently lined up in front of her. "This is our daughter, Lynn. She was seven just last week. Jason, who's nine; and Rob, age ten." She gave affectionate pats to them as she said their names. "Children, I'd like you to meet Mrs. Richards and Mr. Forsyte. We all went to high school together," she told them.

Brenna watched as Garrett solemnly shook hands with each of the youngsters as she settled for a warm smile. They seemed like well-behaved children. Perhaps Susan and Robert were luckier than she'd realized.

"You and Dad sure went to school with a lot of people," exclaimed the younger boy.

At that they all burst out laughing and started across the open field toward the shelterhouse.

"Dad, can I have some money for a soft drink? Please?" Rob's plea was quickly echoed by his two younger siblings.

"All right, you can each have two dollars to spend, but it has to last for the whole day," he warned them as he fished in his back pocket for his wallet.

"We're having to ask everyone to pay for their own soft drinks and beer, I'm afraid," Susan expounded as they watched the children take off at a run toward the concession stands. "Unfortunately, the committee's budget just wouldn't extend that far. We did talk several of the local grocery stores into donating food for the picnic, and one of the women's groups volunteered to bake cookies for the cookie-decorating booth."

"And don't forget that one whole day this week you spent making potato salad," her husband interjected.

Susan quickly dismissed that with a wave of her hand and went on. "We've arranged for a magician to perform this afternoon for the children. And for the adults, too," she added with a chuckle.

"Well, I'm genuinely impressed," Garrett replied. "I certainly never expected anything this elaborate. It's more like a county fair than a picnic."

"We wanted to make this weekend as special as we could," Susan said, warming to his praise. "And it's only natural that most of the work has been done by graduates still living in the area." Then she turned and motioned to her husband. "I see Rhonda is organizing the three-legged race. We did promise the kids we'd take part in it."

"Okay, honey." He nodded. "Why don't you and Garrett come along and watch us make fools out of ourselves?" Robert suggested as he walked alongside Brenna.

"I think it sounds like fun," she said and then went on with enthusiasm, "Of course, I won't know who to cheer for if you're all going to be entered in the race."

They were quickly joined by the younger Whitfields, who were trying to devise a way to divide two parents and the three of them into equal teams. It was Garrett who finally stepped in with a solution to their predicament.

"I think Rob and I could make an unbeatable team, if he's willing to give it a shot," he proposed, watching for the boy's reaction.

The child's face lit up like a Christmas tree. "Gee, Mr. Forsyte, that'd be neat!"

The tall, dark man went down on his haunches in front of the boy. "If we're going to be teammates, then I think you'd better call me Garrett. That is, if it's all right with your parents." He looked up at the Whitfields for their permission.

"Oh, I think we can make an exception in this case," Robert said, giving his consent. "But you two better watch out! Jason and I plan to give you a run for your money."

Garrett turned to her as he removed his sunglasses. "Would you mind holding these for me, honey? I have a feeling it's going to get a little rough out there." Then he flashed Brenna a broad smile and headed for the starting line with his eager partner in tow.

"Good luck!" she called after them all, but it was one man's tall form she followed with eager eyes as they wound their way through the crowd.

Brenna had to admit she was genuinely touched by Garrett's offer to take part in the race. She watched him now talking to the boy as he secured the rope around their legs. It could be seen at a glance that the child was bursting with pride at having this adult as his teammate for the event. She was pleased and surprised to find Garrett handling himself so well with a ten-year-old when he had no children of his own—at least none that he'd seen fit to mention, she reminded herself. It was more than likely that a man in his position spent very little time with children. He'd obviously acquired a number of skills over the years, including the ability to get along well with people, no matter what their age or interests.

Then she spotted Rhonda Wells standing in front of the motley assortment of parents and children as if this were nothing less than the Olympics themselves. A hush fell over the crowd as she raised the red flag in her hand. Then the signal was given and the race began.

"C'mon, Rob! Garrett!" Brenna found herself cheering along with the rest of the enthusiastic crowd on the sidelines.

The shouts of encouragement were all in good fun, but it was soon apparent that Garrett and young Rob had planned their strategy well. With only an occasional mishap, they were the first team to make it across the finish line, with Robert and Jason coming in a close second.

They were still out of breath, their faces beaming, when they rejoined her to show off their prize ribbons. Susan and Lynn were sporting "honorable mentions" for simply participating in the race. Even Garrett was proudly wearing his first-place ribbon pinned to the front of his shirt.

"How about a cold drink to celebrate? My treat," he added, encompassing them all in the offer. "Robert, would you and Susan prefer a beer or a soft drink?" There ensued a few moments of noisy confusion as he sorted out their order. "All right," he commanded, calling the group to attention, "I want to make sure I've got this right—that's two beers, four colas and one Seven-Up." He threw an easy smile in Brenna's direction.

"Even those serve who simply stand on the sidelines and cheer," she paraphrased, plunking her bottom down on the bench of a picnic table nearby.

"And you do it so well, honey," he drawled, boldy assessing her slender form. Waving aside any offers of help, he swung around and stalked off.

"Garrett sure has turned out to be one heck of a nice man, hasn't he?" Susan commented once he'd left for the concession stands. "It's a wonder some woman hasn't snapped him up by now." She gave Brenna a meaningful look.

"Yes, it is a wonder," she echoed noncommittally, turning her attention to a rousing game of badminton going on close by. No harm done, but if there was one thing she didn't need, it was an old friend casting herself in the role of matchmaker.

Garrett came back a few minutes later, carefully balancing their soft drinks and cold beer in the lid of a cardboard box. "Here we go," he cheerfully announced, sliding onto the narrow bench beside Brenna.

The children responded with a polite chorus of thank you's as they gulped down their drinks and dashed off again.

"Perpetual motion," she mused with a lazy smile,

stretching her legs out under the picnic table alongside Garrett's. "If we could bottle some of that energy and sell it, we'd all be rich."

"It takes more energy than I have sometimes to keep up with the three of them," Susan conceded with a maternal sigh.

"I'm still recuperating from that darned three-legged race," Garrett remarked, rubbing the back of one shoulder where a telltale grass stain had smudged his shirt.

They all looked up as Rob came running to them, his young face flushed with excitement. "Here, Dad!" The boy quickly emptied his pockets, dumping loose change and crumpled dollar bills on the picnic table in front of Robert Whitfield.

"What's this all about?" his father asked, puzzled by the boy's action.

"We don't need any money," Rob explained, tripping over the words in his excitement. "The lady told us the drinks are free now. Some 'nonymous donor paid for everybody."

"An anonymous donor?" Robert repeated, attempting to make some sense of what his son was telling him. "Are you sure about that?"

"Sure I'm sure, Dad. Just ask Miss Wells. She's the one who told us." He squirmed, impatient to be off again.

"Well, can you beat that?" Robert said, shaking his head. "Whoever the crazy fool is, I hope he knows it's going to cost him a small fortune." He took a final swig of his beer and stood up. "It's time I tried my hand at a game of horseshoes. Care to join me, Garrett?"

"Maybe later, Robert. I think I'll just sit here and

nurse this beer awhile longer," he commented in a lazy drawl.

"Well, I think it's absolutely wonderful!" Susan exclaimed. "Not to mention generous." Excusing herself, she determinedly got to her feet. "I'll see you two later. I believe I'll go have a little chat with Rhonda Wells."

Once they were alone Brenna turned to the man beside her, noting that his expression gave nothing away. "That was a very generous thing to do," she told him in a quiet voice.

"Lady, I don't have the foggiest notion what you're talking about," he drawled, taking a sip of his beer.

Inching closer, she smiled. "Oh, you don't, do you? Well, I happen to think that you do." She leaned toward him then, lightly pressing her lips to the stern line of his jaw.

With surprising alacrity, Garrett's arm shot out to encircle her waist. "What was that for?" he demanded softly, pulling her closer still. "Not that I was ever one to look a gift horse in the mouth, mind you."

Brenna tried her darnedest to act casual. "It was just my way of saying thank you."

"In that case, would you mind thanking me again?" he asked with a sudden and very dangerous grin. "Only, properly this time."

Giving him a little shove, Brenna backed off. "I should have known you'd try to take advantage of the situation." She clicked her tongue disapprovingly, her face turning a delicious shade of pink. "Now promise me you'll behave the rest of the day, Garrett."

"My dear Mrs. Richards, I promise—" he paused to lend emphasis to what he was saying, "—that before this day is over, you and I will be in the *sack* together."

"What!"

The man got to his feet, pulling her after him. "In fact, now is as good a time as any."

4

~eeeeeeeee~

You might at least have told me it was going to be a *gunnysack*," Brenna insisted testily, half laughing and half angry.

Garrett looked down at her with a faintly mischievous smile. "What? And deprive me of the pleasure of seeing you blush again?"

He really shouldn't tease her, but she was so damned attractive when she got that look of feminine outrage on her face, that lightning bolt of anger flashing in her green eyes—and they were green, no matter how much she might argue to the contrary. Then there was the way her bottom lip pursed in the faintest hint of a pout. There were a hundred little things about her that fascinated him.

She'd been right last night when she told him he didn't know the first thing about her . . . Well, he knew the first thing or two. She was a beautiful woman with an undeniable streak of passion in that lovely body of hers. But there was so much about her he didn't know. Of course, finding out was going to be half the fun.

He watched as she planted her hands on the curve of her slender hips and looked up at him with an amused challenge in her eyes. "Well, teammate, what's our strategy to be in this race?"

"It's very simple, really," he started to explain, holding the coarse burlap sack in front of him. "We both get in the sack, hold it up around our waists, and then hop or whatever from here to the finish line." He pointed to two stakes planted in the ground some fifty yards away.

"That's it? That's our winning strategy?" She hooted.

"Sarcasm will get us nowhere, Brenna. It's going to take team effort and a keen sense of balance and coordination on both our parts to make this work. It's a lot easier said than done, you know."

"What I don't know is why I let you talk me into doing these darn fool crazy things in the first place," she grumbled, climbing into the sack.

With a chuckle that came from deep within his chest, Garrett followed, pressing the length of his body along hers from shoulder to thigh. He drew in a sharp breath when he felt her wiggle back against him, trying to adjust to the confining position she found herself in. Hell, maybe this hadn't been such a brilliant idea, after all. It was certainly going to test his endurance, not to mention the limits of his self-control.

"Now bring up the slack!" he barked, pulling the coarse burlap up around their waists.

"There's no need for you to shout," she reminded him tersely. "I'm not exactly the length of a football field

73

away. Are you *sure* this is the way it's done?" Garrett could feel her tense against him as he wrapped his arms around her waist.

"If you don't believe me, just look around you," he pointed out nonchalantly. Thank God, there were a dozen other couples in a dozen burlap bags in exactly the same position at the starting line. Apparently, there weren't too many ways of doing this, he thought, relieved.

Brenna turned her profile to him. "Shouldn't we practice hopping in this thing once or twice?"

Garrett shook his head, inadvertently snagging her hair in the top button of his shirt. He took one hand from around her waist and reached up to free the dark, silky strand, holding it between his fingers for a moment before brushing it back into place. "Don't worry, honey," he assured her, his voice huskier than he would have liked. "You'll get the hang of it once we start. It's more important to save our strength for the race."

"Well, I wish they'd hurry up and start. It's getting hot in here," she complained, her firm little bottom stirring restlessly against him.

That it was! But Garrett knew it had little to do with the warm June day or the coarse burlap grating against his skin through the material of his shirt. If the race didn't start pretty soon, things were really going to heat up. And he hadn't counted on making *that* kind of fool of himself.

"There's Rhonda and her red flag, thank God," he muttered in her ear. "Now remember, we have to pace ourselves and move together," he prompted, tightening his hold on her.

"I still think we should have tried a practice hop or two," Brenna was telling him as the flag dropped.

Then the race was on.

It wasn't much of a race as races go. It had none of the speed or grace of the Indianapolis 500, none of the intensity or endurance required of a marathon. If anything, it soon resembled a human demolition derby. There was entirely too much laughing on the part of the contestants, for one thing. And then there were the occasional grunts and groans as arms and legs became entangled and bodies hit the soft grass in tandem.

"You're doing just fine, honey!" Garrett shouted to her as they bunny-hopped down the course, halfway to the finish line.

"What?" Brenna turned her head for an instant, trying to catch his instructions amid the cheers and shouts from the sidelines.

And that was when it happened. They both saw it coming and realized there was nothing they could do to stop it. The outcome seemed inevitable as Brenna missed her footing and tripped. They went down with a heavy thud, Garrett clumsily landing right on top of her.

"Uh!" The force of the fall brought a grunt from them both. They lay there a minute without moving, absorbing the unfamiliar impact of solid ground and colliding bodies.

"For God's sake," Brenna sputtered at last, rolling over, her mouth full of grass, "what were you shouting at me?"

"I . . . ah . . ." Garrett huffed, fighting to get the air back into his lungs. "I was trying to tell you that you were doing just fine."

"Well, now's a *fine* time to tell me!" she retorted

hotly. Then she looked up at him and burst into a long, rollicking laugh. "I'd say it was a bit premature on your part, wouldn't you?"

Garrett gazed down at her with a lopsided smile. "It was all my fault, anyway. I shouldn't have distracted you by shouting like that."

"No, you shouldn't have," Brenna agreed, her voice growing softer. "You realize we'll never finish the race now."

"Who gives a damn about the race?" he growled, suddenly aware of the pliant female form imprisoned beneath him.

His eyes dropped to the front of her blouse where the soft material strained against her breasts. Her breath was coming in short, fast little pants that only served to accentuate their enticing form. Her face was flushed an enchanting shade of pink, the dark hair a mass of wild tangles. Garrett felt her unknowingly, provocatively arch into him. For just a moment he yielded to the temptation, gently grinding his hips into hers.

"You must weigh a ton!" she shot at him, giving his shoulders a shove.

"Flattery will get you nowhere," he drawled, but he could feel himself beginning to respond to the lure of her body and quickly rolled away. "I think we'd better get up before we make a spectacle of ourselves."

"I thought we'd already done that," she retorted mockingly.

"Up we go," he said rather too cheerfully, offering her his hand.

"Ohhh . . ." Brenna groaned, massaging her hip as she struggled to her feet. "I tried to tell you I was never very good at games."

"Oh, you're *good* all right, lady," he muttered to

76

himself, but when he turned to her his face and voice were normal again. "What do you say to a nice cold beer?"

"I'd say it's the best idea you've had all day." She grimaced, hobbling along beside him as they headed back to the picnic area.

"I saw you two in the sack race. How'd it go?" Susan inquired as they approached.

"Well, we didn't win any prizes," Garrett told her, revealing a heretofore unknown talent for understatement.

"Win any prizes!" Brenna snorted, gingerly easing herself down onto the hard bench. "We didn't even finish."

"It wasn't a total loss," he admonished, slanting a meaningful look down at her. "I seem to have worked up quite an appetite."

"Splendid! We'll be serving lunch in a minute," Susan blithely went on. "Robert's out there somewhere rounding up the kids now."

"In that case, would you like something to drink?" Garrett politely asked her. "I promised Brenna a nice cold beer, and I always keep my promises."

"No, thanks," Susan replied with a shake of her head. "I have to get the potato salad from the cooler and check on the progress of the kitchen crew."

"Would you like some help?" Brenna offered, managing to rouse herself.

"No, you stay here and catch your breath. We've got plenty of volunteers to help with lunch. But I might take you up on the offer later. We're going to have a hot dog and marshmallow roast at dusk when the men light the bonfire. That is, if there's anyone left at the end of the day." Then Susan scurried off toward the shelterhouse.

"Ugh!" Brenna made a face. "Hot dogs and marsh-mallows?"

Garrett looked down at her with exceedingly good humor. "Yeah, sounds delicious, doesn't it?"

"You know, it's not half bad if you smother the bun with enough mustard and ketchup," Brenna was telling him as she polished off her second hot dog of the evening.

Garrett visibly shuddered. "Mustard *and* ketchup?"

Her nose went up in the air. "The beauty of the universe is in its infinite variety."

"I don't think I'll ask what that has to do with hot dogs." He smiled benevolently, studying her profile by the dying light of the bonfire.

"You know, Garrett," she drawled, leaning back against him, "this weekend has been fun. I mean actually fun." Her brows knitted together in a thoughtful frown. "I didn't expect it to be fun."

"I didn't either." He sighed, resting his chin on the crown of her head, his arms finding their way around her middle. Perhaps *fun* wasn't quite the word he would have used, but he knew what she meant.

Brenna lowered her voice to a conspiratorial whisper. "Didn't Rose look great? And can you imagine Marla married to Herb Bennett? I never would have thought he was her type."

"I was on the same softball team as Herb this afternoon. He's a nice guy, but he does seem a bit tame for Marla's tastes." He drew a delicate line down her nose with the tip of his finger. "I know somebody who got too much sun in spite of the glop she was putting on her nose all day."

Brenna raised her hand, trying to cover the area in question. "It wasn't 'glop,'" she said. "It was a sunscreen. Whenever I get a little tan on my face, all my freckles come out. I hate it."

"*All* your freckles?" Garrett gently laughed. "You only have eleven. I counted."

She turned and looked at him as if to say *You didn't!* "That's eleven too many as far as I'm concerned." She yawned, turning to gaze into the dying embers of the bonfire.

"Tired?"

"Hmmm . . . a little, I suppose, but mostly just relaxed. Firelight always seems to have this peculiar mesmerizing effect on me," she murmured, yawning again.

"I'll have to remember that," Garrett suggested smoothly. "But right now I think it's time I took you back to the motel before you fall asleep in my arms."

"I guess we've said all our good-byes, and just about everyone else has left, anyway. I suppose it's time we were going, too," she murmured sleepily, pushing herself upright. "Look, they're putting out the bonfire."

"Then I'd say they're trying to tell us something, wouldn't you?" he quietly conceded, yet with a growing reluctance to let her go.

They strolled back across the field to the parking lot where they'd left Garrett's car earlier that day. The soft, warm night was all around them like a mantle of velvet, while overhead a thousand tiny shards of light pierced the darkness. Brenna slipped into the car and put her head back against the leather seat, savoring the moment and the feeling of utter peace that enveloped her. . . .

"Brenna, we're here."

The intrusion of the husky masculine whisper into her consciousness told her she had dozed off during the drive back to the motel. She watched through half-lidded eyes as Garrett unfolded his long legs and got out of the sports car, coming around to open the passenger door for her.

"I'm sorry. I didn't mean to go to sleep on you like that," she murmured apologetically, accepting the hand he offered.

"Where's your key?" he asked in a soft, commanding voice as she leaned against him, her legs strangely unwilling to support her weight.

"My key?" For a moment the question as well as the answer eluded her.

"Your room key," he insisted gently, taking her arm as they walked the short distance from the car to her door.

Suddenly feeling very foolish indeed, Brenna dug into her canvas carryall. "Here it is."

Garrett took the key from her hand and unlocked the motel room, pushing the door open and standing in the doorway. "I won't be seeing you again before I leave," he started to explain, his eyes never leaving hers. "I'll be checking out early in the morning. I have an afternoon flight from O'Hare for Tokyo."

"Tokyo?" For a minute that was all Brenna could think of to say. Then a healthy respect for common propriety came to her rescue. "Well, I want you to know I've enjoyed seeing you again, Garrett." She tried to keep her voice light and casual.

"I've enjoyed seeing you too, Brenna." He mouthed the stock phrase in the same bland tone she'd used herself.

"I . . . I hope you have a safe trip," she began, then broke off to wet her lips. "Take care."

"You, too." He scowled, his expression hardening. Garrett turned to go, then swung angrily toward her. "Oh, hell! I should have known this would happen. I should have known I'd never be able to keep my hands off you."

He reached for her in the dark, crushing her to his chest as his mouth unerringly found hers. He literally took her breath away.

Suddenly, the night air crackled with electricity as if a summer storm had blown up out of the west without warning. Brenna thought she heard the distant rumble of thunder, but it was only her own heart beating in a loud, painful cadence.

She remembered her fascination as a child with the storms that moved across the Indiana skies in early summer, black and foreboding, a harbinger of the wild winds and relentless rains that were to come: wind and rain that forced even the tallest and strongest trees to bend before their will. She would stand and watch until the thunderous crash of lightning overhead drove her inside. Even then her mother had to caution her away from the window where she would have stayed, her face pressed to the glass.

It was the same fascination that held her in Garrett's arms, that same wild song singing in her veins as his hands tangled in her hair like wind in the treetops. She felt strangely alive: threatened, but unafraid.

His kiss was savage in its intensity, as though some inner storm was unleashing its full fury on her. Brenna found herself bending to his will, absorbing the violent need his mouth had of hers. It was a need that fed on itself. The more she gave him, the more he demanded she give. And then, like a bolt of lightning charging through the air, his tongue shot between her parted lips, devouring her. Yet she remained unafraid, undaunted in the face of his raging hunger, knowing that hunger would soon expend itself.

It was only then, when Garrett's mouth went softly persuasive on hers, that she trembled with fear. His lips were inviting; his tongue gently coaxing, daring her to meet his kiss with her own.

"Don't be afraid, Brenna," he urged with hoarse insistence. "Kiss me, Brenna. Please!"

And she did. She had to! It was that final, whispered entreaty that tore at her very heart even as she raised herself up to find his mouth with hers. Her heart was pounding intolerably in her breast, her hands moving convulsively on his shoulders as she brushed her kiss-swollen lips back and forth across his. She watched his dark lashes flutter down to cover eyes that blazed with desire, his desire for her. It was almost as if he couldn't bear for her to see what was in their dark depths.

She pressed closer, her own eyes closing as she moved against him, her fingers digging into his flesh. There was only this moment, this man, that existed for her out of all the moments, all the men that might have been. He stood without moving, his mouth still beneath hers, the calm in the eye of the storm. She could feel the breath trapped in his chest as if he were awaiting the final verdict.

"Kiss me, Garrett!" She murmured the plea into his mouth, knowing instinctively it was what he wanted, what she wanted.

His answer came like welcome rain on parched earth, feeding the life back into her, the eternal cycle of give-and-take flowing between them from one to the other. Brenna felt her spine pressed against the open door, felt it give with the impact of her weight.

Garrett raised his head for a moment and looked down into her eyes. "I need to touch you, Brenna. Dear God, I need to touch you!" he rasped, startled by his own admission.

She could well understand that need to touch, that need to draw closer in some inexplicable way. A sudden need to touch him made her fingers ache to delve beneath his shirt, to explore in intimate detail every bone and muscle, every magnificent inch of smooth, taut male flesh.

Then his hands were on her, hot and insistent, seeking the sensitive spot at the small of her back, searing a path down to the curve of her rounded bottom, urging her into the cradle of his thighs. His arousal was there between them, wholly, utterly, undeniably masculine in its expression. Slowly and inexorably, he sought the vulnerable warmth between her legs, gently caressing her through the layers of clothing.

"Garrett, no! Please . . . don't!" But her face was buried in his shirt, her protest quickly muffled by the soft material.

Before she could rally her defenses, before she could think of a way to stop him, his hands glided upward to her breasts. The air was trapped in her lungs as Brenna felt his touch on her. He simply held his hand there for a moment, then circled back to the soft underside in excruciating slow motion.

Then a small gasp escaped her half-parted lips as his fingers probed for the taut nipple, finding it through barriers that proved no barriers at all. He gave a gentle tug, and felt her body's response as the nipple puckered.

It was not enough, not nearly enough. They longed to meet with no encumbrance between them, with nothing to separate them but the fine film of perspiration that dampened their skin. Locating the row of tiny buttons down the front of her blouse, Garrett released them one by one. He slipped his hand beneath her collar, skimming first the delicate curve of her shoulder and then inching lower to the swell of one silky white breast. His fingers dipped beneath the edge of the lacy bra to find the tight bud. His caress feathered back and forth across the highly sensitized tip, bringing it to life under his impassioned tutelage.

With his free hand, Garrett moved her to one side and eased the door shut behind them. They stood in the dimly lit room for a moment, the only light cast by a small bedside lamp Brenna had left on. Then, without taking his eyes from hers, he reached out and slipped the blouse down her shoulders until it lay draped about her arms. He painstakingly undid the front closure of the lacy bra, sucking his breath in sharply as he beheld her for the first time.

"You're beautiful, honey, more beautiful than I imagined," he breathed in a husky voice.

He raised his hands and touched her, his caress eager yet reverent as he lightly circled the rosy areola surrounding each tender-tipped nipple. With slow, soothing strokes he ran his fingers down to the satiny-smooth skin of her abdomen. Brenna felt herself shiver in spite of the white-hot need his touch ignited in her. Her head limply fell back as he sought and invariably found each point of exquisite pleasure.

She was caught up in a storm of their own creation, a raging, whirling storm in which the only reality was this man and the sensations he aroused in her. And they were sensations unlike any Brenna had ever known. There was no hope of escape, no thought of escape. It was too late now. She was pure feeling, her mind and body perfectly, sensuously attuned to this man and this man alone.

He lowered his head and she felt his tongue on her skin, leaving a sizzling trail of wet heat from her shoulder down to the sloping valley between her breasts. He seemed intent on drawing out that moment when his tongue would find her, tease her, drive her to the very edge of madness. Then urgent hands were propelling her into him as his mouth sought the hardened nipple that seemed to beg to be taken into his moist warmth.

"Garrett!" She cried out in torment, his name on her lips as he took the tip of her breast into his mouth, savoring the taste, the texture of her with his lips and tongue and teeth.

She writhed against him, inadvertently driving her breast deeper and deeper into that sweet, encompassing warmth, wanting nothing more than to feel him tasting her, satiating the awful ache that seemed to come from deep down inside of her body.

Oh, dear God, she wanted him as she had never before wanted a man! She wanted to be caught up in the storm of their passion, to abandon herself to its wild, reckless will. She clung to him as wave after wave of desire racked her body. And he wanted her! He couldn't seem to get enough of her as he buried his face in her warm, willing flesh.

"Touch me, Brenna!" Garrett softly commanded,

forcing her closer, trembling as she placed her hands on him.

Awkward in her haste, she could feel the violent tempo of his heartbeat as she struggled with the buttons of his shirt. With growing urgency, she pulled the material free from the waistband of his jeans. Then the moment of discovery was hers. She ran her fingers across the muscled wall of his chest and abdomen, felt his response as his breathing suddenly came hard and fast. And when she found first one and then the other of the brown masculine nipples with her fingertips, Garrett could no longer restrain the fierce groan of need that slipped through his lips.

She was crushed against his bare chest, knew at last the wondrous feel of his hair-roughened skin against hers. Brenna wanted to bury herself in him, get inside his skin, his head, his very body. She needed to know every inch of him, every thought he had ever had, every feeling he had ever felt in his heart. It was a need that drove her to arch into him, bringing forth yet another outcry.

"Dear God, Brenna, we can't!" he ground out against her mouth. "I never meant for it to go this far. I don't have any way of protecting you," he cried as she ran her hands along his back and around to his flat, taut stomach.

"Of protecting me?" she heard herself murmur in a low, husky voice.

Garrett caught her face in his hands and forced her to look up into his eyes. "I want to make love to you, but I can't. We aren't a couple of hot-blooded kids rushing into this without any thought of the consequences. I don't have anything with me to use for protection.

Don't you understand? I could make you pregnant!" It was a shout of pure masculine frustration.

At his words, Brenna felt a strange chill settle over her. "Pregnant?" she repeated through numb lips.

Then she understood at last the enormity of what she had been about to do. It hit her in the face like a bucket of ice water. She had nearly made love with this man, or perhaps more accurately, she had nearly had sex with him. What in the name of God could she have been thinking of? She wasn't the kind of woman to engage in a one-night stand. Not with this man, not with any man.

A physical relationship between two people should grow out of their mutual love and respect for each other. It should be warm and caring, an expression of their desire to share the most intimate of thoughts through the most intimate of acts. There was neither love nor respect between herself and this man. There was only the desire to gratify their physical needs by using each other. Lust was never a pretty word, but lust it must surely have been.

And yet, if she was totally honest with herself, Brenna had to admit she felt something there in Garrett's arms she had never felt before. Perhaps it wasn't love, but neither was it as base as physical lust. Suddenly, she trembled, trembled with some unnamed fear, with confusion; trembled in the aftershock of her unreserved response to this man.

"You know I didn't plan for this to happen," Garrett grated fiercely, his fingers clenching her shoulders.

"I know," Brenna sighed in a small voice, suddenly conscious of her state of undress and his. The tips of her breasts were still tingling from his caress, from the erotic contact with his bare chest. She pulled the loose ends of her blouse together with hands that simply would not stop shaking. When she looked up, she found Garrett watching her with curious intensity.

"Dammit, honey, don't look at me like that!" he swore in a softly belligerent tone.

"Like what?" she finally managed, her eyes wide, her voice a mere whisper. She continued to search his face, waiting for the pain she felt to increase to anguish.

"Don't look at me as if I'd deliberately led you on, as if I'd somehow betrayed you!" He took two deep, shuddering breaths and went on in a self-deprecating tone. "I'm not a man who starts what he knows he can't finish, but I lost control. Damn it all, Brenna, I'm only human!"

"I know, I know," she mumbled, her tongue thick in her mouth.

"Are you going to be all right?" Garrett began, then swallowed roughly, his voice growing soft with concern. "I can stay, Brenna. There are other ways, you know."

"Other ways?" she repeated without thinking.

He put a hand to her burning face, his eyes never leaving hers. "There are other ways for a man and a woman to make love," he said gently.

Then she understood and frantically jerked away, embarrassed by her own naiveté as much as by the intimacy of his suggestion. "No!" she rasped, fighting for control, her eyes squeezed tightly shut. "No, please . . . just leave me alone!"

"I don't want to leave you like this," Garrett said in a hoarse whisper as he reached out for her.

She opened her eyes and stared down at his hands clutching her arms, the knuckles white against her skin, then up at his tense features. "I . . . I'm all right." After a long pause, she inhaled deeply and whispered, "I think you'd better go now, Garrett." Dear God, make him go before she made an even bigger fool of herself than she already had!

Reluctantly, he released her and stepped away, swearing under his breath as he raked his hands through his hair. "God, I'm sorry, Brenna!"

"There's no need for you to apologize. What happened was as much my fault as yours." She spoke without anger, but there was a cold, unmistakable finality in her voice. "I'm very tired, Garrett, and since we both have a long day of traveling ahead of us tomorrow . . ." She heard her voice trail off, leaving only a strained silence between them that stretched into one minute and then two.

A muscle in his face started to twitch as Garrett swung around and yanked the door open. Then he stopped and turned back to her. "Don't think this is good-bye for us, Brenna, because it damn well isn't. I'll be calling you when I get back from Tokyo on Saturday."

She hesitated a moment and then determinedly shook her head. "Don't bother calling me when you get back to Chicago, Garrett. I don't want to see you again."

He gave her a long, hard look. "Oh yes, you do, lady. You can't deny what happened here tonight any more than I can."

"Nothing happened!" she lied boldly.

His hands settled on the lean waistline exposed by the shirt she had eagerly unbuttoned herself only minutes before. "Nothing?" Garrett drawled, mocking her, his gaze knowingly intimate as it fixed on her disheveled state: the hair mussed by his caress, the lips swollen by his kiss.

Brenna froze, the pallor of her face flooded with red. "Nothing is *going* to happen."

A totally arrogant masculine smile touched the edges of his mouth. "I wouldn't bet on it if I were you, Mrs. Richards," he advised, curling a fist around the doorknob. "Be there when I call next Saturday, honey." The command was softly spoken but unmistakable; then Garrett turned on his heel and went through the door, leaving her standing alone in the middle of the motel room.

"Be there?" Brenna repeated as the door shut behind him. "Why, you . . ." she sputtered, growing angrier by the moment as her independence reasserted itself. "I certainly will *not* be there, Mr. Forsyte!" But her words rang hollowly in the empty room.

The arms she wrapped about her trembling form were little comfort to Brenna now. Dear Lord, how could she have allowed herself to get mixed up with a man like Garrett Forsyte in the first place? She was the widow of one of the finest men she had ever known, she was a well-respected businesswoman in the community and practically a pillar of society to boot. How could she have been so stupid as to forget that, for even one minute, because some man had chosen to kiss her?

Her coming back to Mansfield this weekend had been a simple matter of satisfying her curiosity about the past, of putting it into some kind of perspective for herself. She'd never thought, never intended for that past to intrude on the present.

But it had. Brenna made that admission cautiously. The past had intruded on the present in the form of one tall, very dark man who seemed to hold some inexplicable power over her. Well, she simply wouldn't allow it.

She didn't need a man in her life. And she damn well didn't need Garrett Forsyte!

She told herself that again and again as she undressed and climbed into bed that night. She told herself that a hundred times as she lay there awake through the long hours of darkness. And as the dawn stealthily crept across the Indiana sky, Brenna drifted off to sleep with one man's name still on her lips.

5

Ninety-seven, ninety-eight, ninety-nine, one hundred!

"Whew . . ." Brenna exhaled deeply and lay back on the slant board, using the towel draped around her neck to wipe the perspiration from her face. She could feel her heart beating in a fast, regular rhythm as she stretched both arms above her head, the red- and white-striped leotard pulling taut across her firm abdomen.

Sit-ups had never been one of her favorite exercises, but they were, unfortunately, one of life's little necessities. At least, they were a necessity as long as she wanted to keep in shape. She really shouldn't save them until the end of her routine, Brenna told herself for the thousandth time, but she always did.

The only thing harder than staying in good physical condition was getting into condition in the first place. No one knew that better than she. There weren't any shortcuts. It was that simple. Physical fitness was work, hard work.

How many sit-ups had she been able to do when she first started exercising? Ten? Fifteen, at the most? In those days she'd been a young, overweight woman of nineteen, spurred on only by the encouragement of one of her college professors and her own determination. She certainly had no idea in the beginning how hard it was going to be or how long it was going to take.

Understanding had come first, of course, and that was where Professor Miller had entered the picture. Thank God for people like Agatha Miller! Brenna had been a student in her psychology class that semester, researching a term paper on the prevailing theories of why people were overweight.

That term paper got her an A and much, much more. For Agatha Miller seemed to find in her a worthy prodigy and spent an unusual amount of time helping Brenna to understand why *she* was overweight.

For the first time in her life, Brenna had been forced to take a long, hard look at herself and the reasons behind her weight problem. She finally understood that, as the only child of parents who tended to smother her with attention, she'd rebelled in the only way available to her. She had refused to become the "pretty girl" her parents desperately wanted her to be. Her weight was the one area in her life over which she had control. It was the one way in which she could assert her independence.

Oh, she'd been a model daughter in every other way, never causing her mother and father a moment's trouble. She conformed to their ideal, to Mansfield's small-town ideal, of what a good girl was by studying hard and bringing home straight A's on her report card. She studiously learned to play the piano although she showed no special talent for music. In fact, she did all the things she was supposed to do. But she adamantly refused to be a "pretty girl" by eating her way to twenty-five extra pounds with a vengeance.

And, consequently, she hadn't been pretty at all, Brenna acknowledged as she rose from the slant board and began her cooling-down routine.

She'd realized long ago, of course, that the blame couldn't be placed on her parents' shoulders. Like any number of young girls struggling to understand the changes in their bodies and emotions at puberty, she'd found it painful to deal with the dilemma of being half girl and half woman. Awkward and ill at ease in social situations, she dreamed of the days when boys were friends instead of young men on the brink of adulthood.

At nineteen, Brenna had recognized it was time she took full responsibility for herself—and that included her physical appearance. Being overweight might have been her way of asserting her independence from her parents, her way of avoiding her own sexuality and the opposite sex; but sooner or later there were simply no excuses left.

She quickly discovered that understanding the initial reasons for her weight problem was only the first step in changing her self-image. She began a sensible eating plan and enrolled in a physical-fitness program at the university. It took her one full year to lose those twenty-five pounds and reshape her body. A year of hard work, a year fraught with setbacks and disappointments and moments of despair. But with Agatha Miller's unflagging encouragement, Brenna reached her goal.

At the end of that year, she stood five feet six inches tall and weighed a svelte one hundred and twenty pounds.

That had been twelve years ago. Today she weighed in at a trim one hundred and twenty-three pounds. Not bad for a woman over thirty, Brenna thought with a wry smile. And she'd earned it by the sweat of her own brow. Just as she had earned everything she had by the sweat of that same brow.

She looked around the large, well-equipped exercise room with pride. All of this was hers, right down to the inspiration for the name "New Beginning." Her fitness centers had thousands of members in the exclusive Northbrook-Northfield-Winnetka area. She'd personally made sure that each of her three locations had the best that money could buy: universal gyms, barbells, stationary bicycles, swimming pool, sauna, steam room, whirlpool, racquetball courts, massage rooms, lockers and showers. There was even an adjoining beauty salon. "New Beginning" was literally a home away from home for much of her clientele.

Brenna was equally demanding of her large, carefully-selected staff of men and women, making it clear from the start that they were there to provide a service. It was their job to instruct, to lend moral support and encouragement in a firm but friendly manner. Each of them had a reputation to uphold, and that reputation was hers!

"Hey, boss, how's it going?"

Brenna's thoughts were interrupted by the cheerful voice of the slim young woman who managed the Northbrook operation. Pat Dreyer had been with her for nearly four years now and was indispensable in the day-to-day running of the business.

"Hi, Pat," she called back as she completed the

cooling-down period of her routine. "But I thought I told you before not to call me 'boss,'"Brenna reminded her with a good-natured laugh.

Pat Dreyer threw her loose blond hair back from her shoulders. "Right, boss." Then her delicate brows puckered in a frown. "I always thought you were one of those early birds. Why in the world are you working out on a Friday night?"

"To tell you the truth, I overslept this morning," Brenna confessed with a sheepish grin. "As it was, I almost didn't make it to the speech I had to give at ten o'clock. Today was that luncheon with the Professional Businesswomen of Chicago, and I'd promised Dale I would stop by the Winnetka office for a meeting with his instructors at six o'clock. And that," she wearily said, "is the reason I'm working out at this ungodly hour of the night."

"Remind me not to ask next time." Pat chuckled as she checked out the last piece of equipment before closing time. "By the way, I haven't had the chance to ask you since you got back: How was your class reunion?"

"It was interesting, I suppose," Brenna replied non-committally, clutching the terry-cloth towel in her hands.

"Did you happen to meet any interesting old boy-friends?" the blonde teased with a lighthearted laugh.

"Now why would you ask me a silly question like that?" Brenna shot back. But she couldn't disguise the blush on her cheeks.

"Then you *did* meet someone!" Pat exclaimed, clapping her hands in delight.

Brenna raised her eyes upward as if indicating the

need for patience. "I met a lot of old friends. One usually does at a class reunion," she retorted dryly.

"Are you going to see him again?" Pat asked point-blank, pressing on with relentless curiosity.

The only way she was going to get out of this interrogation, Brenna decided, was to play dumb. "Am I going to see *who* again?"

"Never mind, never mind," Pat said with a wave of her hand. "Just remember one thing, my friend," she went on, suddenly quite serious. "You're a normal, healthy young woman. It wouldn't hurt if you were to occasionally act like one. In fact, it would do you a world of good to loosen up a little now and then."

"I assume by 'loosen up a little' you mean have an affair?" Brenna tried to keep the question light and casual.

"Yes, I mean have an affair—if the right man happens to come along."

An embarrassed laugh slipped through her lips. "I think what you need, my dear Patricia, is a cold shower, a *very* cold shower."

"I can guarantee you that a cold shower is a poor substitute for a warm and willing man in bed," Pat informed her with a knowledgeable smile.

"Well, if it's all the same to you, I think I'll stick to showers. As a matter of fact, I could use one right now." Brenna grimaced, wrinkling up her nose.

"I was just headed for a shower myself," the younger woman said, consulting the large clock on the wall. "My date is picking me up in half an hour." She tossed Brenna a meaningful look as they walked toward the locker rooms. "I don't suppose you're going out to-night."

"You suppose right," Brenna told her honestly. "It's been a hectic day, a hectic week," she amended. "All I want to do is go home and prop my tired feet up in front of the TV."

It was nearly ten o'clock when Brenna drove her steel gray BMW into the garage. She unlocked the back door to the house and slipped off her shoes as she walked into the kitchen.

She adored this room with its canary yellow cabinetry and bright walls that seemed to bring the sunlight indoors no matter what the season outside. She had deliberately left the windows unshaded, enhancing the greenhouse effect with a vast collection of hanging plants—from Boston ferns to English ivy.

For the past six months most of Brenna's spare time had been spent in completely redecorating her house. It was one of the new beginnings she'd needed to make for herself. Somehow she knew Daniel would have understood and approved.

Death was so terribly final. All the anger, all the tears, all the prayers in the world couldn't change it. She would always love Daniel in a very special way, but life did go on. It had to, and that was one of the lessons she had learned again and again over the last two years. The past belonged in the past. All anyone had was today and the hope of a tomorrow.

Brenna wasn't afraid of being alone. In one sense she had been alone for most of her thirty-two years. But she did get lonely. There were times when good friends, a rewarding career and a lovely house were simply not enough. She knew that. She also knew that marriage was no guarantee against loneliness. There were plenty of lonely married women.

At least there was no one she had to answer to. She'd

furnished this house to suit herself, and it showed—from the pastel blues and off-whites in the living room to the self-indulgent and very feminine shade of pale rose in her own bedroom. She did what she liked when she liked, and she wasn't about to change that for any man.

Not even for a man like Garrett Forsyte.

Especially a man like Garrett Forsyte! Brenna told herself as she opened the door of the refrigerator and stood there pondering its meager contents. She wasn't afraid of Garrett or of his threat to call her. He had nothing to do with the fact she was planning to spend the entire day tomorrow shopping and most of the evening dining with friends. Absolutely nothing!

But she was afraid of the way he could make her feel, Brenna silently acknowledged as she popped a fresh strawberry into her mouth.

There had been too many restless nights in the past week for her to deny it. She'd awakened on more than one occasion, knowing he walked through her dreams, knowing she'd relived the feel of his mouth on hers, the excitement his touch created in her.

"You're a damned fool, do you know that, Brenna Richards?" she swore under her breath as she trotted up the steps to her second-floor bedroom. "And you're a little young to be going through a midlife crisis at this stage of the game!"

Pinning her hair up, she quickly undressed and slipped into a loose-fitting caftan of cool cotton muslin. It was just the thing to wear on a warm summer night, Brenna consoled herself as she retraced her steps to the kitchen.

She took a plate of prepared fruit from the refrigerator, her eyes narrowing in distaste at the prospect of dining on limp bits of melon and pineapple. It wasn't exactly Chateaubriand, she mused, but then she wasn't exactly Julia Child, either. Pouring herself a tall glass of skim milk, she carried her dinner into the adjoining den, clicking the television set on as she went by.

Settling into one corner of the chintz-covered sofa, Brenna propped her feet up and tried to pay attention to Channel Two's rendition of the nightly news. What was the use in kidding herself? One of the reasons she worked such long hours day after day, week after week, was because she hated coming home to an empty house. It was one of the biggest adjustments she'd had to make since Daniel's death. Dear God, there were times when she missed having someone to talk with, to share her dreams with and her moments of despair.

"Sitting here feeling sorry for yourself isn't going to do you one bit of good, Brenna, my girl," she exclaimed out loud. "What you need is bright lights and loud music!"

She jumped up from the sofa, flicking off the television in favor of the radio. She spun the dial until she found a loud, boisterous rock station broadcasting from somewhere in the "Windy City." Next, she dispensed with the glass of skim milk, replacing it with some chilled Chablis she found in the refrigerator. With a single tug, her hair came tumbling down around her shoulders in a dark cloud. She gave it a good shake as she went from room to room, turning on every light in the house.

Brenna took another sip of her wine and did a barefoot pirouette in the middle of the living-room floor, watching the caftan billow around her body. Why shouldn't she dance and sing and make merry if it made her feel better? After all, who was going to see her? The Boston fern?

It was some moments before she could distinguish the chime of the doorbell amid all the racket. Swept along by her mood, Brenna danced her way to the front door and swung it open without first bothering to see who could be calling at this hour of the night.

"Garrett!" There he was, standing on her doorstep bigger than life and twice as handsome as she remembered. "What in the hell are you doing here?" she demanded. "I thought you were in Tokyo."

The dark eyes looking down at her narrowed a little. In a single glance, they took in the casual state of her dress, the half-empty wineglass precariously balanced in her hand, the disheveled appearance of her hair. "Having a party, Mrs. Richards?" he drawled, assuming an air of casual insolence as he looked over her shoulder.

"A party?" she echoed, her expression revealing her puzzlement. "No, I'm not having a party. What are you doing here?" she repeated like a broken record. "You're supposed to be in Tokyo."

"I was, until this morning. I caught an earlier flight back." Garrett glanced down at the gold watch on his wrist. "My plane landed in Chicago exactly three hours ago."

"I see . . . well, that's wonderful," she mumbled stupidly. Brilliant, simply brilliant, Brenna! she thought, nervously clutching the delicate crystal between her palms.

"May I come in?" Garrett finally asked when it became apparent she wasn't going to extend the invitation on her own.

"Yes, of course you can come in," she replied testily, suddenly feeling very foolish indeed.

He purposely stepped by her, his tall form dwarfing

the entranceway as he looked around with undisguised curiosity. "Your home is very—feminine," he observed.

"Thank you." Her response was polite, if a bit stilted. She wasn't certain he'd meant it as a compliment. "I've just finished redecorating the entire house, as a matter of fact. Would you care for a glass of Chablis?" she asked as she ushered him into the living room.

"Yes, I would," he replied in a loud voice, trying to make himself heard over the music blaring from the next room.

"Please make yourself comfortable," Brenna heard herself shout at him. "I'll be right back."

Then she turned and practically ran from the room, snapping the radio off on her way to the kitchen. Taking another wineglass from the cupboard, she quickly filled it with pale, light Chablis, spilling half of it in the process. Good Lord, she had to get a grip on herself! There was no reason for her hands to be shaking, or for her heart to be beating like a big bass drum. She was reacting like an overanxious schoolgirl faced with her first date.

Planting a civil smile on her face, Brenna made her entrance into the living room with what she hoped was casual, yet dignified grace. She placed the glass of wine on the soft-edge coffee table in front of Garrett and settled herself in the opposite corner of the sofa.

"So," she began with a sociable air, tucking the caftan around her feet, "how was your trip?"

"Interesting, informative, profitable and tiring," Garrett told her.

"All of that?" she murmured with dry amusement, regarding him over the gold-trimmed edge of her glass. "You do look tired," she added, failing to mention he also looked outrageously handsome. The blue shirt and casual dress slacks he wore only served to emphasize his dark, intense masculinity.

"A mild case of jet lag," he conceded, raising the wineglass to his lips. "I watched the sun come up in Tokyo this morning and again somewhere over the Pacific. It makes for a long day."

"I've never traveled across the international date line," Brenna said conversationally. "In fact, I've never been *west* of L.A. We did most of our vacationing in the Caribbean and Europe."

"Let me tell you, the Atlantic Ocean is a mere puddle compared to the Pacific," Garrett informed her as he leaned back against the lavender blue cushions.

"Yes, I'm sure it is."

At the sound of her cool, half-amused words, Garrett blushed—if the slight tinge of color spreading from the column of his tanned neck up to his face could be termed a blush, that is.

He pushed himself up and said almost cordially, "Do you mind if I smoke?"

"Not in the least," she assured him, watching the graceful ease with which he extracted a cigarette from the pack and lit it.

"May I have an ashtray?" he asked finally, having scanned the room without locating one.

"Of course," she sniffed, leaning over to push an ashtray from her end of the coffee table to his. It was a distance of no more than a few inches.

Garrett stared down at the piece of dainty porcelain for a moment and then put his head back, laughing. "You call *that* an ashtray?"

Brenna gritted her teeth as she got to her feet. "Let me see if I can't find you something a little bigger, then." Say, something about the size of the unmitigated gall of the man, she told herself, stalking off to the kitchen.

She stood in the middle of the tiled floor for a minute, tapping a finger thoughtfully against her lip. Now, where in the devil had she put that plastic monstrosity from her last patio party? Dropping to her knees, Brenna began to rummage among the odds and ends she kept under the kitchen sink. Surely it had to be there somewhere!

"What in the hell are you doing down there?" Garrett boomed, his tall form hovering over her like a dark cloud on a rainy day.

"I'm looking for an ashtray," she shot back without glancing up at him. "I know there has to be one here somewhere."

"Oh, for God's sake, Brenna, never mind!" He reached down and grabbed her by both arms, hauling her to her feet.

"But I know I have a bigger ashtray somewhere in the house," she wailed, unconsciously toying with the buttons on the front of his shirt.

"It doesn't matter, honey," Garrett insisted, pulling her closer. "I tell you it doesn't matter. I don't give a damn about the ashtray or the wine or the polite conversation we've been having in your living room. Don't you understand?" he grated fiercely. "I haven't seen you in a week, and I've been going out of my mind the whole time!"

The man was mad, utterly and certifiably mad, Brenna decided. Still, his words sent a rather pleasant chill racing down her spine.

"It hasn't been a whole week," she whispered,

tossing her head to one side as she at last dared to look up at him. "It's only been six days and a few odd minutes."

For a moment Garrett seemed to be on the verge of losing his composure. "Don't make a joke out of it, Brenna," he warned her, his fingers digging into the soft flesh of her upper arms.

"I wasn't," she quickly relented, surprised at the bitterness in his voice. "Not really. It's just that sometimes you frighten me," she acknowledged quietly.

"I assure you, it's mutual." He spoke quickly, almost harshly.

"Then what are we going to do?" She swallowed, her heart slamming against her chest.

"I don't know about you, honey, but I intend to kiss you until you can't think straight," Garrett admitted truthfully, his dark eyes engaging hers.

"And from there?"

"And from there I guess we'll have to improvise. Now shut up and kiss me, Brenna," he growled close to her ear, his arms encircling her waist. "I've waited a whole week to feel your sweet mouth melting under mine like honey in the hot sun."

Then his mouth was on hers. It was a kiss born of his hunger, of his need for her. A kiss that created that selfsame hunger and need in Brenna.

She found herself kissing him back without reserve, wanting, needing, to know the excitement only he could give her.

Was it only last weekend she'd told this man she never wanted to see him again? What a fool she'd been! Her own response made a mockery of that claim.

Yet, he was still a stranger to her. There wasn't any

way of getting around that fact. The past week hadn't changed anything. She knew no more about this man now than she had then.

"Brenna, hold me, kiss me as if we had only this night together," Garrett softly commanded, his teeth taking stinging little bites of her mouth, his tongue seeking to invade its moist recesses.

Only this night? No! she silently shrieked. No! For once she let him into her life—even for one night—how could she bear to let him go again? And he would go, sooner or later, leaving her alone with a terrible emptiness that nothing could fill. It would be so easy for her to become addicted to his kisses, to his caresses. Yes, it would be so easy and so very dangerous.

The thought sent a chill coursing down Brenna's spine. She felt herself stiffen in Garrett's embrace, retreating before the onslaught of his passion.

"Garrett, please . . ." She tried reasoning with him, but the words caught in her throat.

"Please what? Please kiss me, Garrett? Please touch me, Garrett?" he murmured into the warmth of her mouth.

"No, please stop! I can't think straight when you do that!" she cried out, panic-stricken.

"I thought that was the whole idea," he muttered a little thickly, raising his head.

"We both know nothing has changed," she charged, her face white with distress. "There's so much we don't know about each other. This past week hasn't changed that for either of us."

He made an exasperated sound. "You're bound and determined to make this as difficult as you can, aren't you?"

"I'm not trying to be difficult," she countered, refusing to be put on the defensive. "But I do think we should get to know each other better."

"Lady, that's exactly what I had in mind," he murmured, pressing his lips to the soft, vulnerable spot beneath her ear, his hands spanning her rib cage.

"I don't mean in *that* way," Brenna got out faintly, fighting to regain some measure of control over herself and the situation.

"Somehow I was afraid you were going to say that," Garrett drawled, reluctantly disengaging himself. "So you want us to get to know each other better." He seemed to be giving it some thought. "What did you have in mind?"

"Now you're the one who's making a joke out of it," she said accusingly. "I'm perfectly serious about this, Garrett."

"So am I, honey. If you want to play twenty questions, then we'll play twenty questions. What do you want to know about me?"

Brenna took a steadying breath. It was almost impossible to know where to start. There were so many things she wanted to learn about him. "All right. What did you do after you were graduated from high school?"

"Good Lord, you are serious!" He leaned back against the kitchen counter and stared down at her, shaking his head with disbelief.

She fixed him with large, reproachful eyes. "Did you doubt for even a moment that I was?"

"All right, Brenna. If you need to talk, then we'll talk," he conceded wearily. "But if I'm going to be faced with an interrogation at this time of the night, I could sure use a drink."

"Do you want another glass of Chablis?" she offered.

"I was thinking of something a little stronger, like a straight shot of Scotch on the rocks," he replied.

"Then you're in luck," she informed him with a triumphant smile, opening the cabinet door above her head. "I just happen to have a brand-new fifth of Scotch on hand."

"That should do for a start," he muttered dryly, digging in his shirt pocket for another cigertte.

"You go ahead and make yourself at home," she added, making a gesture toward the other room. "I'll join you in a minute."

"On second thought—" Garrett paused in the doorway and looked back at her—"make that a *double* Scotch on the rocks. I have a strange feeling I'm going to need it."

"Now, where were we?" Brenna said briskly, curling up on the sofa a minute later and turning to the man beside her. "That's right. You were about to tell me what you did after graduating from ole Mansfield High."

"Ah, honey, do we really have to go through all of this tonight?" he purred seductively, tracing a random pattern along her arm with his finger, watching with satisfaction as he left a trail of goose bumps behind on her flesh. "Couldn't I just send you a complete resumé in the morning?"

She threw him a withering glance. "Talk!"

He stared at the glass in his hand for a minute and then took a drink. "What did I do after high school?"

"Take your time," Brenna interposed in a low, mocking tone. "We have all night if necessary."

For a moment Garrett hesitated, then shrugged his shoulders. "The summer after we were graduated, I did what every other cocky kid with more guts than brains did. I joined the Marines."

"And?" she prompted, biting her lip.

"And I ended up celebrating my nineteenth birthday on top of some damned stinking hill in 'Nam, fighting off malaria and dysentery and cockroaches the size of a man's hand." He raised the glass of Scotch to his lips and downed a good-sized gulp. "Needless to say, it wasn't much of a birthday."

"Dear God," Brenna groaned. "Were you hurt?"

"I wasn't physically wounded, if that's what you mean," he finally told her with an unmistakable tone of bitterness in his voice. "I was one of the lucky ones. I came back alive and in one piece."

Something told her this wasn't the time to ask him about the ones who hadn't come back. That time would only come if and when he was ready to talk about it.

"Did you stay in the military after Vietnam?" she asked instead.

"For a while. You see, the Marines gave me something I'd never had before—a belief in myself as an intelligent human being. The one good thing that came out of my tour of duty in 'Nam was the discovery that I had a real facility for languages. I didn't realize it at first, but apparently not every soldier picked up the local dialects the way I did. For some reason, languages come easily for me." Garrett put his head back, rubbing a hand across his eyes in a gesture of weariness. "Anyway, after I was discharged from the Marines I decided to get an education; and I enrolled in one of the few colleges that would take me." He opened his eyes a fraction and looked at her with a wry smile on his face. "Can you imagine me in college? I barely made it through Mansfield High School."

"Strange as it may seem, I think I can," Brenna said, giving him her full attention.

"Well, I'll tell you, it wasn't easy, honey. I worked my butt off trying to make up for all the time I'd lost. I even managed to get my business degree in three years instead of the usual four by going summers," he told her, rousing long enough to place his empty glass on the coffee table in front of him. "I got a job offer in Chicago after graduation and you know the rest of the story, more or less." He sat back, his eyes closing again the instant his head hit the cushioned sofa.

"More or less," Brenna agreed in a gentle tone. She knew now there would be other times, other opportunities to find out all the details. But there was one question she'd been wanting the answer to ever since that night at the country club. This seemed to be the very chance she had been waiting for. "It's a wonder you never got married," she said thoughtfully, wetting her lips with her tongue.

"Never had the time," Garrett murmured so quietly that she could barely hear him. "Never found the right woman," he added after a brief pause.

Then there was nothing but silence between them. A silence that stretched into one long minute after another. It was some time before Brenna was willing to admit to herself that the man beside her had fallen fast asleep.

She spoke his name in a mere whisper. "Garrett?"

But she knew she wouldn't have the heart to disturb him now. Not when he looked so relaxed, so peaceful, so heartbreakingly vulnerable in sleep. She simply couldn't bring herself to awaken him and send him on his way at this hour of the night.

Brenna finally got to her feet and quietly went about turning off the lights in the house, checking the locks on

110

each door, as was her nightly custom. She returned one last time to the living room and covered Garrett with an afghan.

Then she stood there a moment, looking down at the man stretched out on her sofa, knowing he would still be there in the morning. And knowing in her heart it was what she wanted most of all.

6

~eaaaaaaaaaa~

Where the devil was his pillow? Garrett grumbled, laboring his way out of sleep. And what was the matter with this lousy mattress? Every bone and muscle in his body seemed to be begging him not to move. God, he felt awful! As though an armored tank had run over him in the night. And his mouth tasted as though a platoon had marched through it in combat boots.

Sensing bright sunlight pouring into the room from some unidentified source, he tentatively opened his eyes a fraction of an inch.

Where in the hell was he, anyway? Then the answer dawned on him: he was in the living room of Brenna Richards' house. And it was her sofa he'd been sleeping on all night. Obviously, it wasn't intended to accommodate any man over five and a half feet in height. His legs dangled over the end by a good six inches.

What was the last thing he could remember? That's right. He'd been sitting here on the sofa talking to

Brenna. Apparently that double Scotch on top of a case of jet lag had been too much for him. Worse, he wasn't sure if he'd simply gone to sleep or passed out. In the end, it was all the same. He'd managed to make a damned fool of himself and to spend an uncomfortable night sleeping on a rock-hard sofa.

Stretching his arms above his head, Garrett slowly sat up on the edge of the cushions and ran a hand across the rough stubble of his beard. He needed a shower and a shave. And, he noted dispassionately, a change of clothes. His looked as though he'd slept in them.

It would probably scare the living daylights out of Brenna if she saw him now. He wasn't exactly the image of the suave, sophisticated man-about-town this morning.

The house seemed to be quiet. Maybe she was still asleep. He glanced down at his watch, trying to decipher the time with what he was sure were bloodshot eyes. Seven o'clock? No wonder it was quiet. Who got up at this hour on a Saturday morning if they didn't have to?

What he could really use was a cup of good, strong black coffee. But since he had no intention of prowling around her kitchen uninvited, it would just have to wait. Everything was so damned neat around here and so feminine. Brenna had mentioned something last night about redecorating the place. It looked to him as if a determined effort had been made to erase any evidence that a man had ever lived in the house.

He couldn't help but wonder what her husband had been like. There didn't seem to be any pictures of him sitting around, but she probably kept that kind of personal memento in her bedroom, anyway. He had to admit to a mounting curiosity about Daniel Richards.

Brenna didn't talk about him much, but that didn't mean anything. Sometimes the deeper the hurt, the less you wanted to talk about it. He was pretty sure she'd loved her husband. A woman like that would only marry for love.

The question was, Did she still love him? From what he could gather, Daniel Richards had been dead for several years now. But it didn't follow that the man's death meant the death of Brenna's love for him as well.

God, it was too early in the day to deal with questions of life and death! Especially when he knew it would take a hot shower and a shave for him to feel like a living, breathing human being again.

Garrett struggled to his feet and stared down at the afghan he found in his hands. What had Brenna been thinking of last night when she covered him with it? Had she been angry with him for falling asleep on her? Or had she understood that he was exhausted?

At least she hadn't tried to wake him up and insist that he drive all the way back to Flasmore last night. He supposed that said something.

Garrett slipped out of his shoes and quietly moved through the downstairs of the house. There was only a half-bath off the kitchen. He'd have to take a chance on finding a shower upstairs. He mounted the steps one by one and stopped on the landing. It appeared there were only two bedrooms on the second floor. He turned to the one on the right and approached the half-open door. Giving it a gentle nudge with his hand, he peered inside.

He could tell at a glance it was a woman's bedroom. If the pale, rose-colored wallpaper hadn't told him that, the white French furniture surely would have. He silently approached the bed and stood there gazing down at Brenna as she lay fast asleep.

Like a child, she had one arm tucked beneath her as she slept. Her breathing was steady and regular. Her dark brown hair was sprayed across the pillow like a bold slash of color on a canvas, her eyelashes but a velvety shadow against her skin. Her mouth was soft and pink, her lips slightly parted. Except for a wisp of pale blue material, her breasts and shoulders were bare.

God, she was the loveliest thing he'd ever seen!

That was when Garrett Forsyte knew he had to have her. Like a swift kick to the stomach, the realization knocked the wind out of him. His desire for her was agony, sweet agony. It was a razor-sharp blade cutting him to pieces. He sucked in his breath and quickly glanced down at her. But she slept on, unaware of him or of the awful need that possessed him.

He wanted to touch her so badly he could almost taste it. He wanted to bury himself in that cloak of dark hair, in that soft, warm flesh. He wanted to feel his man's body against the woman she was, the woman she could be in his arms. He wanted to see her lovely face beneath his, awash with passion, wanting only him, desiring only him. He wanted to create a need in her beyond anything she had ever dreamed of and then bring her to the ultimate fulfillment of that need. And Garrett knew then he would do anything, anything he had to, to make her his.

He looked up and saw the bathroom door on the far side of the bedroom. Without a sound he moved away from the bed and across the carpeted floor. If he had any sense at all, came the self-deprecating thought, he'd make that shower a damned cold one!

*   *   *

Rolling over onto her back, Brenna stretched her long, slim body in a graceful, catlike movement. What was that noise? she puzzled as her eyes slowly opened. It took her a moment to identify the sound as running water. It took her a moment longer to pinpoint where it came from. Someone was in the shower. Someone was in *her* shower!

Garrett!

Just the thought of him brought the events of the previous evening back to her in a rush of confused memories. Last night she'd found herself in one of those melancholy moods that hit her now and then without warning. Then Garrett had appeared on her doorstep, dark and disturbing and utterly arrogant as only a man could be. And she'd never been so happy to see someone in her entire life!

Perhaps it was time she faced the truth about herself and this man from her past. How long did she think she could go on denying the attraction that existed between them? It was there in every word, every look, every touch they exchanged. She wasn't a child; she knew Garrett wanted her. And she was very much afraid she wanted him as well.

What did anyone have but today? There were no guarantees of a tomorrow for any of them. Not for Garrett. Not for her. Hadn't she learned that yet? Hadn't she learned by now to reach out for life without fear, without hesitation? To grasp it in both hands and take whatever it offered? To live like a coward wasn't living at all.

People lived and they died. They loved and sometimes they stopped loving. Life was a gamble from the first moment to the last. Wasn't it time she stopped playing the coward and took that gamble? The risks were great, but the rewards were far greater. For, in the end, all anyone had was the hope of love, the hope of a tomorrow.

"Oh Garrett, I am a coward," she groaned, turning to bury herself back under the covers.

As if the mere mention of his name somehow gave Brenna the power to conjure up the man, the bathroom door opened at that moment and Garrett quietly stalked into the room.

She watched him through half-lidded eyes, not daring to move or even breathe as he came to an abrupt stop at the foot of her bed, his clothes casually draped over his arm. He stood there, legs planted slightly apart, and stared down at her.

He was wearing only a towel hitched around his lean hips, the white terrycloth in sharp contrast to the tanned length of his body. His dark head was still damp from the shower. The mat of black hair on his chest glistened here and there with a random drop of moisture. There was something uncompromisingly masculine about the tapered waistline, the length of muscular leg and thigh, the promise of strength inherent in the powerful build of those arms and shoulders.

The unexpected intimacy of seeing him like this stole Brenna's breath away. She tried to force the air in and out of her lungs, but it was as though she were suddenly suffocating. A wave of intense desire shot through her unlike any she had ever known. She wanted to learn everything there was to know about this man, about his strength, his warmth, his need. It was as if nothing existed for her beyond the four walls of this room, beyond this moment or this man.

She opened her eyes and looked up at Garrett, sensing the tension that emanated from him as he stood there gazing down at her across the short distance that separated them.

"You're awake," he said after a moment.

"Yes, just," she managed to get out.

"I . . . ah . . . made use of your shower. I hope you don't mind," he muttered, shifting his weight from one foot to the other.

"I'd say it's a little late even if I did," Brenna pointed out, astonished at how calm she felt considering the circumstances in which she found herself. "And it looks like you made use of more than just my shower."

Garrett scowled and thrust out his chin, running a hand over the smoothly shaven skin of his face. "I'll be happy to replace the damned razor, if that's what you mean."

"There's no need for you to do that," she said. *My, my, aren't we testy this morning.* "By the way, how did you sleep last night?" Brenna asked, bestowing a beneficent smile on him.

"I think you know very well how I slept last night," Garrett told her with an exasperated little growl as he dropped the armload of clothes onto the foot of her bed. Something flickered for a moment in his eyes, and then just as quickly was gone. "Let's just say that sleeping on your sofa wasn't how I'd planned to spend the night," he drawled, all the while moving toward her.

"Would you like a cup of coffee?" she asked quickly, her voice cracking on the last word as he proceeded to sit down on the edge of the mattress.

The offer was brushed aside as Garrett leaned toward her, capturing her face in his hands. "You're very beautiful when you're asleep. Did you know that, honey?"

"No, no . . . I didn't," she whispered, shivering beneath his touch, struggling against the sudden, unbidden desire to press her lips against the fragrant warmth of his flesh.

"I couldn't seem to get you out of my mind all week," he admitted thickly, his hands gliding down to her throat. "When it looked like I could wrap things up early, I grabbed the first plane I could get back to the States. I tried to call you from the airport, but there wasn't any answer."

"I . . . I worked late last night," she said as his hands found her shoulders. "It was nearly ten o'clock before I got home."

"Do you often work that late on a Friday night?" Garrett murmured, easing the straps of her nightgown down around the curving slope of her arms.

Brenna felt her fingers digging into the bedsheet as his lips brushed against her bare skin. "No, I don't, but I was running behind schedule all day yesterday. I . . . I'm afraid I overslept. I haven't been sleeping very well," she confessed, telling him more than she had intended.

"You haven't been sleeping very well?" Garrett raised his head and looked intently into her eyes. "And why is that?" he asked in his softest tone.

She found his question unexpectedly difficult to answer. "Because I can't seem to get you out of my mind, either," she brought out at last, unable to break away from the gaze that held her in its spell.

"Brenna, my sweet, darling Brenna . . ." he whispered just before his mouth covered hers.

What followed was a long, languorous kiss that aroused a bittersweet ache deep down inside of her. She found herself clinging to Garrett as she sensed her passion and his building beneath the surface, threatening to explode at the slightest provocation from either of them.

Her hands reached out to stroke his hair, the smooth expanse of his shoulders, the arms that suddenly swept her into the strength of their embrace. And when he sought to part her lips with his tongue, she willingly, eagerly opened herself to him, wanting to know his possession, wanting to possess in return.

But when she began to move beneath him, her arms tightly encircling his waist, her fingers pressing into the small valley at the base of his spine, a deep groan rose from his chest.

"Brenna, I told you before I'm only human!" he cried out, pulling away from her, his dark eyes ablaze with a fierce hunger he took no pains to conceal.

"I'm only human, too," she whispered, knowing that same hunger was reflected in her own eyes.

"If I don't get up and walk out of this room now, you know what will happen as surely as I do," Garrett ground through his teeth, his hands clenched into tight fists at his sides. "You have to know that you're driving me crazy, that I can't seem to control myself when it comes to you."

"I know. I can't control myself any more than you can," she burst out. "I don't want to. I only want you to kiss me, to touch me."

"It won't stop there if I kiss you again. Don't you understand that?" he warned huskily.

"I do understand," Brenna declared with the full force of her passion for him. "Please . . . kiss me, Garrett!"

"Are you sure this is what you want, honey?" he groaned one last time before he brought his mouth down on hers.

"I'm sure! I'm sure!" she repeated over and over again until she fell silent before the force of his kiss.

She met that overwhelming force with her own, running her tongue over his lips, darting between them to strike in sweet ambush, quickly retreating as he sought to capture her with his teeth. It was the ancient ritual of male and female, the thrust and parry of a battle as old as time, a battle in which surrender became a victory in the end.

And then Garrett was there beside her on the bed, pushing the covers away as his hands began to explore the soft contours of her body through the silky nightgown.

"I never knew until now just how much I want you," he rasped, his hand gliding over her in a light caress. "I want to know, I want to love every sweet inch of you," he proclaimed as his fingers traced a seductive pattern on the pale blue silk.

"And I want you, but—" Brenna came to a stumbling halt, suddenly loath to explain the shyness she felt at his touch. How could she find the words to tell him, to make him understand?

"But *what?*" he softly prompted, his hand covering her breast.

"But I . . . ah—" She broke off and tried again. "You have to understand there hasn't been anyone in a very long time," she murmured, looking away.

"Are you trying to tell me I'm the first man since your husband?" Garrett suggested in a gentle tone.

Brenna inhaled a deep, trembling breath. "Yes." Then she looked back at him, her eyes bright with unshed tears. "I want you more than I've ever wanted anyone in my whole life. I want to please you, Garrett, but I'm afraid I won't know how." Her voice trailed off as Brenna squeezed her eyes tightly shut, burying her face in his shoulder.

"Oh, my dear, darling woman, you will please me just as I will please you," he soothed in a voice suddenly husky with emotion. "We have nothing to fear, Brenna. The past can't hurt us, I told you that before. We'll learn together how to please each other, how to love each other," he promised.

That promise was sealed with a shower of light, tender kisses on her mouth, her eyes, the sensitive hollow at the base of her throat. They were kisses that soon left her trembling, fearlessly aching for more.

"I'm not afraid, Garrett, not anymore," she vowed in a low, vehement voice, instinct guiding her hands to the smooth plane of his back, to the corded muscles of his shoulders and chest, to the tension-taut abdomen above the towel riding low on his hips.

With a deep groan, he threw the towel aside and knelt over her. "I need to know everything about you," he growled, easing the nightgown down around her waist, sucking in his breath as he exposed her to his impassioned gaze.

He devoured her with his eyes, taking in every lovely inch of her—from the wildly beating pulse at her throat to the ivory silk of her breasts down to the valley that delicately dipped to form her navel. Then he bent his head and placed a tender, worshipful kiss on each rosy tip, grunting his masculine satisfaction as they immediately reacted to his touch.

"Oh my God, Garrett!" Brenna moaned, dragging her nails across his vulnerable flesh, urging him closer as she felt her breasts throbbing with an almost painful need for his possession.

"Relax, my sweet lady," he murmured as his tongue

drew a moist circle around first one taut nipple and then the other. "Relax and enjoy what I do to you, what you do to me," he instructed, gently sinking his teeth into the sensitized peak.

"Relax? How can I?" she cried out as he took her fully into his mouth, drawing her nipple between his lips as he suckled on her breast. And just when she would have cried out again, driven to the very edge of madness itself, he released her from the exquisite torture. "Kiss me," Brenna whispered hoarsely, trying to catch her breath and finding it impossible to do so.

"Believe me, I intend to," Garrett muttered, looking down at her, his dark eyes burning into hers.

But it was not as she expected. He reached out and slipped the nightgown free from her body, letting it drop to the carpet in a hushed sound of rustling silk. Then he lowered his head, pressing his lips to the small valley between her breasts, moving on to the smooth, satiny surface of her abdomen; and then lower, to the sensitive skin of her inner thigh.

He cupped her rounded bottom in his palms, gently parting her legs, raising her up to meet his hot, moist kisses in an intimacy that hurled Brenna over the edge, his name a plea on her lips.

She moved her head back and forth on the pillow. "Garrett! Please! I can't bear any more!"

"You can!" he insisted, coaxing her, soothing her with his words and his caress. "I want everything you have to give, sweetheart. Everything!"

"Everything—" she repeated with incredulous wonder.

Then his mouth was on hers, swallowing her mindless whimpers as his hand stroked the core of her feminine response. She reached out for him with an instinctive desire to give pleasure as well as to receive it, caressing the lean line of his thighs, the tensed male buttocks, the hard, unmistakable contours of his body.

Brenna heard his breathing coming hard and fast, felt his response to her touch, sought to give him pleasure and succeeded beyond anything she had ever imagined. She pressed on, knowing he was perilously near the edge, glorying in her power as a woman and in his obvious need for her.

At last he cried out, "I can't wait any longer, Brenna! I must have you now!" He reached for the trousers on the foot of the bed, searching in the pockets for a moment before he came back to her. "I'll take care of you, sweetheart. I'll protect you," he vowed as he settled himself between her parted thighs.

"Yes, Garrett! Yes!" She clung to him then, wrapping her arms about his waist, entwining her legs with his, anchoring herself to him as the storm of their passion swept them along in its mindless force.

"I will love you gently," he promised, bringing his mouth down on hers, his tongue taking one more sweet plunge into her as his body kept that promise.

Then she knew the wonder of his gentle possession and opened up to him, taking him into her, feeling the depth and fullness of him as her softness enfolded him. There was no fear now, no hesitation, no thought of tomorrow. Nothing existed beyond this moment and this man.

Garrett moved against her, slowly at first and with disarming grace, setting an easy rhythm she could keep pace with. Then there was a subtle change in his movements as they were driven on by their mutual impatience, by the rising passion that held them both in its grasp. His control began to slip away as he drove into her with greater and greater force.

"Brenna?" Her name became a frantic question on his lips.

"Love me, just love me!" she pleaded, arching her hips into him, answering his unspoken question with both words and deed, holding him in her feminine grasp.

Freed from the last, tenuous restraint, he drove them both toward that final moment with increasing frenzy. They sought to give each other the greatest of pleasures and found the ultimate pleasure was indeed in giving. Clinging together, they reached for their fulfillment and found it in each other's arms. With a cry of mutual surrender and mutual victory, they reached the apex as one mind, one body, one heart.

And then there was nothing to be said, nothing to be done but hold each other in the wondrous aftermath of their loving. To lie there counting each other's heartbeats as their own, to know they had truly found a new beginning together.

It was some time later before they moved, Brenna curling into Garrett's side as he stretched out on the bed. His fingers gently combed the tangles from her hair as her head rested on his shoulder, her arm draped across his body.

"Dear God, lady, how you do please me," he finally murmured in a husky voice.

"And you, sir, please me," she assured him, dropping a feathery kiss on his shoulder.

But there were so many words in her heart—words of gratitude, words of passion and pleasure, words of love. The discovery of love was such a fragile thing, a thing too easily shattered, too quickly trampled underfoot in the haste of confession. The words would remain in Brenna's heart, unspoken, destined for the present to be hers and hers alone.

"I must say, this is a lot more comfortable than that damned sofa of yours," Garrett teased softly, stifling an insistent yawn as he reached down and pulled the covers over them. "Stay in my arms, sweet Brenna," he instructed in a drowsy voice. "I need to know that you're beside me."

"I'm here beside you, Garrett," she whispered as his eyes closed. Hers followed suit all too soon, and they slept in the golden light of the morning, their arms around each other.

It was several hours before Brenna awoke to find him lying there, watching her as she slept.

"You are beautiful awake or asleep," he pronounced as if it were one of the great truths of all time.

"And *you* have to get out of the nasty habit of spying on me when I'm asleep," she flung back, feeling the telltale heat of a blush wash over her face. "It embarrasses me."

"But, *ma chérie*, you embarrass so beautifully," Garrett drawled, playfully nibbling on her ear.

"*Ma chérie?*" she echoed, holding back her laughter. Hadn't he mentioned something about a facility for languages? "Do you speak French?" she inquired skeptically.

"Almost none at all," he admitted with a sheepish grin.

"What languages do you speak, then?" Brenna asked, genuinely interested in knowing.

Tucking an arm behind his head, Garrett stared up at the ceiling as if deep in thought. "Well, I speak a smattering of Korean, some Vietnamese—although I've forgotten most of it—and, of course, Japanese."

"What do you mean 'and, of course, Japanese'?" she retorted with an unladylike snort. "Do you really speak Japanese?" she added after an instant's thought.

"Yup," came his cryptic reply.

She met his eyes with a challenging lift of her chin. "Then say something to me in Japanese."

He looked at her for a moment, whistling tunelessly under his breath and then opened his mouth. "Toyota."

"Toyota?" she hooted with a laugh. "C'mon, be serious."

"Well, I never claimed to be fluent," he sniffed indignantly. "Oh, all right, I'll tell you the first thing I learned to say when I visited Tokyo. *'Tyotto ukagaimasu ga, Amerika-taisikan wa doko desyoo ka.'*"

"I *am* impressed!" Brenna said, surprised to find she meant it.

"Don't be," Garrett said with a self-deprecating smile. "Translated, it means 'Excuse me, but where is the American Embassy?' My only problem was I couldn't understand the answer anyone gave me," he admitted, grinning down at her. "So, the next thing I had to learn to say was *'Tookyoo no tizu ga arimasu ka.'*"

"Which translated means?" she prompted.

"Which means 'Do you have a map of Tokyo?' "

"A map of Tokyo?"

"Yes, that way they could just point to the spot on the map," he told her as innocently as he could.

"Why, you . . ." she sputtered, giving him a swat with her pillow. "You are a tease, Garrett Forsyte!"

In the next instant, she found herself flat on her back with a heavy male body pinning her to the bed. "I'd make you eat those words, my dear, but I seem to have worked up an appetite of another kind," Garrett growled, letting her off with a swift, hard kiss. "Why don't you get dressed, and I'll take you out someplace for breakfast."

"I think you mean *lunch,* don't you?" Brenna corrected him. "It's almost noon." Then she glanced down at the shirt and trousers at the foot of her bed. "I don't suppose you brought a change of clothes with you." The expression on his face told her he hadn't. "Well, I guess we could toss them in the dryer for a few minutes. That should get out most of the wrinkles."

"What would you like to do this afternoon?" Garrett asked as he bounced off the bed and immodestly stood there looking down at her. Apparently, there wasn't a self-conscious bone in the man's body.

"I was planning to go downtown shopping this afternoon," Brenna airily informed him, reaching for her nightgown. After all, she thought primly, not everyone enjoyed parading around in the nude!

"Would you like to combine your shopping trip with a tour of C.G.S. Consultants?" he proposed. "It wouldn't be out of your way."

"I'd like that very much," she replied. "Actually, the shopping trip was just an excuse to get out of the house." Abruptly, she clamped a hand over her mouth, realizing she'd said too much.

Garrett darted an odd look at her. "You weren't planning to be here when I called, were you?" he said, his voice quiet, dangerously quiet.

She'd never been a good liar, and this was no time to start. "No, I wasn't," she confessed, looking a little uncomfortable.

"Then it's a damned good thing for you that I got

back early and took it upon myself to show up here last night," he said in a very hard, dry voice. "Because there would have been hell to pay, lady, if I'd called this afternoon and you hadn't answered."

"I understand the telephone company tends to frown on that kind of thing," Brenna replied smoothly, pleased with the way she'd tossed that off.

"On second thought," Garrett began, moving toward her with unmistakable intent, "lunch can damned well wait!"

"I couldn't agree with you more," Brenna drawled breathlessly as he settled her onto the bed.

7

~cecacacaca~

She couldn't possibly be in love with Garrett. She just
couldn't be! Brenna thought as she swept past him. She
stepped to the rear of the elevator and turned around,
watching as he pressed the button for the thirtieth floor.
Then they were being whisked up to the offices of
C.G.S. Consultants.

It must be infatuation, she thought in self-analysis, a
delayed case of adolescent puppy love. She was in-
trigued by the man, perhaps even a little enamored of
him, but she was definitely *not* in love with him!

She couldn't be. Friends became lovers. Love grew
out of friendship. Love was gentle and kind and
understanding. Whatever it was between Garrett and
herself, it was none of those things. She had to admit it
was compelling, impulsive, passionate, and perhaps
even a little foolish. And those were all symptoms of a
crazy, romantic infatuation.

And why shouldn't she be infatuated with him? After

all, wasn't every woman entitled to at least one wild, impetuous fling in her lifetime? Well, she decided, Garrett Forsyte would be hers.

He certainly had all the qualifications, right down to "tall, dark and handsome." He was attractive. And he was rich, which was always nice, if not an absolute necessity in these cases. He was single. He had a good sense of humor when he cared to use it. And she found him utterly irresistible. What more could a woman ask for?

"This is our floor," she heard Garrett drawl in that honeyed baritone of his as he took her by the elbow and guided her along the lushly carpeted corridor.

"Very impressive," she commented as he opened the door to the offices of C.G.S. Consultants. And obviously the work of a *very* expensive interior decorator, Brenna thought in wry amusement as they entered the reception area.

Against a neutral backdrop of beige walls and beige carpet, a grouping of stark modern furniture provided a dramatic first impression. The artwork on the walls was a fair representation of early twentieth century cubism. A large plant dominated one corner of the room—if something bright blue, plumed, and six feet tall could be called a plant. The overall effect was chic, businesslike, and decidedly masculine. In many ways, Brenna mused, it was a reflection of the firm's owner and founder.

Judging by what she saw and by the rather elite address on the building, she decided Garrett was far more successful than she'd realized at first. He must have driven himself very hard to have reached this rung on the ladder of success in a mere eight or nine years.

"Would you like to see the rest of the offices?"

Garrett inquired after giving her more than sufficient time to inspect the outer suite.

"Yes, I would," Brenna admitted with blatant curiosity. "How many employees do you have?" she asked in an incredulous tone as they walked past one office after another.

"Well, let me see," he replied, looking down at his hands with a thoughtful expression. "Counting the receptionist, the secretarial pool, my personal secretary, the accounting department, the legal division and the junior- and senior-level consultants, I'd say about thirty," he concluded as they reached the end of the hallway. "And this is my office," he said as he opened the last door.

"Your view is magnificent!" she observed, going first to the wall of windows behind the oversize desk positioned on the far side of the room. There was Chicago below them—noisy, colorful and bustling—except the sounds of the "Windy City" were scarcely audible in the hushed, quiet surroundings thirty stories above.

Brenna moved about the large office, noting the finely crafted furniture, the upholstered sofa and chairs arranged in one corner of the room, the original oil paintings on the walls, the genuine Persian area rug. It was all beautifully done, stylish and surprisingly opulent. For a simple country boy, Garrett had obviously learned how to live very well sometime in the past fifteen years.

"Would you like something to drink?" he offered, pushing a button on the wall behind him. At his touch, the wood paneling quietly recessed into the wall, revealing a compact but well-stocked bar.

"A club soda with a dash of lime juice, if you have it," she replied, trying to appear unimpressed.

"I seem to be out of lime juice," he said, rummaging in a small refrigerator under the counter. "Would fresh lime be all right?"

Fresh lime? For crying out loud, who kept fresh lime in an office? Of course, this was no ordinary office, Brenna admitted, drawing a breath. "Fresh lime will be fine."

"One club soda with a touch of lime," Garrett announced as he smiled urbanely and handed her the glass. He turned and strolled back to the bar long enough to add several ice cubes to the glass of Scotch he'd poured for himself.

He certainly did that well, she noted, taking a sip of her drink. No doubt he'd had plenty of practice. With every passing moment he was looking less and less like the young, uncultured boy she remembered from Mansfield, Indiana, and more like a suave, international playboy. Or, at the very least, a suave, international businessman. Time was a great equalizer, Brenna thought with sudden perception.

"You've certainly done well for yourself, Garrett." The observation was made as she settled herself, at his invitation, into one of the plush chairs.

"You mean for a kid who barely made it through high school," he remarked.

"I mean for anyone," she shot back coolly. "You know as well as I do that a formal education is no guarantee of success."

"You've been very successful yourself, haven't you, Brenna?" he commented, leaning back in his chair and lighting a cigarette from the case on the table at his elbow.

"Yes, I have been successful," she acknowledged. "And very lucky," she added as an afterthought.

"I don't believe that luck has anything to do with it. Most of the successful people I know have worked their butts off to get where they are," Garrett declared forcefully.

"I don't deny that I've worked hard for my success," she explained gently. "But I didn't do it alone. I was lucky enough to have people who believed in me, in what I wanted to do. Without those people behind me, I wouldn't be where I am today. No one succeeds entirely on his own."

Garrett scowled and leaned forward. "Everything I have now I got on my own," he stated unequivocally, making a sweeping gesture with his hand that encompassed most of the room. "I started out in a ramshackle one-room office with a part-time secretary who couldn't even type. And the only one who believed in me was *me!*"

"You must have wanted to succeed very badly," Brenna said in a low, earnest voice.

"When a man's hungry, he'll do almost anything to eat," he said harshly, grinding his cigarette out in the ashtray on the table. "In the beginning, I worked twenty-hour days seven days a week, scrambling for every penny I could get my hands on. Within a year I'd hired a full-time secretary and two consultants, and I was still scrambling. At the end of five years I had a dozen employees working for me full-time. Two years ago, C.G.S. Consultants moved into its present location. I still work harder and put in longer hours than anyone else in this firm." Garrett paused and reached for another cigarette. "So, don't expect me to believe that luck has anything to do with it," he informed her in an uncompromising tone. "It's hunger that drives a man to succeed."

"But surely it's been years since *hunger* had anything to do with it," she pointed out, looking around her.

His voice was soft and cold when he spoke next. "Hunger can take many forms, honey. Sometimes a man has to prove to himself and to the whole damned world that people were wrong about him. And that's a hunger not easily satisfied."

"Perhaps not, but if it's a question of proving yourself, haven't you done that beyond any doubt?" Brenna asked, shaking her head impatiently. "You told me last weekend that you'd come a long way from Mansfield. I'd say you've come a very, very long way from Mansfield and from the young man you once were."

Garrett's face suddenly grew tired and drawn-looking as he sat there with the glass of Scotch clutched in his fist. "I've never forgotten who I was or what I came from, Brenna. I've never forgotten for a single moment how much I hated growing up in a town like Mansfield or the way its 'fine citizens' treated my family. And I've never forgotten why I named my company C.G.S. I promised myself I would never forget!" he repeated, bringing his fist down on the table with a resounding thud.

Brenna felt an icy chill course down her spine. "Why did you name the company C.G.S?" she asked with reluctance. "They're not your initials. What do they stand for?"

It was some time before he answered. "I named the company for three guys I knew who never made it back from 'Nam," he finally told her. "Charlie, Gerry and Steve were in the same platoon with me. We used to dream about what it would be like to have a real home-cooked meal again or to take a hot shower or go out on a date with a pretty girl. Sometimes we'd talk about the things the four of us would do together when we got back to the States. Then one by one we were picked off until I was the only one left." Garrett looked at her with dark, questioning eyes. "I never understood why I was the only one who made it back alive. But I swore I'd live enough for the four of us."

She hadn't realized there was still so much bitterness, so much anger and hatred in him. How many times had Garrett told her that the past couldn't hurt her? Yet, he seemed incapable of seeing just how much he was allowing it to hurt him even now.

"None of us ever *forgets*, but we can *forgive*," she finally said, knowing her voice was shaking with emotion. "And when we forgive the people who knowingly or unknowingly have hurt us in the past, we can begin to forgive ourselves as well."

A muscle in his face started to twitch as Garrett sprang to his feet and stood staring out the window. "Tell me, Brenna," he began in a dark whisper, "how do you forgive a father who walked out on his family without once looking back? How do you forgive the *good* people who *allowed* your mother to clean up after their dirt for a lousy ten bucks a day?" His voice dropped even lower. "How do you forgive the kind of insanity that killed three young men before they'd even started to live?" He turned and speared her with a long stare. "Tell me. How do you forgive that?"

Brenna took in a trembling breath. "Dear God, Garrett . . ." She drew another deep breath and continued sadly. "You forgive because you must, for your own sake. No one should spend his whole life hating something he can't change. And not even you can change the past." She closed her eyes for a moment and tried to think. "You once told me that hate makes some people strong."

He gave a decisive nod of his head, his eyes never leaving hers. "Yes, I did. I said that hate wasn't always destructive, that it sometimes gave people the strength and determination to do things they might not otherwise."

"Then don't cling to your hate because you're somehow afraid that hate is what's made you strong all these years," she heard herself saying carefully. "You can be strong without it, Garrett. There is a gentleness inside of you if only you'd let it out," she pleaded in a soft voice.

Brenna watched the subtle change in his eyes as he turned and slowly walked toward her. Without a word, Garrett reached down and took her by the hand, gently urging her to her feet. Then his arms went around her as he buried his face in her hair.

"Teach me how to forgive, then, my sweet, forgiving Brenna," he breathed, stirring the wisps of hair about her face. "Show me how to be gentle, my gentle lady."

"Dear God, I wish I could," she murmured at last, wrapping her arms around him. "I wish I could."

She didn't think she could bear to see this man in pain. She suddenly wanted nothing more than to take his pain and somehow make it her own. She wanted to see him happy, to hear him laugh, to feel her name on his lips as he kissed her. All she had to give him was the strength of her gentleness, of her softness.

"Brenna . . ." Then her name was on his lips as his mouth sought hers in a whisper of a kiss.

It was a kiss given without passion. It made no demands. It was a kiss that simply asked her, gently beseeched her, to share the power she possessed to heal the pain in him. And she wielded that power with infinite care, knowing it had the strength to wound as well as to heal.

They stood with their arms about each other, holding each other close, sharing the soothing strength they found in their kisses and quietly whispered words. Then the pain was gone and that awareness they had of each other as a man and a woman began to make its own demands on them.

She felt Garrett's hands on her back, stroking the length of her from shoulder to thigh in slow, almost unconscious movements. Then her own hands began an exquisite, leisurely study of each bone and muscle that formed the tantalizing outline of his body from shoulder to waist down to the angular curve of his hips. It was a mutual search that lead to the rediscovery, the reawakening of the passion between them.

Brenna raised her head and looked up at him with that wild longing in her eyes. Stunned by the force of her own need for this man, the words came out in a suffocated whisper. "How can we want each other—?"

"—again so soon?" Garrett finished for her in a husky-voiced drawl. "I don't know, honey," he confessed, his hand shaking imperceptibly as he reached up to tuck a stray wisp of hair behind her ear. "I only know that we do."

As if seeking confirmation of that fact, he bent his head and took her mouth in an overwhelmingly persuasive kiss, the edge of his tongue inviting her lips to part. At the gentle hint of intrusion, Brenna opened herself to him, eagerly welcoming the enticing touch of his lips and tongue on hers. Then he surged into her with a hunger that took her breath away.

"Oh, Garrett, what are we going to do?" she

groaned, gasping for air, her fingers clutching at the leather belt around his waist as she swayed against him.

"There's only one thing we can do," he told her in a raspy whisper as his hands moved over her back, seeking and then finding the zipper of her cotton skirt. He carefully eased the zipper down, then urged the skirt over her hips until it fell silently to the carpet at their feet.

Brenna raised her head suddenly, and there was a questioning look in her eyes as they stared into his. "But . . . here?"

"Yes, here, sweetheart, and now. I need you now!" he grated in a fierce whisper as he ground his hips into hers, the indisputable proof of that arrogant male need rising between them.

She shivered as his hand slipped beneath the elastic waist of her panties, his fingernails lightly scoring the sensitive flesh of her buttocks. He traced a seemingly random pattern along the curve of her thigh and around to her flat, smooth abdomen. And then his hand insinuated itself between their bodies and moved lower, covering her, finding her warm and moist as she instinctively responded to his caress.

"Oh!" Brenna bit off the sound, unwittingly sinking her teeth into his shoulder as her body arched against the probing quest of his hand.

"I want you, Brenna!" he declared with single-minded intent, his dark eyes ablaze with his unquenchable thirst for her. He slowly withdrew his hand and swept her up into his arms, heading for the sofa.

He laid her back against the cushions, quickly removing the sandals from her feet. He slipped out of his own shoes before settling himself alongside her with a thoroughly masculine grunt of satisfaction. And then his hand was on her leg, delicately fingering the sensitive skin behind her knee before moving up along her hip. He detoured for a moment, pressing his palm against her pulsing warmth, then continued on over the cotton gauze of her summer blouse to cover one breast.

"We have to be crazy—both of us!" Brenna began, then swallowed roughly as Garrett pressed his mouth where his hand had been, his teeth nipping her through the flimsy material of her blouse.

Her breasts strained against the barriers that separated them from the source of that exquisite pleasure; her nipples swelling to meet the impertinence of his tongue. He boldly ensnared first one hardened peak and then the other between his lips, his tongue flicking back and forth, leaving a small damp spot on the material around each aroused point.

And then with a muffled groan, he tugged at the buttons down the front of the blouse, wanting to feel only her bare skin. Pushing the material aside at last, his fingers unclasped the hook of the skimpy bra and her breasts spilled forth into his awaiting hands.

"How can one woman be so soft?" he rasped in wonder, scraping his palm across her sensitized flesh.

Her only reply was a low, impatient whimper as she pushed herself against him, frantically seeking his mouth with hers. The tip of her pink tongue teased and cajoled until his lips parted. Her fingers lightly caressed him through his shirt, then slipped down his chest and lower still to press against the bold, unmistakable force of his desire.

"Brenna!" he implored, violently sucking his breath in as his body surged against her hand.

"Please, help me!" she cried out in frustration as she fumbled with the belt buckle at his waist.

In response, Garrett pulled away from her for a moment and struggled to his feet, quickly completing the task she had tried in vain to begin. Discarding his clothes without another thought, he reached down and gently drew the small panties over her hips and tossed them aside.

He came back to her then, stretching his long, lithe form down beside her on the cushions, wrapping his hair-roughened legs around the silky smoothness of hers. Then he shifted his weight and rolled beneath her, pulling her across his chest.

Startled, Brenna looked at him with eyes as round as saucers. Throwing her loose dark hair back from her face, she pressed her hands into his chest and tried to sit upright.

"I suppose you think you're as clever as the devil, Garrett Forsyte," she said in a panting voice, feeling him warm and lean beneath her.

"Oh, I'm not the least bit clever, my sweet," he purred in a gritty tone. "Well, perhaps just a little bit," he admitted at last, releasing a low, shaky laugh as he reached under her blouse to touch the peaks of her breasts.

Then he was urging her along the length of his body until she was poised above him. He made a sound deep in his chest as his tongue darted out to find the tip of her breast before boldly drawing it into his mouth. She could feel his lips on her, hot and moist and insistent as her legs pressed into his sides.

"I don't know why I want you so," Brenna confessed in a moment of mindless wonder. "I only know that I do." She knew she wasn't making any sense, but somehow it no longer seemed to matter.

"And I only know that I want to love you," Garrett

141

whispered in a husky growl as he found her mouth in a kiss that seemed to go on and on without end.

Their breathing was tortured as he hesitated, once more keeping his promise to protect her. Then he began to move beneath her, his bare skin rubbing against hers. His hands seized the curve of her bottom, coaxing her closer and closer to the very heart of their passionate need. And then he settled her astride his hips and gently brought her down onto him.

For a long moment they were still, trying to absorb the impact of that union, that sweet merging of his body with hers. Then the slow, sensual movements began that would take them once more into the center of the storm as it unleashed its thunderous fury upon them.

They clung to each other as the tempest of their passion tossed them to and fro, building with a force they had never known before, hurling them toward that one timeless moment of oblivion together.

"Garrett!" His name was torn from Brenna's lips. It was a cry from the heart that echoed through every part and particle of her until she was his in mind, body and soul.

"Hold on to me, darling!" he whispered fiercely, cradling her against his chest. "Hold on to me!"

"I will! I will!" she vowed, although in truth she had little choice in the matter. For he was her shelter from the storm, her bulwark against the intense furor that threatened to tear her asunder.

Then Garrett's body arched into hers with all the power that was his, a power that was as great as her own, a power that in the end unleashed the full force of their passion and drove them over the edge—leaving them with only this moment, with only each other to cling to in the eye of the storm.

It was a long time before either one sought to move, to break the sensual haze that surrounded them, to end the special intimacy they had shared. And it was only with the greatest reluctance that they finally did so.

Brenna slowly moved away, settling for a moment on one end of the sofa as she watched Garrett gather up their hastily discarded clothes. He placed hers gently on the cushion beside her.

"We'd better get dressed, honey," he urged with a tender smile. Then he turned and opened the door to the adjoining bathroom. "You can freshen up in here if you like," he suggested, running a hand through his already rumpled hair.

"You go first," she heard herself tell him in a languid murmur as she tried to put her blouse to rights. She needed a few moments to collect herself, and in truth, she wasn't certain her legs would support her quite yet.

It was some time later that she emerged through the adjoining door to find Garrett waiting for her in his office. He turned and smiled at her from across the room, then silently covered the distance between them, stopping only when he stood directly in front of her.

Then he draped his arm around her shoulders as he bent his head and dropped a tender kiss on her mouth. "Are you ready to go, darling?"

"Yes, I think so," she answered with a tremulous smile as she gazed up into his handsome face.

"You know, honey," Garrett murmured as he paused in the doorway of his office and looked back, "I'll never feel the same way about this place after today. Every time I walk into this room I'll think of you and remember." He put a gentle hand against her lips. "And that, I'm afraid, is going to wreak havoc with my concentration," he said with a chuckle.

143

Going to wreak havoc with *his* concentration? What of hers? She didn't seem to have the ability to keep one rational thought in her head when she was with this man. It was crazy. And that, Brenna acknowledged in a moment of truth, was the price a woman paid for infatuation.

"Thank you for bringing me this afternoon," she told him politely as they stepped onto the elevator. "I really did enjoy seeing your office," she added on a bright note as they walked across the lobby and out into the summer sun.

"Believe me, no more than *I* enjoyed showing it to you," he returned with a suggestive drawl as he helped her into his sports car. "How about stopping for an ice-cream cone on the way home?" he proposed as they left the downtown Chicago area and drove north toward the suburbs. "There's a place up ahead that advertises thirty-three flavors including 'bubble gum,' 'strawberry shortcake,' and 'goody goody gumdrops.'"

At that she burst out laughing. "Goody goody gumdrops?"

Garrett's nose went up in the air as he looked at her with a ridiculously haughty expression on his face. "Don't knock it if you haven't tried it."

Brenna couldn't seem to stop laughing. "Who would even want to try something with a preposterous name like that?" she demanded, wiping away the tears that coursed down her cheeks.

"It just so happens that 'goody goody gumdrops' is one of my personal favorites," Garrett informed her.

"Oh dear," she mumbled, biting her lip. "By the way, exactly what is it?" She couldn't resist asking.

"Exactly what is *what?*" he repeated, his lips forming an obstinate line.

"Exactly what is 'goody goody gumdrops?'"

"It's vanilla ice cream with gumdrops, of course," he told her condescendingly. "You can have a lick of mine if you'd like," he added as he pulled into a parking space in front of the ice-cream shop.

"No! No, thank you." Brenna quickly dismissed that possibility with a wave of her hand. "I'm partial to plain chocolate, myself."

It didn't take her long to find out that this was one man who took his ice cream seriously. After fifteen minutes of thoughtful deliberation, Garrett finally made his choice, requesting three scoops to her one.

"How can you possibly eat that stuff?" she interjected, shuddering as he dug into the concoction of licorice, gumdrop and chocolate-mint ice creams with obvious relish.

"Not everyone is content to go through life with nothing more titillating to the palate than a scoop of plain chocolate," he sniffed disdainfully.

"I don't think I'll ask what that has to do with ice cream," Brenna chuckled on an amused note.

The subject was still under discussion when they pulled into the driveway alongside her house some ten minutes later.

"Don't worry about it, honey," Garrett was assuring her, not altogether seriously, as he opened the door on the passenger's side and took her hand. "We'll start you out nice and slow—say, with a scoop of chocolate chip," he improvised, rather proud of himself.

"All right, perhaps I should try something new next time," Brenna conceded as she unlocked the back door of the house and walked into the kitchen. When she turned around, she found Garrett standing directly behind her.

"You can't be afraid to try something new every now and then, my sweet," he teased as he caught her about the waist and hauled her against his chest. "Who knows? You may even like it."

"Perhaps . . ." she murmured, licking her lips. "You do manage to talk me into trying the craziest things."

"Perhaps it's because you inspire me to do crazy things," he drawled, taking a nibble of her ear.

Brenna quickly pulled away and put a distance of several feet between them. "And I'd say you've had quite enough *inspiration* for one day, Garrett Forsyte."

"You may be right," he confessed, stifling a yawn. "Inspiration can be quite tiring at times. I think I'll go home and grab a nap before we go out for dinner." The look of utter surprise on her face brought a flush to his. "Didn't I invite you to have dinner with me tonight?"

Brenna firmly planted one hand on her hip. "No," she began with a touch of exasperation, "you did *not* invite me to have dinner with you tonight."

"It must have slipped my mind, with everything else going on this afternoon," he said with total innocence. "Will you have dinner with me?" he asked her then in his softest tone.

"I've already arranged to have dinner with some friends," she said with a slight edge to her voice.

"That doesn't answer my question, honey," Garrett gently pointed out, looking intently into her eyes.

She hesitated for a second, then nodded. "All right, I'll have dinner with you tonight," she sighed, knowing she could make her excuses to the Daltons with little regret on either side. "What time were you thinking of going?" Brenna gave him a look of polite inquiry.

He glanced down at his watch. "It's four o'clock now," he said. "And I wasn't kidding about needing that nap," he added with a grin. "Would eight be all right?"

"Eight o'clock would be fine," she replied matter-of-factly, all the while telling herself that she was a fool to accept his invitation. It would be far wiser to have dinner with the Daltons.

"I have this elegant little restaurant in mind—white linen tablecloths, candlelight, crystal chandeliers," Garrett was telling her as he covered the distance between them in a single step. "So, put on your best bib and tucker, honey, we are going out to celebrate tonight!" Then he swooped down and gave her a swift, hard kiss before heading back out the door.

And just *what* were they going to celebrate? Brenna asked herself as she heard the roar of his car retreating down the driveway. The man was definitely up to something. She could tell. She only hoped and prayed it wasn't going to be another one of his crazy schemes. But a little voice kept insisting that *she* was the crazy one.

She *was* crazy, Brenna admitted as she aimlessly wandered about the house, straightening pillows that didn't need to be straightened, watering plants that didn't require watering. She was crazy to think for even one minute that she could handle having an affair with a man like Garrett Forsyte!

It was time she faced facts. In the short span of one day, the man had made love to her again and again until she couldn't think of anything but him. He had shared his deepest pain with her and then had made her laugh until she cried. How in the world did a woman handle a man like that?

Very carefully, she told herself. For it was too late now to turn coward and run. She was good and truly caught in the grip of a passion such as she had never known before. And, in the end, she would have to pay whatever price that passion demanded of her.

Brenna was ready and waiting when the door bell rang at precisely eight o'clock that evening.

This was no time to lose her nerve, she reminded herself as she went to answer the door. The Victorian lace blouse and soft batiste skirt she was wearing were all the current rage in fashion. Her hair was swept up into a soft, feminine style that emphasized her dark eyes, making them appear even larger than they were. She knew she looked her best and she knew, too, she would need every bit of her self-assurance before the night was over.

"Good evening, Brenna." Garrett greeted her with uncustomary formality as he thrust a small white sack into her hands.

"What in the world is it?" she exclaimed, glancing up at him in surprise.

He gave a little grunt that might have been a laugh. "I stopped by the ice-cream shop on my way over," he explained, his eyes briefly touching hers. "I thought you might like to try some chocolate chip later." He seemed about to say more and then apparently changed his mind.

"Thank you," she responded with the same polite formality. "Why don't you come in for a minute while I put this in the freezer?" But he simply stood there as if he hadn't heard a word. "Garrett?" she tried again in a slightly louder voice.

He blinked several times in quick succession and then looked down at her with a puzzled frown. "I'm sorry, honey. What did you say?"

"Why don't you come in while I put the ice cream in the freezer?" she repeated, eyeing him warily. There was something about him that suddenly made her uneasy.

"Ice cream?" he echoed blankly.

"Yes, the chocolate-chip ice cream you just handed me," she reminded him with a snort of impatience.

"Oh, hell, I don't give a damn about the ice cream," Garrett swore, waving the matter aside as if he had more important things on his mind. "Brenna, I . . ." He inhaled a deep breath and went on. "I think we should get married."

It took a minute, or perhaps even two for the words to sink in. It was some kind of joke, of course, Brenna told herself as she stood there staring up at him, her mouth hanging wide open. It had to be a joke.

"Would . . . would you mind repeating that?" she finally stammered.

Garrett shot her a curious glance. "I said, I think we should get married," he returned calmly.

She shook herself. "That's what I thought you said," she got out at last.

"Well, what do you think?" he cut in adroitly.

"What do I think?" she repeated, her voice rising at least an octave on the scale. "What do I think? I think that is the damnedest, the craziest idea you've had yet, Garrett Forsyte!"

8

~~~~~~~~~

Well, that's a hell of a thing to say!" Garrett roared back at her in self-defense. He wasn't sure if he wanted to strangle her or kiss her, but, oh God, he did love it when that ladylike composure of hers started to slip. "And I don't see what's so crazy about the idea of the two of us getting married."

"I will admit," Brenna began, having the sense to look embarrassed, "that I could have put it a bit more diplomatically. But your proposal has come as something of a surprise, to say the least," she muttered, giving him a glaring sideways glance as she closed the front door behind him.

That was when it suddenly dawned on Garrett. She hated surprises! Damn! He should have taken her out to dinner first, perhaps even dancing, and then later—much later—he could have taken her in his arms and gently brought up the subject of marriage. Well, it was too late now. He would have to do what he could to salvage the situation.

"I guess I did kind of spring it on you out of the blue," he conceded, putting on his coaxing smile.

"You can say that again," she heartily agreed, the rash of color on her cheeks beginning to subside a little.

This was going to take the patience of Job, he acknowledged. And he was anything but a patient man. He wasn't sure how he'd expected her to react to the idea of getting married, but he hadn't been prepared to find himself with a contrary woman on his hands. That was for sure!

"Well, there's no need for us to rush into any decisions," Garrett heard himself telling her, his voice carefully schooled. "We have all night to discuss the matter."

All night? Brenna looked up at him and knew then it was no joke. The man was actually serious about wanting to marry her! The realization left her dumbfounded. She'd never once thought of their relationship in terms of marriage. She'd never thought for a moment that Garrett had.

There had been no talk of any commitment between them, of any love, of any future together. And why should there be? They'd only known each other as adults for a little more than a week. It was insane even to be thinking about marriage, much less talking about it. She had to make that very clear to him—beginning *now!*

"Yes, we do have all night, but there is nothing, I repeat, there is nothing for us to discuss," Brenna staunchly declared. "I think it would be best for both of us if we were to agree that this conversation never took place." She glanced down at the sack clutched in her hands. "Now, I really must get this ice cream in the freezer before it melts all over me and the front hall." With that, she did an abrupt about-face and headed for the kitchen.

Garrett was right behind her, every step. "Why don't you want to talk about marriage?" he demanded. "Is it because you're afraid to? That's it!" He brought the thumb and finger of one hand together with a loud snap. "You're afraid to get married."

"In case you've forgotten, I have been married," she shot back, jerking the freezer door open. She shoved the ice cream, sack and all, into the back and slammed the compartment door shut. "And I think I understand a little better than you do what it takes to make a marriage work."

"Are you trying to tell me you don't believe that a marriage between the two of us would work?" The accusation was thrown at her as he watched her rinse off her hands in the kitchen sink.

"I'm not trying to tell you anything," Brenna replied in a reasonable tone as she reached for a hand towel. "I just don't believe that the subject of marriage should be taken lightly. Marriage is difficult even under the best of circumstances, and even when a man and a woman love each other."

"Dammit, I'm not taking it lightly and we do love each other," Garrett announced with surprising certainty. "How can you have any doubts about that after the way we were together in your bedroom this morning, in my office this afternoon?"

"What we had together was sex." She flinched at her own words. "It was wild and wonderful and impulsive, but it was sex. It had nothing to do with love."

"Oh, but that's where you're wrong, so very wrong, my dear Brenna," he told her in an emphatic tone. "What we had together was far more than just sex. I know because I happen to be in love with you," he stated in a quiet and determined voice. "And I think you happen to be in love with me as well."

"What . . . whatever gave you a ridiculous idea like that?" The words came out in a hoarse whisper as she clutched the counter behind her, her knuckles white with tension.

He considered her thoughtfully. "What gave me that ridiculous idea, sweetheart, is the way you go all soft and loving in my arms, the way you look at me when you think I'm not watching, the way you gave me your gentle and compassionate understanding this afternoon when I was spilling my guts to you." He took an aggressive step toward her, reaching out to place the tip of his finger on the wildly beating pulse at the base of her throat.

"Garrett, please!" She couldn't breathe when he touched her.

He looked her straight in the eyes. "And you gave me that 'ridiculous idea' when you admitted that I was the first man in your life since your husband. I may not be an expert on human relations, but I do know that a woman like you doesn't rush into an affair without some kind of emotional commitment. You may not be ready to admit it even to yourself, but you do love me."

"No! No, I can't love you," she whispered distraughtly, shaking her head from side to side. "It can't be love. Love is a gentle thing, a thing of understanding. It takes time for love to grow between a man and a woman. Love is based on a deep friendship between two people; people with mutual interests and common goals and a genuine respect for each other. We have none of those things, Garrett. All we have is this—this thing between us that we can't seem to control."

"Why are you ashamed to put a name to it?" he growled in a voice of concentrated fury.

"I'm not!" she spat back, the color racing to her face as her heart set itself to beating painfully. Brenna took a breath and tried again in a calmer voice. "I'm not ashamed to put a name to it: I just don't know if this thing between us is simply infatuation, or some kind of physical chemistry or plain old sex."

"Believe me, it could never be *plain old sex* between the two of us," he drawled with cynical amusement.

"All right," she admitted with a weary gesture, "we want each other in a way that I don't understand. But sex is no basis for marriage."

"Of course it is, you little fool!" Garrett ground through his teeth. He looked as though he would like nothing better than to shake some sense into that stubborn head of hers. "What would any marriage be without it? A good sexual relationship isn't the only important thing between a man and a woman, but don't kid yourself—it sure as hell ranks in the top two or three. And when two people need each other, want each other the way you and I do, it's only natural they should get married."

"But marriage isn't a matter of wants or needs or sex," she said, struggling to express herself. At the disbelieving look on his face, she quickly amended that declaration. "All right, in part it is. But we've only known each other a short time—"

"A short time?" he interrupted with a vigorous gesture. "We've known each other practically since we were kids."

Brenna waved that consideration aside as if it were of little consequence. "We have known each other as adults for barely more than a week," she insisted. "What does either of us really know of the other's wants or needs? And how do we know if this 'thing' between us will last? It could burn itself out in a matter of months or perhaps even weeks."

"I don't believe that for a minute and neither do you," Garrett countered in a gruff voice, impatience underlining each word. "But we're not a couple of kids anymore, as you pointed out. We both know there aren't any guarantees in this life. Of all people you should know that. Dammit, honey, you can't be afraid to take a chance because it doesn't come with a written guarantee."

"I think I know that as well as anyone," Brenna choked, her voice small but firm.

She turned and stared out the kitchen window, absently studying the patterns of light and dark as the last rays of sunlight skittered across the grass. Then she was aware of Garrett moving behind her, felt his arms gently encircling her waist as he buried his face in the hair at her nape.

"Oh darling, I want you and I need you," he whispered against her skin, sending a shiver arrowing down her spine. "And, please, believe that I love you."

"I believe that you think you love me," she said in a soft tone as she turned in his arms, her eyes huge and sad.

"I do love you," Garrett said simply.

How could she be expected to reason with the man when he seemed so sure of his feelings? "But you must see that even if I were in love with you, that doesn't mean . . ." Brenna lost her train of thought as his lips brushed across hers in a whisper of a kiss.

"You are in love with me, aren't you, Brenna?" he murmured, looking down into her eyes with something akin to triumph. His fingers were idly massaging the soft skin at the back of her neck in seductive little movements that made it impossible for her to think.

"I don't know," she confessed, her voice vibrating slightly. "I'm just not sure. I've told myself that it's crazy, that it's impossible, that it has to be merely infatuation." She paused and took a deep breath. "But even if I were in love with you, I couldn't marry you, Garrett." She visibly cringed as he bit off a crude expletive under his breath. "Please. Try to understand," she pleaded, placing a hand on his arm, her fingers clutching at the soft material of his jacket. "I know what I'm talking about when I tell you it just wouldn't work for us."

"Why? Why wouldn't it work for us?" he demanded, and then went on before she could answer. "Dammit, we love each other! We're good together and you know that as well as I do, lady."

"Yes, we're good together," she shot back at him, tears of anger and frustration stinging the corners of her eyes. "We're good together in *bed!*"

He suddenly looked down at her with cold appraisal. "And you think that's all we've got going for us, don't you?" She did not have to reply. The answer was in her eyes. "Do you know what I think?" Garrett said at last.

"No. No, I don't," she admitted in a small voice.

For a moment he hesitated, then shrugged his shoulders as if he had nothing to lose by telling her. "I think you're afraid to love me. I think you're afraid that you'll be hurt again and somehow end up alone as you were after Daniel died." His voice dropped to its lowest register. "You, my darling Brenna, are a damned coward."

She lost all color in her face. Her hands were trembling as she brought them together in front of her. "I am not a coward," she retorted with a bold-faced lie, "but I don't want to talk about Daniel. I don't want to talk about any of this." She raised her eyes to his. "Please, Garrett, if you love me as you say you do, please let it be!"

"Let it be! How the hell am I supposed to do that? Dammit, honey, I'm fighting for my life, and all you can say is let it be!" He ran an agitated hand through his dark hair. "I have to know why you won't marry me. I have a right to know at least that much."

For a long time she didn't say anything. "All right, I'll tell you why I won't marry you," she finally agreed, dropping her hands to her sides in a weary gesture. "When Daniel died I lost more than a husband, Garrett, I lost the best friend I'd ever had," she said, her voice shaking. "Daniel Richards was a kind and gentle man, a caring man, a man who understood me better than I understood myself at times. We were friends long before we fell in love and decided to get married. I knew that Daniel loved me, married me for the woman I was on the *inside*. His love for me had nothing to do with the way I looked on the outside. I won't marry you, Garrett," she said with a kind of desperate emphasis, "because I know it takes that kind of understanding, that kind of friendship between a man and a woman to make a marriage work. Physical attraction isn't enough, not nearly enough," she concluded sadly.

"In other words, you won't marry me because you

think that we aren't friends, that we can't ever be friends?" he countered, studying her with a glaring intensity. "Is that what you want from a man— friendship? Kindness?" His fingers unconsciously dug into her shoulders.

"Yes!" Brenna cried out, her composure beginning to slip. "Now, please, just leave me alone."

"I can't leave you alone. That's the hell of it!" he grated fiercely. "Believe me, if I could I would have turned my back and walked out that door last night."

For a moment there was only a kind of stunned silence hanging thickly in the air between them.

"Oh Garrett, what are we doing to each other?" she whispered, bright tears springing into her eyes.

"I don't know, Brenna, but everything will be all right," he suddenly murmured in a soothing tone as he gathered her trembling form in his arms. He couldn't bear to see her cry. He knew he'd pushed her as far as he dared for one night. He would have to be patient and bide his time. After all, he reasoned, time was on his side. "It'll be all right, sweetheart. We won't talk about it anymore now if you don't want to. You must know that I wouldn't consciously do anything to hurt you." Then he looked down at her with a tenderness that nearly brought the tears to her eyes again. "I do adore you, Brenna Richards."

"Yes, I believe you do," she whispered as his mouth came down on hers in a gentle, tender kiss. It was a kiss that told her how much she needed this man, how much he needed her.

It was a kiss that drove every other thought from her mind. And it was a kiss that all too quickly stirred the passion between them into life, a passion that was always there just beneath the surface waiting for a kiss, for a touch to set it free. A shiver raced through her as Brenna felt her desire for this man take hold of her once again. She opened her lips, eagerly seeking the intimacy of his mouth with her tongue, knowing that, no matter what else happened, there was always this between them.

"Oh Garrett, I do want you," Brenna heard herself confess as she felt her hips sway seductively into his, her fingers entwining themselves in the thicket of dark hair that brushed the top of his shirt collar.

"I know," he acknowledged, his voice sinking to a low note. "And I want you, honey, but . . ." He dropped a light kiss on the tip of her nose and gently disengaged himself.

"But what?" she prompted when it became apparent he wasn't going to finish the sentence.

"But there's always time for *that* later." Then he paused, and when he went on it was in a different voice, an almost lighthearted voice that signaled to Brenna there would be no more serious discussions that night. He took a step back and pressed a hand against his flat stomach. "Contrary to what you may have heard, a man cannot live on love alone. In case you hadn't noticed, we completely forgot about lunch today."

"Lunch!"

"Yes, you know, the meal that usually comes between breakfast and dinner." Garrett laughed softly, but it was a laugh that failed to reach his eyes. "As tempting as you are, my sweet, I think I could really go for a nice, thick, juicy steak about now."

"Oh my gosh, dinner! What time are our dinner reservations for?" she asked, sounding faintly dismayed.

"Actually, they were for five minutes ago," he informed her in a dry voice as he straightened his tie.

"Well, if you can give me five more minutes to fix my hair and get my handbag, then we can go," Brenna said, springing into action. "Do you think there will be any problem getting a table since we're late?" she nervously called back over her shoulder as she raced into the half-bath off the kitchen.

"There shouldn't be any problem," Garrett answered as she flicked the light on over the basin and stared at her reflection in the mirror.

Dear Lord, she looked dreadful! Her hair was coming down in stray wisps about her face. Her lipstick was smeared all over her mouth and chin. But it was the eyes, the eyes with that look of love in them, that look of *being* loved, that really dismayed her. What if she were wrong about this man? What if she were wrong about the depth of her own feelings for him?

No! Brenna quickly brought herself up short. She wasn't going to think about that now. She was going to comb her hair and repair her makeup and go out for a lovely dinner. She was going to order her favorite dishes and drink a glass, perhaps even two or three glasses, of a delicious vintage of fine wine; and she was going to enjoy herself! She wasn't going to think about tomorrow or even about the next minute. She was simply going to take each moment as it came. And it was with that promise to herself that she went to meet the man waiting for her in the next room.

The relatively short drive through Northbrook to the adjacent suburb of Glenview was made in companionable silence. They both were aware of the rare summer night that surrounded them, that seemed to cloak them in its protective darkness. A faint breeze stirred the trees on either side of the highway as Garrett turned onto a quiet street.

"Well, here we are," he announced at last as he pulled up in front of a red brick building discreetly set back from the street.

"Are you sure this place is open?" Brenna asked in a tentative voice as she gazed out the window on the passenger's side of the car.

There was only a small brass plate on the door to give any indication that the building housed a restaurant. Squinting her eyes, she tried to read the name by the dim light of the brass lantern hanging above the door.

"Alfredo's," Garrett told her with what sounded like an amused chuckle.

"Alfredo's?" she repeated, turning to look at him with a puzzled expression on her face.

"That's the name of the restaurant and, yes, it is open," he assured her as he eased his long legs from the sports car and came around to open her door.

Alfredo's was indeed open, as Brenna discovered for herself the minute Garrett ushered her into the restaurant. It was everything he had said it would be and more. There were the white linen tablecloths and the crystal chandeliers and the candles burning low on each table. There was the soft music playing unobtrusively in the background. And it was, without a doubt, the most elegant, the most romantic setting she had ever seen.

"How in the world did you find this place?" she whispered as they were shown to their table. "I've lived in the Chicago area for years and I had no idea that it even existed."

"When you eat in restaurants as frequently as I do,

you soon learn to find the little out-of-the-way places,'' Garrett nonchalantly informed her as they were being seated. "Would you like to order a drink before dinner?" he inquired as the waitress approached their table.

"No, thank you," she responded. "Perhaps a little wine later."

"We don't care to order a drink now," he told the young woman with the assurance of a man who was used to giving orders and having them obeyed. "We would like our menus, and I'll see the wine list, please." Then he turned his attention back to Brenna and smiled at her in that special way that only he could. "I've just realized that I don't know the first thing about what you like to eat—besides hot dogs with mustard and ketchup, of course."

"Actually, I like just about anything *but* hot dogs. It must have been the beer I drank at the picnic that induced me to eat them that night," she confessed with a sheepish grin.

"Well, if it's any consolation, hot dogs are definitely not on the menu here," Garrett said in a teasing manner. "I can personally recommend the filet mignon, and the stuffed crab and the duck are excellent, if you care for that kind of thing."

"It all sounds delicious," Brenna commented as the waitress returned with their menus. She suddenly realized she was starved! And little wonder. The last thing she'd had to eat was that pathetic plate of fruit when she got home from work the night before. She wasn't about to count the single scoop of chocolate ice cream she'd had this afternoon. "I think I'll start with the hearts of palm," she murmured without looking up from her menu. "I'm so hungry I feel like I could eat the whole darned tree right about now."

At that, Garrett put his head back and let out a delighted whoop of laughter, setting the tone for the entire evening to come. The conversation quickly moved from an animated discussion of their favorite foods to their personal tastes in wine. Brenna found herself savoring every bite of the delicious meal she was served, from the slightly pungent but smooth hearts of palm salad to the perfectly spiced stuffed crab.

It wasn't until much later, as she took a sip of her third glass of Chenin Blanc, that it occurred to her that Garrett had been waging a subtle campaign to draw information from her during the course of their dinner. And she had to admit, with some chagrin, that his campaign had been an unqualified success. He now knew of her preference for lyric opera and detective novels and of her secret passion for maudlin poetry. She'd gone on at some length about the business of running a chain of health spas. And, good Lord, she'd even bored him with the latest news of her parents and their recent move from Fort Wayne to Charlotte, North Carolina.

"I'm sorry, Garrett," she mumbled self-consciously, taking the linen napkin from her lap and touching it to her lips. "I didn't mean to go on so."

He met her eyes across the table, holding her gaze for a moment before his mouth lifted in a dazzling smile. "There's no need to apologize, honey. I enjoy listening to you talk." And she could tell that he meant it. "Would you care for a little more Chenin Blanc?" he asked, raising the wine bottle and motioning toward her glass.

"No," she gulped, stifling an errant hiccup. "I think I've had quite enough, thank you. Why don't you finish it?" she added as an afterthought.

"Since I'm driving tonight, I think a cup of black coffee would be a more sensible choice on my part," he pointed out as he signaled for their waitress.

"Well, in that case, since I'm not driving tonight . . . ." Brenna picked up her wineglass and held it toward him. "I do hate to see such a fine wine go to waste, don't you?" she asked him with great gravity in her voice.

"I only hope you feel the same way in the morning," Garrett admonished with a wry smile.

"I have a great idea," she burst out as he took her arm some minutes later and escorted her through the door of Alfredo's. "Why don't we go dancing?"

"Dancing? Tonight?" He slanted her a dark, speculative look. "I think the only place you're going to be dancing, sweetheart, is to bed," he commented as she leaned into him for support.

Brenna met his eyes with a challenging gaze. "You think I've had too much to drink, don't you?"

"I didn't say that, honey. But it is nearly midnight and we've both had a long day."

"Now, where have I heard that before?" she puzzled a little groggily as he settled her in the low-slung seat of his sports car. "What kind of car is this, anyway?" she asked as Garrett eased his tall frame behind the steering wheel.

"It's an M.G.," he told her in an easy voice.

"They don't make M.G.s anymore, do they?" she said, carefully enunciating each word. She hated to admit it, but her lips were quite numb.

"No, they don't," he replied, apparently amused by her sudden show of curiosity. "I used to dream about owning a car like this when I was a kid, so when I finally had the money I bought one."

"Then it was like a dream come true for you," Brenna hazarded in a softly speculative voice, letting her head fall back against the leather seat.

"Something like that," Garrett admitted as he turned the key in the ignition and pulled away from the curb. "And like most dreams, the dream was better than the reality. I seem to have this damned thing in for repairs every time I turn around. Of course, it was a used car when I bought it."

"Do you suppose that's the way it always is?" she inquired in a sleepy voice.

"No, some cars, new or used, are just lemons from the start," he blithely replied as they passed the City Limits sign into Northbrook.

"No, no, I don't mean about the car," she struggled to explain. "I meant that part about the dream being better than the reality."

"I suppose that's the way it is in a lot of cases," he answered her with unexpected seriousness. "Of course, then there are always those dreams that are far better when they do come true," he observed, his dark gaze roving the length of the slim body beside his.

Brenna opened her mouth and the question popped out before she realized what she was saying. "Do you dream about me, Garrett?" She quickly opened her mouth a second time to take the words back, but it was too late.

"Ah-hah!" It was truly amazing, she decided, how much could be conveyed in a single, exclamatory utterance. "You're not content to know what I've done or what I think, are you, Brenna? Now you want to know what I dream about as well."

"Please forget I said that," she stammered in a self-conscious whisper. "I . . . I can't think why I did."

"That's okay, honey. I don't mind telling you," he assured her, his mouth curving in a totally masculine kind of smile. "I do dream about you," he admitted in a husky voice. "In fact, I have every night for the past week. But, let me tell you, lady, you're much better than anything I've dreamed."

Speechless, Brenna turned and gazed out the window, surprised to find that they were pulling up in front of her house. "We're home!" she announced, but her tone of voice sounded as though she were saying, "Thank God!"

"So we are," Garrett acknowledged, apparently perturbed about something. He stretched his long legs and took his own good time getting out of the car.

"It was a lovely dinner," she commented, breaking the silence that had suddenly been driven between them like an immovable wedge. She took out her key and on the second attempt managed to unlock the front door. Walking into the house, she switched on a light in the entrance hall, expecting Garrett to follow her. When she realized he was still standing in the doorway, she quickly backtracked and looked up at him questioningly. "Aren't you going to come in?"

For one awful moment she thought he was going to say no. It was with a genuine sense of relief that she saw him finally nod his head and step inside. "All right."

"Would you like a cup of coffee?" she offered, dispensing with her hand-crocheted bag by tossing it onto the parson's table in the hallway. "Or perhaps some of that chocolate-chip ice cream you gave me earlier?" she heard herself tack on in a bright and utterly false tone of voice. It would be so much easier if she could feel her lips move, Brenna privately acknowledged.

He stood there studying her with dark, watchful eyes. "No, thank you. I really don't care for anything," he politely declined.

She turned around and discovered he was only a step behind her. "Garrett?" Reaching up, she tentatively ran her fingertips along the side of his face in a slightly unsteady caress, tracing a line from the tip of one ear to the jut of his masculine chin. She searched his eyes for an answer to the question she was finally forced to ask aloud. "Is anything wrong?"

"No, there's nothing wrong," he growled impatiently, capturing her fingers in his larger and stronger grip. He drew the palm of her hand toward him and pressed his lips to the sensitive underside. It was a simple gesture, but it created a shiver of excitement, of unnerving, unsettling expectancy in Brenna. "I'm a little tired, that's all," he finally admitted, staring down at her.

"You know, there's only one sensible thing to do if you're tired," she murmured seductively, slipping her hands inside his jacket and around his trim waistline to the muscular curve of his back, feeling, savoring the warmth of him beneath the fine material of his shirt.

"You're absolutely right, of course," Garrett agreed in a husky voice as he bent his head and took her mouth in a long, drugging kiss. It was a kiss that immediately left her begging for more.

"Oh darling, I want you as I've never wanted any other man," she confessed in a soft whisper. She slid sensitive fingers around his neck and gently tugged on the finely textured hair at his nape. "I need you,

Garrett," she breathed into his mouth, feeling the familiar sensual tension curling through her lower body.

"And I need you," he disclosed in a low, velvety voice, his own instinctive response to her boldly revealing itself. "But you must admit you've had one too many glasses of wine tonight," he pointed out as he drew back.

"Well, it's not as though you were trying to ply me with liquor all evening in order to take advantage of me," Brenna gently teased through the alcohol-induced haze that seemed to stubbornly hold any rational thought at bay. "I'd let you take advantage of me, Mr. Forsyte, even if I were stone-cold sober." She quickly assured him by wrapping her arms around his waist as she pressed her hips into the seductive intimacy of his.

"Damn, honey, you're only making this harder on both of us," Garrett softly swore as his hands came down to grasp her shoulders, his fingers digging into the flesh beneath her blouse. He took a deep breath and went on in a dark, gritty baritone. "I am not going to make love to you, Brenna."

She could only stare up at him with a kind of stunned bewilderment written on her face. "You're not?"

He gave a decisive shake of his head. "No, I'm not," he repeated in a tone of voice that clearly stated he would brook no argument from her on the subject.

"Don't you want to make love to me?" she asked with a suddenly deflated sense of her own attraction.

Garrett briefly closed his eyes in anticipation of the pain that was sure to follow. "Dammit, of course I *want* to," he told her tightly. "But we don't always get what we want, as I found out earlier tonight."

"But if we want each other, why are you punishing

me and yourself this way?" she pleaded with a kind of desperate need to understand what was happening.

"I'm not trying to punish either one of us," he said, his mouth held in a thin line. "But in the future our relationship is going to be purely platonic."

A burst of laughter escaped Brenna. "Purely platonic? You've got to be kidding!" The man had obviously taken leave of his senses!

"No, I'm not kidding," he declared defiantly, an expression of irritation crossing his drawn face.

She looked up at him, shaking her head. "But why? For God's sake, *why?*"

He carefully weighed his words before he spelled it out for her. "Because I want more than just an affair with you, Brenna Richards. I want it all. I want a wife and a home and children. And I love you too damned much to settle for anything less." He paused for a moment and then ploughed ahead. "You told me tonight you wouldn't marry me because we could never be friends, because all there was between the two of us was this physical need we have of each other. Well, I think you're dead wrong, lady. I know that a marriage between us would work and I intend to prove it."

"You intend to prove it!" The words exploded softly from her lips. What kind of crazy game was he playing now? "You're nuts, do you know that?" she declared, staring up at him with wild eyes.

"I may well be," he growled as he gave her shoulders a violent little shake. "But dammit, honey, we're going to be friends even if it kills me!" Then he dropped his hands, looking at her for a moment longer before he turned on his heel and headed for the door.

"Garrett?" She wailed his name softly.

He looked back over his shoulder at her. "I'll pick you up for lunch tomorrow at one o'clock. And, Brenna, we are going to be friends even if it kills *both* of us!"

Stunned, she could only watch as the door closed behind him.

9

Well, she didn't know about Garrett, but this latest and craziest idea of his was certainly doing an excellent job on her, Brenna had to admit as she pushed the stack of papers on her desk aside and rested her head in her hands.

She had been with the man almost every night for the past three weeks and every day on the weekends. They had gone out to dinner, to the movies, to the Chicago Symphony, to numerous museums, including the Art Institute of Chicago in Grant Park where they viewed its famous collection of nineteenth- and twentieth-century French paintings, and even to a Cubs baseball game.

They'd drunk champagne by Lake Michigan and eaten hot dogs while strolling through a summer street festival; and talked for hours. And, she had to admit, it had been fun despite the unsatisfactory conclusion to each evening.

For each evening when he brought her home, Garrett would dutifully and very carefully kiss her good night at the door and walk away, leaving her with a strange, empty feeling in the pit of her stomach.

The first several nights she'd been angry and disbelieving. Then her anger had turned into a kind of feminine revenge as she did everything in her power to weaken his resolve. She'd worn the most alluring dresses in her wardrobe, fixed her hair in the style she knew he liked best and seized every opportunity that presented itself to touch him in knowingly intimate little ways. In fact, she'd done everything but serve herself to him on a silver platter. Brenna felt a furious blush of color wash over her face as she sat there remembering.

It had all been to no avail, of course. She'd quickly discovered that Garrett Forsyte's resolve was stronger than tempered steel. His mind was made up and that was all there was to it. He was determined, it seemed, to give both of them the chance to find out if they could truly be friends, if there was anything in the cards for them beyond a brief love affair. He was obviously willing to gamble everything on his belief that they had a future together and that that future included marriage.

And then a strange thing had begun to happen to her, Brenna acknowledged as she raised her head and stared out her office window with unseeing eyes. She found she was actually enjoying, eagerly looking forward to their days and evenings together. She was beginning to see facets of the man's personality she had never before dreamed existed. She was gradually opening herself up to him as well. And in the process they had discovered something truly amazing. They *liked* each other!

Well, there was no accounting for taste. She chuckled

silently to herself. At this rate, she would be eagerly consuming gallons of "goody goody gumdrop" ice cream by the end of the summer!

Perhaps it was true she'd been something of a coward, afraid to try new things and new people—or at least a new man in her life. She'd learned a great deal about herself in the past few weeks. She supposed she had Garrett to thank for that. The process had not been without pain, but then she'd found out a long time ago that there were far worse things in this life than a little pain.

Brenna pushed her chair back and aimlessly got to her feet. She stood looking out the solitary window in her office, watching the dark storm clouds move across the summer sky.

It was going to rain.

Somehow she was comforted by the thought. It had been unbearably hot in Chicago for the past few weeks. Hot and dry. The grass was parched; the flowers, as well as the people, wilted under the unrelenting intensity of a sun that blazed with an almost white heat day after day. The heat was rising now from the sidewalk and pavement outside in a rippling optical illusion.

Yes, it was definitely going to rain. And, by the looks of the slate gray clouds, it was going to come down in bucketfuls. But it was more than the prospect of the much-needed rain that was a comfort to her. If she were a girl again, she would stand out in that rain and let it wash her, renew her with its life-giving force. That was what rain had always been for her, the beginning of something new.

Perhaps it was time for other new beginnings as well. There came a time in everyone's life when the past and the present could be joined together to create a future. And it seemed that her time had come.

What would her future be? Brenna asked herself as she watched the first drops of rain splatter against the windowpane. The choice was hers. She knew that—all too well.

Garrett had been on a business trip to the West Coast for the last two days. He'd called late last night to tell her he would arrive in Chicago sometime this afternoon. It was the first time they'd been separated for more than a few hours in the past three weeks. But his absence had given her the opportunity to imagine what her future would be like without him. It wasn't a very pretty picture, Brenna admitted to herself.

Somehow, in some way, Garrett had become a necessary part of her life. She needed him. It was that simple. And with each passing day she had come to realize more and more just how much she loved him. She loved him without reservation and without fear, knowing that he loved her too.

He'd certainly told her often enough. Although, now that she thought about it, the subject of marriage had not been raised between them since that fateful night.

Dear God, what if he had changed his mind? What if he had tired of waiting for her to admit that she loved him? She'd thought of telling him—she'd wanted to tell him—but the truth was, she never had.

Brenna gripped the edge of the windowsill until her knuckles were white. And what if—by some cruel twist of the fates—Garrett were never to return? She would have to live each day for the rest of her life knowing she had never told him that she loved him. She wasn't sure she could live with that kind of awful knowledge.

Good Lord, she was letting her imagination get the better of her, she realized as she moved away from the window. It was time she planted both of her feet back on old terra firma where they belonged! Besides, she was behind on her paperwork and it wasn't about to magically disappear with a snap of her fingers, no matter how much she might like it to.

She was industriously studying the latest cost esti-mate for the chemicals used in the swimming pools and whirlpools at all "New Beginning" locations when a brief knock sounded on the door of her office. Brenna glanced up just as Pat Dreyer's blond head appeared in the doorway, followed by her slender, leotard-clad form.

"Hey, boss, are you feeling all right?" the young woman inquired in a concerned tone as she advanced into the room. "You look awfully pale."

"Yes, I'm feeling fine," Brenna quickly assured her, one hand self-consciously going to her face. "I didn't sleep very well last night, that's all," she added for Pat's benefit.

"Listen, I hate to bother you with something like this," her manager began in a hesitant manner, "but there's a man outside who says he wants to sign up for a lifetime membership."

Brenna looked up at the woman with a broad smile. "A lifetime membership, huh? Well, that should help to balance the books for another week," she laughingly joked.

Pat Dreyer cleared her throat as she shifted her weight from one foot to the other. "I'm afraid there's just one little itty-bitty problem . . ."

"And what's that?" Brenna said as she scraped her

chair back. "You have all the necessary contract forms in your office, don't you? If not, you'll find some in my file cabinet."

The pretty blonde waved that consideration aside. "No, that's not the problem. I have plenty of the contract forms." She inhaled twice in quick succession and went on. "The problem is, Brenna, the man has refused to talk to me. He insists on dealing with *you* personally."

"How odd," she commented, tossing her pencil down onto the desk as she got to her feet. It had been standard procedure from the beginning that each manager was to run her own spa without any day-to-day interference on Brenna's part. She was only called in when an emergency seemed to warrant it. "Did the man give you any particular reason for wanting to talk to me?"

Pat Dreyer sighed and shook her head. "Nope, he wouldn't give me a reason. He just kept insisting that he had to deal with you personally." Then a dreamy little smile touched the edges of the young woman's mouth. "I'll have to say one thing for the man: he sure is a handsome devil!"

"Handsome devil?" Brenna repeated, almost to herself. She knew right then there was something suspicious about this entire setup. "This 'handsome devil' wouldn't happen to be over six feet tall with black hair and very dark eyes, would he?"

Pat's very blue eyes went wide with amazement. "Yes, but how did you guess?" Then she seemed to realize that guessing had nothing to do with it. "Is he a friend of yours?"

"You might say so." Brenna's reply was deliberately vague.

"Then he's more than just a friend," the woman hazarded with a knowing smile.

"You might say that, too."

Pat's smile continued to grow wider and wider. "Well, I'm glad you finally took my advice." At that, Brenna raised her eyebrows in a quizzical arch. "About loosening up a little," she teased as she turned to leave the office. "I take it you'll see your 'friend' now."

"Yes, please show him in," she responded in a businesslike tone. Brenna was standing at her file cabinet with her back to the door when she felt that hot, tingling sensation at the back of her neck. She took a deep breath and turned around. "Well, speaking of the devil!"

Garrett was standing in the doorway watching her with an unreadable expression on his face. Then, with one hand he reached back and firmly closed the office door. "So, this is where the lady executive spends her days," he drawled, hurling himself into a chair and taking a cigarette from his shirt pocket. He leisurely lit it and exhaled as he looked around. "Nice place you've got here, Brenna."

She acknowledged the quasi compliment with a curt nod of her head. "You're all wet," she pointed out, noting the damp patches on the shoulders of his suit jacket.

"Haven't you noticed?" he said in a conversational tone. "It's raining outside. The temperature has dropped ten degrees in the last hour alone," he added congenially. Then a small frown appeared on his forehead. "Aren't you going to ask me how my trip to the coast went?"

"All right," Brenna cut in abruptly as she threw her loose, dark hair back from her shoulders. If he wanted

to play games, then, by God, they would play games!
"How *did* your trip to the coast go?"

"It went well," he replied. Then his eyes grew darker
as he met and held her gaze. "Did you miss me while I
was gone, honey?"

She tried to give a nonchalant little shrug. "Yes, of
course I missed you," she said with a voice that made a
mockery of her feelings. "Garrett, what are you doing
here?" she finally demanded.

"Oh, didn't your manager tell you?" he said with
what appeared to be a totally innocent smile. "I'm here
to take out a lifetime membership in "New Beginning."
In fact, if we can come to some kind of agreement on
the terms, I'd like to sign up for a family membership."

"A family membership?" Brenna gave a short laugh.
Two could play this game of his! "Isn't that a little
ridiculous when you aren't even married?" she pointed
out to him. "I think you'll find our single membership
more than meets your requirements."

In one fluid movement, Garrett ground his cigarette
out in the ashtray at his elbow and shot out of the chair.
"If I say I want a family membership, then I damned
well mean a family membership!" He reached out and
unceremoniously caught hold of her shoulder. "Don't
you think it's time you stop playing games and face
facts?"

"You're a fine one to accuse me of playing games!"
she retorted hotly. "The past three weeks have been
just one big game, with you the game master!"

"That was different," he said explosively.

"And how do you figure that?" she charged, stabbing
at his chest with the pointed nail of one finger.

"I did what I had to," he replied in a tight voice. "And

it served a definite purpose. What you're doing now serves no purpose whatsoever."

"Oh, I wouldn't say that," she snapped, her temper getting the better of her. "They say that revenge is sweet."

He glared down at her. "Revenge?"

"Yes, revenge." She glared back at him. "Revenge for all the times you blithely kissed me good night and left me lying there alone in my bed unable to sleep. Beneath all this makeup, mister, I've got circles under my eyes that reach down to my navel!"

"Well, what in the hell do you think it's been like for me?" Garrett asked with a lion's roar. "I haven't been able to sleep either, lady. I've thought about you and thought about you until I'm half-crazy."

"You certainly are that!" she exclaimed with grand certainty.

"And it's little wonder," he went on in a husky, furious baritone. "What do you think it's been like to love a woman, to want to marry a woman who thinks I'm good enough to be her lover but not good enough to be her husband?"

Brenna opened her mouth and closed it again. "That's not true!" she denied vehemently. "That's just not true."

"Then what is true, Brenna?" he growled remorselessly. "You tell me, because I don't know anymore. Hell, you've got me coming and going until I don't even know where I am half the time."

"What's true," she began, taking little jabs at his chest, "is the fact that I need you, the fact that I want you,"—she took a deep breath before she finished— "the fact that I'm in love with you!"

179

"Well, now's a hell of a fine time to tell me!" Garrett shot back, catching her about the throat with one large hand. He held her in his grasp for what seemed like a small eternity, his dark eyes blazing down into hers as if he were searching the very depths of her heart, if not her soul. "And just when did you reach this profound conclusion?" he asked, staring at his hand as if it must surely belong to someone, anyone but himself.

After a pause, she inhaled and hoarsely whispered, "I first thought about it the morning you made love to me, the morning we made love," she amended as he dropped his hand to her shoulder. "I tried to tell myself that it was merely infatuation, a delayed case of adolescent puppy love. I even tried to convince myself that every woman was entitled to one wild, impetuous fling in her lifetime and that you were going to be mine," she admitted, shying away from the interrogation burning brightly in his coal black eyes. "You were right. I was afraid. I was a damned coward."

"And now?" he prodded in a tone of strained civility.

Brenna raised her head and bravely met his intense gaze. "And now I'm no longer afraid," she stated with unreserved certainty. "Now I know that I love you, that I'll always love you."

She witnessed the miraculous change that took place in him and gave a silent prayer of thanks, knowing that it wasn't too late for her. She had indeed been given a second chance to love and to be loved.

"Oh, lady, you've been leading me on one hell of a merry chase," Garrett growled as he drew a long, steadying breath. He gently placed his hands on either side of her face and brought her closer. "I hope you realize the gamble I took these past few weeks. But I knew it was worth the risk when the game is played for keeps." Then he bent his head and took her mouth in a tender, loving kiss.

"Are we playing for keeps?" Brenna asked in a soft voice as she tilted her head back to look up into his face, wanting his reassurance, needing to hear the words.

"Dear God, yes!" he exclaimed, his hands fastening around her like a gentle vise. "Oh, honey, we can make it. I know that now, more than ever. I realize you've had your doubts about me, about us, but I've found out in the past few weeks that I can forgive myself as well as others. You've shown me how, my sweet, forgiving lady." His voice cracked for a moment. "I've discovered that there is something even stronger than hate, and that is my love for you. Knowing that, I can let my hate go, sweetheart. I have no reason to hold on to it or to the past. The past can't hurt either of us now. I understand and believe that for the first time. As long as I have you, I have everything I need in this lifetime and for whatever comes after. You are my future, darling, just as I'm yours. We can make a new beginning together. I believe that with all my heart. God, I do love you, Brenna Richards!"

"And I love you, Garrett Forsyte, with all my heart and soul," she solemnly vowed as her arms wrapped his waist. "I want to go on loving you every day and every night for the rest of my life."

"Then you must have read my mind, honey, because that's exactly how I intend to love you," he pledged with a tenderness that reached out to encompass her. "I want you to be my wife, my lover, my friend."

"And you, my darling man, will be my husband, my lover, my best friend," she promised as a tear of happiness welled up at the edge of her eye and slipped down her cheek.

"And the father of your children," he added with a half-sly, half-wistful smile.

"That too, if we put our *minds* to it," she murmured in a throaty alto, finding it difficult to make light of the matter. "You know I'm not getting any younger, darling."

"Then I suggest we get the hell out of here since we're both getting older by the minute," Garrett rasped in a husky voice as he grasped her firmly by the hand and urged her toward the door. Then he stopped, and gazed down at her with eyes darkened by desire. "That is, unless you want our first child to be conceived in the unromantic setting of an office."

"Oh, I don't know about that." Brenna looked up at him with a shy, teasing smile. "I seem to recall that an office can be a very romantic setting if it's the right man and the right woman."

"Believe me, I'm almost tempted," he told her on an impatient note. "But I want you all to myself. I've waited this long, I think I can manage to keep my hands off you a little while longer." Then he glanced down at the soft, feminine hand moving provocatively up and down his arm. "But if I were you, sweetheart, I wouldn't press my luck."

"Is that a threat or a promise?" she asked as she blithely swept past him and out the door.

"I'll follow you in my car," Garrett informed her as they reached the exit leading to the parking lot. "It's raining cats and dogs out there, Brenna. So for God's sake, drive carefully," he instructed, his voice snapping with masculine authority.

"I'm going to make a run for it!" she called over her shoulder as she took off for the spot where her car was parked.

"This is insane," Garrett muttered to himself, watching as the steel gray BMW shot out of the parking lot at sixty miles an hour. He made a mad dash for his own car and followed at an equally fast pace.

Brenna pulled into the driveway alongside her house and quickly got out of her car. She stood there in the pouring rain waiting for Garrett as he parked his car behind hers.

"What took you so long?" she shouted above a loud clap of thunder, choosing to ignore the fierce expression that dominated Garrett's features.

"You're crazy, lady, do you know that?" he shouted back at her, wiping the water from his eyes.

"I don't care," she laughed, tilting her face up to catch the rain as she hugged herself and twirled in a graceful pirouette. "I love rainstorms!"

"I don't mean the rain," Garrett roared in a leonine voice. "Don't you realize, soon-to-be Mrs. Forsyte, that you ran not one, but two red lights in as many blocks back there?" He angrily held up two fingers in front of her nose. "You're just damned lucky you didn't have an accident!"

"I'll have you know I'm usually a very good driver," Brenna argued in her own defense. "I guess I had other things on my mind." She pushed the dripping strands of hair back off her face and took an aggressive little step toward him. "Besides, I was in a hurry. Now, are we going to stand out here in the rain while you lecture me about my driving or are we going inside?"

"Promise me you won't ever do anything like that

again," came the soft command as Garrett closed the kitchen door behind them and took her, wet clothes and all, into his embrace.

"I promise," she murmured placatingly, entwining her arms about his neck. "You know, you could catch your death of pneumonia in those wet clothes," she went on in a softly seductive voice.

"For crying out loud, honey, it's eighty degrees outside," he pointed out in a thoroughly rational manner.

"In that case,"—Brenna first slipped the suit coat from his shoulders, letting it drop to the kitchen floor, and then went to the buttons of his shirt—"you're definitely overdressed."

"I couldn't agree with you more," Garrett muttered as he began to remove her clothes with a light and tender touch. Then they stood there in only their wet skins, gazing at each other with a loving passion. "Where do you keep your bath towels, honey?" he asked in a husky whisper.

"Upstairs." She deliberately stepped away from the tangle of wet clothes strewn about the kitchen floor and held out her hand to him in invitation.

It was an invitation he quickly and eagerly accepted, letting her lead the way until they reached the privacy of the bedroom above.

"I love you, Brenna," he declared with the full force of that love, burying his face in her damp, silky mane as his hands slid down her back to the rounded curve of her bottom. His caress was a sensuously tantalizing gesture. A gesture that was repeated again and again until a kind of sweet desperation took hold of them both.

"I thought you wanted to know where I keep my bath

towels," she rasped, catching her lower lip between her teeth as he kissed the rain from the tip of her nose, the delicate curve of her ear, the vulnerable arch of her throat.

"I did," he said with a muffled groan as his lips found hers. "And now I know where they are in case we need them later."

"Love me, Garrett," she breathed into his mouth. "Please, love me now," she softly implored as her hands clutched at his shoulders, her nails scoring his damp, heated flesh.

"I will love you as you've never been loved before," he promised as he settled her in the middle of the bed and came down beside her.

He loved her first with the gentle caress of his hands and then with the summer warmth of his mouth as he made his way down the length of her body. His touch created a storm in her of such sweet, violent proportions that she cried out his name over and over again. He lovingly licked a drop of rain from her breast. His tongue moistened the tip until it hardened. And, still, the storm raged on.

He rose to his knees and bent over her supple form, slowly lowering his weight onto her.

"I love you, Garrett!" she cried out once more as she instinctively arched into his body, driving the tip of her tongue between his parted lips with a mounting need and excitement. Her nails raked his buttocks as she urged him closer and closer, aching for the fulfillment only he could give.

Then he came to her at last, joining his body and hers with an exquisite movement that merged their past, present and future into one moment. There was only this moment for them as they clung to each other, loved each other with a passionate need that was as old as time.

And then the final, thunderous climax of their passion held them in its tempestuous grasp as they fearlessly faced the raging storm.

It was sometime later that Garrett rolled over and reached for her, only to find the bed beside him empty. He looked up and saw Brenna standing at the window, a sudden flash of lightning illuminating her nude form.

"What are you doing way over there, sweetheart?" he asked in a teasing tone as he propped himself up on his elbows and gazed at her with laughing, loving eyes.

"I'm not *way* over there," she pointed out with a chuckle. "It couldn't be more than four or five feet," she added, estimating the short distance from the bed to the window.

"Why don't you come back to bed?" he drawled in his most persuasive manner, giving the mattress a soft pat with his hand. "C'mon, honey, what do you say?"

She slowly walked toward the bed, her hips gently swaying as she moved. "I have only one thing to say about that, Garrett Forsyte."

"And what's that?" he eagerly asked, his eyes blazing with anticipation.

Brenna smiled down at him with a soft, sensuous smile as she lightly ran her hand along his bare leg. "Goody goody gumdrops . . ."

YOU'LL BE SWEPT AWAY WITH SILHOUETTE DESIRE

$1.75 each

1 ☐ James
2 ☐ Monet
3 ☐ Clay
4 ☐ Carey

5 ☐ Baker
6 ☐ Mallory
7 ☐ St. Claire

8 ☐ Dee
9 ☐ Simms
10 ☐ Smith

$1.95 each

11 ☐ James
12 ☐ Palmer
13 ☐ Wallace
14 ☐ Valley
15 ☐ Vernon
16 ☐ Major
17 ☐ Simms
18 ☐ Ross
19 ☐ James
20 ☐ Allison
21 ☐ Baker
22 ☐ Durant
23 ☐ Sunshine
24 ☐ Baxter
25 ☐ James
26 ☐ Palmer
27 ☐ Conrad
28 ☐ Lovan

29 ☐ Michelle
30 ☐ Lind
31 ☐ James
32 ☐ Clay
33 ☐ Powers
34 ☐ Milan
35 ☐ Major
36 ☐ Summers
37 ☐ James
38 ☐ Douglass
39 ☐ Monet
40 ☐ Mallory
41 ☐ St. Claire
42 ☐ Stewart
43 ☐ Simms
44 ☐ West
45 ☐ Clay
46 ☐ Chance

47 ☐ Michelle
48 ☐ Powers
49 ☐ James
50 ☐ Palmer
51 ☐ Lind
52 ☐ Morgan
53 ☐ Joyce
54 ☐ Fulford
55 ☐ James
56 ☐ Douglass
57 ☐ Michelle
58 ☐ Mallory
59 ☐ Powers
60 ☐ Dennis
61 ☐ Simms
62 ☐ Monet
63 ☐ Dee
64 ☐ Milan

65 ☐ Allison
66 ☐ Langtry
67 ☐ James
68 ☐ Browning
69 ☐ Carey
70 ☐ Victor
71 ☐ Joyce
72 ☐ Hart
73 ☐ St. Clair
74 ☐ Douglass
75 ☐ McKenna
76 ☐ Michelle
77 ☐ Lowell
78 ☐ Barber
79 ☐ Simms
80 ☐ Palmer
81 ☐ Kennedy
82 ☐ Clay

YOU'LL BE SWEPT AWAY WITH SILHOUETTE DESIRE

$1.95 each

83 ☐ Chance	91 ☐ Browning	99 ☐ Major	107 ☐ Chance
84 ☐ Powers	92 ☐ Carey	100 ☐ Howard	108 ☐ Gladstone
85 ☐ James	93 ☐ Berk	101 ☐ Morgan	109 ☐ Simms
86 ☐ Malek	94 ☐ Robbins	102 ☐ Palmer	110 ☐ Palmer
87 ☐ Michelle	95 ☐ Summers	103 ☐ James	111 ☐ Browning
88 ☐ Trevor	96 ☐ Milan	104 ☐ Chase	112 ☐ Nicole
89 ☐ Ross	97 ☐ James	105 ☐ Blair	113 ☐ Cresswell
90 ☐ Roszel	98 ☐ Joyce	106 ☐ Michelle	114 ☐ Ross

SILHOUETTE DESIRE, Department SD/6
1230 Avenue of the Americas
New York, NY 10020

Please send me the books I have checked above. I am enclosing $_____
(please add 75¢ to cover postage and handling. NYS and NYC residents please
add appropriate sales tax). Send check or money order—no cash or C.O.D.'s
please. Allow six weeks for delivery.

NAME_____

ADDRESS_____

CITY_____ STATE/ZIP_____

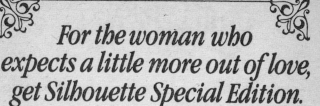
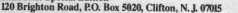

READERS' COMMENTS ON SILHOUETTE DESIRES

"Thank you for Silhouette Desires. They are the best thing that has happened to the bookshelves in a long time."

—V.W.*, Knoxville, TN

"Silhouette Desires—wonderful, fantastic—the best romance around."

—H.T.*, Margate, N.J.

"As a writer as well as a reader of romantic fiction, I found DESIREs most refreshingly realistic—and definitely as magical as the love captured on their pages."

—C.M.*, Silver Lake, N.Y.

"I just wanted to let you know how very much I enjoy your Silhouette Desire books. I read other romances, and I must say your books rate up at the top of the list."

—C.N.*, Anaheim, CA

"Desires are number one. I especially enjoy the endings because they just don't leave you with a kiss or embrace; they finish the story. Thank you for giving me such reading pleasure."

—M.S.*, Sandford, FL

*names available on request

Tested By Fire

Woodrow Michael Kroll

LOIZEAUX BROTHERS

Neptune, New Jersey

FIRST EDITION, FEBRUARY 1977

Originally published with the title
It Will Be Worth it All

Library of Congress Cataloging-in-Publication Data

Kroll, Woodrow Michael, 1944 -
    [It will be worth it all]
    Tested by fire : a study of the Christian's heavenly reward /
    Woodrow Michael Kroll.
            p.   cm.
    Previously published as : It will be worth it all. 1st ed. 1977.
    1. Reward (Theology) 2. Salvation. I. Title.
[BT940.K76   1991]
234--dc20   90-24666
ISBN 0-87213-475-X

Printed in the United States of America

10 9 8 7 6 5

*Dedicated to
my beloved wife
LINDA
whose encouragement
has meant so much to me
in the study of
God's Word*

CONTENTS

CHAPTER 1

IT'S TOO LATE NOW

Who was really ready? None of us! We had been waiting for this day, we had sung about it, read about it, longingly anticipated it; but when it finally came, we were caught completely off guard. There was so much more to be done. We had so many good intentions, so many good plans. There were meetings to be held, campaigns and programs to be organized. Our visitation committee was just coming alive. We were in the middle of planning our annual fall evangelistic crusade at the church. We had so much potential for future service to the Lord. Now, all those plans, those preparations and programs, all that potential is meaningless.

I know this should be the happiest day of my life, but these thoughts keep darting through my mind. Oh sure, the instant it happened, my mind was overrun with what I had just seen. To think that after years of anticipation and anxious waiting we now have actually experienced the Lord's return! I am with Him! He really did come back, as He said He would. How vivid my memory is of that split second ago when I heard the shrill yet melodious blast of the trumpet. The sweetest voice ever heard triumphantly called me to come up to Him. Jesus Christ has returned and now time is swallowed up in the presence of eternity. All these miraculous things have taken place before you could

9

bat an eyelash, and I was astonished by them. Yet, with so much to think about, my mind still reverts to the gigantic amount of service I've left behind. Trying to tell myself not to worry about it, or even think about it, just doesn't work. What I could have done for the Lord, and did not do, will never get done. I just can't seem to put this out of my mind.

I keep asking myself, "Why didn't I do more when I had the chance? What was the matter with me?" I knew better. I was well aware of the Lord's command. He was depending on me. Why did I spend so much time on foolish things? Why didn't I spend more time telling others of the hope I had? How could I have allowed my service to the Lord to be so minimal? But now all this questioning is useless. Now I can't share the Lord's love with others. "Forgive me. Please forgive me, Lord Jesus, for not taking my responsibility as a Christian more seriously when I could do something about it. Forgive me, for it's too late now!"

The world's stage has not yet seen this drama enacted. It is as certain as sunrise, however, that one day these events will come to pass. That day cannot be far off. Jesus Christ is soon coming back for His own. How much present satisfaction and future reward could be had if the believer were as actively engaged in the Lord's service as he is in his own affairs. A drastic change would be seen in our present actions and attitudes if we had but a glimpse of that day when all earthly opportunity to serve the Lord will cease.

Armed with the knowledge of His certain and soon coming, why do we not serve the Lord more consistently? Perhaps our current activity for Jesus Christ would increase if we had a keener realization of the believer's incentives to serve Him.

In his second letter to the church at Corinth, Paul outlined his motives for being an active disciple of the

Lord. He claimed three distinct incentives impel him to service.

First, Paul indicates that he labored for the Master to be accepted by Him (2 Corinthians 5:9). Here is the apostle's personal reason for service and should be incentive enough for every believer. In this passage Paul writes of service, not salvation. "Wherefore we labour, that, whether present or absent, we may be accepted of Him," literally, "that . . . we be acceptable to Him." Paul was concerned that his labors be acceptable, well-pleasing *(euarestoi)* to the Lord, his Judge. He served with pure motives so that his labors would not be in vain. In essence Paul writes, "I labor so that, when I must appear before my Judge, my service to Him will have been done in a proper manner and will be tried and found acceptable, for this service was done for His glory and not for my own gain."

Paul's second reason for serving the Lord was more other-oriented and less personal. His consideration of the believer's judgment turned Paul's thoughts immediately to the unbeliever's judgment as well: 2 Corinthians 5:11 records, "Knowing therefore the terror of the Lord, we persuade men." Paul claims that since he knows what causes the fear of the Lord, (i.e., the judgment to come), he seeks to persuade men to come to Christ. The word translated "terror" is the Greek word *phobos* which means fear, reverence, or respect. Which of these meanings is to be understood depends upon our position before God in judgment. The unbeliever fears God; his life is inundated with sin and God hates sin. The believer reverences or respects God. He knows that God is holy and mighty, the Sovereign of the universe. This was the case with Paul. He reverenced God and thus labored to be His acceptable servant.

But verse 11 indicates that Paul's mind was primarily focused on those who must yet fear God, for their sins have not been dealt with by confession and repentance. The apostle knew the terrible wrath of God which is to come on all who reject Jesus Christ as their Redeemer. He had a thorough understanding of what it will be like in that day when "the kings of the earth, and the great men . . . and the chief captains, and the mighty men, and every bondman, and every free man, hid themselves in the dens and in the rocks of the mountains; and said to the mountains and rocks, 'Fall on us, and hide us from the face of Him that sitteth on the throne, and from the wrath of the Lamb' " (Revelation 6:15-16).

Paul was well aware that such wrath is not to be inflicted on the Christian. "For God hath not appointed us to wrath, but to obtain salvation by our Lord Jesus Christ" (1 Thessalonians 5:9). Hence, just as he labored for the Lord out of concern for his own acceptability as a servant, so too Paul labored because he had a glimpse of the terror which is to come on unregenerated men and women. God had placed Paul in the gap between the unbeliever and God's tremendous wrath, and Paul knew it. The apostle could not possibly be silent.

After Paul's digression of verses 12 and 13, he seems to throw up his hands and give his most hounding reason for serving the Lord. His first reason was personal—his acceptability as a servant. His second reason dealt with the unsaved around him. But this third reason strictly concerned the Lord. Paul says, "For the love of Christ constraineth us" to serve the Lord. In the original Greek this word is synonymous with "urges on," "impels," or "presses hard." The apostle is saying that the love of Christ urged him, impelled him, pressed him to be actively engaged in the service of the Lord. If he did not labor for any other reason, there still was the conscious knowledge of the love of Christ which impelled him to work for the Lord. When Paul considered the love displayed on his behalf by the sacrifice of Jesus Christ at Calvary, and the love which Christ taught His disciples to make the moving force in their lives, he could not help but be involved in spreading the gospel story. He was compelled to serve God because of love. Once the love of God has been experienced and is properly appreciated, it drives the believer to work for the Lord (Ephesians 2:10).

Thus Paul's motives or incentives for serving the Lord are three: that he may be an acceptable servant when judged by the Lord; because he knew that which lies in the path of those who reject the Lord; and the greatest, the love of Christ would let him do no less. Can't you almost picture Paul in that Philippian jail at midnight singing, "After all He's done for me, after all He's done for me; how can I do less than give Him my best and live for Him completely, after all He's done for me?"

Isn't it strange that Christians today know little or nothing about each of Paul's incentives for serving the Lord? Much is said about the love of Christ and our expression of that love to others. But how much of that love do we really know? How much of the judgments which are certain to face every man do we know? Perhaps the least understood of Paul's three motives is the first. Most Christians have a misconstrued idea of what makes a believer's service to the Lord acceptable. If you perform some menial task in the church or do some volunteer duty for the Sunday school, for which you are not monetarily reimbursed, you will likely hear someone chant to you, "Just think of the reward you'll receive in Heaven!"

That's easy to say, but is it true? What do we really know about the rewards which will be meted out in glory? Do we know what they will be? Do we know when they will be given? The teaching of God's Word is far more detailed concerning the believer's rewards than is the average Christian's understanding of them. In the following chapters these and other questions related to the believer's rewards will be explored in light of the evidence advanced by the Holy Scriptures. The more we know of the Judge and our rewards, the more meaningful will be our knowledge that, truly it will be worth it all, when we see Christ.

CHAPTER 2

SALVATION VERSUS REWARDS

Have you ever had a discussion with someone only to find at length that you have been talking about two different things? Frequently the believer's rewards and salvation are spoken of as synonymous concepts. This is highly inaccurate. Unless a clear distinction is drawn between salvation and rewards, the resulting confusion will be colossal. The Scriptures provide such a distinction. Let's analyze what the Bible says concerning the contrast between salvation and rewards.

The Bible records the history of God's dealings with man, with special reference to God's provision of salvation for man. This history is theologically known as *Heilsgeschichte*, or simply salvation history. A brief summary of the character of salvation is as follows.

1. *SALVATION IS APPROPRIATED TO SINNERS*

One of the fundamental tenets in the history of God's salvation for man is the fact that man indeed needs that salvation. The Bible depicts man as a rebellious creature who chose to disobey his Creator. Given the opportunity to live in a perfect, pollution-free environment in harmony with God and nature, man instead heeded the faulty advice of Satan and sinned against God. Thus the fellowship which was an integral part of the Eden relationship with God has been lost. Man has become estranged from God. He no longer enjoys God or His company.

But these facts are pure history. Salvation history includes the plan of God to redeem man from the chains of sin, restore him to the divine fellowship which he lost, and renew his mind so that he can understand the things of God and live at peace with Him.

Had man never sinned, he would have no need of salvation. The fact is, man did sin and incurred the wrath and judgment of God. But God's judgment is tempered with His love. Thus He had already arranged for man's salvation via the shedding of innocent blood and the death of the perfect sacrifice—Jesus Christ. This sacrifice was necessary because of the divine penalty on man's sin. Sin always brings a penalty—death. Those who have not sinned, a category in which Jesus Christ stands alone, have no need of salvation. But those who have sinned, a category in which all of us find ourselves, have a desperate need of God's salvation. Jesus Christ died in our place, paying the penalty for our sin and providing salvation. Christ died for sinful men and women. Salvation is reserved for and appropriated to the sinner as the following verses indicate.

Romans 6:23: "For the wages of sin is death; but the gift of God is eternal life through Jesus Christ our Lord."

Galatians 3:22: "But the scripture hath concluded all under sin, that the promise by faith of Jesus Christ might be given to them that believe."

John 1:12: "But as many as received Him, to them gave He power to become the sons of God, even to them that believe on His name."

Romans 5:8-9: "But God commendeth His love toward us, in that, while we were yet sinners, Christ died for us. Much more then, being now justified by His blood, we shall be saved from wrath through Him."

1 Timothy 1:15: "This is a faithful saying, and worthy of all acceptance, that Christ Jesus came into the world to save sinners; of whom I am chief."

Luke 19:10: "For the Son of man is come to seek and to save that which was lost."

2. *SALVATION IS THE SAME FOR ALL SINNERS*

Geneticists tell us that no two people are alike. No two snowflakes, trees, or blades of grass are exactly the same. When a person is miraculously born again by the Spirit of God, the circumstances from which he is saved are not identical to those of any other. Some have not committed what may be classed as exceptional crimes on society. Others have. Some have not been dregs on society. Others have. Some have never set foot inside of a church. Many have. The backgrounds from which God calls and saves His own are not at all identical. Many times they are not even similar. If salvation depended on the effort of the individual, some would have to strive much harder to gain it. Their salvation would be a much greater achievement than that of others.

This would be true if salvation depended on the striving of the individual to align his life with the standards of holiness set by God. This, however, is not the case. Salvation does not depend on the individual. Salvation is the gracious act of God whereby He brings the sinner up out of the horrible pit of sin, cleanses his life, and establishes him on the solid rock—Christ Jesus. To humanize the metaphor, salvation is not man vainly grasping after God, but it is God deliberately reaching down and pulling desperate man from the quicksand of his own sin. Regardless of what a person has been or has done in the past, when his faith is placed in the death of Jesus Christ on his behalf, God washes him, justifies him, and sanctifies him in the name of the Lord Jesus, and by the Spirit of God (1 Corinthians 6:11).

Because salvation, therefore, is an act of God and because the character of God is immutable, never changing, salvation is the same for all sinners. It does not fluctuate with extenuating circumstances. It does not vary in degree. Some have been saved from more than others, but they are not more saved than others. Salvation is deep enough and full enough to cover completely the most terrible sinner as well as the sinner who has committed crimes judged less intense by our society. God's salvation is the same to every man who receives it, because God is the same to all who receive Him.

Malachi 3:6: "I am the LORD, I change not; therefore ye sons of Jacob are not consumed."

James 1:17: "Every good gift and every perfect gift is from above, and cometh down from the Father of lights, with whom is no variableness, neither shadow of turning."

Hebrews 13:8: "Jesus Christ the same yesterday, and to day, and for ever."

Acts 13:37-39: "But He, whom God raised again, saw no corruption. Be it known unto you therefore, men and brethren, that through this man is preached unto you the forgiveness of sins; and by Him all that believe are justified from all things, from which ye could not be justified by the law of Moses."

2 Corinthians 5:17: "Therefore if any man be in Christ, he is a new creature: old things are passed away; behold, all things are become new."

3. *SALVATION IS A GRACIOUS GIFT*

Basic to our understanding of salvation is the fact that salvation is a gift from God. Men are saved by the grace of God, through faith in the merits of the atoning death of

Jesus Christ. Salvation is gracious in that it is appropriated to the sinner totally apart from any merit on the sinner's part. Homo sapiens cannot advance one good reason why they are fit to be the objects of God's love and salvation. They have rebelled against God, yet He loves them. Such action can be attributed only to the grace of God. God, who is all-worthy, saves man who is unworthy. Such is the grace of God.

Likewise, salvation is a gift; not only is it unmerited by our self-worth, it is not earned by our labors. Not only can a man not work his way out of quicksand, but more importantly, the Bible depicts a sinner as being dead in trespasses and sins (Ephesians 2:1). He cannot even lift one little finger to God in attempting to escape from the predicament of sin. Only the death of Jesus Christ can save from sin. There is nothing a sinner can do. He must be enlightened by the Spirit of God to salvation. This constitutes a gift from God, given in grace, wholly apart from work or merit. It is not earned. You can't earn a gift. You can but thankfully receive it.

Thus, concerning the gift of salvation, man is the recipient but not an active participant in earning that gift. The Scriptures speak of salvation as the living water:

John 4:10: "Jesus answered and said unto her, If thou knewest the gift of God, and who it is that saith to thee, Give Me to drink; thou wouldest have asked of Him, and He would have given thee living water."

Isaiah 55:1: "Ho, every one that thirsteth, come ... to the waters, and he that hath no money; come ... buy, and eat; yea, come, buy wine and milk without money and without price."

Revelation 22:17: "And the Spirit and the bride say, Come. And let him that heareth say, Come. And let him that is athirst come. And whosoever will, let him take the water of life freely."

The fact that salvation cannot be earned is clearly the teaching of the following verses:

Romans 6:23: "For the wages of sin is death; but the gift of God is eternal life through Jesus Christ our Lord."

Ephesians 2:8-9: "For by grace are ye saved through faith; and that not of yourselves; it is the gift of God: Not of works, lest any man should boast."

2 Timothy 1:9: "Who hath saved us, and called us with an holy calling, not according to our works, but according to His own purpose and grace, which was given us in Christ Jesus before the world began."

4. *SALVATION IS A PRESENT POSSESSION*

Salvation is sometimes spoken of in terms of past, present, and future. We have been saved from the penalty of sin at the time of our new birth (Ephesians 2:5,8); we are presently being saved from the power of sin in our lives (Romans 6:14); and one day we will be saved from the very presence of sin (Romans 8:23). It is important to realize that salvation is not totally a future possession. It is real in the life of the believer at this present moment. He does not look forward to the day when his sins will be forgiven: they have been forgiven. He does not strive to attain salvation as a runner strives to reach a goal line. The Christian has not yet attained his goal, but he is clothed in God's salvation as he runs, and reaching the goal is assured.

Also, salvation is not itself the goal. It is not the prize at the end of the race. It is not predicated upon striving or running. It is the gift of God, a gift which is presently being enjoyed by the believer. The believer need not be in the dark concerning his salvation, whether it be real or not. He may enjoy that permanent, irrevocable gift from the moment his eyes are opened to the fact that God loves him and sent His Son to die so that he may have new life (John 5:24; 1 John 5:12-13).

If salvation were not a present possession, we could do no valid service for God presently. Paul could ne̵ ̵er have made so rash a claim as to be a servant of Jesus Christ unless he was enjoying the power which accompanies salvation by the Lord. Salvation must precede service. If we cannot serve Him, why did the Saviour command us to do so? Salvation belongs to the here and now; it is presently and permanently ours by God's grace. Notice in the following verses how salvation is always spoken of in the present tense of the verb.

1 John 5:11-12: "And this is the record, that God hath given to us eternal life, and this life is in His Son. He that hath the Son hath life; and he that hath not the Son of God hath not life."

John 3:36: "He that believeth on the Son hath everlasting life: and he that believeth not the Son shall not see life; but the wrath of God abideth on him."

John 5:24: "Verily, verily, I say unto you, He that heareth My word, and believeth on Him that sent Me, hath everlasting life, and shall not come into condemnation; but is passed from death unto life."

John 6:47-48: "Verily, verily, I say unto you, He that believeth on Me hath everlasting life. I am the bread of life."

Many people have been living with a misconception of what salvation is. They have been trusting in the good they presently do and have been hoping this would appease God's wrath against their sin. God's Word is very clear that no matter how good we think we are, in God's eyes there is no good in us (Romans 3:10-12). There is not one person who can measure up to God's standard of holiness, a standard which is necessary for entrance into Heaven (Romans 3:23). God warns us that even our righteousness is as a filthy rag in His sight (Isaiah 64:6). What is worse, because we have sinned we are promised the payment for that sin—death (Romans 6:23). The only way of escape is through Jesus Christ.

When in desperation the Philippian jailer asked Paul, "What must I do to be saved?" Paul deliberately replied, "Believe on the Lord Jesus Christ, and thou shalt be saved, and thy house" (Acts 16:31). Jesus Christ is the only answer to the problem of sin. "Neither is there salvation in any other: for there is no other name under heaven given among men, whereby we must be saved" (Acts 4:12). If our sins are to be forgiven, we must repent of them and ask the Lord Jesus to be our Saviour. There is no other way. Jesus Christ said, "I am the way, the truth, and the life: no man cometh unto the Father, but by Me" (John 14:6).

Standing in contrast to the believer's salvation are the believer's rewards. By carefully examining the character of our rewards and contrasting that with the character of salvation, we can easily see a sharp distinction. A summary of the character of rewards is as follows.

1. *REWARDS ARE AWARDED TO SAINTS*

In the New Testament the word "saint" always refers to believers who have been set apart to God for service. Unlike salvation, which is applied to the lives of sinners, rewards are given to saints at the judgment seat of Christ. These rewards are reserved for believer-saints and for them alone. The unsaved, those who have never received Jesus Christ as Saviour, have no part at the judgment seat.

Just as a man cannot receive a paycheck until he is legally and gainfully employed, so also a person cannot receive God's rewards until he becomes God's servant. The Apostle Paul frequently likens the Christian life to an athlete running a race. The runner cannot expect to win the prize at the finish line unless he gets on the track and actually runs the race. Likewise, a person cannot expect God's rewards for faithful service unless he gets on the right track and actually lives the life of a faithful servant. Since only God, through His grace, can make a runner out of you and since there is no prize for those who are not on the right track, rewards are reserved for and awarded to the saints, those washed clean by the blood of the Lamb, Jesus Christ.

1 Corinthians 9:24: "Know ye not that they which run in a race run all, but one receiveth the prize? So run, that ye may obtain."

Ephesians 2:8-10: "For by grace are ye saved through faith; and that not of yourselves: it is the gift of God: Not of works, lest any man should boast. For we are His workmanship, created in Christ Jesus unto good works, which God hath before ordained that we should walk in them."

Luke 6:22-23: "Blessed are ye, when men shall hate you, and when they shall separate you from their company, and shall reproach you, and cast out your name as evil, for the Son of man's sake. Rejoice ye in that day, and leap for joy: . . . for in like manner did their fathers unto the prophets."

2. *REWARDS ARE PROPORTIONATE TO SERVICE*

The Bible speaks of just two classes of people. These are not black and white, rich and poor, or moral and immoral. These classes are saved and lost, i.e., those who have the Son of God and those who do not have the Son of God (1 John 5:12). Thus there are no degrees of being saved from sin; either we are completely, wonderfully saved or we are completely, hopelessly lost.

Unlike salvation, there are varying degrees of rewards. Some will receive great rewards, others will not. Some will receive full rewards, others will not. That which determines

whether a believer will receive a great or a small reward, a
full or a partial reward is the quality and quantity of his
service to the Lord. Unlike salvation, the believer's reward
is proportionate to his acceptable service. Frequently, Jesus
Christ spoke of rewards in proportion to labor. After doing
so, He usually counseled His disciples to labor in pursuit of
a great reward. John speaks of a "full" reward. Paul mentions Alexander the coppersmith, who did much evil to
him, and says, "the Lord reward him according to his
works" (2 Timothy 4:14). Again, the Lord Jesus advises
His disciples to rejoice, for "great" is their reward in Heaven.
If such adjectives as "full," "great," etc., can be used to
describe our rewards, it follows that not all rewards are
alike. Rewards will be given in payment by the Reward
Giver, and the quantity and quality of those rewards will
be in proportion to our service for Him.

1 Corinthians 3:8: "Now he that planteth and he that watereth
are one: and every man shall receive his own reward according to
his own labour."

Luke 12:47-48: "And that servant, which knew his lord's will,
and prepared not himself, neither did according to his will, shall be
beaten with many stripes. But he that knew not, and did commit
things worthy of stripes, shall be beaten with few stripes. For unto
whomsoever much is given, of him shall be much required: and to
whom men have committed much, of him they will ask the more."

2 Corinthians 5:10: "For we must all appear before the judgment seat of Christ; that every one may receive the things done in
his body, according to that he hath done, whether it be good or bad."

1 Timothy 5:18: "For the scripture saith, Thou shalt not
muzzle the ox that treadeth out the corn. And, The labourer is
worthy of his reward."

Matthew 16:27: "For the Son of man shall come in the glory
of His Father with His angels; and then He shall reward every man
according to his works."

3. *REWARDS ARE A GRACIOUS WAGE*

The Bible teaches we are saved by grace, through faith, plus nothing! This means that we are saved by grace apart from works. Yet, after we have been regenerated by Christ, we are to practice the good works which Jesus Himself has prepared for us in advance (Ephesians 2:8-10). Rewards are offered by God to the believer on the basis of faithful service rendered after salvation. Rewards, then, are earned by the servant. The reward is a wage which is paid in respect to the loving service performed. If no service is performed, or if it is not performed in the love of Christ, no wage is paid.

I must hasten to add, however, that even the rewards which we earn are given in God's grace. The parable of the laborers (Matthew 20:1-16) indicates that God (the householder) is always just with His servants. He gives them no less than is their rightful reward. However, His servants can make no demands on God. They must perform their service, not grudgingly nor of necessity, but out of love, trusting God to be faithful in rewarding them. They must make no jealous comparisons with those laboring around them, for God rewards in grace, not in duty.

Yes, we earn the reward for service. Yes, we have been faithful as servants. Yes, we have worked hard. But all of this is what is expected of us. We have been saved to serve our Master, Jesus Christ. It is only by God's infinite grace that we are enabled to perform any acceptable service at all. Ultimately the glory is His. Ultimately the wage is His. Ultimately we are His. He has been gracious enough to make us fit vessels and reward us for that which He has accomplished through us. We are but the instruments of His work, He is the Worker. We are rewarded for being willing and ready instruments. Our reward, then, is a gracious wage paid for being a willing and useful vessel. Unlike salvation, in which man is but the recipient, man is an active participant in earning his reward.

2 Timothy 4:6-8: "For I am now ready to be offered, and the time of my departure is at hand. I have fought a good fight, I have finished my course, I have kept the faith: Henceforth there is laid up for me a crown of righteousness, which the Lord, the righteous judge, shall give me at that day: and not to me only, but unto all them also that love His appearing."

Revelation 22:12: "And, behold, I come quickly; and My reward is with Me, to give every man according as his work shall be."

Matthew 16:27: "For the Son of man shall come in the glory of His Father with His angels; and then He shall reward every man according to his works."

1 Corinthians 9:24-25: "Know ye not that they which run in a race run all, but one receiveth the prize? So run, that ye may obtain. And every man that striveth for the mastery is temperate in all things. Now they do it to obtain a corruptible crown; but we an incorruptible."

4. *REWARDS ARE A FUTURE POSSESSION*

In contrast to salvation, which the Bible indicates is enjoyed now, rewards are strictly an attainment of the future. Rewards are those things we strive after, the wages paid at the end of the faithful service. Would you expect to be paid for a service you didn't render? Of course not. Of necessity, remuneration for a complete service cannot be awarded until that service is completed. Thus, rewards for our present service will not be received now but in the future, in our heavenly home.

Perhaps it is a good thing we are not given our rewards now. Probably we are not yet capable of appreciating them.

Some of our rewards, by their very nature, cannot be received until we are safe in the arms of our Lord Jesus.

This is not to say that we don't presently enjoy some blessings in faithfully serving the Master. We do, but these are only temporal blessings, they are not eternal rewards. There is a big difference. It is satisfying to know that we are doing the will of the Lord. This knowledge brings great comfort and blessing. But it is not a reward like having the Lord Himself say, "Well done, thou good and faithful servant."

We can think about our heavenly rewards. We can anticipate them. But rewards cannot actually be enjoyed until we enjoy them with the Reward Giver, Jesus Christ. It is our love for the Lord and the anticipation of these rewards which causes us to believe it will be worth it all, when we see Christ.

Notice how Paul speaks of rewards as a future attainment:.

1 Corinthians 3:14: "If any man's work abide which he hath built upon it, he shall receive a reward."

2 Timothy 4:7-8: "I have fought a good fight, I have finished my course, I have kept the faith: Henceforth there is laid up for me a crown of righteousness, which the Lord, the righteous judge, shall give me at that day: and not to me only, but unto all them also that love His appearing."

Our Lord also speaks of rewards as a future attainment:

Luke 14:14: "And thou shalt be blessed; for they cannot recompense thee: for thou shalt be recompensed at the resurrection of the just."

Matthew 16:27: "For the Son of man shall come in the glory of His Father with His angels; and then He shall reward every man according to his works."

In summary, there is a vast chasm between the meaning of salvation and the meaning of rewards. They are not at all the same. Salvation is appropriated to the sinner; rewards are awarded to the saint. Salvation is identical for all who by faith receive it; rewards are proportionate to one's life of service. Salvation is a gracious gift, given by God to the lost; rewards are a gracious wage paid for faithfully allowing the Lord to work through us. Salvation is now, to be enjoyed forever; rewards are not received until the race is won and we are in the presence of our great Reward, God Himself.

If you have been "waiting it out" to see if on that great day of judgment your rewards will outweigh your sins, I have terrible news for you. You don't have any rewards to weigh. Only a servant can earn a reward and until you repent of your sins and plead for salvation from Jesus Christ, you cannot become a servant. To all who are not servants of the Lord the Master's advice is, "Verily, verily, I say unto you, He that heareth My word, and believeth on Him that sent Me, hath everlasting life, and shall not come into condemnation; but is passed from death unto life" (John 5:24).

CHAPTER 3

THE COURTROOM

A Christian marriage is one of the most sacred and blessed events we are permitted to witness. The theme of marriage graces the pages of God's Holy Word as the wedding dress graces the bride. One of the earliest recorded utterances of God is that, "It is not good that man should be alone. . . . Therefore shall a man leave his father and his mother, and shall cleave unto his wife: and they shall be one flesh" (Genesis 2:18, 24). Yet the Christian marriage carries but a fraction of the grandeur and magnificence of the event it foreshadows.

Many passages in the New Testament liken the relationship between Christ and His Church to that of the bridegroom and his bride (John 3:29; Romans 7:4; 2 Corinthians 11:2; Ephesians 5:25-31; Revelation 19:7-8; 21:1–22:7). The Church is depicted as the bride anxiously awaiting the soon return of the Bridegroom who has gone away. The Bridegroom is actively engaged in preparing a suitable dwelling for the bride. He has promised to return for the bride and she is confident of His return. Meanwhile, the bride is getting prepared herself. Her engagement is confirmed and the wedding is sure, but she maintains her love and is faithful to her Bridegroom because she is grateful and loves Him.

Isn't this a perfect picture of the Church? We await the Lord's return, knowing that our wedding to Him as a bride to the Bridegroom is sealed by the Holy Spirit and is certain because of His solemn word (Ephesians 1:13-14; 1 John 5:13). We remain steadfast in His love because He keeps us there and we know we are the unworthy recipients of His choosing. We are grateful to Him, for "He [God] hath made Him [Jesus] to be sin for us, who knew no sin; that we might be made the righteousness of God in Him" (2 Corinthians 5:21).

Soon after the return of Jesus Christ to catch His bride away, there will occur a wedding, the splendor of which will exceed all previous weddings combined. It will be the reunion and wedding of Christ and His bride, the Church. Our salvation, for which Jesus Christ died, will be complete when we are united with Him forever.

However, there is an event which will precede the marriage of the Bridegroom to His bride. This is the final preparation of the bride herself. There is an old saying that all brides are beautiful. This is partially true because of the wedding apparel donned by the bride before the ceremony. The dress traditionally is white and lacy. The clothes which were casually worn are laid aside; only garments which are appropriate adorn the bride.

The Bible speaks in much the same way about the Church, Christ's bride. "Let us be glad and rejoice, and give honour to Him: for the marriage of the Lamb is come, and His wife hath made herself ready. And to her was granted that she should be arrayed in fine linen, clean and white: for the fine linen is the righteousness of saints" (Revelation 19:7-8).

When the bride stands before her Bridegroom at the wedding of the Lamb, she will be adorned in clean, white, fine linen. All that is dirty or unfit will be taken away; only that which is true will remain.

The fact that the Church is the bride of Christ indicates that each of its members is born again by the Spirit of God. The Lord Jesus does not join Himself to an unbelieving bride. He yokes Himself only with those who have been born both by water and by His blood (Hebrews 13:12; Revelation 1:5-7). Thus when the Bible says, "His wife hath made herself ready," it cannot indicate salvation. She has already been made ready for entrance into the Father's heavenly abode by faith in Christ Jesus, the only way to the Father (John 14:6).

What then does this mean? That the Church "made herself ready" indicates she has worked for the clothes she wears. These are the garments of service, not of salvation. They are garments to be worn, not for entrance into Heaven, but because she has already entered Heaven. Her clothes are fine linen, clean and white. They are the "righteousness of saints." Not all the service of the saints will be found righteous. Not all the clothes in the bride's wardrobe will be fit for this long-anticipated day. Thus, preceding this wedding, there must be an event in which the bride will be advised as to what is fit to wear and what is not, which garments are righteous and which are not, what service done for the Lord is acceptable and what is not. The bride will be wrapped in the acceptable deeds or service which she has done for her Bridegroom. All that is unacceptable must be cast away as unworthy.

Between the rapture of the Church, when we are caught up to meet our great God and Saviour Jesus Christ, and the marriage of the Church to her Bridegroom, there is the awesome occasion of judging the life and service of the bride. This event, between rapture and wedding, is the judgment seat of Christ.

The Believer's Judgments

Throughout our Christian lives, we as believers are involved in three distinct judgments, each of which judges us as persons in a different category.

First, as sinners, we were judged at the cross of Calvary. Through no merit of our own, we were acquitted of the penalty of sin because the punishment which rightfully was ours was put upon another, one who was without sin. In our place and for our sin Jesus Christ was judged, and because of Him, we were justified in the eyes of our holy God (Romans 5:8; 8:3; 2 Corinthians 5:21; 1 Peter 2:24). Having this judgment for sin behind us and, thanks to the Son of God, having been freely justified by His grace, we can never again be brought before God's bar of justice and divinely accused or condemned for our sin. "There is therefore now no condemnation [judgment] to them that are in Christ Jesus" (Romans 5:9-10; 8:1, 30-34). Freeing us from the penalty of our own sin, it was the Son of God who "delivered us from the wrath to come. . . . For God hath not appointed us to wrath, but to obtain salvation by our Lord Jesus Christ" (1 Thessalonians 1:10; 5:9). We are forever free from the wages of sin, which is death (Romans 6:23).

Secondly, we are presently, constantly being judged as the children of God. When one is born again, born into the family of God, certain rights follow. We have Jesus Christ as our Advocate, our Intercessor, our Hope, our Saviour, our Mediator. We also have the Holy Spirit as our constant Companion, everpresent Friend, Comforter, Teacher, Guide. Again, we have God the Father as our heavenly Father with all the rights and privileges which accompany this unique relationship. We are to love God, honor Him, cling to that which is good, abhor that which is evil, etc. As the children of God we are constantly being judged on this earth for our actions and thoughts toward Him and others. This corrective chastisement is to keep us on the right track, make us more like the Master, Jesus Christ (Hebrews 12:5-11; 1 Corinthians 11:28-32).

Thirdly, as believers who are washed clean in the blood of Jesus, we will be judged as servants of the Lord at the judgment seat of Christ. This final judgment is totally unrelated to the believer's salvation or destiny. Both of these were determined by our response to the gospel (John 3:36; 5:24). This judgment is concerned with service, and demands our attention in a study of the believer's rewards. Concerning the courtroom scene at the judgment seat, it is important to consider its time and place, the persons being judged, the Judge, and the judgment seat itself. Let us enter the courtroom.

THE JUDGMENT SEAT OF CHRIST

One might well ask, What is the judgment seat of Christ? There are two words in the New Testament translated "judgment seat." The first, used in James 2:6 and 1 Corinthians 6:2,4, is the word *criterion,* which means either the rule by which one judges or the place where judgment is pronounced. The second word, which is by far better known, is *bema,* the dais or raised platform from which judgments were handed down in the early Greek states. This raised platform, mounted by steps, was also the tribunal or official seat of both Greek and Roman judges. Hence, Herod Agrippa I sat on the *bema* located in his capital city of Caesarea when he addressed the republics of Tyre and Sidon (Acts 12:20-21). The *bema* was generally

an erected platform in a public place. This would allow all
the people to hear the results of judgment as they were
meted out (John 19:13; Acts 18:12). This last reference
records that Paul was brought before the judgment seat of
the Roman proconsul Gallio at Corinth. The charge against
the apostle was that "this fellow persuadeth men to worship
God contrary to the law."

The *bema* was also the ancient raised platform at the
Grecian games in Athens, where the umpire or judge sat.
Here he would carefully watch the athletic contests. When
the winner was decided, the victorious athlete would come
to the *bema* and be rewarded. This was not the judicial bench
of condemnation. The winner was not determined here. The
contest was won on the playing field. The loser was not
brought to the *bema* for condemnation. Only the winner
stood before the judge and here he was commended and,
depending on how great the victory or decisive the battle,
varying degrees of rewards were bestowed.

The alert Apostle Paul draws on his firsthand knowledge of the *bemas* at Caesarea, Corinth, Athens, etc., when
he describes the judgment seat of Christ. There was a natural
correlation between them.

At the heavenly *bema* we will not be judged on our
guilt or innocence. That question was settled long ago at
the cross of Calvary when Jesus Christ made atonement for
our sin with His own blood. No, the judgment seat of Christ
is not to decide whether we are saved or lost, but to judge
the true merit of our performance for the Lord. During our
life of service we have been closely scrutinized as a con-
tender for the faith, and the rewarding Judge will now be-
stow on us the laurels earned in the arena of faith. The Greek
athletes were rewarded, not for being athletes—all who entered the arena were athletes—but for their performance in

the ring. So too we will be judged and rewarded for our performance as servants of the Lord.

The judgment seat of Christ is mentioned by name only twice in the New Testament:

> Romans 14:10: "But why dost thou judge thy brother? or why dost thou set at nought thy brother? for we shall all stand before the judgment seat of Christ."
> 2 Corinthians 5:10: "For we must all appear before the judgment seat of Christ; that every one may receive the things done in his body, according to that he hath done, whether it be good or bad."

With this *bema* is associated prominence, honor, authority, declaration, and reward just as with any other *bema*. However, this *bema* is far more prominent and honorable than those of Caesarea or Corinth. This is the *bema* of Christ the Lord. The greatest difference between the heavenly *bema* and all other elevated platforms of declaring reward will be the peculiarity of the company that is judged and the preeminence of the Judge.

WHO ARE THE JUDGED?

The New Testament uses the term "Church" to indicate that body of men and women who have realized their sinful condition, repented of their sin, and received Jesus' sacrifice at Calvary as payment for their sin. All of this is done by believing the promise of God, "That if thou shalt confess with thy mouth the Lord Jesus, and shalt believe in thine heart that God hath raised Him from the dead, thou shalt be saved. For with the heart man believeth unto righteousness; and with the mouth confession is made unto salvation. . . . For whosoever shall call upon the name of the Lord shall be saved" (Romans 10:9-10,13).

Thus "Church," as it is being used here, obviously does

not apply to a sacred building, a denomination, or religious group in general. It refers only to those who have received Jesus as their Saviour, regardless of where they are or to which denomination they belong. Not all who claim to be "Christians" are really "Christ's ones," purchased from sin by His precious blood. Many have the mistaken idea that if they are not Jewish, Muslim, Buddhist, or heathen they automatically fall into the category of "Christian." But the Bible says that only those saved from sin and set apart to a life pleasing to God are Christians and included in Christ's "Church."

The relationship between the Church and Jesus Christ is a blessed one. Between Christ and His Church exists a oneness that is unparalleled in history. The Church is a body of believers of which Christ is the Head (Ephesians 1:22; 5:23; Colossians 1:18). The Church is an incorporeal building of which Christ is the Foundation and Chief Cornerstone (1 Corinthians 3:9; Ephesians 2:19-22). The Church is a branch which, in order to survive, must be rooted in Christ the Vine (John 15:5). We are also aware that the Church is the bride of whom Christ is the Bridegroom (1 Corinthians 11:3; Ephesians 5:23). With this close association and unity it is only natural to expect that Christ and His Church would dwell together.

However, this is presently not the case. This does not mean that Christ no longer loves those for whom He died; but, on the contrary, He loves us so much that He is currently preparing an eternal dwelling for us. His promise is, "[since] I go and prepare a place for you, I will come again, and receive you unto Myself; that where I am, there ye may be also" (John 14:3). When He comes for us, we will dwell forever with Him. This event, commonly referred to as the rapture of the Church, immediately precedes the judgment seat of Christ. We will be ushered from this world to Heaven and there individually stand before the *bema* where the Judge will reward us for our service to Him.

Since we cannot appear at the judgment seat unless we are servants of the Lord, and since we cannot be the Lord's servants unless we are saved from sin by the Lord, then only those who are saved will stand before the righteous Judge at the heavenly *bema*. In those portions of Scripture dealing with the judgment seat, the first personal pronoun occurs with great frequency. For instance, 2 Corinthians 5 uses the first person plural pronoun "we" no less than seventeen times in the first ten verses. Paul addresses this letter to the "church" of God which is at Corinth, with all the saints which are in all Achaia. Both the words "church" and "saints" are terms reserved for those washed clean in the blood of the Lamb, the Lord Jesus. When Paul says "we" in chapter five, he is speaking not of the whole world but of the Christians he is addressing. Whether at Corinth in the first century or in your town in this century, it is the Christian who will one day stand before the judgment seat. The world will have no more part there than a man who wasn't an athlete would have had standing before the *bema* of ancient Corinth, begging to receive a laurel.

But what about those who have rejected Christ? Won't they be judged? Yes, but they will not stand before the Judge at this heavenly *bema*. They will appear before Him at the judicial court of the great white throne, prophetically pictured in Revelation 20:11-15. Paul could not possibly have included the unbeliever in the "we" of 2 Corinthians 5. The unbeliever has no building of God (verse 1), has not the earnest of the Spirit (verse 5), walks not by faith (verse 7), has not the confidence of being present with the Lord upon death (verse 8), does not labor to be accepted of the

Lord (verse 9), and subsequently does not appear before the judgment seat of Christ (verse 10).

It is evident that those who are judged at the *bema* of Christ will be those who belong there, who through the un-merited grace of God have received new life in Christ. This will be a judgment of the Church, not of mankind in general or of the world. Only those who qualify will be able to stand there, and we qualify solely through the death of Jesus on our behalf. We will be judged for the things done in our bodies, whether good or bad. We will not be judged as sinners, nor will we be judged as sons, but at the judg-ment seat of Christ we will be judged as servants of the living God.

WHO IS THE JUDGE?

Judges are usually elected or appointed officials. The qualifications for this high office supersede simple party considerations. Most people are not as concerned with the question of the candidate's party affiliation as with the questions, "Is he the best man?" "Does he have good judg-ment?" and most importantly, "Is he a man of integrity?" Judges should be of high moral fiber and unquestionable character. They should be sympathetic and responsive to the needs of those they judge.

These characteristics were high in the minds of the early Jews when electing a man to the Sanhedrin, the su-preme court of Judaism. It was a stipulation that the San-hedrinist should be married and probably a father as well. This, it was felt, would give him the proper sympathy for his fellow man so that he would temper justice with mercy. Still today a good judge is one whose good character allows him to have love and tenderness in meting out justice. He cannot stay necessary punishment, but neither can he be unreasonably severe in assigning it.

If these are recognized requirements for a good judge in our society, how much more should they be the requirements for the Judge at the judgment seat of Christ. The Judge sitting upon that heavenly *bema* must be one of complete integrity and holiness. This Judge must be one who is acquainted with the trials of men.

Actually, such a Judge should be God, to insure that His meting out of rewards is entirely honorable. By the same token, He should be a man, so that He would be sympathetic and understanding toward the problems men have in serving the Master. This would mean that the perfect Judge would be both God and man. That is exactly what Jesus Christ is, the perfect God-Man. In keeping with the perfection of God's program, the Judge at the judgment seat is indeed the perfect Judge, Jesus Christ.

The Lord Jesus, who is God in the flesh, will certainly make honest and holy judgments in awarding rewards for service because it is the essence of God to be honest and holy (John 14:6; Hebrews 7:26). As a man, Jesus knows men (John 2:24-25). As a man, He was tempted in all points like we are, yet He did not fall victim to sin (Hebrews 4:15). He is sympathetic with and understanding of the problems we have encountered in living a pleasing life before God.

The fact that the name of this heavenly *bema* is *bematos tou Christou*, the judgment seat of Christ, leaves no doubt as to who the Judge is. Of the two references to the judgment seat of Christ, the first (Romans 14:10) is more literally translated "judgment seat of God." This is no problem, however, for Jesus Christ is God and it would be entirely proper to refer to His *bema* as the judgment seat of God. Paul is more specific in 2 Corinthians 5:10 when he mentions this same *bema* as the "judgment seat of Christ." There can be no question that he is referring to one and the same judgment seat and that the Judge is our God, Jesus Christ.

Furthermore, there are a number of Biblical references to Jesus as Judge. Looking forward to the time of his departure, Paul thinks about the crown of righteousness "which the Lord, the righteous judge, shall give him" (2 Timothy 4:8). Peter says of Jesus that "He was ordained of God to be the Judge of quick [living] and dead" (Acts 10:42). Luke records in Acts 17:31 that God hath appointed a day in which He shall judge the world in righteousness "by that man whom He hath ordained." As we have noted, the only man qualified to be such a Judge is Jesus Christ. In support of this conclusion is the express statement of Scripture, "For the Father judgeth no man, but hath committed all judgment unto the Son" (John 5:22). It is quite evident, therefore, that we will be dealt with fairly at the judgment seat of Christ. Any reward which is earned and proven worthy will be awarded to us because of the very nature and integrity of the righteous Judge at the *bema*, the Lord Jesus Christ.

WHEN IS THE JUDGMENT?

We have already noted that the judgment seat proceedings must precede the marriage of the Bridegroom and His bride. As His bride, we will be adorned with clean, fine, white linen, which is the righteousness of saints. This means that we will stand dressed in what, by the grace of God, we have been allowed to accomplish by way of service for our Lord. It is also obvious that the judgment seat of Christ will be an event which occurs after the rapture, when the Lord shall "catch up" His Church to Heaven (1 Thessalonians 4:13-18). If we were to be judged before the rapture, there would conceivably be opportunity for service between judgment and rapture. This would mean that some of our life and service would go untried and unrewarded.

The Lord is not currently judging the service of those who have come to Him by death. Jesus Christ is portrayed in the Scriptures as presently being not a Judge but an Intercessor (Hebrews 7:25; 1 Timothy 2:5). He has not entered the courtroom and ascended the steps to the *bema*. He will not do so until He has retrieved those whose works are to be judged.

Most imposing is the list of New Testament references which indicate rewards are not meted out until the Lord's return. The rewarding of the saints is spoken of in association with "that day," which refers to the glorious day in which we will be gathered into Christ Jesus' arms.

1 Corinthians 4:5: "Until the Lord come . . . and then shall every man have praise of God."

2 Timothy 4:8: "Henceforth there is laid up for me a crown of righteousness, which the Lord, the righteous judge, shall give me at that day."

Revelation 22:12: "And, behold, I come quickly; and My reward is with Me."

It is evident that rewards are not a present possession, nor are they awarded at the servant's death. They will be awarded only after the servant is judged, and the time of that event is the judgment seat of Christ.

In the verses above the emphasis was always on the future, the day in which the Lord will come. Consider also the following passages:

Matthew 25:19: "After a long time the lord of those servants cometh, and maketh a reckoning with them."

Luke 14:14: "Thou shalt be recompensed in the resurrection of the just."

Philippians 2:16: "That I may have whereof to glorify in the day of Christ, that I did not run in vain."

1 Thessalonians 2:19: "For what is our hope, or joy, or crown of rejoicing? Are not even ye in the presence of our Lord Jesus Christ at His coming?"

When Jesus comes, then we will be judged and rewarded. Presently we say it will be worth it all, when we see Christ. On that day, we'll have this feeling confirmed. Now we await His coming as a bride awaits the coming of her Bridegroom. The judgment seat cannot be long after the rapture, for the wedding is not long after the Bridegroom receives His bride. The events of rapture and *bema* occur in a very short space of time. There will be no anxious waiting over our judgment. The Bridegroom will see to that at once, and we shall enter into our marriage with Him fully clothed in the garments of service which have withstood the trial by fire.

WHERE IS THE JUDGMENT?

As the time of the judgment seat of Christ can be none other than immediately after the rapture and before our marriage to the Lamb, so the place of judgment can scarcely be anywhere but Heaven. 1 Thessalonians 4:13-18 pictures the event of the rapture of the Church and indicates that "we . . . shall be caught up . . . in the clouds, to meet the Lord in the air." Furthermore, 2 Corinthians 5:1-8 depicts the boldness we should have in death because we know that "whilst we are at home in the body, we are absent from the Lord." With Paul, our desire is "to be absent from the body, and to be present with the Lord." Death, for the believer, means immediate presence with the Lord. Whether taken to Him by death or by living rapture, we will most assuredly stand before Him as our Judge and Rewarder at the *bema*. This event must occur in Heaven, for judgment can only take place where the Judge and judged are. The Bible clearly indicates that after our translation from this earth we will abide in Heaven (John 14:1-3).

It is quite an awesome thought to consider that the rewards judged appropriate at the judgment seat will determine our possessions and standing for all eternity. What is even more awesome is that the service we are now performing for the Lord will be the basis for that judgment at the heavenly *bema*. This makes our present work for the Lord of the greatest human importance. We must indeed, "Work for the night is coming, when men work no more."

CHAPTER 4

THE EVALUATION

In the previous chapter we were primarily interested in the participants and physical setting of the heavenly courtroom. Once aware that Jesus Christ is the righteous Judge, and as believers we are the judged, it is quite natural that our interest be aroused in the actual process of judgment at the *bema* of Christ. We are certain that such judgment will come. Many of the Gospel parables teach that on an appointed day the Master will require His servants to give an account of their lives of service to Him (Matthew 18:23; 25:19; Luke 16:2; etc.). Jesus promised rewards to His disciples in an unmercenary sense (Matthew 5:3-12; Mark 9:41; 10:30). Judgment, in the form of evaluation or appraisal, and rewards are certain. The question is, "What shall that day of reckoning and reward be like?"

THE EVALUATION IS UNIVERSAL

That the evaluation undergone at the judgment seat of Christ is universal must be qualified and explained. In the previous chapter we noted that those who will be judged are believers only. Thus the appraisal of works at the heavenly *bema* is both universal and exclusive. It is universal to all who have been born again by the Spirit of God and exclusive of all others. Not only will all believers be present at this evaluation, but only believers will be present.

Romans 14:10-12 declares, "But why dost thou judge thy brother? or why dost thou set at nought thy brother? for we shall all stand before the judgment seat of Christ. For it is written, As I live, saith the Lord, every knee shall bow to Me, and every tongue shall confess to God. So then every one of us shall give account of himself to God."

As if the Roman believers would not understand the universality of the believer's evaluation, Paul repeats, saying, "We shall *all* stand before the judgment seat of Christ" and "*every one* of us shall give account of himself to God." There was no doubt in Paul's mind. As the servants in the Lord's parables had to stand before their masters, so too every believer must stand before God and give account of his life and deeds. If you are a believer, you have a divine appointment at the judgment seat of Christ.

Paul picks up this same theme in 2 Corinthians 5:9-10. "Wherefore we labour, that, whether present or absent we may be accepted of Him. For we must *all* appear before the judgment seat of Christ; that *every one* may receive the good things done in his body, whether it be good or bad." Speaking to believers, Paul says "we" must appear or be made manifest. The "we" excludes any who do not belong to Christ, who have not received Christ as Saviour. But of us who do belong to Christ, who have received Him as our Saviour, Paul says, "we must *all* appear." Everyone who has been washed clean in the blood of the Lamb will stand before Him as servant before Master and will give account of his life of service to the Lord. There will be quite a host.

THE EVALUATION IS NECESSARY

William Cowper wrote, "God moves in mysterious ways, His wonders to perform." This, however, does not mean that God is illogical. The mystery of His movements is a mystery only to us. We may not completely see the logic in God's saving man who has rebelled against Him, but we can certainly see the logic in our separation and estrangement from God. One of the most basic forms of logic illustrates this:

> *Major Premise:* God is holy and can dwell only in a holy environment (Romans 4:8; Deuteronomy 26:15).
>
> *Minor Premise:* Man is unholy and can dwell only in an unholy environment (Romans 3:10,23; Isaiah 6:5).
>
> *Conclusion:* God and man are opposites and cannot dwell together (Isaiah 55:8-9; Psalm 115:16).

All of this is true, but then, that's why Christ Jesus came—to die, atoning for our sins. He came to make the unholy holy in God's sight, to make it possible for us one day to become conformed to the image of God and able to dwell with Him. We were created in His image (Genesis 1:27), and we walked with Him (Genesis 3:8), but because of our sin, we became separated from His holiness and presence (Genesis 3:24). Jesus Christ came to bridge the gap between holy God and unholy man. He has made it possible for us again to dwell with God the Father (John 14:3). He has made it possible for us again to be partakers of God's holiness (Hebrews 12:10). How thankful we should be.

It is because of Jesus' death that we will be able to enter the abode of God, but it is to review our life of service to Him that we will stand before the judgment seat of Christ. Since some of our deeds may not have been holy or righteous, since some of our service to the Lord may not have been of the purest motive, since our life as a servant may not have been always what it should, it is necessary that all the unholy or unfaithful deeds we have done be brought out into the open and dealt with before we embark on an eternity in the presence of our holy God. It is only reasonable to assume:

Major Premise: A holy God can reward only service done in righteousness and faith (Matthew 6:1; Hebrews 11:6).

Minor Premise: Not all of our service for God is done in righteousness and faith (Matthew 6:2,5,16; John 18:10-11).

Conclusion: A holy God cannot reward all of our service (Matthew 25:26-28; Mark 10:13-16).

Such a philosophical conclusion necessitates a judgment, one which casts out the unacceptable, before our righteous service can be presented to God. Since we enter Heaven with a history of service done both in the flesh and in the Spirit, it is necessary that everything done in the flesh be cast away, to preserve the integrity of that service done in the Spirit. This is the process undergone at the judgment seat of Christ.

THE GRAMMATICAL CONCLUSION

But let's set philosophy aside and consider an even stronger argument for believing an evaluation of our service for the Lord is necessary. This is the grammatical case.

The actual words of Scripture make it conclusive that each of us must be present at the judgment seat of Christ. Paul reminds us, "For we must all appear before the judgment seat of Christ" (2 Corinthians 5:10). His language is very firm. He says, *tous gar pantas hemas phanerothenai dei emprosden tou bematos tou Christou*. Grammatically, the main verb of Paul's statement (*phanerothenai*) does not emphatically indicate judgment is necessary. However, the main verb is accompanied by the little impersonal verb *dei* (pronounced "day") which is always used to denote a strong compulsion or necessity. This verb is translated much like the *il faut que* construction of French, meaning "it is necessary that." A simple rendering of the word is "must."

The little word *dei* is frequently used in Scripture to show necessity. Consider the following examples.

Mark 8:31: "And He began to teach them, that the Son of man *must* suffer many things, and be rejected of the elders, and of the chief priests, and scribes, and be killed, and after three days rise again."

John 3:7,14: "Marvel not that I said unto thee, Ye *must* be born again. . . . And as Moses lifted up the serpent in the wilderness, even so *must* the Son of man be lifted up."

1 Corinthians 15:53: "For this corruptible *must* put on incorruption, and this mortal *must* put on immortality."

1 Timothy 3:2,7: "A bishop then *must* be blameless. . . . Moreover he *must* have a good report of them which are without."

Hebrews 11:6: "But without faith it is impossible to please Him: for he that cometh to God *must* believe that He is, and that He is a rewarder of them that diligently seek Him."

The presence of this impersonal verb *dei* leaves no room for doubt. Each of the above events will come to pass because they must *(dei)* come to pass. Paul literally tells us, "for it is necessary that we all be revealed before the judgment seat of Christ." There is no doubt.

Furthermore, we are assured that "we shall all stand *(parastesometha)* before the judgment seat of Christ" (Romans 14:10), and that "every one of us shall give account *(logon dosei)* of himself to God" (Romans 14:12). Both of these future active verbs give the distinct impression that nothing will prohibit the evaluation of our deeds. Standing before the *bema* of Christ is an event which is not only universal in nature for all believers, but is also absolutely necessary for all believers. It is necessary that our service for Him be evaluated in keeping with God's holiness and justice. All believers must stand before Jesus Christ the Judge.

THE EVALUATION IS VISIBLE

In addition to being universal and necessary, the evaluation of our service at the heavenly *bema* will also be visible. Again the key verse is 2 Corinthians 5:10.

In the verse, "for we must all appear before the judgment seat of Christ," the principal verb is "appear" *(phanerothenai)*. A Greek student would probably say this is an aorist passive infinitive, but let's just say there is more to this word than first meets the eye. For instance, the word "appear" does not simply mean to "show up." We will not just put in an appearance at the judgment seat. This word is more strictly suited to mean "manifest" or "made visible." When as a servant we stand before our Master, we will be totally revealed. Since the word is passive we understand that we are not revealing ourselves, but He is revealing us. We are revealed not only to the Judge, but we are revealed to ourselves as well. Suddenly, perhaps for the first time, we will truly see what our life of service was like.

In this key verse, 2 Corinthians 5:10, we gain a little deeper insight into the actual evaluation of our service. The verse says, "For *we* must all appear." Notice it did not say our works or our service must appear before the Lord, but "we" must appear before Him. This is more personal. As individuals we are revealed in that heavenly courtroom.

There is an inseparable link between our service for the
Lord and our life in the Lord. As a matter of fact, our service is our life, the deeds done in our body. Not only what
we have done for Him will be judged, but also what we are.
We are presenting for judgment and reward what the Lord
has been allowed to do with our life. Our motives for service, our capabilities for service, our desire for service, and
our service itself are all wrapped up in one package which
we will present for evaluation. This package is our life. At
the *bema*, the entire scope of our Christian life and service
will be revealed.

THE REVEALING DAY

Even more depth to our understanding of the visibility
of this heavenly evaluation is added in 2 Corinthians 3:13:
"Every man's work shall be made manifest: for the day shall
declare it, because it shall be revealed by fire; and the fire
shall test every man's work of what sort it is." Bear in mind
the word "work" here, and implied in Romans 14:12 and
elsewhere, represents the totality of our Christian life as
well as our service. In this verse we learn that "the day" will
reveal our life. What is this day when our lives will be made
transparent so that nothing is hidden?

Paul must be referring to a day he mentioned previously in this letter, 1 Corinthians 1:7-8, in which he advises
that we should be "waiting for the coming of our Lord
Jesus Christ: Who shall also confirm you unto the end, that
ye may be blameless in the day of our Lord Jesus Christ."
When Jesus comes to take His bride away, He will usher us
directly to the heavenly *bema* and will judge our lives according to what we have allowed the Lord to do with them.
That is the day in which the Lord "will bring to light the

hidden things of darkness, and will make manifest the counsels of the hearts" (1 Corinthians 4:5). It is in that day that "God shall judge the secrets of men by Jesus Christ according to my gospel" (Romans 2:16).

The implication is clear. On that day we will have our lives made visible before Jesus Christ our righteous Judge, and truly "all things are naked and open unto the eyes of Him with whom we have to do" (Hebrews 4:13). There shall be nothing hidden, as the verbs "manifest" and "declare" indicate. Just as day brings light from the sun to reveal the hidden things of darkness, so that day will bring light from the Son to reveal the hidden things of darkness done in our bodies. However, many hidden things which are good will be revealed as well. Many services performed that went unnoticed will be seen. This will be a total revelation of our life and service to the Lord. It will be both a day of vindication and a day of disappointment.

This makes the Christian servant stop and think about what is presently being done with his life. One day what has been done with our lives and what could have been done will be revealed to us and it is possible that much shame will result. Let us work the works of righteousness that when our life is scrutinized by the Lord we may be thankful for the grace of God which has enabled us to be used by Him.

THE EVALUATION IS PRIVATE

Although as believers our life will become an open book on that day, and everything we have done in our body, both good and bad, will be revealed, yet our judgment will remain a private matter. We will not be judged *en masse* or by groups or classes, but we will be judged as individual servants. This is assumed for several reasons.

First, though the Bible does not specifically state that we will stand in a one-by-one situation before the righteous Judge, many verses give that distinct impression. For example, Romans 14:12 indicates, "every one of us shall give account of himself to God." Our account deals with our life of service and it is of private concern to Jesus our Judge. "For the Son of Man shall come in the glory of His Father with His angels; and then He shall reward every man according to his works" (Matthew 16:27). "For we must all appear before the judgment seat of Christ; that every one may receive the things done in his body, according to that he hath done, whether it be good or bad" (2 Corinthians 5:10).

Secondly, there has already been somewhat of a precedent set. God is very interested in the individual. Many books of the Bible center around one person (e.g., Ruth, Job, Philemon, etc.). The Lord speaks to Satan directly and inquires of one of His children by name. "Hast thou considered My servant Job, a perfect and upright man" (Job 1:8). The Psalmist tells us, "O LORD, Thou hast searched me, and known me. Thou knowest my downsitting and mine uprising, Thou understandest my thought afar off. Thou compassest my path and my lying down, and art acquainted with all my ways. For there is not a word in my tongue, but, lo, O LORD, Thou knowest it altogether" (Psalm 139: 1-4).

The Lord is so interested in the individual that "the very hairs of your head are all numbered" (Matthew 10:30). All of Jesus' disciples, even those like Peter and Andrew who were together, were called individually and personally (cf., Matthew 4:18-22; 9:9; etc.). Jesus spoke frequently to people, calling them by name: e.g., Peter (John 21:15-17); Zacchaeus (Luke 19:5); Thomas (John 20:26-29); Lazarus

(John 11:43-44), etc. The individual judgment of believers at the heavenly *bema* is a personal matter between servant and Master, between creature and Creator. Since in the past Jesus Christ has dealt with personal matters in a personal way, we should expect that a matter of such private consequence as judging the stewardship of our lives would be a personal and private matter.

Besides, a private evaluation of our life and work is only natural. It is really nobody else's business what we have done for the Lord or why we have done it. This is a matter which concerns just us and the Judge. Just the judged and the Judge are present. This does not mean that the events of the judgment seat of Christ need cover a great expanse of time, for the Judge is the omniscient God, Jesus Christ. The entire company of believers is judged individually, privately, simultaneously.

THE EVALUATION IS DISCERNING

I was born and raised in a small steel town in western Pennsylvania. In this town nearly every workman was employed by one of the large steel companies. My father-in-law is yet a craneman over the open hearth. During one of my summers home from college, I too became a "steelman" for a few months. It was quite an experience for me to be a part of that great industry and view the power man has over the elements around him, simply by applying fire to them.

High above the floor, a giant crane carries the huge ladle of liquid steel from the blast furnaces and pours it into the waiting mold. These furnaces produce such intense heat that periodically the bricks which line the inside have to be replaced because the heat causes them to crumble. As a matter of fact, anything that enters or is placed in the furnace crumbles, if it is not of sufficient quality to withstand the intense heat.

The use of fire for melting and purifying purposes is ancient. The wise King Solomon is known to have developed a city called Ezion-Geber, on the northern tip of the Gulf of Aqaba. Here he erected smelting plants, catching the prevailing north winds and causing them to act as a natural draft for his blast furnaces. The area of southern Palestine is rich in mineral wealth. Through his own ingenuity, and by the grace of God, Solomon became the "copper magnate" of the world during those days.

Paul traveled through many of the industrial sections of Palestine and Asia Minor. He must have been well acquainted with the refining qualities of fire. Probably he had this in the back of his mind when he wrote in 1 Corinthians 3:13, "Every man's work shall be made manifest: for the day shall declare it, because it shall be revealed by fire; and the fire shall try every man's work of what sort it is."

PROBATORY FIRE

It is important to understand that Paul was not speaking of fire in a purgatorial sense. He does not provide a basis for the unbiblical doctrine of purgatory. Rather, he spoke of fire in the probatory sense. This fire is not an avenger but a refiner. It does not burn people, it tests their lives. It is not disciplinary in character, it is discerning. This fire is not another worldly torture for extended periods of time. It is an instantaneous fire which will be able to tell immediately "if any man's work shall abide." It is not a fire which is presently purging men from their past life of sin, but it is a fire that takes place only in "the day" which reveals our work, the judgment seat of Christ. No, Paul was not speaking of a fire of purgatory, but he was speaking of a fire that is able to discern the destructible from the indestructible, the unacceptable from the acceptable, the inferior from the praiseworthy.

This fire is suggestive of what happens when something unholy comes into contact with the holiness of God. Frequently in Scripture God is associated with fire. Often He appears to men in fire (cf., Exodus 3:2; 13:21; Ezekiel 1:4, etc.). He is even referred to as like "a refiner's fire" (Malachi 3:2). Also God's judgment is associated with fire (Genesis 19:24; Leviticus 10; Numbers 11:1; etc.). Fire represents the holiness of God.

Holiness is the opposite of impurity and where God is present, holiness is present. At the heavenly *bema* God is present in the person of the Judge, Jesus Christ. Thus the trial by fire which our lives and works must endure may possibly be the simple presence of the Holy God in judgment. It is not necessary to assume that this is a literal fire. Literal fire is not needed, for tangible material is not here being tested, but our very lives and what has been done with them. It may be that the glorious presence of our holy Judge will be enough to show our lives and service for what they really are. Imagine how useless those things we have done with a selfish motive will appear when they are exposed in the presence of God's holiness. Everything not done for His honor and glory will "melt" into insignificance and shame.

THE BLAZING GAZE

Then too, in Revelation 1:14, Jesus Christ is described: "His head and His hairs were white like wool, as white as snow; and His eyes were like a flame of fire." Revelation

2:18 describes Him as "the Son of God, who hath His eyes like a flame of fire." It is possible that the trial of our works by fire will simply be the blazing gaze of the Master on our life of service. Certainly He will be able to "see through" any service we have rendered to gain self-acclaim. His gaze will penetrate any work that we have done out of an impure motive and His judgment will follow. Likewise, His gaze will certify as pure any work that has been done faithfully and properly. The holiness of His presence and His scrutinizing look at our lives, with eyes "like a flame of fire," seem to be all that is necessary to burn up any unjust work or any glory-seeking ministry. The holy judge will single-handedly and instantaneously be able to discern the true motive for our service and will cut away all the dross which smacks of insincerity or impurity. Likewise, He will reward that which stands the test of the refiner's fire.

Whatever the fire may be which tries our lives, or whatever form it may take, its purpose is to test every man's work "of what sort it is" (1 Corinthians 3:13). Many Christians are constantly involved in a whirlwind of activity for the Lord. But perhaps that which they are building is nothing more than wood, hay, and stubble because their motives are unworthy. The purpose for revealing our lives before the judgment seat of Christ is "that every one may receive the things done in his body, according to that he hath done, whether it be good or bad" (2 Corinthians 5:10). This evaluation by fire will discern whether the works we have done were good or bad works, fruitful or unfruitful works.

GOOD-FOR-NOTHINGNESS

It is interesting to note that in this expression Paul does not use the usual words for bad, *kakos* or *poneras*.

Rather, he uses the word *phaulos*. This word does not connote ethical or moral evil, but rather a sense of good-for-nothingness or worthlessness. This again points to the fact that the judgment seat is one in which the works of the believer are closely scrutinized to see if they are valid or not, acceptable or not. The Judge is concerned with what sort of work we have done, what sort of life we have lived as a Christian servant.

This judgment is a discerning one, discerning pure and impure. The Lord, the righteous Judge, will see through all the things we have done in His name. He will indicate many works, which we felt were very valuable, were actually worthless due to the attitude with which they were done. He will sort out the works of our lives done through a pure inner motive and allow them to stand. At the same time, those works done with an ulterior motive of self-gain will not be able to stand and will perish in the unquenchable, holy fire.

In the discerning trial by fire, the Judge will be concerned with what sort of life we have lived for Him: 1 Corinthians 3:9-15 speaks specifically about the foundation upon which service is built.

Of the foundation for his ministry, the Apostle Paul says, "According to the grace of God ... I have laid the foundation, and another buildeth on it. But let every man take heed how he buildeth upon it. For other foundation can no man lay than that which is laid, which is Jesus Christ" (1 Corinthians 3:10-11). If we serve the Lord for any purpose, other than the glory of the Lord, we are serving Him upon a false and faulty foundation. Both our lives and our service must be grounded in Christ Jesus or the discerning fire at the judgment seat of Christ will show them for what they really are.

CHEATING OURSELVES

A contractor once built a lovely house for a rich friend. But, in building, the contractor threw his friendship to the wind in favor of the expediency of cutting corners. Skimping in quality wherever it wouldn't be noticed, he put cheap material into the foundation, knowing that it would not be revealed for many years. The house looked imposing, but it was unsubstantial and unsafe.

You can imagine the contractor's consternation when he had finished the house and the rich friend handed it over to him as a personal gift, with the one condition that the contractor live in it for the rest of his life! This foolish man had inherited the fruit of his own unfaithfulness and lack of integrity. Actually, in robbing his rich friend, he had robbed himself.

The same is true with us. If our deeds presently are faulty or insincere, we are not only robbing the Lord, but we are robbing ourselves of greater rewards in Heaven. The discerning fire will prove the foundation of our works.

There is a strong warning in Scripture against engaging in Christian activity in our own strength, instead of in the strength of the Lord. To produce fruit by our own cunning or ability is to produce fruit that will certainly prove to be destructible when tested in the cauldron of God's holiness.

Paul expressed his concern for this very matter in 1 Corinthians 9:27, "But I keep under my body, and bring it into subjection: lest that by any means, when I have preached to others, I myself should be a castaway." Was Paul worried about losing his salvation? Not at all. Rather he was worried that the service he had rendered to the Lord would be found to be good-for-nothing. He was worried lest his Christian activity be built on a weak foundation instead of on Christ.

In classical Greek this word castaway *(adokimos)* indicates something which is tested for proof. If that which is tested is found enduring, it is approved *(dokimos)*. If, however, when tested it is found to fail, it is disapproved or rejected *(adokimos)*. Paul does not want his labors to be in vain, to be rejected at the judgment seat of Christ. Thus he brings his body into subjection and does not allow his labors to be done in his own strength or for his own gain. He wants his life of service to endure the fire and be proven acceptable because it has been lived in the Spirit of God and not in the power of the flesh, not cast away, unrewarded.

MISCONCEPTIONS CORRECTED

At this discerning trial by fire all misconceptions about service will be corrected. Those who have been unjustly praised for service they have not performed or have performed for their own self-advancement will have that service exposed for what it truly is and stripped away from them. Those who have labored in some dark, unnoticed corner of God's vineyard, where never any praise was heard nor thanks received, will finally be seen through the just eyes of the righteous Judge, who will recognize that they have done a valid work for Him.

Dr. Harry Ironside, internationally beloved Bible teacher and for eighteen years pastor of the Moody Memorial Church in Chicago, summarized this thought thus:

Have you ever as a Christian stopped to think of what a solemn thing it will be when your life's work is ended, when all further opportunity for witnessing for Christ on earth will have gone by forever, when you stand in your glorified body before His judgment-seat, and He will go back over all the way you have come, and will give His own estimate of all your service, of everything you have attempted to do for Him? Will He have to say at such a time, "You had a very wonderful opportunity to glorify Me, but you failed because you were so self-occupied, you were so much concerned about what people would think of you, instead of being concerned about pleasing Me; I will have to blot all that out, I cannot reward you for that, for there was too much self in that service"? And then He will point to something else, maybe something you had forgotten altogether, and He will say, "There! You thought you failed in that; didn't you? You really thought you blundered so dreadfully that your whole testimony amounted to nothing, but I was listening and observing, and I knew that in that hour of weakness your own desire was to glorify Me, and though nobody applauded you I took note of it and will reward you for it." What a joy it will be to receive His approval in that day. If we learn to live as Paul did with the judgment-seat of Christ before us, we will not be men-pleasers, but we will be Christ-pleasers.*

In that day we will know what "sort" of work we have really done. Perhaps we will be shocked to see how little of our labors has been judged valid. Perhaps, too, we will receive rewards for something we thought was useless to the Lord.

This should be an encouragement to each of us. We must be impelled to serve the Master in order to be an acceptable servant. But on that great evaluation day, at the judgment seat, the righteous Judge will discern what "sort" of work we have actually done. All service which crumbles in the trial by fire will prove worthless. But all service done through the constraining love of Christ will bring reward. Let us live our lives in light of what we know will certainly come to pass at the evaluation of the judgment seat of Christ.

*H. A. Ironside, *Addresses on the Second Epistle to the Corinthians*. (Neptune, New Jersey: Loizeaux Brothers, 1964), pp. 134-135.

CHAPTER 5

THE CRITERIA

As a student for many years and later as a college professor, I noticed much interest in a system of justice known as "grading on the curve." The curve system allows the mean grade to fluctuate with the scholastic ability of the class. By doing so, it is assumed, a grading system becomes more closely aligned with the achievement of those involved. But as any teacher, and especially any student, will tell you, such a system has its faults. It tends to pit one student against another in grade competition instead of pitting all students against a standard of excellence. Then again, all a lazy student must do to secure a passing grade is convince each other member of his class to do equally as poorly on an exam. The teacher will then be obliged to curve all the grades upward. Granted not many students are so gullible as to allow the class dunce to appear on a par with the rest of the class, but this has been known to happen.

God does not grade on the curve. With respect to salvation, God does not say, "I know you are all failures, but the top third of the failures will be able to enter Heaven." Not at all. God grades against a standard of excellence. He explicitly indicates, "For all have sinned, and come short of the glory of God" (Romans 3:23). God's criterion is Christ. When we are compared with the perfect life of God the Son, we just don't measure up. God doesn't overlook that; He does something about it. He makes us measure up by imputing to us the righteousness of Jesus Christ (2 Corinthians 5:21). We who have fallen short of the minimum requirement for acceptance into Heaven, have been made fit for entrance by receiving Jesus Christ as Saviour.

Just as God has a criterion for accepting us in regard to salvation, likewise He has certain criteria for accepting us in regard to service. As has already been noted, not all that we do in Jesus' name will be accepted by Him as legitimate service. Only that which proves authentic through the fiery test, only that which measures up to the criteria will be regarded as acceptable. The natural question is, What is the criteria by which our life of service will be judged? What is Christ the Judge looking for? Answers may vary widely, but let me suggest the most obvious. In judging our life of service to Him, Jesus Christ will be concerned with the criteria of source, faithfulness, proportion, and motive.

THE "CHRIST IN YOU" PRINCIPLE

The first of the criteria is what we might call the Galatians 2:20 or "Christ in you" principle. Paul declares in Galatians 2:20, "I am crucified with Christ: nevertheless I live; yet not I, but Christ liveth in me: and the life which I now live in the flesh I live by the faith of the Son of God, who loved me, and gave Himself for me." There are two key clauses in this verse which produce the principle: "I am crucified with Christ" and "Christ liveth in me."

The Greek order in which the words appear in the first clause is significant. The text says, *Christo sunestauromai* (with Christ I am being crucified). This order throws the emphasis on the crucified One and not on the process of our crucifixion with Him. Many get this turned around. They say much about how they die daily to sin, but give little attention to the Christ who died for their sins.

The perfect tense of the verb *sunestauromai* indicates a continual state of being. Paul imagines himself continually hanging on the cross with Christ and partaking in His sufferings. But the apostle hastens to add that he also shares in the resurrection life of the Lord.

Our Lord's death and resurrection are inseparable. The major tenet of the Galatians 2:20 principle is our special union with Christ and the fact that He has become the resurrected Lord of our lives.

The second key clause is "Christ liveth in me." Paul's fellowship with the Lord began with the crucifixion of his own will on the Damascus road, and his conversion from sin and death. But that fellowship would soon have dwindled if there had not been more to it than the Damascus road experience.

Christian, the basis for your conversion is the substitutionary death of Jesus Christ, atoning for your sins. But, the basis for your Christian life is "Christ in you, the hope of glory" (Colossians 1:27). That which makes living the Christian life at all feasible is the knowledge that "Christ liveth in me." This is the source of acceptable service.

The Battle Rages

It should be remembered that Christ not only gives us life, but Christ is our life (Colossians 3:4). When we are reconciled to God by Christ's death, we then find our lives so intertwined with His that we are no more to engage in the deeds of the flesh. However, since we are yet sinners and prone to sin, there is a constant battle raging inside us. Our old sinful nature prods us to do those things dictated by the flesh. Our new, Christlike nature moves us to live in righteousness. Paul describes this battle in Romans 7.

In his struggles with himself, Paul had learned that, although Christ dwelt in him, on occasion his life did not exhibit this indwelling. This is our experience today. Christ lives in us through the presence of His Spirit; but sometimes we engage in the deeds of the flesh, and glory is not brought to Him. The happy, rewarding, successful Christian life is one in which our lives are so wrapped up in His that we constantly push the tendency to perform the deeds of the flesh into the background and engage in Christ-honoring activity.

We who have had our lives grafted into His, find Him to be our sustenance, our supply for rewarding service. He is the Vine; we are the branches. His strength pulses through our very fiber and we bear fruit for Him. Our two lives are so intertwined that whatever brings glory to Him, brings good to us. Whatever we do that brings glory to Him also brings reward to us. Contrariwise, whatever we do that is not deserving of reward does not bring glory to Jesus Christ. Thus, all deeds done in the flesh bring neither glory to Christ nor reward to His servants.

When our life is tried by fire at the judgment seat of Christ, all that we have done for the Lord will be scrutinized by His holiness and righteous presence. Jesus Christ, the righteous Judge, will approve only those of our works that meet the standard or criteria which He has set. He will be concerned with questions such as, What was the source of this deed which is being judged? Was this deed done in the flesh or in the Spirit? Was it done by the power of His presence in us, or in our own power? Did we rely on Him or on our own talent? Even though Christ was living in us, did we depend on His strength or did we simply muscle our way through this work?

Acceptable Service

Many Scriptures indicate the Judge will approve only that which is done by His power. He will judge as worthy of reward only that which He was allowed to do through us. Anything we were able to accomplish on our own will be burned away in the fire.

Consider these Scriptures:

John 15:5: "I am the vine, ye are the branches: He that abideth in Me, and I in him, the same bringeth forth much fruit; for without Me ye can do nothing."

1 Corinthians 15:10: "But by the grace of God I am what I am: and His grace which was bestowed upon me was not in vain; but I laboured more abundantly than they all: yet not I, but the grace of God which was with me."

Ephesians 6:5-8: "Servants, be obedient . . . as unto Christ; Not with eyeservice, as menpleasers; but as the servants of Christ, doing the will of God from the heart; With good will doing service, as to the Lord, and not to men: Knowing that whatsoever good thing any man doeth, the same shall he receive of the Lord."

Philippians 1:9-11: "And this I pray, that your love may abound yet more and more in knowledge and in all judgment; That ye may approve things that are excellent; that ye may be sincere and without offence till the day of Christ; Being filled with the fruits of righteousness, which are by Jesus Christ, unto the glory and praise of God."

Philippians 4:13: "I can do all things through Christ who strengtheneth me."

Hebrews 13:20-21: "Now the God of peace . . . Make you perfect [mature] in every good work to do His will, working in you that which is well-pleasing in His sight, through Jesus Christ; to whom be glory for ever and ever. Amen."

These verses all teach the same thing. In our lives, that which is acceptable to God is done by Jesus Christ, who dwells in us. In our lives, that which is acceptable to God brings glory to Him through Jesus Christ, and also brings reward to us from Jesus Christ. Any service we have rendered for the sake of the gospel, which has been done independently of Him, will not bring ultimate glory to God nor will it bring reward to us. Much of what we do, even in the Lord's name, may appear in the eyes of men as great service to God, but if it was done on our own, apart from His indwelling strength, it will be of no value. It will not stand the test.

Jesus Christ is looking for workers who will be vessels. He wants to win the lost through us; He doesn't want us to try and win the lost. He is the Worker. We are the vessels. The work is His when we are His. The work is ours when we are ours. We must live in the Spirit of God, but more importantly, He must live in and work through us.

When our labors for the Lord are judged at the heavenly *bema* it will be to discern whether we have done them or Christ has done them. One of the criteria for reward is the source of strength through which our life of service has been lived. Things done in the flesh will result only in disappointment. Things done in the Spirit, done through us by Christ Jesus Himself, will result in jubilation. The glory will be Christ's, but the reward will be ours. Without "Christ in us" there is no reward for us. May Christ dwell in us and work through us for our good, but more especially for His glory.

FAITHFULNESS

The second criterion by which our life of service will be judged at the judgment seat is our faithfulness as a servant.

Faithfulness is not a prime virtue in our society today. Absenteeism is a great problem in industry because many employees are not faithful in consistently reporting for work. Other employees are not faithful in giving their employers a full day's work. The divorce rate soars each year because so many marriages lack this quality—faithfulness. The Christian religion places a great deal of importance on the faithfulness of the believer. We cannot excuse our infidelity to the Lord by saying, "everybody's doing it," or because faithfulness is not abundant in any avenue of modern life.

In the New Testament faithfulness is equated with trustworthiness. A servant does not cheat his master nor does he usurp his master's position. He is a trusted laborer, a trusted steward. The Bible indicates many such trusted servants. The adjective "faithful" has been applied to Moses (Hebrews 3:2); Abraham (Galatians 3:9); Daniel (Daniel 6:4); Timothy (1 Corinthians 4:17); Tychicus (Ephesians 6:21); Epaphras (Colossians 1:7); Onesimus (Colossians 4:9); et al. After the wall of Jerusalem was rebuilt by Nehemiah and his dedicated workmen, Nehemiah wanted to reward his brother, Hanani, by giving him charge over Jerusalem, "for he was a faithful man, and feared God above many" (Nehemiah 7:2).

John tells us in Revelation 17:14 that those who accompany the Lamb into battle and are victorious are "called, and chosen, and faithful." The Lord commended a certain Antipas and the church in Pergamum: "I know thy works, and where thou dwellest, even where Satan's seat is: and thou holdest fast My name, and hast not denied My faith, even in those days in which Antipas was My faithful martyr, who was slain among you, where Satan dwelleth" (Revelation 2:13). Paul counsels young Timothy to commit the precious truths which he has heard from him and other witnesses, "to faithful men, who shall be able to teach others also" (2 Timothy 2:2). The Scriptures place a premium on faithfulness.

A Faithful Steward

Paul reminds the Corinthians that he must give an account of himself as a minister of Christ and a steward of the mysteries of God (1 Corinthians 4:1). A steward is a manager or superintendent of another's household or property. He is not a butler nor a custodian, but more of a guardian or overseer. This was a very respectable occupation in Bible times, as witnessed by the prominent people who had stewards, e.g., Abraham (Genesis 15:2); Joseph (Genesis 43:19); King David (1 Chronicles 27:25-31); Israel's King Elah (1 Kings 16:9); King Herod Antipas (Luke 8:3); etc.

As the parable of the talents (Matthew 25) indicates, a good steward not only oversees that which is entrusted to him but he also uses it, invests it, makes it produce for his master.

As a steward of the mysteries of God, those divine truths known only by revelation and revealed only to the believer, Paul knows that he must put to work what he has experienced in Christ and produce fruit from it. Thus, he warns, "Moreover it is required in stewards, that a man be found faithful" (1 Corinthians 4:2). Paul had a deep desire to be found a faithful steward in the sight of his fellow believers and especially in the sight of God.

This is the command of John to Gaius, "Beloved, thou doest faithfully whatever thou doest to the brethren, and to strangers" (3 John 5). As stewards of the knowledge of salvation and as servants of the most high God, we must be faithful to our service for the Lord. "Be thou faithful unto death, and I will give thee a crown of life," says the Master

(Revelation 2:10). The Lord expects us to be faithful. He judges us accordingly.

We are to be found faithful whether our service for the Lord be large or small. Jesus sets forth a principle when He says, "He that is faithful in that which is least is faithful also in much: and he that is unjust in the least is unjust also in much" (Luke 16:10). If we love the Lord as we should, we will then be faithful in a small, unnoticed task just as we would in a large, spotlighted task. Our faithfulness doesn't stem from the nature of the task but from our love for the Master. If the Lord truly has control of our lives, we will be faithful in any task, large or small.

Increased Stewardship

Yet there is something more. In the parable of the talents the master said to the servant who received five talents and doubled them, "Well done, thou good and faithful servant: thou hast been faithful over a few things, I will make thee ruler over many things: enter thou into the joy of thy lord" (Matthew 25:21). When we are found faithful in performing a small service for the Lord, He will entrust us with a greater service which will, in turn, bring a greater reward.

Luke records Jesus' parable of the unjust steward in which Jesus cautions the steward, "If therefore ye have not been faithful in the unrighteous [money], who will commit to your trust the true riches? And if ye have not been faithful in that which is another man's, who shall give you that which is your own?" (Luke 16:11-12) Responsibility breeds responsibility; if the servant is unfaithful, he may not be given additional opportunity for service.

This should be a great incentive for each of us to be faithful in whatever the Lord has given us to do as servants and stewards. Whether it brings a reward or not "it is *re-quired* in stewards, that a man be found faithful" (1 Corinthians 4:2).

PROPORTION

The thought of faithfulness and greater responsibility brings us naturally to consider the third criterion for judging our service at the judgment seat of Christ—the criterion of proportion.

By proportion we mean that Jesus will judge our work for Him in relation to our ability to work. If we are simply unable to sing a song for His glory, the Lord will not condemn us for declining to sing in the church choir. If we are not genuinely called to be a preacher of the Word, the righteous Judge will not deny us reward for being a Christian farmer. There are many avenues in which we may serve the Lord. He judges us only in proportion to the ability and opportunity He has given us.

Proportion of Ability

We are told at the outset of the parable of the talents in Matthew 25 that the lord of the servants, in giving out the talents, "gave . . . to every man according to his ability" (Matthew 25:15). It was not the man with the great ability that received only one talent, but the man with little ability. He who had the least ability also had the least responsibility. The same is true with our Lord. He does not ask us, as His servants, to do more than He will enable us to do. However, He does not ask any less.

Notice too, the lord rewarded his servants in proportion to what they had accomplished. The man who received five talents was approached first. He worked faithfully and produced five more talents, doubling his original means. The lord was pleased (Matthew 25:21). The man to whom the lord gave only two talents worked just as faithfully and doubled his talents. The lord was also pleased (Matthew 25:23). Was the master any less pleased with this man than with the first? Not at all. His response to both was identical (Matthew 25:21,23). He did not chastise the second man because in the final analysis he had only four talents to the first servant's ten. No, this wise lord looked at the proportion of their service. He judged them according to their ability to produce for him.

It is said that George Washington Carver once asked the Lord to tell him all there was to know about the universe. According to Dr. Carver, the Lord said, "George, the universe is just too big for you to understand. Suppose you let Me take care of that." Humbled, George Carver replied, "Lord, how about a peanut?" The Lord said, "Now, George, that's something your own size. Go to work on it and I'll help you." We are all aware of the products which Dr. Carver derived from the peanut. He made a great contribution to mankind, but did so in proportion to his human ability to understand what God had placed before him. Performance is judged according to proportion of ability and opportunity.

Jesus is not so much interested in the talent or ability we have as He is with what we do with that ability. It has been said, with reference to giving our substance to the Lord, that He does not look at the check but at the balance on the stub. The Lord is concerned with what proportion of our ability to serve Him we actually use. He will reward us in that proportion. It was only the unprofitable servant of Matthew 25 who displeased his lord, because he put no proportion of his talent to work. We need to guard against being an unprofitable servant.

In the parallel parable of Luke 12, an additional element is added to proportion as a criterion for our reward. Here Jesus speaks of the servant being faithful to the end and adds, "For unto whomsoever much is given, of him shall be much required" (Luke 12:48). What a frightful thought for the unfaithful Christian servant! Here again is proportion. All the talent, ability, knowledge, etc., that we have has been given to us by the Lord. For this we all are thankful. However, Luke's account clearly indicates that we will be required to produce for the Lord in proportion to whatever talent, ability, knowledge, etc., He has given us. Responsibility walks hand in hand with ability and opportunity. Woe unto those with talents that could be used for the Lord who aren't using them. Woe unto those whose gift from God would allow them to do greater service, but they are satisfied with little service. Paul cautioned young Timothy, "Neglect not the gift that is in thee" (1 Timothy 4:14). Using the ability the Lord has given us for His service will make that ability shine like a much-used plow. Neglecting it will allow it to rust.

On that great day when all of our earthly labors for the Lord will be judged, Jesus Christ will deal with us in utter fairness. No one will be able to say, "You judged me too harshly," for we will be judged in proportion to our capacity to serve Him. May we always serve Him to full capacity.

Proportion of Opportunity

"But what about me?" you ask. "I didn't become a Christian until later in life. Am I to be penalized throughout eternity because I did not have the years of service that my neighbor had who was saved in his teens?" No, you are not! Again proportion is the key. Not only are we judged according to the proportion of our ability to serve the Lord but we are also judged according to the proportion of our opportunity. Rewards are gained through service. Service can be done only by a servant; that is, one whose Master is Jesus Christ. You can't be a servant until you first receive the Master as Saviour and Lord. That is when service begins, when the Lord begins to take account of your ability and opportunity to serve Him. If you have only three years of service for the Lord, you will not be cheated because someone else has had thirty years of service. Your reward will be in proportion to the opportunity you have had to be a loyal servant.

That a believer who lives for but a few years is able to earn as much reward as the one who lives for many years is the apparent teaching of the parable of Matthew 20:1-16. Each of the workers, although they became laborers at different times during the day, received no less than he was promised. Each steward of God will receive no less than he has been promised by the Reward Giver, whether he lives a short time or a long time. Proportion, as a criterion for our judgment, assures that you are at no handicap if you but "fear the LORD, and serve Him in truth with all your heart: for consider how great things He hath done for you" (1 Samuel 12:24).

MOTIVE

The final criterion by which the Lord, the righteous Judge, evaluates our lives of service at the *bema*, is motivation. It is fine to be faithful in laboring for the Lord, indeed it is required, but it is also necessary that faithfulness arise out of a pure motive. A Sunday school teacher may be extremely faithful in the preparation of her lesson and visitation of her pupils. She may receive the acclaim of the Sunday school superintendent. However, if the teacher's sole motive in faithfulness is to win the banner attendance award from another teacher or to receive a pat on the back from her superior, the motive cancels any possibility of her directing the praise to the Lord.

A pastor and his people may work very hard visiting, ministering, calling, and evangelizing in their community. But if their motive is to be known among men as the biggest, fastest growing, or most unusual church, then their faulty motive precludes the possibility of being rewarded in Heaven by the Judge. "Verily I say unto you, They have their reward" (Matthew 6:2,5).

Please do not misunderstand. This is not to say that the church which is the biggest or the fastest growing is improperly motivated. God is not primarily interested in the biggest, etc., but in the work and why it was done. God blesses His work, and many churches whose concern it is to bring glory to God through the salvation of the lost have indeed become the biggest, etc. There will come a day when they shall be rewarded. The criterion is not size nor fame but motivation.

Paul cautions the Corinthian believers against judging for themselves the standing of other Christians: "Therefore judge nothing before the time, until the Lord come, who both will bring to light the hidden things of darkness, and will make manifest the counsels of the hearts: and then shall every man have praise of God" (1 Corinthians 4:5). There may be things praiseworthy about some believers that we have never noticed. In fact, some Christian workers we may have criticized most severely could receive more praise and reward than we ourselves receive. The Lord will bring to light, as well, things that all of us would rather have remain in the darkness; things which are shameworthy. On that day there will be cause for both praise and shame. Since we don't know the proportion of each in our fellow laborers, we are on shaky ground pointing a finger of criticism at them.

Open Heart Scrutiny

Paul also warns that the Lord "will make manifest the counsels of the hearts" (1 Corinthians 4:5). There is little doubt but that he is talking about our motives. Suddenly, not only our service will be brought to light but also the reason behind that service. In all probability there will be cases in which some service may be worthy of reward but will be nullified by the shameworthy motive which produced it. It is easy for the Christian worker to become puffed up in pride over what he or she is doing for the Lord. If the Lord has blessed one with a pleasing personality, good platform ability, or unusual talent, there is a real danger that he may fall victim to self-glorification instead of directing the glory heavenward. When our labors begin to bear fruit, how much more frequently are we tempted to count hands and cards than to count God faithful. God counts hearts, not hands. He is pleased with what He can do through us, not what we can do for Him.

Don't be fooled, however. God is not pleased with those who have no fruit to bear witness to their faithfulness. We cannot and dare not excuse our failures by saying, "Oh, well, at least I'm faithful." Neither can we say, "I may not be bearing fruit but at least my motives are pure." God is looking for faithful, successful servants who have both God-honoring methods and motives.

A Special Stewardship

The minister of the gospel especially has to watch his motives for serving the Lord. That old serpent, the devil, is cunning and can easily make those successes which appear God-honoring an occasion for self-pride. After having preached a sermon which took days to prepare and hours to polish, and one is greeted at the door with "Wonderful sermon, pastor," it is sometimes difficult to remember, "Oh, wretched man that I am!" How easy it is to say "thank you" instead of "thank the Lord." Those of us to whom God has entrusted a special ministry have a unique responsibility to keep our motives pure. Each shepherd of the flock who has the watch over the souls of his congregation has an added responsibility "as they must give account" of their special duty (Hebrews 13:17). Thus James counsels, "My brethren, be not many masters [teachers], knowing that we shall receive the greater condemnation [judgment]" (James 3:1). The watchman has not only a special privilege but also a special responsibility and the possibility of greater judgment (Ezekiel 3:17-18; Daniel 12:3; Acts 20:26-27).

There are yet other dangers that confront the chosen spokesman for God. You may be called to a particular task even though you would prefer some other type of ministry. You may apparently be blessed in your position, but if that's not where God wants you, then are you glorifying God? You may have some influence which will "land" you a position of authority and responsibility in Christian service to which the Lord has never called you. Can you strive for such a position? You may get it, but will you be blessed of God? Will you be rewarded at the judgment seat of Christ?

Paul speaks of those who "preach Christ even of envy

and strife." He adds, "The one preach Christ of contention, not sincerely, supposing to add affliction to my bonds" (Philippians 1:15-16). Their crime was not that they preached Christ, certainly, but that they preached Him for the wrong reason. Their motive was not honoring to God.

Jesus also speaks of men who do good but for the wrong motive. Our Lord says, "Take heed that ye do not your alms before men, to be seen by them: otherwise ye have no reward of your Father who is in heaven. Therefore when thou doest thine alms, do not sound a trumpet before thee, as the hypocrites do in the synagogues and in the streets, that they may have glory from men. Verily I say unto you, They have their reward.... And when thou prayest, thou shalt not be as the hypocrites are: for they love to pray standing in the synagogues and at the corners of the streets, that they may be seen by men. Verily I say unto you, They have their reward" (Matthew 6:1-5). Alms-giving and praying were two commendable practices, but the purpose for which they were practiced was contemptible. Good done for the wrong reason is no good.

Each of us must constantly be examining the motives for our service to the Lord. We cannot be rewarded for that which does not meet the criterion of pure motive—to glorify God. That which is self-motivated is unmeriting. That which is motivated by a love for Christ, whether it is earmarked "success" or not, is deserving of a reward. Success has little to do with awarding praise at the judgment seat of Christ. Motive has a great deal to do with it. What is your motive in serving the Lord?

It behooves every Christian to search his own life and that which he does for the Lord. We must be certain that we are not laboring for Him but allowing Him to labor through us. Many servants may be disappointed at the judg-

ment seat because much of their ministry and service has
been done in their own strength. We must live up to the full
potential the Lord has placed within us and take every
opportunity to serve Him without regard to whether the
world deems us a success. Let us concentrate on what the
Lord can do through us. Each of us must take a good, hard
look at our motives for serving the Lord. Do we enjoy being
in the limelight of service more than being in the service?
Why do we serve the Lord?

Let us labor for the Lord conscientiously, with the
criteria for judging our service constantly molding our
labors. Jesus Christ is looking for faithful, consistent servants who will allow Him to work through them. He wants
servants who are motivated by the love of Christ; who remember that "though I give my body to be burned, and
have not love it profiteth me nothing" (1 Corinthians 13:3).

CHAPTER 6

THE REWARDS

If you have ever been to an Army/Navy football game, you know there is one thing that will never be found in the stands. This is a neutral person. You are either wholeheartedly for or wholeheartedly against. When you leave the game, you will be either delirious or dejected. You will feel your team has been either victorious or victimized. Whichever is the case, one thing is certain: you cannot be apathetic after an event like this. There is too much leading up to it and too much at stake. The same is true after the judgment seat of Christ. When you have seen your very life of service for the Lord pass through the probatory fire of judgment, you cannot leave that *bema* with a "so what?" attitude. Your labors will be either condoned or condemned, accepted or rejected, rewarded or unrewarded. The result depends on the work and its ability to prove true in the test of fire.

Scripture teaches that there are but two results emerging from the refiner's fire at the judgment seat of Christ; 1 Corinthians 3:11-15 describes these two results: "For other foundation can no man lay than that which is laid, which is Jesus Christ. Now if any man build upon this foundation gold, silver, precious stones, wood, hay, stubble; Every man's work shall be made manifest: for the day shall declare it, because it shall be revealed by fire; and the fire shall test every man's work of what sort it is. *If any man's work abide* which he hath built upon it, *he shall receive a reward. If any man's work shall be burned, he shall suffer loss*: but he himself shall be saved; yet as by fire."

When our life of service is submitted to the trial by fire, those things done in our body will be proven either good or bad, indestructible or destructible, acceptable or unacceptable. If our work abides, we shall receive a reward. If it is burned, we shall suffer loss. There is no middle ground. Reward or loss of reward are the only two possibilities; 1 Corinthians 4:5 indicates that at the judgment seat of Christ every man will have some portion of his life judged worthy of praise by God. Likewise every man will have some unpraiseworthy aspects to his life and will sustain some loss of reward. The question is, How many rewards will we receive and what will they be? Although to know for certain we must await the evaluation of our works at the *bema*, we can now serve the Lord with His criteria for judgment in mind. This will enable us to labor, not only out of a heart of love, but also as an acceptable servant confident of a reward. Likewise it will create a desire to know more about the substance of our rewards.

The Bible hints at various types of rewards which are available to the believer. If our work abides we shall receive a reward. The greater the number of abiding works, the greater the number and variety of rewards. Let's consider what these rewards may be.

THE LORD'S COMMENDATION

Much of the Apostle Paul's ministry was spent vindicating his apostleship. He was not one of the original twelve apostles of our Lord (Matthew 10:1-4), nor was he chosen to replace the traitor Judas (Acts 1:15-26). As a matter of fact, Paul was called to preach the gospel, not to the chosen

Jews, but to the heathen, the Gentiles (Galatians 1:15-16; Acts 9:15). There were many charlatans about in the first century who came to the newly-formed churches and preached false doctrines while they mooched off the Christian charity of the believers. Thus, Paul frequently invited the first century believers to investigate his apostleship. His argument was, "Am I not an apostle? am I not free? have I not seen Jesus Christ our Lord?" (1 Corinthians 9:1) To the brethren of Galatia, Paul said, "For do I now seek the favor of men, or of God? Or do I seek to please men? For if I yet pleased men, I should not be the servant of Christ. But I make known to you, brethren, that the gospel which was preached by me is not after man. For I neither received it of man, neither was I taught it, but by the revelation of Jesus Christ" (Galatians 1:10-12).

As is the case with many of God's servants, Paul was not properly appreciated during his lifetime. He did not receive the praise of men. But that didn't bother Paul. He knew a day was coming when all things would be made right. The praise he coveted was not that of men anyway. This was exactly the sentiment he expressed in 1 Corinthians 4:3-5: "But with me it is a very small thing that I should be judged of you, or of man's judgment: yea, I judge not mine own self. For I know nothing against myself, yet am I not hereby justified: but He that judgeth me is the Lord. Therefore judge nothing before the time, until the Lord come, who both will bring to light the hidden things of darkness, and will make manifest the counsels of the hearts: *and then shall every man have praise of God.*"

It is evident from his letters that Paul never expected to receive the praise of men. Indeed, he didn't want it. The apostle longed for the day when his life of service would be judged by the Lord, the righteous Judge. Then the praise he desired would be known. It is the Lord's commendation that Paul desired regardless of what men said about him.

The Apostle Peter seemed to echo this same thought. He too spoke of the trial of our faith, to be tried with fire. In his first Epistle to the believers scattered throughout Pontus, Galatia, Cappadocia, Asia, and Bithynia, Peter encouraged them in the faith. Reminding them that they were begotten of God unto a living hope in the resurrection of Jesus Christ, he comforted them in their hour of suffering. Peter says, "That the trial of your faith, being much more precious than of gold that perisheth, though it be tried with fire, might be found unto praise and honour and glory at the appearing of Jesus Christ" (1 Peter 1:7). He indicates that the suffering we presently receive in living a life pleasing to the Lord is very little compared to the praise we shall receive after our life is tried with fire. The commendation of the Lord which Paul longed for was the same "praise and honour and glory" which Peter knew would accompany the appearing of Jesus Christ. When our life of service is tried at the judgment seat of Christ, and we are about to embark on an eternity with God, we are assured of His commendation for those works which have withstood the refiner's fire.

In the parable of the talents, one of the rewards given to the two faithful servants was the commendation of their master. They had equally served their lord well and had been good stewards of that which their master entrusted to them. Thus, after the period of service had ended, the lord said to each, "Well done, thou good and faithful servant: thou hast been faithful over a few things, I will make thee ruler over many things: enter thou into the joy of thy lord" (Matthew 25:21,23).

How much a commendation by our Lord means to us

after the judgment seat will depend on how much we love and respect Him. The praise of men did not mean much to Paul, for he had not served them and they were not qualified to judge him. But the praise and commendation of the Lord meant a great deal to Paul, for his entire believing life was spent in service to the Master and the Lord is the most qualified Judge in the world. We too should long for the commendation of the Lord. What a rewarding thrill it will be to hear the righteous Judge at the heavenly *bema* say, "Well done, thou good and faithful servant . . . enter thou into the joy of thy lord."

ADMINISTRATIVE RESPONSIBILITY

One of the most fascinating of Jesus' parables is that of the pounds recorded in Luke 19:11-27. The account of this parable occurs in conjunction with the conversion of Zacchaeus. The reason for speaking the parable is given in verse 11, "because He was near to Jerusalem, and because they thought that the kingdom of God should immediately appear." Jesus Christ was in Jericho, the city of the palms. He was just a short journey from the Holy City. Soon He would enter Jerusalem triumphantly and many would proclaim Him the "King who cometh in the name of the Lord" (Luke 19:38). Enthusiasm was building. Excitement ran high. Many Jews thought at last they had found a political personality who would deliver them from the yoke of Roman bondage. They hoped Jesus Christ would unfurl His banner, proclaim Himself King, and usher in the kingdom of David complete with its ancient glory.

Thus, the Lord spoke this parable to paint a quiet picture of what actually lay before them—much long, hard, faithful work in His absence.

Briefly, the parable is this:

A certain nobleman went into a far country to receive for himself a kingdom, and to return. And he called his ten servants, and delivered them ten pounds, and said unto them, Occupy till I come. But his citizens hated him, and sent a message after him, saying, We will not have this man to reign over us. And it came to pass, that when he was returned, having received the kingdom, then he commanded these servants to be called unto him, to whom he had given the money, that he might know how much every man had gained by trading. Then came the first, saying, Lord, thy pound hath gained ten pounds. And he said unto him, Well done, thou good servant: because thou hast been faithful in a very little, have thou authority over ten cities. And the second came, saying, Lord, thy pound hath gained five pounds. And he said to him also, Be thou also over five cities. And another came, saying, Lord, behold, here is thy pound, which I have kept laid up in a napkin: For I feared thee, because thou art an austere man. . . . And he saith unto him, Out of thine own mouth will I judge thee, thou wicked servant. . . . Why, then, gavest not thou my money into the bank, that at my coming I might have required mine own with interest? . . . For I say unto you, unto everyone who hath shalt be given; and from him that hath not, even that which he hath shall be taken away from him.

Jesus knew those following Him from Jericho would be able to identify with this parable. During their lifetime the noble Archelaus had literally gone from Jericho to a far country. He traveled to Rome to be awarded a kingdom from Caesar. Archelaus too was not well received by the citizens of Judea. They hated him and sent a hostile deputation of fifty protestors to complain to Caesar about his choice for their future king. The protest was quite successful for Archelaus never received the coveted title of king but returned to another tetrarchy. All of these events were well known to the Jews.

But the real meaning of the parable goes much deeper than these surface events. Jesus was speaking of Himself as

the nobleman. In correcting the error that He would immediately establish His kingdom, the Lord told those following
Him that He must go away, and His servants would have the
responsibility of looking after His interests while He was
gone. Jesus Christ would ascend into Heaven and those who
loved Him would be left behind to await His return. As in
the parable, the citizens of the country hated our Lord.
They crucified Him, persecuted His Church, and spoke fa-
cetiously of His coming again. But, as in the parable, He
will come again and reward His servants (John 14:3).

Since each servant received just one pound, it is proba-
ble that the pound represents the gospel message. Each of
us is entrusted with the good news that Christ Jesus came
to die for sinners, and is coming again to reward His saints.
This pound is "the faith once for all delivered to the saints"
(Jude 3). It is our deposit in trust and we are to be skillful
stewards in handling and dispersing it.

In the parable, the servants were told by the nobleman
to "occupy till I come." This word "occupy" *(pragmateu-
sasthe)* occurs only here in the New Testament, and means to
"gain by trading" or "to do business with." The essential
meaning of this word is seen in Ezekiel 27:9,16,21-22. As
our Nobleman, Jesus asks us to do business with the gospel,
to trade it, invest it, make use of it. We are not by any
means to hoard it or keep it to ourselves.

When the nobleman returned he immediately commanded his servants to give an account of what they had
done with that which he had entrusted to them. Notice the
first servant came saying, "Lord, thy pound hath gained
ten pounds." There was no air of superiority about this
servant. He was not bragging. He did not say, "I have caused
this pound to become ten pounds." He didn't even refer to
it as "my pound." Instead, he recognized the service for

which he was about to be rewarded was really not his but his lord's. He rightly said, "Lord, thy pound hath gained ten pounds." He had been a wise steward.

Here something new is added. In awarding a reward to this servant the nobleman said, "Well done, thou good servant." But the servant was given more than this fine commendation. He was given authority in governing ten cities in the kingdom of the nobleman. The nobleman continued, after commending the faithful servant, by saying, "because thou hast been faithful in a very little, have thou authority over ten cities." Apparently this was in proportion to the service he had rendered; ten pounds, ten cities.

Note as well, the servant whose pound gained five pounds was given authority over five cities in the nobleman's kingdom. He too was rewarded proportionately. Only the servant who had gained nothing received no governing authority. No service, no reward. He received in proportion to what he gave. This slothful servant even had removed from him any future opportunity for service. Such was the severity in the nobleman's rewarding.

All of this is a perfect picture of our relationship to Christ as servant to Master. Like the nobleman, He has gone away to receive a kingdom. He will soon return and immediately we must give account of what we have done with what He has entrusted to us—the message of the gospel. We will be rewarded proportionately for our service to the Master, as the servants were in the parable. Just as the nobleman gave his faithful servants governing authority over cities in his new kingdom, so too Jesus Christ will award similar authority to us.

Paul encourages young Timothy by reminding him of God's faithfulness to His servants. He says, "It is a faithful saying: For if we be dead with Him [the 'Christ in you' principle], we shall also live with Him; If we suffer, we shall also reign with Him; if we deny Him, He also will deny us" (2 Timothy 2:11-12). We have the promise that if we are willing to labor for the Lord on this earth, sharing in the suffering which inevitably accompanies consistent service for Him, we shall one day reign with our Lord. We will be given authority to govern with Him in His earthly kingdom.

This truth is stated explicitly in Revelation 2:26-27: "And he that overcometh, and keepeth My works unto the end, to him will I give power [authority] over the nations: And he shall rule them with a rod of iron; as the vessels of a potter shall they be broken to shivers: even as I received of My Father." Every servant who faithfully engages in the work of the Lord is promised a share in the earthly administration of the kingdom of God.

The Lord also promises, "To him that overcometh will I grant to sit with Me in My throne, even as I also overcame, and am set down with My Father in His throne." Think of it. One day we will reign with Christ. The *King of Kings* and *Lord of Lords* will apportion the administration of His earthly kingdom to each of His servants, in proportion to our works which withstand the trial by fire.

After the years of tribulation which will follow the rapture of the Church, the Lord, like the nobleman, will return. This time Jesus Christ will not appear as a babe in Bethlehem, nor will He appear in the clouds to snatch us away. He will appear to establish an earthly kingdom and to institute a reign of peace on earth which will last for one thousand years (Acts 15:14-17; Revelation 20:1-10). Such a kingdom, prophesied in the Old Testament, will feature Jesus Christ as the absolute ruler. Revelation 19:15-16 tells us "out of His [Jesus'] mouth goeth a sharp sword, that with it He should smite the nations: and He shall rule them with a rod of iron: and He treadeth the winepress of the fierceness and wrath of Almighty God. And He hath on His vesture and on His thigh a name written, KING OF KINGS, AND LORD OF LORDS."

This description closely parallels what Isaiah, when speaking of Christ, had predicted hundreds of years before. "For unto us a child is born, unto us a son is given: and the government shall be upon His shoulder: and His name shall be called, Wonderful, Counsellor, The mighty God, The everlasting Father, The Prince of Peace. Of the increase of His government and peace there shall be no end, upon the throne of David, and upon His kingdom, to order it, and to establish it with judgment and with justice from henceforth even for ever" (Isaiah 9:6-7).

Although the seat of government for this political, geographical earthly kingdom will be Jerusalem (Isaiah 24:23; Matthew 5:35), the King will reign over the entire world (Psalm 72:8), over the entire population of the world (Psalm 72:11). What is most exciting is that as a reward for faithful service, the King, Jesus Christ, has promised us a position of authority in His kingdom.

Each steward of Jesus Christ may confidently look forward to one day reigning with Him on this earth. We may be on the downside of society now, we may be far removed from a position of earthly responsibility, we may not be the rich of this world; but we do have the assurance that, if we faithfully give our lives to be used by Him, we shall one day be a ruler on this very planet (Revelation 5:10; 2 Timothy 2:12).

An administrative position in His earthly kingdom is ours if the service we presently do is His. The more service done for His glory, which withstands the fires of the judgment seat of Christ, the more authority shall be awarded to us in the administration of the Lord's reign of peace on this earth. Being a part of that age, in our glorified bodies, is exciting enough. But the prospect of reigning with Him should cause each of us to make full use of the gospel message our noble Lord has entrusted to us. In that day we will not be just trusted servants, but trusted rulers as well. We will be administrative assistants to the KING OF KINGS and LORD OF LORDS.

HARVEST OF SOULS

Some of the most sage advice of all time is recorded in Galatians 6:7-9. The Word of the Lord is, "Be not deceived; God is not mocked: for whatever a man soweth, that shall he also reap. For he that soweth to his flesh shall of the flesh reap corruption; but he that soweth to the Spirit shall of the Spirit reap life everlasting. And let us not be weary in well doing: for in due season we shall reap, if we faint not."

The theme of sowing and reaping is found throughout the Bible. The wise Solomon observes, "To every thing there is a season, and a time to every purpose under the heaven: A time to be born, and a time to die; a time to plant, and a time to pluck up that which is planted" (Ecclesiastes 3:1-2). Just as there is a season of sowing, so there is always a season of reaping. The two never occur simultaneously. The one season depends on the other.

Paul said, "But this I say, He who soweth sparingly shall reap also sparingly; and he who soweth bountifully shall reap also bountifully" (2 Corinthians 9:6). Although the apostle was speaking specifically of giving our finances to the Lord, this principle applies in every aspect of our lives. The more we put into something, the more we get out. The more we sow, the more we reap. The more service the Lord does through us, the more reward we receive.

With regard to salvation and service, we are sowers of the seed of truth—the gospel. As believers, we are to sow the gospel message universally (Matthew 28:19). We are to sow it unashamedly (Romans 1:16). We are to sow it continually (1 Peter 3:15). If we do, what can we expect at the time of reaping? What can the faithful servant of the Lord harvest at the judgment seat of Christ? What is the reward of his harvest?

If we have sown the gospel seed faithfully, one of the most satisfying rewards possible will be ours. We will see the physical fruit of our labors. We will meet our spiritual children and grandchildren as they too appear at the judgment seat. We will be rewarded with the sight of those whom the Lord has saved through our lives of service.

What a thrill it will be on that great judgment day to see, among the hosts of believers, those who came to the Lord through us. It is certain to be one of the most joyous sights conceivable. There is bound to be a lot of singing and rejoicing on that day but no rejoicing will exceed that which stems from meeting our spiritual offspring, our children in the Lord.

Throughout his life, Paul was concerned that he not preach in vain. He wanted to know the Lord was blessing his ministry. He pictures himself as "Holding forth the word of life: that I may rejoice in the day of Christ, that I have not run in vain, neither laboured in vain" (Philippians 2:16).

What was it that would cause Paul to rejoice? Speaking to the believers of Corinth he said, "As also ye have acknowledged us in part, that we are your rejoicing, even as ye also are ours in the day of the Lord Jesus" (2 Corinthians 1:14). Paul knew that the Corinthian believers were fond of their association with him. After all, he was a well-known apostle. But Paul indicates here that he acknowledges the Corinthians to be his rejoicing as well. These carnal believers caused Paul much heartache during his life of service. Nevertheless they will be the object of his joy in the day of Christ. Why? Because he will meet them at the heavenly *bema* and will be rewarded with the satisfaction of knowing that it was his labor the Lord graciously used to bring them there.

By and by, the mere sight of those won to the Lord through his ministry will be enough to cause Paul to rejoice exceedingly. Gathered from many cities and nations he anticipates looking on them as trophies to the Lord. They are, in essence, the Lord's seal of approval on his ministry. He didn't save them; but Paul rejoiced in the fact that he was the instrument through which the Spirit of God saved them.

The apostle has similar feelings for the Thessalonian believers. Of them he asks, "For what is our hope, or joy, or crown of rejoicing? Are not even ye in the presence of our Lord Jesus Christ at His coming?" (1 Thessalonians 2: 19) Paul was on a manhunt for the Lord. He labored faithfully everywhere. Through his ministry many thousands had come to know the Lord, and he anticipated the joy that would be his when he saw them at the believer's judgment seat. The apostle is not anticipating this event to brag or parade these saints, but he enjoys the thought of seeing them once again, this time in glory. Seeing the fruits of his labors, and what the Lord has been pleased to accomplish through his life, will cause Paul to rejoice greatly.

What about us? Isn't this true of the Lord's servants today? To see the smiles of joy on the faces of our spiritual children and grandchildren will be an unforgettable and great reward. We will rejoice in their presence at the heavenly *bema*, knowing the Lord was pleased to use us in bringing them there. The harvest of souls at the judgment seat of Christ will be the capstone of our evangelistic labors.

The harvest, however, only follows the season of sowing. In order to enjoy and anticipate the harvest, we must faithfully sow the seed of the gospel. But we may sow in the confidence that it will be worth it all when we see Christ.

THE CROWNS

The Apostle Paul constantly draws an analogy between the Christian's life of service to the Lord and that of a runner competing in a race. He tells the Philippian Christians, "Brethren, I count not myself to have apprehended: but this one thing I do, forgetting those things which are behind, and reaching forth unto those things which are before, I press toward the mark for the prize of the high calling of God in Christ Jesus" (Philippians 3:13-14). Galatians 2:2; 5:7 and Philippians 2:16 all have reference to "running" well. Hebrews 12:1 counsels us to "run with patience the race that is set before us."

Games and athletic contests were common in Palestine during Bible times. The apocryphal book of Maccabees (1:14) informs us that the Seleucid King, Antiochus Epiphanes, built a gymnasium in Jerusalem. Later Herod the Great erected a theater and amphitheater at both Jerusalem and Caesarea where races, gymnastics, etc., could be held. The amphitheater at Caesarea is wonderfully preserved and can be seen today.

However, most of Paul's knowledge of such athletic races and games probably came directly from his travels in Greece. On the narrow Isthmus of Corinth every two years athletes would compete in the Isthmian Games. These games were held in honor of the Greek gods. The winner would be brought to the judges' booth, congratulated, and upon his head would be placed a wreath or garland made of leaves (spruce, laurel, olive, etc.). To reach this point, the runner had to train most of his life and endure many hardships. Then, having won the race, the highest pinnacle of human achievement and happiness was awarded him— the victor's laurel.

As Paul viewed these proceedings, his mind was naturally drawn to the race in which he was involved, the race of the Christian life. It is understandable that he would compare the two races and especially the laurels which awaited the victors. Hence he says, "Know ye not that they who run in a race run all, but one receiveth the prize? So run, that ye may obtain. And every man that striveth for the mastery is temperate in all things. Now they do it to obtain a corruptible crown; but we an incorruptible. I therefore so run, not as uncertainly; so fight I, not as one that beateth the air: But I keep under my body, and bring it into subjection: lest that by any means, when I have preached to others, I myself should be a castaway" (1 Corinthians 9:24-27).

As any competitor will tell you, the purpose of running a race is to win. Paul says, "So run, that ye may obtain." Careful guarding of our lives is necessary to make sure that we are running the best race possible. The Isthmian runners had to watch their diet, their life styles, their habits. The Christian runner too must be "temperate in all things."

Paul further says, "I keep under my body, and bring it into subjection." This was done so he would not be counted as unprofitable when he finished the race. The apostle knew that by constantly taking inventory of his service for the Master, and seeing if he was faithful and his motives were pure, he would not be running "uncertainly."

In fact, nearing his death, he exclaimed, "For I am now ready to be offered, and the time of my departure is at hand. I have fought a good fight [literally, "I have struggled the good contest"], I have finished my course, I have kept the faith: Henceforth there is laid up for me a crown of righteousness, which the Lord, the righteous judge, shall give me at that day: and not to me only, but unto all them also that love His appearing" (2 Timothy 4:6-8).

Like Paul, Peter was more concerned with the heavenly crown, which will be awarded to victorious servants, than with the earthly crown which was worn by the Greek athletes. The crown we will inherit as faithful servants is described as "incorruptible, and undefiled, and that fadeth not away, reserved in heaven for you" (1 Peter 1:4; 5:4). Both of these Biblical writers mention that there is a tangible crown which awaits faithful servants of the Lord and this crown is "incorruptible," that is, it will never die nor shrivel up like the Greek laurel.

The reason we receive the crown has been noted before. It is a crown earned by faithful service. The very words used in the Scriptures for "crown" substantiate that this crown is earned. There are generally two words which the Bible uses for crown. One is *stephanos*, which means a crown awarded to the conqueror or victor. It is a crown which is attained or won through achievement. The other word is *diadema*. This crown is one which is not awarded or attained, but is a royal crown, a kingly crown. This crown is indicative of intrinsic worth. A king wears his crown *(diadema)* by virtue of the fact he is the king.

The *diadema* is mentioned only three times in the New Testament, all in Revelation. It is worn by the usurpers of the true King's authority, the red dragon (12:3), and the beast (13:1); and it is worn by the true King of kings, on the occasion of His coming in power and glory (Revelation 19:12).

This means, then, when any New Testament writer speaks of a crown which is given to the faithful steward, he is speaking of the *stephanos*, that crown which is earned. There is no crown given to us for our intrinsic worth, for we have none (Romans 3:10-12,23). The *stephanos* is the crown of 1 Corinthians 9:25; Philippians 4:1; 1 Thessalonians 2:19; 2 Timothy 2:5; 4:8; James 1:12; 1 Peter 5:4; and Revelation 2:10. When Christ Jesus, the righteous Judge, commends us with "well done" He will also show us in a more tangible way that we have earned that "well done." He will present to us one of the crowns mentioned in the Bible.

Several crowns are designated to be awarded to faithful and profitable stewards. They are:

The Crown of Rejoicing

This is the crown especially reserved for soul winners. Daniel 12:3 reminds us, "they that be wise shall shine like the brightness of the firmament; and they that turn many to righteousness, as the stars forever and ever." These are the servants who have taken action and then have taken comfort in the promise of James 5:20, "Let him know that he who converteth the sinner from the error of his way shall save a soul from death, and shall hide a multitude of sins."

The crown of rejoicing is for the steward who has not buried his love for people nor his talent for sharing his testimony of Christ with them. This servant may not have come to grips with the deep truths of the Word, nor have been the leader of the flock; but the writer of Proverbs reminds us, "he that winneth souls is wise" (Proverbs 11:30).

Speaking of those in Thessalonica, whom Paul had led to the Lord, the apostle says, "For what is our hope, or joy, or crown of rejoicing? Are not even ye in the presence of our Lord Jesus Christ at His coming? For ye are the glory and joy" (1 Thessalonians 2:19-20). In addressing the Philippian believers, Paul also refers to them as "my brethren dearly beloved and longed for, my joy and crown." Untold rejoicing will be heard when we see among the company of believers at the judgment seat of Christ those to whom we have had a hand in relating the truths of the gospel (Psalm 126:5-6).

The Incorruptible Crown

In giving advice to new converts in the faith, the Apostle Paul always spoke to them of the struggle between the old man who tugged at them toward sin and the new man who pulled them toward righteousness. He advises the Colossians to "seek those things which are above" and "set your affection on things above" (Colossians 3:1-2). Why? Because "ye are dead, and your life is hidden with Christ in God" (Colossians 3:3). Because our life is hid with Christ, certain things must go. He counsels that we let die "fornication, uncleanness, inordinate affection, evil desire, and covetousness" (Colossians 3:5). In doing so, we must also put off "anger, wrath, malice, blasphemy, filthy communication," etc. (Colossians 3:8). This will enable the old man to die while we nourish the new man.

When a person is successful in getting the mastery over the old man, he is awarded the incorruptible crown. "And every man that striveth for the mastery is temperate in all things. Now they do it to obtain a corruptible crown; but we an incorruptible" (1 Corinthians 9:25). The incorruptible crown is given as a reward for those who have lived a separated life unto the Lord, one constantly cleansed by confession of sin. If we constantly say "no" to our fleshly appetites and live fully and completely for the glory of God, the incorruptible crown is ours.

The Crown of Life

As Christians we must expect occasionally to be mistreated. There are many around us who despise our Lord. Because of this, they will "despitefully use us" (Matthew 5:44). Frequently we will undergo ridicule, persecutions, afflictions, and trials for His name's sake. It is not easy to bear up under these trials. No one likes to be laughed at. No one likes to bear the heavy burden of illness, handicap, or lack of human love. Yet not only are we frequently called upon to bear these persecutions and trials, but we receive strength and comfort to complete the task, because the Bible says we will be rewarded for our faithfulness. "Blessed is the man that endureth temptation: for when he is tried, he shall receive the crown of life, which the Lord hath promised to them that love Him" (James 1:12).

The Apostle John relates to the saints at Smyrna that Jesus says, "Fear none of those things which thou shalt suffer: behold, the devil shall cast some of you into prison, that ye may be tried; and ye shall have tribulation ten days: be thou faithful unto death, and I will give thee a crown of life" (Revelation 2:10).

Yes, trials are to be expected, if we are living in Christ. Persecutions are a natural consequence of a consistent Christian witness. But we need not fear, for the Lord will reward those who are faithful in enduring such trials and persecutions. He promises us that it will be

worth it all. The crown of life is only for those saints who
are willing to suffer for the cause of Christ.

The Crown of Righteousness

Paul had a long and fruitful life. He had much to look
back on with satisfaction. Yet when he neared the end of
his life he was looking ahead, not back. He knew that because he had fought a good fight, finished the course, and
kept the faith, there would be laid up for him "a crown of
righteousness, which the Lord, the righteous judge, shall
give me at that day" (2 Timothy 4:8). Paul was confident
that a crown of righteousness was awaiting him.

But the apostle adds another dimension to awaiting
this crown when he says, "and not to me only, but unto all
them also that love His appearing." When Jesus ascended
into Heaven, those present "looked stedfastly toward
heaven." They were promised that Jesus would one day return "in like manner" (Acts 1:10-11). Those believers who
have become wrapped up in earthly things have their alle-
giance on earth. Those who realize they are but strangers
and pilgrims here, and have set their affections on things
above, will not be contented until the Lord comes again. If
you longingly anticipate that day, there is a reward for you.
The crown of righteousness is awarded to all those who
practice a life of righteousness and are constantly "Looking
for that blessed hope, and the glorious appearing of the
great God and our Saviour Jesus Christ" (Titus 2:13).

The Crown of Glory

The final crown is that specifically given to the shepherd, the pastor, or minister. As anyone who is a minister

will tell you, being pastor of a local congregation is not an easy task. The Bible likens the pastor to a shepherd and his people to a flock. Have you ever watched a flock of sheep? Then you have some idea of the job it is to "keep them in line." However, special service brings about special reward. Peter indicates that the pastor will receive a reward for his endeavors in feeding the flock of God.

Notice the restrictions and cautions placed upon the pastor in Peter's commentary. "Feed the flock of God which is among you, taking the oversight of it, not by constraint but willingly; not for filthy lucre but of a ready mind; Neither as being lords over God's heritage, but being examples to the flock" (1 Peter 5:2-3). This seems like a Gargantuan task; but if faithfully undertaken, it has its rewards. Peter continues, "And when the chief Shepherd shall appear, ye shall receive a crown of glory that fadeth not away." If you have been called to feed a flock, feed it faithfully.

Casting Our Crowns

These are the crowns which will be given as tokens of our victories through Christ. They are the *stephanoi* which are earned through participation in a completion of the task. They will one day be ours. However, it seems there is one final aspect to these crowns which should be considered. What will we do with these tangible crowns? Will we actually wear them on our heads? Since we may receive more than one, how will we wear them? What will become of the crowns?

Revelation 4:10-11 are key verses in this respect. Here the four and twenty elders are pictured as falling down before the almighty Creator and worshiping Him. These elders probably are representative of the Church. As the officials of the Church today, no better symbol than the elders could be used in this vision to represent the whole Church (Acts 15:6; 20:17; James 5:14). Not only are the four and twenty elders engaged in worship, but they are also casting their crowns before the Lord's throne and saying, "Thou art worthy, O Lord, to receive glory and honour and power: for Thou hast created all things, and for Thy pleasure they are and were created." As the elders worship the Creator, they will cast at His feet their most prized possessions—their crowns. Christian, it will be a most satisfying feeling to cast your tangible reward at the feet of the KING OF KINGS.

"But I earned it," you say. Yes, that's correct, but always remember that without His saving grace and provision of salvation, you would never have become a servant in the first place. No service, no stewardship, means no crown. You would have had no capacity to earn any reward. The reward is not given for what you have done, but for your willingness in allowing Him to work through you. The crowns are not for glory of the recipient, but for the glory of the Giver, Christ the Lord.

What is the greatest gift you can presently give your Master? Nothing less than your very life. Paul said, "I beseech you therefore, brethren, by the mercies of God, that ye present your bodies a living sacrifice, holy, acceptable unto God, which is your reasonable service" (Romans 12:1). That service is reasonable because Christ Jesus died to give us life. We owe Him our spiritual lives. We were given life to bring glory to God. When our earthly life is past, what better way to continue bringing glory to God than to make another sacrifice by laying our crowns at His feet? The very act of placing these tangible rewards at the Lord's feet is an act of transferring the glory to the One who is truly deserving of it—Jesus Christ.

There is no better way to manifest our thankfulness to Christ than to present Him with the crowns we have received. It will be our greatest joy to glorify Him in this way. By striving to obtain more crowns, we will be able to honor Him more. Our eternal destiny is to bring glory to God. "For ye are bought with a price: therefore glorify God in your body, and in your spirit, which are God's" (1 Corinthians 6:20). Let us do the absolute best we can for Him now, and anticipate that day when we can make an even greater manifestation of His glory by casting our crowns at His feet.

OUR GREAT REWARD

Living a life of service for the Master is more than just a demanding responsibility. It is an exciting privilege. The Sovereign of the universe could have written the gospel message in the stars or commissioned legions of angels to impart it to mankind. Instead He chose inept, unworthy individuals like us. Unto us have been committed the words of eternal life. The gospel story, which can literally change the destiny of men, has been entrusted to us. It is quite an awesome thought.

When our duty as a servant has been faithfully discharged, we will stand before the judgment seat of Christ and hear our Lord say, "Well done, thou good and faithful servant." Feelings of contentment and satisfaction will well up within us. Hearing those words will be a wonderful reward.

Likewise the Lord will apportion to us greater responsibility than we have ever known. He will award to us a position of authority in His earthly millennial reign. We will reign with Him. Ours will be the responsibility of administering His kingdom on earth. Again there will be a certain gratification in knowing the Lord has entrusted to us such great responsibility and privilege. This will be a very satisfying reward.

When we see those whom the Lord has saved through our labors, however, such a feeling of thankfulness to the Lord will flow over us that we will be unable to cease praising Him. It will be like a grand family reunion, the like of which we have never seen before. Seeing our spiritual offspring will be a most delightful reward.

Then the righteous Judge will award the victor's crowns. We will feel like the ancient Greek athletes who have received the coveted laurel, only a thousand times more grateful. And when we cast our crowns at Jesus' feet in honor to Him, we may wonder if anything could surpass these rewards. Can anything be more wonderful than receiving the Lord's commendation or reigning with Him? Can anything bring more joy than seeing our spiritual children and with them casting our crowns at the Master's feet? Can there yet be a reward greater than these? Yes, there can and is.

When Jehovah revealed Himself to Abraham as the Most High God, He spoke to the patriarch in a vision saying, "Fear not, Abram: I am thy shield, and thy exceedingly great reward." God is our exceedingly great reward. Above all else, that which we shall treasure most throughout eternity, will be our intimate fellowship with the Most High God. We will know Him as it is not possible to know Him on this side of the judgment seat. We will walk with Him as is not possible until our unworthy works are burned up in the fiery trial. We will worship Him as we have never been able to do before. He indeed will be our greatest reward.

The Morning Star

When the Lord promises a position of authority in His earthly kingdom He says, "And he that overcometh, and keepeth My works unto the end, to him will I give power over the nations" (Revelation 2:26). Just two verses later the promise continues, "And I will give him the morning star." What a strange thing to say. What does the Lord mean by "the morning star"? The answer is found in Revelation 22:16: "I, Jesus, have sent Mine angel to testify unto you these things in the churches. I am the root and the offspring of David, and the bright and morning star." The Lord Jesus Christ said, "I . . . am the bright and morning star." He is also referred to in this way by the Apostle Peter (2 Peter 1:19).

The greatest possible reward, the greatest treasure we will have throughout all eternity is the presence of our triune God. To know Him and be with Him forever is the ultimate reward. When He says, "Enter thou into the joy of thy lord," who can say what fountains of happiness will gush forth? If nothing else excites you about the eternal rewards promised faithful servants of the Lord, this certainly must. We will be with Him, enjoying His fellowship and love forever! Surely it will be worth it all, when we see Christ.

CHAPTER 7

THE LOSS OF REWARD

At the judgment seat of Christ there will be a great amount of ecstatic joy. We will see loved ones in the Lord whom we haven't seen in years. We will see our spiritual offspring. Most importantly, we will be with Jesus Christ our Lord. But joy will not be the only emotion felt. There will undoubtedly be some tears shed that are not tears of joy. God has promised us that ultimately He will wipe away all tears from our eyes (Revelation 21:4). But before that will happen, we must view our life of service for the Lord as it endures the trial by fire.

If the purpose of our presence at the heavenly *bema* was only to receive reward, we would have no cause for remorse. However, you will recall that there are two possibilities which arise from the fiery trial: 1 Corinthians 3:14-15 warns, "If any man's work abide which he hath built upon it, he shall receive a reward. If any man's work shall be burned, he shall suffer loss; but he himself shall be saved, yet as by fire." If each of our works for the Lord withstands the trial by fire, we will have nothing but rewards to look forward to. But it is highly unlikely that all we have done has been properly motivated, done in Christ's strength or through His constraining love. There will undoubtedly be individual works in our lives that will not withstand the judgment. We have done some service for the Lord which will be burned. Some things done in our bodies will be judged bad. What will become of these?

The Bible has the answer. "If any man's work shall be burned, he shall suffer loss" (1 Corinthians 3:15). Our holy God cannot possibly reward us for those works which have been shown to be unworthy or unacceptable. That would be totally contrary to His character (Genesis 18:25; Romans 2:1-6). God must deal justly at the judgment seat of Christ. Justice demands that we suffer loss for those labors which are but wood, hay, and stubble.

We have taken account of Paul's statement concerning the loss of reward. Now let's look to another New Testament source. The Apostle John makes it plain that if some of our works are judged unworthy at the judgment seat, they will be burned in the fire and loss of reward will result.

This beloved disciple warned his "little children" in the faith about the pitfalls of saying they labored in love if they really lived in hatred (1 John 2:8-11). John admonished his "little children" to be aware of apostates who "went out from us, but they were not of us" (1 John 2:19). This was apparently in preparation for exhorting them to live a life of love and purity. The reason for this exhortation was simple. "And now, little children, abide in Him; that, when He shall appear, we may have confidence, and not be ashamed before Him at His coming" (1 John 2:28).

This verse is the crux of John's argument about living uprightly. There are several very important phrases in this verse. Note the Apostle John instructs these believers to "abide in Him" (Jesus Christ). This is the "Christ in you" principle we have already alluded to. John is concerned that these, who are so dear to him, live in the Lord and labor for Him. Meaningful labor comes from meaningful living. Aware that this principle is a criterion at the judgment seat of Christ, John cautions each of us to abide in Christ.

Then John continues by giving his reasons for asking us to abide in the Lord. They are two in number. He says "that, when He shall appear, we may have confidence, and not be ashamed before Him at His coming." When Christ comes to snatch His bride away and usher us to the judgment seat, we are to appear confidently before Him as Judge. This can be done only if we have labored faithfully and well for Him, if we have labored in the love of Christ.

John is anxious that we do not stand in shame before the Lord at His coming. His reference has to be to the heavenly *bema* where we shall stand before the righteous Judge. The only thing which could possibly bring shame on such a joyous day as this is if our works are burned and we shamefully suffer loss. Like Paul, John knows our labors must meet the criteria of judgment before they will bring reward. If they don't, loss will result.

In his second Epistle, John expresses the same thought only in much stronger language. "Look to yourselves, that we lose not those things which we have wrought, but that we receive a full reward" (2 John 8). The expression translated "look to yourselves" more forcefully means "take heed" or "beware" as it is translated in Mark 8:15 and 12:38. Thus John warns each of us to beware lest someone or something compromise or nullify the works we have done for the Lord. If what has been done is made unacceptable, it will not bring a full reward. In fact, it will not bring reward at all.

A similar feeling is expressed in the Revelation of Jesus Christ to John. The Lord of Glory says, "Behold, I come quickly: hold that fast which thou hast, that no man take thy crown" (Revelation 3:11). As believers we are exhorted to hold fast those labors we have done for Him. This means to keep hold of what is ours so others will not receive it. We are not to allow our crown to be in danger of another man receiving it.

Now, how is this possible? Can another person actually steal our crown, our reward? No, not at all. What is rightfully ours cannot be justly given to another. The only way we can lose a reward to another person is by default, not theft. Judas Iscariot, had he been a believer, had a wonderful opportunity to serve the Lord faithfully. But much of the work that could have been done by Judas was actually done by Matthias, the man chosen to replace him (Acts 1:26). Matthias did not steal Judas' coveted position as a disciple, he received it by default.

The Jews were God's chosen people. Unto them were committed the oracles of God (Romans 3:2). Unto them was given the promise of blessing (Genesis 12:2). Unto them was given the knowledge of salvation (Luke 1:76-77). But Israel was a stiffnecked people with a heart of stone and rejected Jesus the Messiah (Matthew 21:42). This opened the way for the gospel message to be given to the Gentiles. The Gentiles did not steal the gospel from the Jews. They received it by default.

Likewise, no one can steal our reward from us. That which we do for the Lord, judged pure in the refiner's fire, is ours, and cannot be taken from us. However, much opportunity to serve the Lord is ours as well. If we do not seize that opportunity, we will lose it by default and consequently lose the reward which would accompany it. Is it any wonder that both our Lord and the Apostle John advise us to watch carefully what we do with our lives, and beware that no man receive from us the service that could be ours?

Hence, losing rewards is possible two ways. We may lose them by default in that we don't seize opportunities that are ours to labor for the Master. Then too, we may lose rewards by engaging in labors that do not meet the criteria for judgment. This would mean that at the judgment seat of Christ, these labors will be burned and our rewards will be lost. With this in mind, let's notice several features about the loss of rewards.

LOSS NOT REPOSSESSION

We should never conceive of the loss of rewards as a repossession. God does not take back something He has already awarded to us. At the heavenly *bema*, we do not suddenly have a quantity of rewards ripped from our hands by the righteous Judge. We are not stripped of rewards as an erring soldier is stripped of his stripes. Not at all. The Lord does not issue rewards during our lives here on earth. They are issued only when this life is over, when the Lord has returned for His own. Remember our Lord says, "For the Son of man shall come in the glory of His Father with His angels; and then He shall reward every man according to his works" (Matthew 16:27).

Since rewards are not meted out to the servant during his lifetime, but only when the Master returns, therefore the Lord could not have earlier given us a reward which would have to be returned at the judgment seat of Christ. Loss of reward is not handing back. It is not returning an earned reward. It is forfeiting a reward. That opportunity for service, which could have been done in the love of Christ and consequently rewarded, is long gone when we stand before the heavenly judgment seat. We must then forfeit any reward which could have been ours and receive instead what is justly our due.

A POSITIVE LOSS

Secondly, losing a reward is not to be equated simply with not gaining a reward. Losing a reward is not just the absence of a reward. At the judgment seat each of our works that abide will bring reward and, in addition, much rejoicing. Likewise, each of our works that are burned will bring more than loss. There will accompany that loss a great sense of shame. This is why the Apostle John counsels us to "abide in Him; that, when He shall appear, we may have confidence, and not be ashamed before Him at His coming" (1 John 2:28).

Perhaps the Lord will reprimand us for not laboring faithfully. As pure service brings commendation, so impure service may bring condemnation. Remember, in the parable of the talents, the lord commended his faithful servant by saying "well done, thou good and faithful servant." But at the same time he called the unprofitable servant a "wicked and slothful servant." Losing a reward is not simply the negative of gaining a reward. It carries with it all the shame and reproach due an untrue service and an unfaithful servant.

NO LOSS OF SALVATION

Finally, losing a reward is not a loss of salvation. As was seen in the second chapter, salvation is entirely different from rewards. They are not even similar in nature. When speaking of the loss of reward Paul says, "If any man's work shall be burned, he shall suffer loss; but he himself shall be saved, yet as by fire" (1 Corinthians 3:15). Fortunately, when one loses his reward, he doesn't lose his eternal life (Romans 8:35-39).

The expression "yet as by fire" simply means "amid" or "through" fire. This should be a magnificent source of comfort to the believer. Even though he has not been as faithful as he should in serving the Lord, or even though he has erred in his motives, yet he will be saved. This verse instructs that a believer's works may be burned but the workman will not be. This is like a man who escapes from a burning building in which he keeps all his valuables. That which he covets and treasures may be burned, but he himself escapes amid the flames. No, we may lose some rewards at the judgment seat of Christ, but we will not lose our souls. Salvation is ours for eternity, else we would never be permitted to appear before the heavenly *bema.*

Whether we receive a great reward or a small reward, we will still be "heirs of God, and joint-heirs with Christ" (Romans 8:17). Because of God, we have been born again "unto a living hope by the resurrection of Jesus Christ from the dead, To an inheritance incorruptible, and undefiled, and that fadeth not away, reserved in heaven for you" (1 Peter 1:3-4). Nothing can remove that from us.

Imagine the consternation, however, of the servant who in a split second of time will see a great portion of his works vanish before his very eyes because they did not pass the trial by fire. How much he will resemble Lot who, though a believer, settled down in the comfort and worldliness of Sodom. When judgment came, Lot escaped the fire, but lost nearly everything he had—his home, his goods, his wife, and even his integrity and honor (Genesis 19).

Amid the shouts of joy and praising the Lord, there is bound to be some sighs of remorse and shame. Each of us should be encouraged to lay hold on every opportunity of service that comes our way, and make sure that it is done in a manner pleasing to our Lord, the righteous Judge. "If any man's work abide which he hath built upon it, he shall receive a reward. If any man's work shall be burned, he shall suffer loss; but he himself shall be saved, yet as by fire" (1 Corinthians 3:14-15).

CHAPTER 8

DIVERSION: A DEVILISH DEVICE

Do you remember when you began reading this book? Did you shudder at the thought that Jesus may come again at any moment? When you realized the event described in chapter one could take place before you finished this book, how did you feel? Well, you have now come to the last chapter and to the realization that you are much closer to His return than you have ever been before.

The most exciting fact in this life is that Jesus Christ is coming back to receive unto Himself those who love Him. What makes this even more exciting is that His return is imminent. He may come back *at any time.* Dr. G. Campbell Morgan, the late distinguished preacher and author of more than sixty books, used to say, "I never begin my work without thinking that perhaps He may interrupt that work and begin His own. His word to all believing souls is: 'Til I come.' " When you constantly live with the reality that Jesus may return at any moment, you can't help but be excited.

Yet the question remains, if the Lord's return is so near and what we allow Him to do through us now determines our reward for eternity, why do we not serve Him more diligently? That's a good question. Why don't we? Although we dare not offer this as an excuse for our behavior, I think the real culprit is none other than the old serpent, the devil. He is a master of deceit. He knows nothing can prohibit us from entering Heaven. As believers, our salvation has been made secure by the Spirit of God (Ephesians 1:13; 4:30). But the devil reasons that perhaps we can be prevented from enjoying Heaven to a greater degree. Thus Satan does not cease his attack on us when we become a member of the family of God. He just shifts his emphasis. His basic tactic for the Christian is not deceit, but diversion. He doesn't try to lead believers astray as much as he tries to lead them aside, get them wrapped up in trivia. By doing so, he will prevent them from fervent service for their Master.

In employing this diversionary tactic, the devil attempts to get the Master's stewards to forget three vital aspects of our service: discipleship is our number one priority, time is our number one problem, and fervor is our number one principle.

DISCIPLESHIP: OUR NUMBER ONE PRIORITY

The last great verses of Matthew record our Lord's commission to us as faithful servants. He says, "Go ye therefore, and teach all nations" (Matthew 28:19-20). You probably have heard much emphasis placed on the "go" of the gospel. While it is true that you can't take the good news to all nations without going, it is also true that in the original language, the imperative of this verse is not "go" but "teach." The word rendered "teach" *(matheteusata)* is better translated "disciple." Our command from the One we serve is to make disciples wherever we go. This means we are not off the hook if we don't leave family and friends behind and sail to some dark corner of the world to labor. Everyone who has been saved by the power of God is commanded of the Lord to make disciples. This should be the top priority of our lives. It should be our very reason for existence.

Richard Baxter, the great Puritan preacher, correctly observed, "What have we our time and strength for, but to lay both out for God?" We have been saved to serve our Lord. We are the workmanship of God, "created in Christ Jesus unto good works, which God hath before ordained that we should walk in them" (Ephesians 2:10).

Very frequently the devil does not try and stop us from doing good works. He doesn't have to stop us; he simply diverts us. He lets other things become more important to us than faithful service to the Lord. He drags red herrings across our Christian path. He sees to it that we get bogged down in meaningless activity, with respect to eternity.

An example of a diverted man was Demas. This Biblical character is mentioned only three times in Scripture. We know very little about him. In his letter to Philemon, written from a prison cell in Rome, Paul indicates that he is anxious to say hello to those who have labored for the gospel with him. He concludes this short Epistle by saying, "There salute thee Epaphras, my fellow prisoner in Christ Jesus, Mark, Aristarchus, Demas, Luke, my fellow labourers" (Philemon 23-24). This gives us evidence that Demas was a laborer with Paul and engaged in spreading the gospel of Christ wherever he went. Again, in the closing verse of the Colossian Epistle, Demas is mentioned in the select company of Aristarchus, Mark, Justus, Epaphras, and Luke (Colossians 4:14).

The third and final reference to Demas is found in Paul's last Epistle (2 Timothy 4:10). From his writing, you can tell that Paul is aging, sickly, and nearing death. It is in this tone of voice that Paul tells us, "For Demas hath forsaken me, having loved this present world, and is departed unto Thessalonica." There it is. A fifteen-word description of Demas that will last for eternity.

It is not likely that Demas fell away from the faith. Paul does not indicate that Demas had become apostate. He simply says that Demas had forsaken him because he "loved this present world." Perhaps Demas returned to Thessalonica to become a junior partner in his father's business. Maybe he had a job offer which would pay well and still permit him to be an outstanding Christian citizen of Greece. There is no hint that Demas did anything illegal or immoral. He was just diverted from the most important task of all—propagating the gospel of Jesus Christ.

What happened to Demas has happened to far too many Christians. They have had the unfortunate experience of becoming content with just being believers and letting others be disciples. They are hearers, but not doers. They are becoming spiritually fat. They have not stopped taking in, they've only stopped giving out. They've become sidetracked. They are now silent witnesses.

In the most intimate book of the New Testament, 1 John, the Apostle John writes to his "little children" in the faith. This Epistle is somewhat of a love letter, telling them of God's love for them, their reciprocating love for God, and their resulting love for each other. But with the positive John also declares the negative. He instructs his readers as well in what they ought not love. He says, "Love not the world, neither the things that are in the world. If any man love the world, the love of the Father is not in him" (1 John 2:15). John is not suggesting that we should live a monastic life, secluded from society. But he has become aware of the wiles of the devil. John knows Satan is sneaky. One of Satan's prime tactics is to get believers en-

raptured with the things of the world and thus their useful-
ness for Christ will be sharply decreased.

The Bible gives us ample reason why we should not
love this world system. Christ died to deliver us from this
world and give us citizenship in Heaven. Paul says Christ
"gave Himself for our sins, that He might deliver us from
this present evil world, according to the will of God our
Father" (Galatians 1:4). Satan is presently in control of
our world for he is the "prince of the power of the air"
(Ephesians 2:2). We must never forget that we wrestle not
against flesh and blood (things we can see) but against
"principalities, against powers, against the rulers of the
darkness of this world, against spiritual wickedness in high
places" (Ephesians 6:12). James 4:4 bluntly declares, "Ye
adulterers and adulteresses, know ye not that the friendship of the world is enmity with God? whosoever therefore
will be a friend of the world is the enemy of God." Being
put in the category of an "enemy of God" is a scary thing,
but when we are diverted by the things of the world, that
is exactly where we are.

Is the devil's plan working? Look around you. Have
you accumulated more "things" than souls? What place
does Christian service occupy in your family budget? How
many hours a day do you spend with the Master or in service for Him? Do you sleep more than that? Is the devil diverting you, sidetracking you with the things of this life?

Jesus gives us some very poignant advice when, in the
Sermon on the Mount, He says, "Lay not up for yourselves
treasures upon earth, where moth and rust doth corrupt,
and where thieves break through and steal: But lay up for
yourselves treasures in heaven, where neither moth nor
rust doth corrupt, and where thieves do not break through
nor steal: For where your treasure is, there will your heart

be also" (Matthew 6:19-21). He hit the nail squarely on the head. He is speaking of our priorities, what is most important in our lives. If we spend all of our time gathering treasures (rewards) on this earth, how do we expect to have time left to gather treasures (rewards) for Heaven? Is it more important that we live luxuriously or that lives are changed? Is it more important that we invest our money in Wall Street or in the work of the Lord? What really is most important in this life of ours?

When we can answer that question truthfully, in a manner based on God's Word, we will hinder the work of Satan greatly. His diversion will be ineffective. Working for ourselves will bring reward here and now. Working for our Master will bring reward for eternity. Which will you choose?

TIME: OUR NUMBER ONE PROBLEM

If the devil is not successful in getting other things put on the top of our priority list, he will then put Plan B into operation. The great diverter lets us see that making disciples is our prime reason for living, but that we have a whole lifetime in which to do it. "What's the hurry? You don't have to speak to your neighbor tonight. He'll be there in the morning or even next week or next year. There's no rush." Sound familiar? It should, if you are faithfully serving the Lord. Satan doesn't give up when we get our priorities straightened out. He simply entices us to spread out our program of service. Satan reasons that by spreading out our witnessing, we will also be spreading it thin. He's right!

If you want to know how long life is and how much time you have to serve the Lord, inquire of an older person.

"Life," they will say, "is very short."

In order to ward off Satan's second diversion, we must have a Biblical concept of time. The writer of Ecclesiastes compares life to a shadow which is all too quickly gone. Hezekiah refers to life as a thread which is soon cut off. Moses describes our life as a tale that is told, and says the years of our life are but three score and ten. In Psalm 73 our life is likened to a dream which vanishes as soon as we awaken. James says, "For what is your life? It is even a vapour, that appeareth for a little time, and then vanisheth away" (James 4:14). Anyone who has experienced much of it will tell you that life is short.

We must then work for Jesus while there is time. Not only is our life short, but He may return and make our earthly life even shorter. Yet how unwisely we servants use the time which has been allotted to us. With our priorities rearranged by Satan, we spend most of our time worrying about today. Look at it this way. The average life span today is about seventy years, as Moses said (Psalm 90:10). If you place seventy tiny years alongside the vastness of eternity, what do you have? Practically nothing! When we compare seventy years with eternity, those years seem infinitesimally small, and they are. There is just no comparison.

Yet how much of our lives is spent tied up in these seventy years? How much time do we spend working for, relaxing in, sleeping through, shopping around, and planning toward this present evil world? Nearly all of our lives is spent bogged down in the affairs of this life. With so much time spent working for and enjoying this life, we have little or no time to work for eternity, where the real life of the Christian is. That is about as foolish as we can get. We spend most of our time preparing for just seventy tiny years, and little or no time preparing for the everlastingness of eternity. That is just plain dumb. Why do we do it? The devil's plan is working. He is not eating up our time, he's letting us do it ourselves. Satan has diverted the time we do have by diverting our use of it. We don't worry about getting the job done for God, for there is still plenty of time. Yet all of that "plenty of time" seems to be spent in front of the TV, in the yard, in the office, on vacation, anywhere the devil can put us to divert us and keep us from working profitably for the Lord.

Someone has wisely said, "Use well opportunity, drift not with the tide; killing time is not murder, it's suicide!" With regard to our heavenly rewards, killing time here on earth or allowing the devil to divert our attention from the scarcity of time is suicide. Jesus has promised, "In My Father's house are many mansions: if it were not so, I would have told you. I go to prepare a place for you. And if I go and prepare a place for you, I will come again, and receive you unto Myself, that where I am, there ye may be also" (John 14:2-3). Jesus is now preparing that which awaits us in Heaven. He is the Master Builder, but we are the source of supply. Therefore, to enjoy a substantial mansion, we must send the material on ahead of us. In essence, by our present life of service, we are supplying the materials which the Master Builder will use to erect our mansion in glory.

Noted Presbyterian clergyman, Henry Van Dyke, once told of a rich lady who arrived in Heaven and was being led by an angel to her place of residence. As they passed many lovely mansions the angel mentioned that one of these was being reserved for her servant. They finally came to a section of the Holy City where the houses were much plainer and the rich lady was told that one of the small ones was to be her eternal home. When she complained to the angel, he replied, "I am sorry lady, but we did the best we could with the material you sent up."

Heaven is not alike for everyone. We will have varying types and amounts of rewards given at the judgment seat of Christ. Perhaps this is what Dr. Graham Scroggie was referring to when he said, "Some Christians will be pre-eminent in Heaven; some Christians will be prominent in Heaven; some Christians will be present in Heaven." Our heavenly rewards will be in direct proportion to our earth-ly service for the Lord, which has passed the fiery test.

In order to gain a full reward, we must not put off until tomorrow what the Lord gives us to do today. To-morrow may never come. We must seize every opportunity to serve Him; with the soon-coming sound of the trump, all earthly opportunity for service and subsequent reward will cease. Eternity is ours to celebrate the victories our Lord has given us, but we have only a few hours before sunset to win them. We dare not let the devil divert us from the task or from the short amount of time left to accomplish it. "See then that ye walk circumspectly, not as fools, but as wise, Redeeming the time, because the days are evil" (Ephesians 5:15-16).

FERVOR: OUR NUMBER ONE PRINCIPLE

The devil has yet a third way to lessen our effective-ness for the Lord. If we realize that "first things first" means God's work first, and even if we are aware that our most pressing problem is the little amount of time we have to get the job done, Satan can still divert us. He will en-courage us to do the job unimpressively. If he can instill in us a so-what attitude of lukewarmness, then he has all but won the battle. As long as things don't start to move in our

Christian service, as long as we halfheartedly labor, Satan has diverted us successfully. He will tell you, "It's okay to want to serve the Lord, just don't get too excited about it! Don't get fanatical."

Zeal and fervor in themselves carry no virtue. Antiochus Epiphanes was zealous. Adolph Hitler had fervor. However, their zeal and fervor led to the slaughter of millions of Jews. In not wanting to be "like that," many Christian servants have become like the saints of the church at Laodicea. They were neither hot nor cold and because of it, they made God sick. He said, "because thou art lukewarm, and neither cold nor hot, I will spew thee out of My mouth" (Revelation 3:16). If the devil can just get us to be haphazard in our witness, he will be successful in diverting much glory from God, and much reward from us. That is his goal for the Christian—divert us from service and subsequent eternal reward.

Many New Testament writers, as well as Old Testament writers, counsel us to serve the Lord diligently, fervently, zealously. Luke describes an Alexandrian Jew named Apollos as a man "instructed in the way of the Lord," "fervent in the spirit," who "spoke and taught diligently the things of the Lord," and who spoke "boldly in the synagogue" (Acts 18:25-26). Notice the words used to describe Apollos—fervent, diligent, and bold. Do you suppose Satan had diverted him from the task?

Paul indicates that the servant of the Lord is to be "fervent in spirit; serving the Lord" (Romans 12:11). To be fervent is to be on fire, pursuing your service hotly. Paul advised the Colossians, "Whatever ye do, do it heartily, as to the Lord, and not unto men, Knowing that of the Lord ye shall receive the reward of this inheritance; for ye serve the Lord Christ" (Colossians 3:23-24). We too are to serve the Lord heartily, with great gusto, fervently, because our rewards depend on it, because we know the terror of the Lord, and most importantly, because the love of Christ constrains us. There is no room for halfway service here. You can't serve haphazardly and heartily at the same time.

The preacher of Ecclesiastes advises us, "Whatsoever thy hand findeth to do, do it with thy might" (Ecclesiastes 9:10). It is of little importance how large or small a task the Lord gives us. What is important is how we do it and why. Whatsoever He has given our hand to do in His service, we must do it with all our might, fervently.

In his delightful book, *The Screwtape Letters*, the brilliant Christian author, C. S. Lewis, depicts Screwtape, a senior devil, giving advice to Wormwood, a junior devil, on how to keep Christians from being effective: "It is funny how mortals always picture us as putting things into their minds: in reality our best work is done by keeping things out."* If the devil can divert us from our duties as a servant, if he can keep our minds diverted from our proper priorities, the brevity of time to labor, and the necessity of laboring zealously, then he has robbed us of much reward and our Lord of much glory.

A consideration of the rewards of the believer must conclude with a strong incentive for gaining those rewards. What can such an incentive be? It is said that one of the reasons Count von Zinzendorf, eighteenth century German Christian, displayed such a great degree of religious enthusiasm, which continued with him until his death, was a picture of the crucifixion which hung in his room. The pic-

*C. S. Lewis, *The Screwtape Letters* (London: Fontana Books), p. 25.

ture bore the simple inscription: "All this for thee; how much for Me?"

Even though it is not selfish to labor so that your life will be acceptable to the Judge at the judgment seat, it is vitally important to labor out of a sense of gratitude for our Lord. What He has done in giving us life eternal should be incentive enough to labor. It is not true that serving Christ is easy. It is, however, rewarding and enjoyable because, when we are faithful servants, people can't help but see our Master. Thus we ought to live as if Christ died yesterday, rose this morning, and was coming back tomorrow. He just may.

When that glorious day occurs and we are caught up to meet the Lord in the air, we will then know that all the hardships of living the consistent Christian life, of serving Him faithfully, of enduring ridicule for His name's sake, will be rewarded and that reward will be enjoyed for all eternity. With the crown in view, the cross we presently bear will never seem heavy. Yes, *it will be worth it all, when we see Christ.*

> It will be worth it all when we see Jesus,
> Life's trials will seem so small
> When we see Christ;
> One glimpse of His dear face
> All sorrow will erase,
> So bravely run the race
> Till we see Christ.
>
> Rusthoi